SAUBERE REVOLUTION 2030

Wie disruptive Innovationen Kohle, Uran, Erdöl, Erdgas, konventionelle Autos und Energieversorger verdrängen

TONY SEBA

Aus dem Amerikanischen von MetropolSolar

Die amerikanische Originalausgabe erschien unter dem Titel "Clean Disruption of Energy and Transportation: How Silicon Valley Will Make Oil, Nuclear, Natural Gas, and Coal Obsolete by 2030" bei Clean Planet Ventures, Silicon Valley, Kalifornien, USA

Für Informationen zu diesem Buch

info@metropolsolar.de – www.metropolsolar.de

1. Auflage, Oktober 2017

Gedruckt in Deutschland
ISBN 978-3-00-057964-6

Inhaltsverzeichnis

Vorwort für die deutsche Ausgabe

Um es kurz zu sagen: Von Pioniergeist, Innovation, Kreativität und Aufbruchstimmung ist in der öffentlichen Diskussion in Deutschland derzeit nur wenig zu spüren. Und das, obwohl der Umbruch hin zu 100% Erneuerbaren Energien weltweit voll im Gange ist.

Die Erfindung des Automobils und das Erneuerbare-Energien-Gesetz haben die Welt verändert. Am Anfang der einen Revolution stand Ende des 19. Jahrhunderts ein einzelnes Fahrzeug. Am Anfang der anderen Revolution standen zu Beginn des 21. Jahrhunderts wenige Seiten Gesetzestext. Beide Revolutionen haben in Deutschland ihren Anfang genommen. Beide Revolutionen haben sich wie ein Lauffeuer ausgebreitet.

Und heute? Die Energiewende in Deutschland wurde massiv ausgebremst, die blühende Solarbranche wurde durch politische Weichenstellungen zur Solarbrache und in der Automobil-Industrie jagt ein Skandal den nächsten. In wichtigen Zukunftsindustrien sind andere Länder dabei, Deutschland den Rang abzulaufen oder sie haben Deutschland längst überholt und es ist fraglich, ob der Vorsprung noch aufgeholt werden kann.

Parallel dazu verzettelt sich die gesellschaftliche und politische Diskussion zu den Themen Energie und Mobilität an vielen – zum Teil historischen – Fronten. Von vielen Seiten wird diese Diskussion als eine Diskussion von Schadensbegrenzungen geführt. Es geht um Verzicht und Beschränkungen: effizienter, sparsamer, weniger, langsamer! Vorschriften und Planwirtschaft dominieren. Eine befreiende Vision? Fehlanzeige.

Mit seinem „Clean Disruption"-Ansatz sprengt Tony Seba die üblichen Frontverläufe und setzt damit einen grundlegend veränderten und neu strukturierten Rahmen dafür, wie auf der Welt über Energie, Verkehr und Klimawandel gesprochen wird. Mit seinem „Seba Technology Disruption Framework™" analysiert er technologische Disruptionen im Bereich Energie und Verkehr, die auf der Konvergenz von Technologiekosten-Kurven, Geschäftsmodell-Innovation und Produkt-Innovation basieren.

Es handelt sich nicht um eine Energiewende, die von Regierungen, kostspieligen Vereinbarungen und langfristigen Plänen bestimmt wird, und die zu einer „grünen Wirtschaft" im Jahr 2050 führt. Es geht um eine Technologie-Disruption, die allein aus wirtschaftlichen Gründen eintreten wird, weil einzelne Menschen und Unternehmen die rationale ökonomische Entscheidung für Solaranlagen, Batterien, E-Autos, selbstfahrende Autos und „Mobilität auf Abruf" treffen werden, um – wie Tony Seba sagt – „grüne Dollars" zu sparen.

Diese Disruption wird nicht wegen, sondern trotz der Regierungen stattfinden. Bei einem Vortrag in Paris bei COP21 sagte Seba Regierungsvertretern, dass sie sich aus dem Energiegeschäft verabschieden sollten, wenn sie ein fast 100% emissionsfreies Energie- und Verkehrssystem im Jahr 2030 haben wollen – damit es schneller geht.

Die Kosten- und Marktprognosen von Tony Seba waren bemerkenswert genau. Das ist der Grund, warum er von Investoren, die Vermögen im Wert von vielen Billionen Dollar verwalten, eingeladen wurde, um ihnen diese Disruptionen zu erklären. Die Kohle hat bereits ihren Höhepunkt überschritten, der Marktwert von Kohleunternehmen ist fast auf null gesunken und Atomkraft implodiert – wie Tony Seba vorher gesagt hat. Photovoltaik in der Wüste ist bereits die billigste Form der Energieerzeugung – ebenfalls von Seba vorhergesagt.

Die Qualität von Sebas Konzepten, Analysen und Vorhersagen hat uns veranlasst, „Clean Disruption of Energy and Transportation" ins Deutsche zu übersetzen. Das Buch hat das Potential, die Diskussion bei uns grundlegend zu verändern. Seba beschreibt die exponentiellen Entwicklungen, die vor uns liegen, als eine unvermeidliche technisch-wirtschaftliche Revolution, die – sozusagen nebenbei – auch eine gesellschaftliche und ökologische Revolution ist.

Was besonders Hoffnung macht: Diese Revolution erfordert weder einen neuen Menschen noch ausgeprägte politische Vernunft. Allerdings stimmt auch: wer zu spät kommt, den straft die Geschichte. Das gilt für einzelne Unternehmen ebenso wie für ganze Länder.

Dass das Buch im englischen Original bereits 2014 veröffentlicht wurde, ist in Anbetracht der vielen Prognosen von Seba kein Nachteil – im Gegenteil: Seine Aussagen für die vergangenen Jahre sind gut überprüfbar, was es auch Skeptikern erleichtern sollte, sich von seinen Vorhersagen für die Zukunft überzeugen zu lassen.

Während in Deutschland wahlweise Jahreszahlen wie 2040, 2050, 2100 oder 2150 für den Umstieg auf 100% Erneuerbare im Angebot sind, spricht Tony Seba vom Jahr 2030, in dem die Disruption im Wesentlichen passiert sein wird.

Und da sind wir natürlich sehr dafür: Sonne 2030. Für alle. Für immer.

An der Übersetzung dieses Buch haben mitgewirkt: Inge Becker, Charlotte Capitain, Toya Engel, Pierre Herrmann, Frederic Hüwel und Emel Isik. Ihnen allen mein Dank für ihr großes Engagement. Mein besonderer Dank gilt meinen Vater Peter Bannasch, der dieses Projekt nicht nur als Mit-Übersetzer, sondern auch sonst in vieler Hinsicht begleitet hat. Hans Kärcher möchte ich ebenfalls für seine intensive Begleitung des Projekts danken. Für etwaige Fehler in der nun veröffentlichten Endfassung trage ich jedoch selbstverständlich alleine die Verantwortung.

Dieses Übersetzungprojekt wäre ohne unser Netzwerk MetropolSolar nicht möglich gewesen. Wir danken der Haleakala-Stiftung sehr für die freundliche Unterstützung unserer Arbeit, sowie mehreren Spendern, die ungenannt bleiben möchten. Besonders dankbar sind wir Tony Seba für seine Bereitschaft, alle Einnahmen aus der Veröffentlichung der deutschen Übersetzung von „Clean Disruption of Energy and Transportation" MetropolSolar zu überlassen, um die Fortsetzung unserer langjährigen Arbeit für 100% Erneuerbare Energien zu unterstützen.

Daniel Bannasch

MetropolSolar, Mannheim, Oktober 2017

Danksagung für die englische Ausgabe

„Der Sieg hat hundert Väter, die Niederlage ist ein Waisenkind."
- Präsident John F. Kennedy

Ich möchte allen danken, die bereit waren in meinen Kursen „Saubere Energie und Verkehr – Markt- und Investionsmöglichkeiten" und „Marktdisruptionen antizipieren und anführen" an der Stanford University als Gastreferenten vorzutragen, ebenso wie denjenigen, die bereit waren, sich für dieses Buch interviewen zu lassen: Masato Inoue (Nissan), Takeshi Mitamura and Kimihiko Iwamura (Nissan Research Center Silicon Valley), Danny Kennedy (Sungevity), David Arfin (SolarCity), Kevin Smith (SolarReserve), Jose Martin (Sener USA), Craig Horne (Enervault), Peter LeLievre (Chromasun), Raj Atluru (DFJ Ventures), Manny Hernandez (SunPower), G.G. Pique (Energy Recovery), Peter Childers (Utility Scale Solar), Steve Nasiri (Invense), Abe Reichental (3D Systems), Rich Mahoney (SRI International), Andreas Raptopoulos (Matternet), Dan Rosen (Mosaic) und Emily Kirsch (SFUNCube).

Ich möchte meinen Studenten in meinen Stanford-Kursen „Saubere Energie und Verkehr – Markt- und Investionsmöglichkeiten" und „Marktdisruptionen antizipieren und anführen" danken. Die Schnittpunkte zwischen meinem „Saubere Energie"-Kurs und meinem Disruptionskurs haben die zentralen Ideen für dieses Buch geliefert. Ich habe das große Privileg, die Pioniere und Unternehmer unterrichten zu dürfen, die die Welt in eine positive Richtung verändern. Viele von Ihnen arbeiten heute als Gründer oder Mitarbeiter in disruptiven Unternehmen in den Bereichen saubere Energien, sauberer Verkehr und Informationstechnologien im Silicon Valley. Sie haben die Grenzen von Technologien, Unternehmensmodellen und Produktinnovationen erweitert. Manche haben inzwischen Hunderte Megawatt Solar- und Windenergie-Projekte entwickelt. Andere haben einen positiven Einfluss auf Think Tanks, Nicht-Regierungs-Organisationen und öffentliche Institutionen ausgeübt.

Ich gebe mir die größte Mühe, sie auszubilden, zu inspirieren und ihr Denken über frühere Wahrnehmungen und Begrenzungen hinaus zu treiben. Umgekehrt fordern sie mich heraus und inspirieren mich dabei, ihnen außergewöhnliche Erfahrungen zu vermitteln, die ein Leben lang wirken. Ich danke Ihnen dafür.

Ich möchte Hal Louchheim dafür danken, dass er mir vor zwölf Jahren die Gelegenheit gegeben hat, in Stanford zu unterrichten. Ich habe fünf verschiedene Kurse in Stanford entwickelt und unterrichtet und Hal hat mir bei allen meinen Bemühungen vertraut und mich unterstützt. Ich möchte auch Dan Colman, dem Leiter des Weiterbildungsprogramms in Stanford, und seinen wunderbaren Mitarbeitern danken.

Ich stehe auf den Schultern unzähliger Wissenschaftler, Ingenieure und Unternehmer, die Solar- und Windkraftanlagen, Elektro-Fahrzeuge, autonom fahrende Autos, Geräte zur Stromspeicherung, Robotertechnik, intelligente Geräte, Sensoren, künstliche Intelligenz und unzählige andere Technologien entwickelt haben, um Produkte, Dienstleistungen und Geschäftsmodelle zu ermöglichen, die der Welt saubere Energien und sauberen Verkehr bringen können. Sie haben für uns alle den Weg geebnet, nicht nur damit wir eine saubere Zukunft geniessen können, sondern auch eine demokratischere Welt.

Ich möchte Elena Castanon und ihrem wunderbaren Team von Wikreate danken. Sie stehen als kreative Designer hinter diesem Buch und meiner neuen Webseite (tonyseba.com) und haben deren Niveau in beiden Fällen deutlich verbessert. Dank an Peter Weverka, der mein Manuskript bearbeitet und es in ein besser lesbares Buch verwandelt hat. Dank an Joe Deely für seine Anmerkungen.

Ich möchte auch dem Personal des „Village Market Coffee" in San Francisco danken. Einer meiner Freunde meinte, „alles was Du brauchst, um ein Buch zu schreiben, ist Liebe und das Internet". Ich würde Kaffee zu dieser Mischung hinzufügen.

Ich möchte Bhavesh Singh (Aegis Capital Partners) für seine Freundschaft danken und dafür, dass er ein großartiger Geschäftspartner ist.

Und nicht zuletzt möchte ich Maylén Rafuls für all ihre Unterstützung danken. Dieses Buch wäre ohne sie nicht entstanden. Sie ist die Beste.

Ich danke Ihnen allen dafür, wer Sie sind und was Sie tun.

Tony Seba, 2014

Einleitung

Energie und die Steinzeit

„Ein Zeitalter nennt man finster, nicht weil das Licht nicht scheint, sondern weil die Menschen sich weigern, es zu sehen."

– James Michener

„Wenn die Geschwindigkeit von Veränderungen draußen größer als die Geschwindigkeit von Veränderungen im Inneren ist, dann ist das Ende nah."

– Jack Welch, ehemaliger Vorstandsvorsitzender von General Electric

„Es erscheint immer unmöglich, bis es getan ist."

– Nelson Mandela

Die Steinzeit ist nicht zu Ende gegangen, weil die Menschheit keine Steine mehr hatte. Sie ist zu Ende gegangen, weil die Steine durch ein überlegenes Material ersetzt wurden: Bronze. Steine sind aber nicht einfach verschwunden. Sie wurden in der Bronzezeit zur Herstellung von Werkzeugen einfach nicht mehr benötigt.

Das Zeitalter von Pferd und Kutsche ist nicht zu Ende gegangen, weil keine Pferde mehr verfügbar waren. Es ist zu Ende gegangen, weil der Transport mit Pferden durch eine überlegene Technologie, den Verbrennungsmotor, und ein neues disruptives Geschäftsmodell des 20. Jahrhunderts, abgelöst wurde. Pferde sind nicht einfach verschwunden. Sie wurden für den Massentransport nicht mehr benötigt.

Das Zeitalter der zentralisierten, hierarchischen und auf Rohstoffextraktion basierenden Energiequellen (Erdöl, Erdgas, Kohle und Kernkraft) wird nicht zu Ende gehen, weil uns Erdöl, Erdgas, Kohle oder Uran ausgehen. Es wird enden, weil diese Energiequellen, die für ihre Nutzung entwickelten Geschäftsmodelle und die Produkte, auf die sie sich stützen, durch überlegene Technologien, Produktionsweisen und Geschäftsmodelle verdrängt werden. Überzeugende neue Technologien wie Solar- und Windenergie, Elektrofahrzeuge und autonome (selbstfahrende) Autos werden die Energieindustrie, wie wir sie kennen, umwälzen und hinwegfegen.

Das gleiche Umfeld im Silicon Valley, in dem die Bit-basierten Technologien entstanden sind, die Atom-basierte Branchen verdrängt haben, entwickelt nun Bit- und Elektronen-basierte Technologien, die die Atom-basierte Energieindustrie verdrängen.

Die saubere Disruption des Energie- und Transportsystems

Das Zeitalter der industriell geprägten Energie- und Transportsysteme macht einem Zeitalter Platz, in dem Informationstechnologien und Wissen die Basis des Energie- und Mobilitätssystems sind. Die Verknüpfung von Bit- und Elektronen-basierten Technologien wird der konventionellen Atom-basierten Energie- und Transportindustrie ein Ende bereiten. Es wird sich um eine saubere Disruption handeln, die folgende Merkmale aufweist:

1. **Technologiebasierte Disruption.** Bei der sauberen Disruption geht es um die Umwälzung der rohstoffbasierten (Atom-basierten) Industrien durch digitale (Bit-basierte) Industrien und saubere (Elektronen-basierte) Energieindustrien. Saubere Energie (Sonne und Wind) ist kostenlos. Sauberer Transport ist elektrisch und nutzt saubere Energie aus Sonne und Wind. Der Schlüssel zur Disruption des Energiesystems liegt in der exponentiellen Kosten- und Leistungsverbesserung von Technologien, die saubere Energien umwandeln, managen, speichern und verteilen. Bei der sauberen Disruption geht es außerdem um Software- und Geschäftsmodell-Innovationen.

2. **Das Energiesystem wird auf den Kopf gestellt.** So wie das Internet und das Mobiltelefon das Informationssystem auf den Kopf gestellt haben, wird durch die saubere Disruption ein Energiesystem entstehen, das sich von dem unterscheidet, das wir heute kennen. Das neue Energiesystem wird dezentral, mobil, intelligent und partizipativ sein. Es wird das bestehende Energiesystem, das zentralisiert, hierarchisch, intranspa-

rent und ausbeuterisch ist, umstürzen. Beim konventionellen Energiemodell geht es darum, dass große Banken den Bau von Großkraftwerken oder Raffinerien durch große Energieversorger an wenigen ausgewählten Orten finanzieren. Beim neuen System geht es darum, dass jeder jeden finanzieren kann, um kleine, dezentrale Energieanlagen zu bauen.

3. **Im Überfluss vorhandene, saubere und partizipative Energie.** Bei der sauberen Disruption geht es um im Überfluss verfügbare, saubere und partizipative Energie. Das derzeitige Geschäftsmodell der Energiewirtschaft basiert auf Knappheit, Raubbau und hierarchisch organisierten Monopolen. Die saubere Disruption ähnelt der informationstechnologischen Revolution, die das alte Verlags- und Informationsmodell gekippt und dazu geführt hat, dass Informationen im Überfluss, partizipativ und im Wesentlichen kostenlos verfügbar geworden sind.
4. **Die saubere Disruption ist unvermeidlich.** Die saubere Disruption der Bereiche Energie und Mobilität ist unvermeidlich, wenn man die exponentiellen Kostenverbesserungen der disruptiven Technologien, die Entwicklung neuer Geschäftsmodelle, die Demokratisierung der Erzeugung, der Finanzierung und des Zugangs zu Energie und Mobilität sowie den exponentiell wachsenden Markt betrachtet.
5. **Die saubere Disruption wird schnell sein.** Sie wird 2030 vorbei sein. Vielleicht bereits vorher.

Erdöl, Erdgas (Methan), Kohle und Uran werden einfach nicht mehr benötigt, um nennenswerte Anteile an der Stromerzeugung und den Antrieb der Automobile bereit zu stellen. Es wird weiterhin Anwendungsbereiche für diese Energiequellen geben. Beispielsweise wird Uran weiterhin für die Herstellung von nuklearen Waffen verwendet werden und Erdgas zum Kochen sowie für die Produktion von Düngemitteln. Obsoleszenz und die saubere Disruption werden die etablierte Industrie nicht vollständig zerstören. Es gibt immer noch Schallplatten, Segelboote und Jukeboxen. Diese Produkte werden in Marktnischen überleben, aber der Energie- und der Transportsektor werden nicht mehr wie heute die Schwergewichte mit vielen Billionen US-Dollar Umsatz im Bereich Energie sein.

In 20 Jahren werden wir uns fragen, wie wir uns mit den entsetzlichen Konsequenzen der etablierten, konventionellen Energiewirtschaft, die acht Billionen US-Dollar pro Jahr erwirtschaftet, abfinden konnten. Würden Nikola Tesla und Thomas Alva Edison von den Toten auferstehen, dann würden sie die Industrie wiedererkennen, die sie vor einem Jahrhundert mit aufgebaut haben – und sie wären enttäuscht, wie wenig sie sich verändert hat. Diejenigen, die man in unserer Zeit mit Pionieren wie Tesla und Edison vergleichen könnte, entwickeln Technologien, Produkte und Geschäftsmodelle, die das Zeitalter der rohstoffbasierten, zentralisierten und schmutzigen Energieversorgung demontieren.

Die erste Welle der Energiedisruption hat mit der dezentralen Erzeugung von Solar- und Windenergie bereits begonnen. Es wird nicht lange dauern, bis die nächste Welle das überrollt, was von der ersten Welle noch übrig geblieben ist.

Der Transportsektor ist eine globale Industrie, die vier Billionen US-Dollar Umsatz macht. Die Transportindustrie ist untrennbar mit der Energieerzeugung verbunden. Das Auto mit Verbrennungsmotor wird bald verdrängt werden, wie in diesem Buch erklärt wird. Diese Entwicklung wird wiederum disruptive Schockwellen für die Erdölindustrie auslösen.

Die erste Disruptionswelle für die ein Jahrhundert alte Automobilindustrie durch Elektroautos ist in vollem Gange. Die zweite disruptive Welle, das selbstfahrende Auto, baut sich auf, bevor die erste Welle ausgerollt ist. Mobilität wird nie wieder sein, wie sie einmal war.

In diesem Buch geht es darum, wie eine neue, technologiebasierte Infrastruktur und eine Reihe von Produkten und Dienstleistungen, die Teil der Wirtschaft sind, die das Silicon Valley im Laufe der letzten Generation zur Quelle von Marktdisruptionen gemacht hat, die Energiewirtschaft stärker umwälzen werden, als alles, was während der letzten hundert Jahre passiert ist.

Eine klassische Silicon Valley-Technologiedisruption

Firmen wie Apple, Google, Intel, Cisco, Facebook, Twitter und eBay unterliegen den Gesetzen der Informationsökonomie. Diese Technologieunternehmen sind wegen steigender Skalenerträge schnell und stark gewachsen.

Ressourcengestützte Energieunternehmen basieren auf der Ökonomie fallender Erträge. Im Silicon Valley geht es um Überfluss, innovative Geschäftsmodelle, eine partizipative Kultur und die Demokratisierung von Macht. Bei ressourcenbasierter Energieerzeugung geht es um Knappheit, auf Rohstoffausbeutung ausgerichtetes Denken, eine hierarchische Kultur und zentralisierte Macht.

Um die Macht der sauberen Disruption zu erklären, hilft es, einen Blick auf eine Branche zu werfen, die vor kurzem durch das Silicon Valley zerstört wurde – die Filmfotografie.

Null Grenzkosten und Disruptionswellen

Das Zeitalter der Filmfotografie ist nicht zu Ende gegangen, weil wir keine Filme mehr hatten. Uns fehlte keine einzige der Komponenten, die für die Herstellung von Filmen oder Filmkameras benötigt werden. Die Filmfotografie wurde durch schnelle Verbesserungen der digitalen Bildgebung und der Informationstechnologien, disruptive Geschäftsmodelle und eine partizipative Kultur zerstört, mit denen die Marktführer Kodak und Fujifilm einfach nicht mithalten konnten.

Das Geschäftsmodell von Kodak, dem Marktführer in der Fotografie des 20. Jahrhunderts, war es, jedes Mal, wenn irgendjemand irgendwo auf der Welt auf den Auslöser seiner Kamera drückte, Geld zu verdienen. Jedes Drücken des Auslösers führte zu einer Zahlung an Kodak. Bei jedem Auslösen wurde der Film belichtet (Geld für Kodak).

Der Film musste mit Spezialpapier entwickelt werden (Geld für Kodak). Das Fotopapier benötigte einen Drucker, der speziell für Fotogeschäfte im Sekundärmarkt entwickelt wurde (Geld für Kodak). Wollen Sie die doppelte Größe und zwei Abzüge von jedem Foto? Geld für Kodak.

Digitalkameras veränderten diese Gleichung. Sobald ein Fotograf eine digitale Kamera hatte, fielen die Zusatzkosten für weitere Bilder im Grunde auf null. Der

Fotograf musste nicht mehr für Film, Filmentwicklung oder den Druck von Fotografien zahlen. Laden Sie die Dateien einfach auf den Computer und freuen Sie sich daran. Löschen Sie das USB-Laufwerk der Kamera, machen Sie so viele Bilder, wie Sie wollen, laden Sie die Dateien auf den Computer und freuen Sie sich daran. Machen Sie das wieder und wieder, solange sie wollen.

Die Energie- und Transportindustrie verfolgt ein ähnliches Geschäftsmodel wie Kodak. Jedes Mal, wenn der Lichtschalter umgelegt wird, fließt mehr Geld an den Energieversorger. Jedes Kippen eines Schalters bedeutet, dass Kohle, Erdöl, Erdgas oder Uran verbrannt wird und wieder mehr Geld für rohstoffbasierte Energielieferanten fließt. Jedes Mal, wenn Sie auf das Gaspedal im Auto treten, fließt Geld an die Ölindustrie. Das Geschäftsmodell ändert sich nicht, wenn Benzin durch Erdgas oder Ethanol ersetzt wird. Jedes Mal, wenn Sie aufs Gaspedal treten, verbrennen Sie immer noch Treibstoff und geben der Energieindustrie Geld.

Solar- und Windenergie verändern die Energiekalkulation genauso, wie Digitalkameras die Rechnung für das Geschäft mit Filmkameras verändert haben. Nach dem Bau einer Solaranlage auf dem Dach fallen die Zusatzkosten für jede weitere Energieeinheit im Grunde auf null, weil Sonne und Wind kostenlos sind. Beim Umlegen des Lichtschalters verbrennt nichts und es fließt kein Geld an den Energieversorger.

Abbildung I.1 – Von der Entwicklung überholtes Einstunden-Filmentwicklungsgeschäft (Foto: Tony Seba)

Das gilt nicht nur für Dachsolaranlagen. Solare Großkraftwerke und Windräder ändern die Kalkulation für den Wettbewerb an Großhandelsstrommärkten. Solar- und Windenergie haben marginale Kosten von null (für die Produktion einer zusätzlichen kWh Strom). In Kapitel 3 wird erklärt, wie Grenzkosten von null bereits heute

Energieversorger, die bei der Energierzeugung von Kohle, Kernkraft, Erdgas und Erdöl abhängen, zerstören.

Kodak versuchte mit seiner Lieferkette für Filmfotografie mit der digitalen Fotografie zu konkurrieren (siehe Abbildung I.1). Zum Beispiel entwickelte Kodak Technologien, um die Entwicklungszeit von Tagen auf Stunden zu reduzieren. Aber das, was die Digitalfotografie disruptiv machte, waren nicht nur die Technologien selbst, sondern auch die innovativen Geschäftsmodelle, die damit verbunden waren. Bei diesen Modellen fielen die Grenzkosten für ein neues Foto auf null. Damit konnte Kodak nicht konkurrieren.

Die Geschichte der Disruption der traditionellen Fotografie durch die Digitalfotografie war mit Kodak nicht zu Ende. Die nächste disruptive Welle kam in Form des in San Francisco ansässigen Flickr, das es einfach machte, Fotos zu veröffentlichen und zu teilen. Und wieder fielen die Kosten, um Bilder hochzuladen und zu speichern auf null. Firmen wie Picasa machten es einfach, Fotos sowohl online, als auch auf dem Computer zu speichern. Und wieder waren die Kosten für jedes weitere Foto gleich null.

Als nächstes kam die disruptive Welle der sozialen Netzwerke. Facebook wurde zu dem Unternehmen, das die meisten Fotos auf der Welt veröffentlichte.

Wenig später kam die Smartphone-Disruption wie ein Überraschungsangriff. Smartphone-Kameras waren genauso gut, wie eigenständige Fotoapparate oder zumindest gut genug, um Alltagsfotos zu schießen. Man konnte Fotos machen, sie bearbeiten und sofort veröffentlichen, ohne das Smartphone aus der Hand zu legen. Instagram, ein Startup-Unternehmen in San Francisco mit einem Dutzend Mitarbeiter, vereinfachte diese Vorgänge und wurde innerhalb kürzester Zeit zu dem am schnellsten wachsenden Unternehmen der Welt, das Fotos veröffentlichte. Facebook übernahm Instagram für eine Milliarde Dollar, bevor Instagram zu einer Gefahr für das soziale Netzwerk werden konnte.

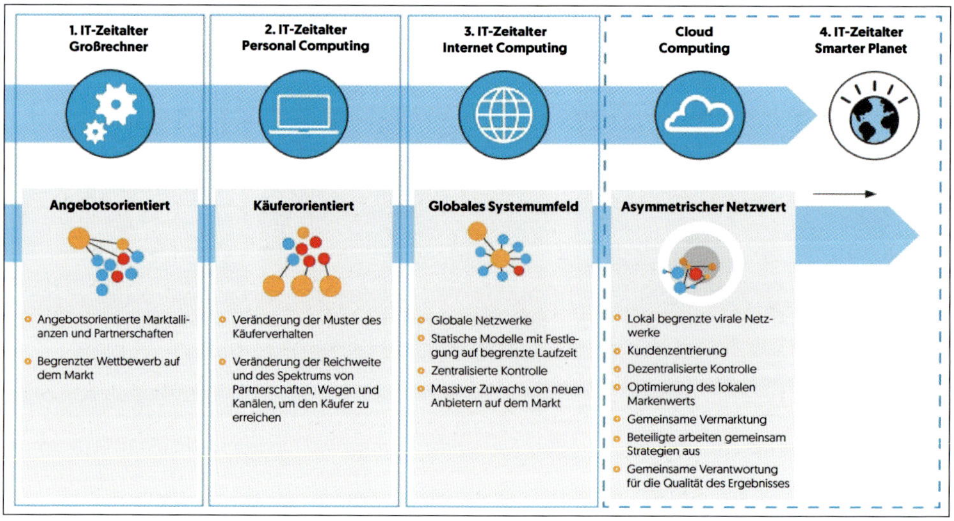

Abbildung I.2 – Disruptive Wellen in der Informationstechnologie (Source: IBM)[1]

Was in der Fotografie und in vielen anderen Branchen passiert ist, nenne ich „Wellen der Disruption“ oder „disruptive Wellen“. In der Vergangenheit gab es diese Wellen einmal in jedem Jahrhundert oder vielleicht einmal in jeder Generation. Die Computerindustrie hat diese disruptiven Wellen beschleunigt, sodass sie nun ungefähr einmal in jedem Jahrzehnt auftreten (siehe Abbildung I.2).

Heute leben wir in einem Zeitalter ständiger Disruption. Sobald disruptive Unternehmen anfangen, den Triumph über ein ehemals etabliertes Unternehmens zu feiern, werden sie selbst zum Ziel der nächsten disruptiven Welle.

Sobald Sony anfing, den Triumph seiner digitalen Kameras über Kodak und Fuji zu feiern, wurde die Digitalfotografie zum Rohstoff für Internetunternehmen wie Flickr. Flickr wurde unterdessen von Yahoo! aufgekauft und während die Flickr-Mitarbeiter die Sektflaschen leerten, wurde die Fotowebseite von Flickr durch soziale Netzwerke wie Facebook überrollt. Facebook wiederum drohte die Ablösung durch Instagram. Jetzt werden Instagram und Facebook von einer weiteren, sich schnell aufbauenden Welle mit SnapChat an der Spitze bedroht.

Die Disruption der Energie- und Transportindustrie, wie wir sie heute kennen, wird hauptsächlich von drei Arten von technologiebasierten Produkten angeführt:

1. Solaranlagen
2. Elektrofahrzeuge
3. Autonome (selbstfahrende) Autos

Solarenergie ist dabei, alle Arten konventioneller Energie abzulösen. Solarenergie ist jetzt bereits günstiger als Atomkraft. Sie ist bereits günstiger als der auf hunderten von Märkten angebotene Strom für Endverbraucher auf der ganzen Welt, von Berlin über Sevilla bis Palo Alto. Auf manchen Märkten hat Solarenergie den Großhandelspreis für Strom bereits um bis zu 40 Prozent gesenkt.

Photovoltaik (PV)-Unternehmen haben ihre Kosten seit 1970 um den Faktor 154 gesenkt. Das entspricht einer klassischen Technologiekostenkurve. Es ist beispiellos, wie Technologieunternehmen Rekorde bei exponentiellen Kostensenkungen erreichen, während sich gleichzeitig die Qualität exponentiell verbessert. Die gleichen wirtschaftlichen Gesetzmäßigkeiten, die bei Digitalkameras, Laufwerken, Mikroprozessoren, Routern und Mobiltelefonen gewirkt haben, werden nun die PV-Technologie bestimmen.

Das E-Auto ist bereits besser, schneller und sicherer als Fahrzeuge mit (Benzin-)Verbrennungsmotoren. E-Autos sind günstiger zu betreiben und instand zu halten. Wegen der Kosten für den Akku ist ein E-Auto zwar immer noch teurer in der Anschaffung. Wie bei anderen technischen Produkten deutet die Technologiekostenkurve für E-Autos jedoch auf einen baldigen Umbruch hin. Innovative Geschäftsmodelle werden den Übergang von Benzinautos zu E-Autos nur beschleunigen.

Den Herstellern von Autos mit Verbrennungsmotoren schlägt ihre Kodak-Stunde schneller als gedacht. Schon 2025 werden Autos mit Benzinmotoren nicht mehr in der Lage sein, mit E-Autos zu konkurrieren.

Das autonome (selbstfahrende) Auto wird schon bald besser, schneller und sicherer sein, als von Menschen gesteuerte Autos. Die disruptive Welle der selbstfahrenden Autos wird die letzten Überreste der Benzinfahrzeuge und der Ölindustrie auslöschen.

Technologiekonvergenz und die saubere Disruption

Im Bereich der sauberen Energien ergänzen und beschleunigen sich die Treiber des Umbruchs (Sonne, E-Autos und selbstfahrende Autos) gegenseitig. Deshalb wird die Disruption der Energie- und Transportindustrie, wie wir sie heute kennen, dynamisch ablaufen.

Denken Sie an das Mobiltelefon, den PC und das Internet. Am Anfang waren das zunächst unterschiedliche Produktgruppen, die unterschiedliche Märkte bedienten. Aber ihre Symbiose ergänzte und beschleunigte wechselseitig die jeweilige Markteinführung. Die Anbieter von Mobiltelefonen, Computern und Internetroutern profitierten alle von erhöhten Investitionen und verstärkter Forschung und Entwicklung für kleinere, leistungsfähigere, modulare energieeffiziente Mikroprozessoren, Graphikprozessoren, Datenspeicher und Netzwerkfähigkeit. Letztlich sind diese ehemals unterschiedlichen Industrien konvergiert. Gemeinsam haben sie eine starke mobile Computer-Infrastruktur gebildet. Diese Infrastruktur umfasst alles vom Mobiltelefon über das Smartphone, das Tablet und den PC bis hin zu Rechenzentren, die Cloudcomputing-Dienste hosten.

Diese Technologien haben Jahrhunderte alte Industrien umgewälzt und dabei das Leben von Milliarden Menschen auf der ganzen Welt verbessert.

Disruption kommt in Wellen und wir erleben immer noch Umwälzungen bei den verschiedenen Kategorien von Computern. Die Verkaufszahlen von PCs sind gesunken, während mehr mobile, internetfähige Plattformen wie Smartphones und Tablets verkauft wurden. Technologiemärkte können sich schnell verändern. Es hat zwölf Jahre gedauert, bis 50 Millionen Laptops verkauft waren, sieben Jahre für 50 Millionen Smartphones, aber nur zwei Jahre für 50 Millionen Tablets.[2]

Der Windows-PC von Microsoft ist „out", während das iOS-iPhone von Apple und das Android-Smartphone von Google „in" sind. Der iPad-Tablet von Apple ist „in" und alle anderen versuchen, ihren Rückstand gegenüber Apple aufzuholen. Der prozentuale Anteil der Zugriffe auf YouTube aus dem mobilen Internet ist von sechs Prozent im Jahr 2011 auf 25 Prozent im Jahr 2012 und auf 40 Prozent im Jahr 2013 angestiegen.[3]

In ähnlicher Weise haben Solarenergie, E-Autos und selbstfahrende Fahrzeuge als unterschiedliche Produkte in unterschiedlichen Märkte begonnen, aber ihre Symbiose ergänzt und beschleunigt die technologische Entwicklung und Markteinführung nun wechselseitig.

Steigende Investitionen in Stromspeicher-Technologien in der Automobilindustrie haben zu mehr Innovationen und einer dadurch bedingten Kostensenkung für Batteriespeicher wie Lithium-Ionen (Li-Ionen)-Akkus geführt. Da Li-Ionen-Akkus billiger werden, können sie vermehrt und wirtschaftlicher für die Speicherung von Solar- und Windenergie genutzt werden. Eine gesteigerte Nachfrage aus dem Solar- und Windbereich führt dazu, dass es mehr Anbieter von Li-Ionen-Akkus gibt, was wiederum die Kosten für E-Autos, Solar- und Windenergie senken wird.

Die gesteigerte Nachfrage nach E-Autos und Solarenergie wird mehr Investitionen für diese Technologien anlocken. Innovative Unternehmen, denen es gelingt, die Kosten zu drücken und die Qualität zu steigern, werden erfolgreich sein. Diese

Aufwärtsspirale von gesteigerter Nachfrage, wachsenden Investitionen und zunehmender Innovation wird die Kosten weiter dramatisch senken. Die Qualitätsvorteile werden sich sowohl für die saubere Energie- und als auch die saubere Transportbranche exponentiell verbessern. Außerdem werden die Technologien konvergieren: Akkus können nicht nur für die Mobilität, sondern auch für die Energiespeicherung im Netz genutzt werden. E-Autos können während der Arbeit aufgeladen werden und damit sowohl Quelle als auch Nutzer der Energie im Haus werden. Das Ergebnis wird ein schneller Übergang vom Transport auf der Basis flüssiger Treibstoffe hin zur Elektromobilität sein.

Das selbstfahrende Auto wird von Verbesserungen bei verschiedenen Technologien profitieren, wie z.B. künstliche Intelligenz, Sensoren, Graphikverarbeitung, Robotik, drahtlose Breitband-Kommunikation, zukunftsweisende Materialien, 3D-Visualisierung, Lidar und 3D-Drucker. Von diesen Technologien werden auch Solar- und Windenergie und E-Autos profitieren.

Heute nutzt das selbstfahrende Google-Auto die Fortschritte bei der Lidar-3D-Visualisierungstechnologie (siehe Kapitel 5). Lidar kann auch für die Erstellung von hochauflösenden Karten für die Forstwirtschaft, die Archäologie, die Seismologie und andere Bereiche genutzt werden. Beispielsweise verwendet die *National Oceanic and Atmospheric Administration* (NOAA, Nationale Ozean- und Atmosphärenbehörde der USA) Lidar, um Daten zu sammeln und Werkzeuge für 3D-Küstenkarten zu entwickeln. Diese Werkzeuge werden Überschwemmungen und Sturmfluten an den Küsten der Vereinigten Staaten exakt abbilden und vorhersagen.[4]

Überall zwischen Cambridge in Massachusetts und San Diego in Kalifornien nutzen Städte Lidar, um 3D-Ansichten aus der Vogelperspektive für die Stadtplanung, Architektur und Gestaltung zu erstellen. Stellen Sie sich eine SimCity-Karte in 3D ähnlich wie bei Google Earth vor, auf der Sie jedes Gebäude beliebig vergrößern können, auf der Sie Gebäude aus verschiedenen Perspektiven betrachten und verschiedene Varianten eines neuen Hauses, einer Klinik oder eines Parks entwerfen können.

Zufällig können Lidar-Daten, die für den Schutz der Küstenbewohner, die Identifizierung von Erdbebenzonen und als Hilfe für Städteplaner bei der Stadtgestaltung entwickelt worden sind, auch zur genaueren Einschätzung des Solarpotentials einer Region verwendet werden. Lidar-Daten können sogar zur Planung von Solaranlagen auf Dächern von Gebäuden verwendet werden. Eine Studie des MIT, die vor kurzem veröffentlicht wurde, kam zu dem Schluss, dass die Planung einer Solaranlage mit Lidar-Datenkarten zu einer „besseren Prognose der PV-Ausbeute und einer Kostenreduktion von 10,8 Prozent" führt.[5] Von Lidar gemessene Daten zur Windgeschwindigkeit, zum Winkel und zur Intensität des Windes können von Managern zur Verbesserung der Planung und des Betriebs von Windkraftanlagen verwendet werden.

Lidar ist ein Beispiel für eine Technologie, die exponentiell besser wird und für selbstfahrende und elektrisch betriebene Fahrzeuge ebenso wie für Solar- und Windkraftanlagen verwendet werden kann. Wenn der Markt für autonome Fahrzeuge wächst, wird die Nachfrage nach Lidar steigen. Das wird wiederum mehr Investitionen in die Forschung und Entwicklung von Lidar anlocken. Die Kombination dieser Faktoren wird zu geringeren Kosten für Lidar-Produkte führen, wovon nicht nur die Branche für selbstfahrende Fahrzeuge, sondern auch Solar- und Windenergie profitieren werden.

Da das selbstfahrende Auto im Wesentlichen ein mobiler Computer ist, wird es auch von den Fortschritten bei den Datenverarbeitungs- und Kommunikationstechnologien profitieren, die es im Silicon Valley bereits gibt: Datenspeicherung, Computer, Betriebssysteme und Anwendungssoftware, Kommunikation und Graphikbeschleuniger.

„Elektrofahrzeuge sind die natürliche Plattform für autonome Autos", meinte der Direktor des Nissan Research Centers, Takeshi Mitamura, bei einem Gespräch in seinem Büro in Sunnyvale im Silicon Valley. Nissan hat die Markteinführung eines selbstfahrenden Autos für das Jahr 2020 angekündigt.[6]

Partizipative Energie, innovative Geschäftsmodelle und Disruption

Bei der sauberen Disruption in den Bereichen Energie und Transport geht es auch um innovative Geschäftsmodelle, die Entwicklung neuer Produkte und Dienstleistungen, die Dominanz in kleinen Märkten und exponentielles Wachstum, bis die Etablierten zum Kollateralschaden werden.

Bei dieser Disruption geht es auch um ein völlig neues Energiesystem. Das Internet hat durch seine dezentrale Struktur die Bereiche Information, Kommunikation und Datenverarbeitung zu einem großen Teil umgewälzt. Die Informationstechnologie hat sich von einem zentralisierten, auf die Anbieter ausgerichteten, hierarchischen Modell zu einem dezentralen, verbraucherorientierten, partizipativen Modell gewandelt.

Die Art und Weise, wie wir Informationen produzieren, speichern, verteilen und nutzen, hat sich radikal verändert.

Dezentrale Technologien, die durch innovative, disruptive Geschäftsmodelle ermöglicht wurden, haben wiederum das Aufblühen neuer Technologien ermöglicht, die ihrerseits einen Wandel der Informationskultur bewirkt haben. Das heutige Informationsmodell ist nicht mehr zentralisiert, sondern partizipativ. Letztlich hat die Umstellung von der zentralisierten zur dezentralen Informationstechnologie in dieser Branche alles verändert. Es hat sogar die Gesellschaft insgesamt verändert. Menschen möchten Inhalte nicht nur konsumieren, sondern auch selbst gestalten und mit anderen teilen. Unternehmen, die Menschen die Teilnahme an der Gestaltung und Verbreitung von Inhalten ermöglicht haben, wurden dafür bereits reichlich belohnt. Der Aufstieg von Facebook, Twitter und LinkedIn bestätigt das.

Im Energiebereich wird das nicht anders sein.

Millionen von Routern waren erforderlich, um die Infrastruktur des Internets aufzubauen und zu unterstützen. Heute werden Solarmodule und E-Autos benötigt, um die neue Energie- und Transportinfrastruktur zu „untermauern". Aber wir müssen uns im Klaren sein, dass es bei Solaranlagen und E-Autos auch um einen Wandel der Struktur des Energiesystems geht. Dieses neue Energiesystem wird die Art und Weise verändern, in der wir Energie produzieren, speichern, verteilen und nutzen. Es wird zu neuen disruptiven Technologien und Geschäftsmodellen führen und sogar zu einem kulturellen Wandel, wie wir über Energie denken.

Das partizipative Energiemodell

Die Revolution der Informationstechnologie hat die Rechenleistung und Intelligenz vom Zentrum an die Ränder verschoben. Ausgehend von Großrechnern haben wir uns in weniger als drei Jahrzehnten über Minicomputer und PCs hin zu Mobiltelefonen und Tablets bewegt. Die Knotenpunkte werden immer kleiner, besser vernetzt und intelligenter. Die Umstellung ist noch lange nicht beendet. Die Welt der Billionen Sensoren ist zum Greifen nah.[7]

Die Revolution der Informationstechnologie kam nicht nur durch die Miniaturisierung der Technologien zustande. Es handelte sich um einen Wandel von einem auf die Anbieter ausgerichteten, zentralisierten Informationsmodell zu einem benutzerorientierten, partizipativen Informationsmodell.

Die digitalen Konsumenten des 21. Jahrhunderts erleben eine stetige Zunahme ihrer Fähigkeiten durch dezentrale Technologien, die auf dem Internet und auf dem Smartphone basieren. Verbraucher, die vorher nur Zugang zu ein oder zwei lokalen Zeitungen hatten, können nun Informationen aus aller Welt erhalten. Lokalzeitungen sind nicht ausgestorben, aber sie sind angeschlagen und geschwächt.

Auf den Spuren der Informationstechnologie bewegt sich die Disruption der Energie- und Transportsysteme schnell in Richtung eines partizipativen Energiemodells. Wir steuern auf ein dezentrales System der Energieerzeugung und -nutzung zu, das durch Software, Sensoren, künstliche Intelligenz, Robotik, Smartphones, mobiles Internet, große Datenmengen, Analytik, Satelliten, Nanotechnologie, Energiespeicherung, Materialwissenschaft und andere exponentiell wachsende Technologien ermöglicht wird.

Solaranlagen sorgen dafür, dass die Energieproduktion vom Zentrum (große, zentrale Kraftwerke als Knotenpunkte) an die Ränder (zur Verbraucherseite) verschoben werden. So wie das in der Informatik passiert ist, werden die Energie-Knotenpunkte kleiner, modularer, besser vernetzt und intelligenter.

Willkommen im Zeitalter der partizipativen Energie, in der jeder Endverbraucher dazu beitragen kann, dass Energie finanziert, erzeugt, gespeichert, gemanagt und gehandelt wird.

Dank der dezentralen Natur der Solarenergieproduktion und frei zugänglicher Informationen über Energie, können Verbraucher sich selbst aussuchen, woher sie ihre Energie beziehen. Die Mobilität und Konnektivität von E-Autos wird diese Fahrzeuge zu intelligenten Geräten machen, die Energie erzeugen, speichern, steuern und managen können. Bald werden Einzelpersonen an der Entscheidung mitwirken, welcher Anbieter die Energie bereitstellt und wer ihre effiziente Nutzung steuert.

Die Ökonomie der Silicon-Valley-Technologie: steigende Erträge

Dezentrale Solarstromerzeugung, E-Autos und selbstfahrende Fahrzeuge sind Produkte der Informationstechnologie. Als solche sind sie von der Informationsökonomie und von steigenden Erträgen geprägt. Genauso wie PCs und Tablets unterliegen sie dem Mooreschen Gesetz.

Steigende und sinkende Erträge: Technologie vs. Rohstoff-Förderung

Die Ökonomie der konventionellen Energiequellen ist von fallenden Erträgen geprägt. Deshalb kann die konventionelle Energiegewinnung nicht mit Technologiezweigen konkurrieren, die auf steigenden Erträgen basieren.

Betrachten wir den neuen Liebling der konventionellen Energieindustrie: „Hydraulic Fracturing", auch bekannt als „Fracking". Um eine einzige Erdöl- oder Erdgasquelle zu „fracken", benötigt man hunderte LKWs, Millionen Liter Wasser und tonnenweise Sand, die mit hunderten von Chemikalien in den Boden gepumpt werden. Zudem braucht man tausende Kilometer Pipelines, gewaltige Fabriken zum Verflüssigen oder Komprimieren des Gases, bevor es verschifft oder gelagert werden kann, und gewaltige Häfen mit gewaltigen Anlagen zur Dekompression des Gases, bevor es wiederum über eine Pipeline zum Kraftwerk geleitet werden kann. Die Stromerzeugung kann erst beginnen, wenn der gesamte Prozess, der einer Rube-Goldberg-Maschine ähnelt, abgeschlossen ist.

Die Erträge aus diesen Bohrlöchern beginnen zu fallen, sobald man anfängt, Öl oder Gas zu fördern. Trotz der Nachrichten über reichlich vorhandene Ressourcen und ein „Goldenes Energiezeitalter" sind nach einem Jahr bereits 60 bis 70 Prozent der Fracking-Bohrlöcher erschöpft.[8]

Die Industrie hat angefangen, dieses Erschöpfungsphänomen als „Red-Queen-Syndrom" zu bezeichnen (nach der Roten Königin aus „Alice im Spiegelland", die Alice erklärt: „Hierzulande musst du so schnell rennen, wie du kannst, wenn du am gleichen Fleck bleiben willst."). Wegen des Red-Queen-Syndroms müssen Millionen neuer Quellen gefrackt werden, nur um die derzeitige Produktion aufrecht zu erhalten. Das ist nicht nur ein „Fracking"-Phänomen. Der Ertrag aus den traditionellen Quellen sinkt innerhalb von nur zwei Jahren um die Hälfte. Anschließend tropfen die Quellen dann nur noch so vor sich hin.

Die Förderung von Rohstoffen unterliegt dem ökonomischen Gesetz *fallender Erträge*:

- Je mehr abgepumpt wird, desto weniger produziert die jeweilige Quelle.
- Je mehr abgepumpt wird, desto weniger kann aus der benachbarten Quelle gewonnen werden.
- Je mehr abgepumpt wird, desto mehr wird jede Energieeinheit in Zukunft kosten.

Bei Solarenergie, E-Autos und der sauberen Disruption geht es um *steigende Erträge*.

Photovoltaik (PV)-Module haben eine Lernkurve von 22 Prozent. Die PV-Produktionskosten sind mit jeder Verdopplung der Infrastruktur um 22 Prozent gesunken. Je größer die Nachfrage auf dem Markt ist, umso weniger bezahlt Ihre Nachbarin für ihre Module und umso mehr profitiert Ihre Nachbarin davon. Jedes Mal, wenn in Deutschland eine Solaranlage gebaut wird, profitieren die Kalifornier von den geringeren Kosten beim Bau der nächsten Solaranlage. Jedes Solarmodul, das in Australien verkauft wird, senkt die Kosten für das nächste Solarmodul in Südafrika. Die geringeren Kosten kommen allen neuen Solarstromkunden zugute.

Von jeder großen Solaranlage in der Wüste profitieren nicht nur die Käufer des Stroms dieser Anlage, sondern auch alle Käufer von Solarstrom in der Zukunft.

Je höher die Nachfrage nach PV-Modulen ist, umso geringer sind die Kosten für alle, überall auf der Welt. Ihr Nachbar profitiert, der Besitzer einer Lagerhalle in Australien profitiert und die Solaranlagenkäufer von morgen profitieren von den geringeren Kosten. All das zusammen ermöglicht mehr Wachstum auf dem Solarmarkt. Wegen der solaren Lernkurve führt das wiederum dazu, dass die Kosten weiter sinken.

Dieser wechselseitige Gewinn ist das Gegenteil dessen, was bei rohstofffördernden Branchen wie der Öl- und Gasindustrie passiert. Als der chinesische Ölbedarf in den letzten Jahrzehnten zunahm, stieg der weltweite Ölpreis um den Faktor zehn. Je größer der Bedarf an Erdöl in Beijing ist, desto höher ist der Ölpreis in Palo Alto und Sydney.

Das ist nicht nur ein theoretischer Analyserahmen. Seit 1970 hat sich die Kostenbasis für PV im Vergleich zum Erdöl um mehr als das Fünftausendfache verbessert (s. Kapitel 7). Da der Markt für Solarenergie wächst, wird sich 2020 die Kostenbasis für Solarenergie im Vergleich zu Erdöl um den Faktor zwölftausend verbessert haben (s. Kapitel 7).

Die Ökonomie der Ausbeutung von Energieressourcen, die auf fallenden Erträgen basiert, kann einfach nicht mit der Ökonomie der Technologiebranche und ihren steigenden Erträgen mithalten.

Das Red-Queen-Syndrom drängt die Fossilwirtschaft nicht nur, mehr Quellen auszubeuten, sondern auch tiefer zu bohren, aggressivere Chemikalien zu benutzen und mehr Flächen zu verwüsten. Die Industrie der fossilen Treibstoffe muss so handeln, nur um ihre Erträge aufrecht zu erhalten. Die vom Ölkonzern BP verursachte Umweltkatastrophe im Golf von Mexiko und die Monstrosität der Ölsandgewinnung in Alberta sind keine Ausnahmen; sie sind die unvermeidliche Folge der „Roten Königin", die immer „schneller rennen muss, um am gleichen Platz zu bleiben".

Netzwerkeffekte und die saubere Disruption des Energie- und Transportsystems

Netzwerkeffekte erklären, warum der Wert eines Netzwerks sogar dann exponentiell wächst, wenn die Zahl der Knotenpunkte im Netzwerk nur linear wächst. Netzwerkeffekte sind der Grund, warum AT&T die Telekommunikation in den USA ein Jahrhundert lang vollständig beherrschte; sie erklären, warum Microsoft Windows über drei Jahrzehnte hinweg solche Gewinne abgeworfen hat und warum das iOS von Apple und die Android-Plattform von Google so wertvoll wurden. Netzwerkeffekte funktionieren nach dem „Der Gewinner bekommt alles"-Prinzip. Nachdem eine Technologieplattform wie Windows, Android oder TCP/IP einen Markt mit Netzwerkeffekten für sich erobert hat, ist es für andere äußerst schwer, auf diesem Markt zu konkurrieren.

Netzwerkeffekte gelten auch für den Markt mit selbstfahrenden Fahrzeugen. Je mehr selbstfahrende Autos auf der Straße fahren, umso mehr profitieren andere selbstfahrende Autos auf der Straße davon (siehe Kapitel 5). Das ist der Grund, weshalb sich der Wert des Marktes für selbstfahrende Fahrzeuge exponentiell (nicht linear) vergrößert. Daher werden die Erträge von Unternehmen, die auf dem Markt für selbstfahrende Fahrzeuge erfolgreich sind, mit jedem zusätzlichen selbstfahrenden Auto auf dem Markt, steigen.

Netzwerkeffekte bedeuten auch, dass Märkte mit der exponentiellen Geschwindigkeit von Facebook, Apple iOS und Google Android wachsen können – und nicht nur schrittweise, wie es bei General Motors und British Petroleum der Fall ist.

Das Mooresche Gesetz und die saubere Disruption des Energie- und Tranportsystems

Elektrofahrzeuge sind vernetzte, mobile IT-Plattformen.

Das Tesla Model S führt Software-Downloads über Mobilfunk durch, um sein Betriebssystem zu aktualisieren oder zu reparieren.[9] Dieses Auto hat eine integrierte 3G-Verbindung und kann über WiFi einen Zugang zum Internet herstellen. In dieser Beziehung unterscheidet sich das Tesla Model S nicht grundlegend von unserem Smartphone oder Tablet. Der Tesla entspricht eindeutig nicht dem „Oldsmobile" aus der Zeit Ihres Vaters – und die Hersteller des „Oldsmobiles" aus der Zeit Ihres Vaters können auch sicherlich nicht mit Tesla konkurrieren.

Das E-Auto ist ein IT-Produkt. Wie viele IT-Produkte profitiert es vom Mooreschen Gesetz (oder einer Variante davon). Das Mooresche Gesetz besagt, dass die Mikroprozessortechnologie sich mit einer jährlichen Rate von 41 Prozent verbessert. Gemäß diesem Gesetz wird ein Computer jedes Jahr um 41 Prozent besser (schneller, kleiner, leistungsfähiger) – bei gleichbleibendem Preis.

Wenn dieses Wachstum über viele Jahre anhält, bekommt man exponentiell verbesserte IT-Produkte wie Computer, Smartphones und Tablets. Diese Art der Technologieverbesserung ist der Grund dafür, dass Mikroprozessoren eintausend mal leistungsfähiger sind als noch vor 20 Jahren und eine Million mal leistungsfähiger als vor 40 Jahren. Exponentielle Technologieverbesserungsraten erklären, warum das Silicon Valley in den letzten Jahrzehnten Technologien und Firmen hervorgebracht hat, an denen andere pleite gegangen sind. Mit Produkten, die exponentiell besser werden, kann man nicht konkurrieren, es sei denn, die eigenen Produkte werden ebenfalls exponentiell besser. Wenn die Konkurrenz schneller besser wird als man selbst, ist man erledigt. Dann ist es nur noch eine Frage der Zeit, bis der Insolvenzverwalter an Ihre Tür klopft. Fragen Sie Kodak.

Das Hendysche Gesetz ist das Äquivalent des Mooreschen Gesetzes für Bilder. Entdeckt von Barry Hendy (Kodak) im Jahr 1998 besagt das Hendysche Gesetz, dass sich die Anzahl der Pixel pro Dollar alle 18 Monate verdoppelt. Das entspricht einer durchschnittlichen jährlichen Wachstumsrate von 59 Prozent, was sogar schneller als beim Mooreschen Gesetz ist. Um auf dem Markt der digitalen Bildverarbeitung konkurrenzfähig zu sein, muss man diese Rate erreichen oder übertreffen.

Apple erhält wohlverdiente Anerkennung für seine innovativen und formschön gestalteten Produkte. Wenn Sie aber eines dieser iPhones öffnen, dann werden Sie auf Technologien stoßen, die sich ganz im Einklang mit dem schönen Design exponentiell verbessert haben. Das iPhone 5S hat eine 40-fache CPU-Leistung im Vergleich zum ursprünglichen iPhone[10]. Das entspricht einer 85-prozentigen Verbesserungsrate pro Jahr. Das iPhone 5S hat auch eine 56-fach verbesserte Graphikleistung. Das entspricht einer jährlichen Verbesserungsrate von 96 Prozent!

Nur um mit dem iPhone mithalten zu können, müssen die Konkurrenten die graphische Leistung bei gleichbleibenden Kosten jedes Jahr verdoppeln!

Wenn sich Ihr Konkurrent entlang der Kurve des Mooreschen Gesetzes (oder seinem Pendant) bewegt und Sie tun das nicht, dann sind sie als Wettbewerber chancenlos. Es ist nur eine Frage der Zeit, bis die Disruption Ihre Firma erreicht. Das gilt innerhalb der Branche genauso wie außerhalb. Fragen Sie Nokia und Blackberry.

Sollten die Führungskräfte in der Automobilindustrie von Detroit schlaflose Nächte verbringen, wenn die Elektrofahrzeuge von Tesla einer Variante des Mooreschen Gesetzes folgen? Und wie wäre es mit mehreren Entwicklungen, die dem Mooreschen Gesetz folgen, jeweils bezogen auf einen der verschiedenen Bausteine der Technologieangebote von Tesla?

Um mit den Fortschritten von Elektrofahrzeugen mithalten zu können, tun Hersteller von Autos mit Verbrennungsmotoren vielleicht so, als ob sie einer schnelleren Exponentialkurve folgen, aber das können sie nicht. Das „Oldsmobile" aus der Zeit Ihres Vaters verbessert sich vielleicht jedes Jahr marginal (ein paar Prozentpunkte pro Jahr), aber es kann sich nicht mit exponentieller Geschwindigkeit verbessern. Autos mit Verbrennungsmotor sind erledigt. Kapitel 4 untersucht viele Gründe, warum die disruptive Welle durch E-Autos sicher kommen wird.

Die große, zentralisierte, top-down organisierte und auf die Anbieter ausgerichtete Energieversorgung geht ihrem Ende entgegen. Sie wird durch eine modulare, dezentrale, bottom-up organisierte, wissensgestützte und verbraucherzentrierte Energieversorgung ersetzt werden. Diese Revolution der Energieindustrie erzeugt in Verbindung mit der Umwälzung der Automobilindustrie einen Dominoeffekt. Viele Branchen werden umgewälzt werden: Der Schiffsverkehr, der Lastkraftverkehr, die öffentlichen Verkehrsmittel, Autovermietungen, Parken und Versicherungen. Die Städteplanung und das Management von Grundstücken werden sich dramatisch ändern. Die Auswirkungen sind atemberaubend.

All das geschieht nicht nur im Silicon Valley oder im Bereich der digitalen Medien. Jede wichtige Branche könnte in den nächsten zehn bis fünfzehn Jahren einen radikalen Umbruch erleben.

Die hundert Jahre alte Energie- und Transportbranche steht an der Schwelle zu dieser Disruption. Der Wandel hat bereits begonnen und der Umbruch kommt schnell. Konventionelle Energiequellen sind bereits obsolet oder werden es bald sein. Das Geschäftsmodell, auf das sie sich stützen, kann mit der durchschlagenden Kraft von Technologien wie Solar, E-Autos und selbstfahrenden Autos nicht konkurrieren. Die innovativen Geschäftsmodelle und die partizipative Kultur, die aus dem Silicon Valley kommen, werden sich durchsetzen.

Was wird aus den 100 Jahren Erdöl (oder Erdgas oder Kohle oder Uran)?

Erinnern Sie sich an die Gespräche über den Spitzenverbrauch an Papier („Peak Paper") in den 1990er Jahren und darüber, ob die Vereinigten Staaten genug Papier hätten, um das Jahrhundert zu überstehen? Ich auch nicht. Das Internet hat die Zeitungsindustrie nicht verdrängt, weil uns das Papier ausgegangen ist.

Erinnern Sie sich an die Krise der Schallplatten („Peak Vinyl") oder CDs („Peak CD")? Ich auch nicht. Das Internet hat die Musikindustrie nicht umgewälzt, weil wir das eine oder das andere nicht mehr produzieren konnten.

Das Internet war einfach ein Weg, der schneller, sauberer, billiger und wesentlich attraktiver war, um Inhalte zu produzieren, zu speichern, zu übermitteln und zu konsumieren. Die Zeitungsindustrie und die Musikindustrie können mit dem Internet nicht mithalten. Das Internet hat disruptive Produkte, Dienstleistungen und Geschäftsmodelle ermöglicht. Es hat eine partizipative Kultur entwickelt, die die konventionelle Zeitungs- und Musikindustrie überflüssig gemacht hat.

Die nationale Debatte (wenn man das so nennen kann) über Energie in den Medien, in politischen Kreisen und der Energieindustrie ist von der Frage geradezu besessen, ob wir am Fördermaximum des Ölverbrauchs („Peak oil") angekommen sind und ob es genügend Erdgas (oder Atomkraft oder Kohle) gibt, um die nächsten dreißig, einhundert oder vierhundert Jahre zu überstehen. Diese Debatte geht am Kern des Themas vorbei.

Das Mobiltelefon hat die alte Festnetzbranche nicht verdrängt, weil uns das Kupfer ausgegangen wäre. Das Kupfer im Boden reicht für weitere hundert Jahre, aber das ist kein guter Grund, um in Telefonleitungen zu investieren.[11] Noch einmal: Die Mobiltelefonbranche hat die Festnetztelefonie verdrängt, weil Mobiltelefone eine schnellere, sauberere, günstigere und wesentlich attraktivere Art der Kommunikation sind und weil sie es ermöglichen, Inhalte zu produzieren, zu speichern, zu übermitteln und zu konsumieren.

Wenn Sie einfach die Wörter *Erdöl, Erdgas, Kohle* oder die konventionelle Energiequelle Ihrer Wahl durch *Papier, Vinyl* oder *Film* ersetzen, können Sie einen Blick in die Zukunft der Energieversorgung werfen.

Die saubere Disruption des Energie- und Transportsystems durch Technologien, die exponentiell besser werden, neue Geschäftsmodelle und die partizipative Kultur des Silicon Valley ist unvermeidlich und wird schnell kommen.

Das Energie- und Transportsystem, wie wir es heute kennen, wird bis 2030 Geschichte sein.

Kapitel 1

Die solare Disruption

***„Viele Menschen glauben, dass sie denken,
wenn sie in Wahrheit nur ihre Vorurteile neu ordnen."***

– Aldous Huxley

***„Erst ignorieren sie dich, dann lachen sie über dich,
dann bekämpfen sie dich, dann gewinnst du."***

– Mahatma Gandhi

***„Wenn man die Kosten für die Solaranlage auf einem Dach
vor einem Jahr oder sogar erst vor drei Monaten berechnet hat,
ist das bereits völlig überholt."***

– David Crane (CEO, NRG Energy)

Am 1. Februar 2013 unterzeichnete El Paso Electric einen Vertrag mit First Solar, um Strom für 5,79 US-Cent pro kWh aus dem 50 MW-Macho-Spring-Projekt zu beziehen. Nach Beispielen, die *Bloomberg* zusammengestellt hat, ist das „weniger als die Hälfte der 12,8 US-Cent pro kWh, die Strom aus typischen neuen Kohlekraftwerken kostet".[12]

Die Kosten für Solarenergie sinken so schnell, dass Solarenergie bereits zum günstigsten Stromlieferanten für Energieversorger, Einzelhandel, Gewerbe- und Privatkunden wird. Das gilt für Australien, die USA, Deutschland, Spanien und viele andere Märkte auf der ganzen Welt.

Mit einem durchschnittlichen jährlichen Wachstum von 82 Prozent (siehe Abbildung 1.1), ist der Zubau an Solaranlagen in den USA von 435 MW im Jahr 2009 auf 4.751 MW im Jahr 2013 gestiegen.[13] Solarenergie machte im Jahr 2013 bereits 29 Prozent aller neuen Erzeugungskapazitäten aus, nach 10 Prozent im Jahr 2012 und 4 Prozent im Jahr 2010.[14]

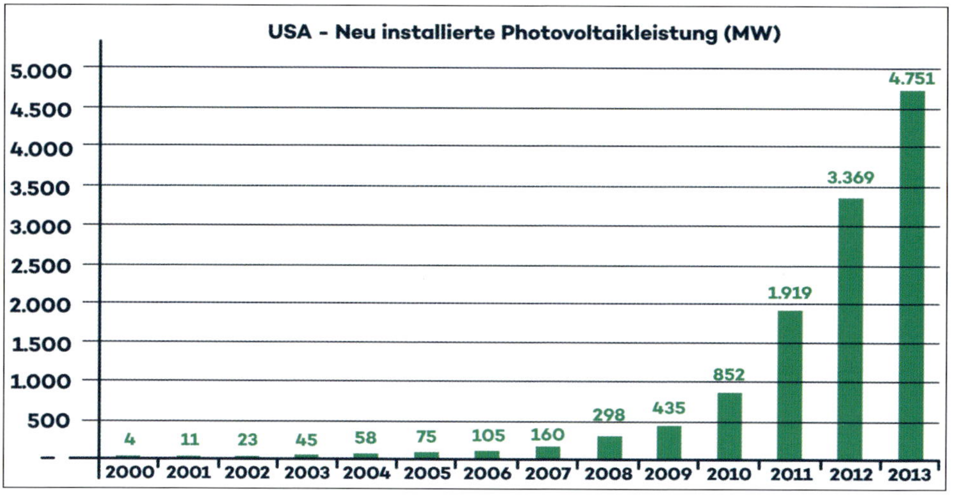

Abbildung 1.1 – Neue Photovoltaikanlagen in den USA (Datenquelle: SEIA)

An einem klaren Nachmittag am 25. Mai 2012 stellten Solaranlagen in Deutschland 22 GW (Gigawatt) Leistung bereit: Das entsprach einem Drittel des gesamten deutschen Strombedarfs.[15] Der Weltrekord für den solaren Deckungsanteil am Strombedarf wurde am 25. Mai 2012 gebrochen. Am folgenden Nachmittag erzeugten Solaranlagen rund 50 Prozent des Stroms in Deutschland, womit der am Vortag aufgestellte Rekord bereits gebrochen wurde.

Eines von zwei Elektronen im deutschen Stromnetz war eine Mikrosekunde zuvor noch Sonnenschein. So erstaunlich diese Zahlen zur Marktdurchdringung zunächst waren, sind sie inzwischen alltäglich geworden.

In Deutschland, einem Land, das halb so viel Sonnenschein (Sonneneinstrahlung) wie die USA hat, hat Sonnenenergie dazu geführt, dass die Großhandelsstrompreise im Jahr 2013 im Vergleich zu 2008 um mehr als 40 Prozent gesunken sind.[16] Das entspricht einer Kosteneinsparung von 5 Milliarden Euro (6,7 Milliarden US-Dollar) für die deutsche Wirtschaft.[17] Solarenergie hat zusätzlich die Preisschwankungen stabilisiert (siehe Abbildung 1.2).

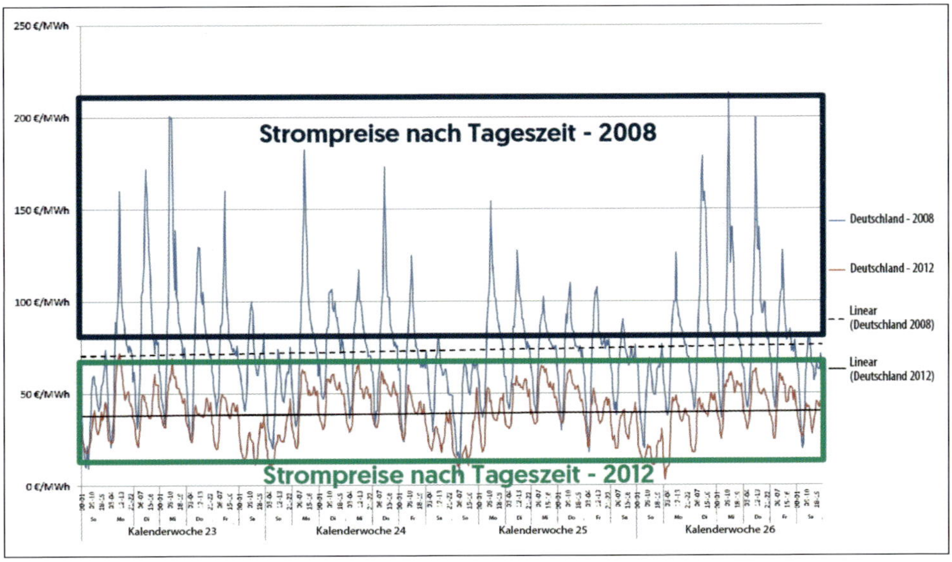

Abbildung 1.2 – Großhandelsstrompreise in Deutschland, 2008, 2012 und 2013. Höhere Solarenergienutzung hat sowohl den Strompreis gesenkt, als auch die Preisschwankungen stabilisiert. (Quelle: Meikle Capital)[18]

Die Kombination aus Wind und Sonne ist ebenso leistungsstark. Am 3. Oktober 2013 lieferten Sonne und Wind kurz vor 12 Uhr 59,1 Prozent des deutschen Stroms.[19] Genau einen Monat später, am 3. November 2013, erzeugte Wind mehr als 100 Prozent des dänischen Strombedarfs.[20] Sie haben richtig gelesen: 100 Prozent des dänischen Stroms war kinetische Energie, die nicht mal eine Sekunde zuvor noch im Wind steckte.

Auf der anderen Seite der Erde hat Australien einige eigene Weltrekorde aufgestellt: Eine Million Solaranlagen in ungefähr vier Jahren.[21] Das entsprach einem Marktanteil von 11 Prozent aller privaten Stromverbraucher des Landes. Es hat ungefähr zwölf Jahre gedauert, bis Deutschland die Eine-Millionen-Marke für Solaranlagen erreicht hatte (Deutschland hat mittlerweile 1,3 bis 1,4 Millionen Anlagen).[22] Bangladesch erreichte sein Ziel, eine Million private Solaranlagen zu installieren, Jahre vor dem geplanten Zeitpunkt.

Zurück in die USA: Warren Buffet, Amerikas erfolgreichster Investor, hat sich zu einem der größten Solar-Investoren weltweit entwickelt. MidAmerica Energy, ein Tochterunternehmen von Buffets Berkshire Hathaway, investierte zwischen 2 und 2,4 Milliarden US-Dollar in einen Solarpark, der bei seiner Fertigstellung im Jahr 2015 mit 579 MW das größte Solarprojekt weltweit sein wird.[23]

Ein relativ kleines, finanziell umsichtiges, regionales Energieversorgungsunternehmen, das bisher den Großteil seines Stroms mit Kohle erzeugt hat (58 Prozent), besitzt nun das weltweit größte Entwicklungsprojekt für Solarenergie.[24]

Normalerweise ist Warren Buffett der Wall Street einen Schritt (oder zwei) voraus. Sind seine Investitionen in Solarenergie ein früher Indikator für die Akzeptanz von Solarstrom bei Mainstream-Investoren? Warren Buffett wartet nicht lange auf die Antwort. Mid-American kaufte auch den zweitgrößten Solarpark der Welt (550 MW) für zwei Milliarden US-Dollar, sowie eine 49-prozentige Beteiligung an einem 290

MW-Solarpark in Arizona.[25] Als MidAmerican Geld für diese Projekte einsammelte, waren alle überzeichnet.

Zur gleichen Zeit gab MidAmerican bekannt, dass das Unternehmen sieben Kohlekraftwerke stilllegen will (siehe Kapitel 10).

Solarenergie ist angekommen. Solarenergie steht an der Schwelle dazu, die größte Industrie der Welt umzuwälzen.

Billiger Solarstrom mit hohen Marktanteilen

Der Erfolg von Solarenergie hat Mythen zerstört und ist auf dem besten Weg, mit Falschaussagen aufzuräumen, die die konventionelle Energieindustrie bis zum Überdruss wiederholt: Solar sei teuer, Solar sei nicht skalierbar, es würde viele Jahrzehnte dauern, bis Solarstrom ein Massenmarkt wird und Solarstrom würde das Netz zerstören.

Seit ich mein Buch „Solar Trillions" im Jahr 2010 veröffentlicht habe, hat sich in der Energiewelt viel getan. Damals war es schwer, Entscheidungsträger davon zu überzeugen, dass Solarenergie bald die größte Energiequelle der Welt sein wird. Mittlerweile ist diese Auffassung wesentlich besser akzeptiert. Die Frage ist nicht *ob*, sondern *wann* es passieren wird. Selbst der Ölriese Shell sagt nun, dass Solarenergie der Spitzenreiter der Energiequellen sein wird.[26] Die Vorhersage von Shell liegt allerdings um etwa 70 Jahre daneben.

Wir befinden uns bereits in einem schnellen, disruptiven Übergang vom jahrhundertalten Modell des zentralisierten Bergbaus und der Energieproduktion aus fossilen Brennstoffen, hin zu einem sauberen, dezentralen, technologiebasierten System. Dieser Umbruch wird im Jahr 2030 fast abgeschlossen sein.

Exponentielles Wachstum von Solarmärkten

Die installierte Photovoltaikleistung auf der Welt ist von 1,4 GW im Jahr 2000 auf 141 GW Ende 2013 angewachsen (siehe Abbildung 1.3). Das entspricht einer weltweiten jährlichen Wachstumsrate von 43 Prozent.[27] In den USA hat sich die installierte Solarleistung in den vergangenen drei Jahren jedes Jahr nahezu verdoppelt. In China hat sich die Installation von Solaranlagen im Jahr 2013 verdreifacht.[28]

Deutschland ist weiterhin der führende Anwender von Solartechnik weltweit. Im Juni 2013 waren bereits 34,1 GW Solarleistung am Netz.[29] Diese Zahl entspricht der Spitzenleistung von 34 Atomkraftwerken. 2012 schwankte die maximale monatliche Energieproduktion aus konventionellen Quellen in Deutschland zwischen 50 und 65 GW.

Heute ist es ziemlich üblich geworden, dass an einem sonnigen Nachmittag zwischen 20 und 35 Prozent des gesamten deutschen Strombedarfs durch Solarstrom gedeckt wird. An 24 aufeinanderfolgenden Tagen im Mai 2012 erzeugten Solaranlagen 20 Prozent des gesamten Bedarfs.[30] Deutschland hat seitdem 7,6 GW Solarleistung zugebaut. Die Grenzkosten für Solarstrom, die bei null liegen, haben die Großhandelsstrompreise gesenkt.

Europa hat den Übergang zur sauberen und dezentralen Stromerzeugung fortgesetzt. Im Jahr 2011 waren 48 Prozent der neuen Kraftwerkkapazitäten in Europa

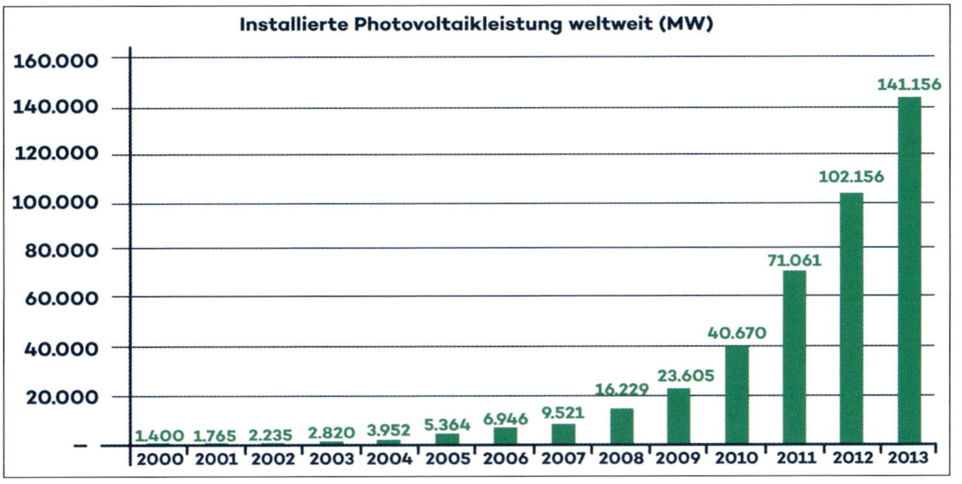

Abbildung 1.3 – Globale PV-Anlagen in MW (Datenquelle: EPIA und BNEF)

Photovoltaik und 21 Prozent Windkraft (siehe Abbildung 1.4). 2011 waren also 69 Prozent aller neu installierten Kraftwerkskapazitäten in Europa *sauber* (Sonne oder Wind).

Wir sollten uns an die Vorstellung gewöhnen, dass der größte Teil der neu installierten Kapazitäten aus Solar- und Windenergie bestehen wird. Bis zum Jahr 2020 erwartet der australische Energiemarktbetreiber (Australian Energy Market Operator – AEMO), dass 97 Prozent aller neu installierten Kapazitäten Solarenergie und Windkraft sein werden.[31] Davon werden die Netze zukünftig bestimmt sein.

China, der größte Hersteller von PV-Modulen, ist schnell zum größten Nachfrager von Solarprodukten geworden. Nach der Verdreifachung seiner Photovoltaik-Nachfrage im Jahr 2013 hat China sich das Ziel gesetzt, im Jahr 2014 14 GW Photovoltaik zu installieren. Anders ausgedrückt: China wird voraussichtlich in einem Jahr so viel Photovoltaik installieren, wie die USA bisher insgesamt installiert haben. Chinas hohe Installationsrate ist nicht ungewöhnlich für einen exponentiell wachsenden Markt. Die Vereinigten Staaten haben im Jahr 2013 mehr Solaranlagen installiert als in allen vorangegangenen Jahren bis Ende 2011 zusammengenommen.

Das Rennen um die solare Vormachtstellung hat begonnen. Neue Solarunternehmen im Silicon Valley wie SolarCity, Sungevity und SunRun haben zigtausende private und kommerzielle Solaranlagen in Kalifornien und im Rest der Vereinigten Staaten sowie in Holland und Australien installiert. SolarCity ist im Dezember 2012 an die Börse gegangen (Nasdaq: SCTY) und hat seinen Börsenwert bis August 2013 vervierfacht, auf 2,9 Millionen US-Dollar. Die konventionellen Energieversorger waren fassungslos, dass SolarCity seinen Marktwert innerhalb weniger Monate dann noch einmal verdoppelte.

All diese Solarunternehmen haben innovative Geschäftsmodelle und eine IT-Infrastruktur entwickelt, die ihnen Massenproduktion und ein exponentielles Wachstum ermöglichen. Innovative Geschäftsmodelle haben sich als Schlüssel für den Wettbewerbsvorteil im Solargeschäft herauskristallisiert.

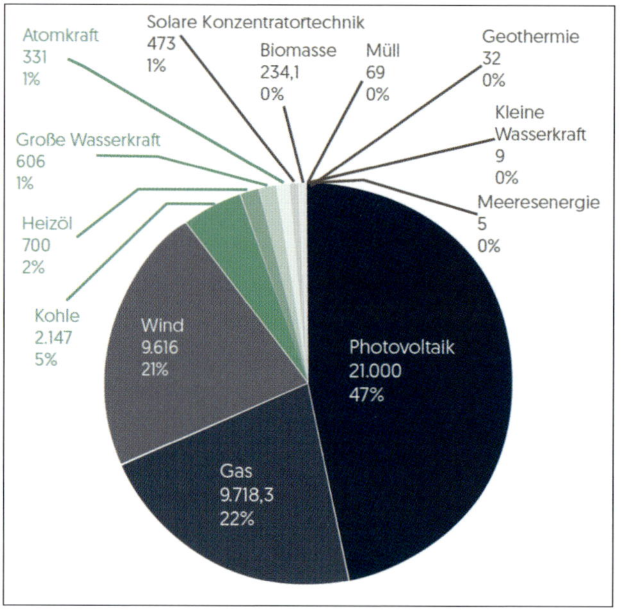

Abbildung 1.4 – Neue Stromerzeugungskapazität in der Europäischen Union im Jahr 2011 (Quelle: European Wind Association)[32]

Sinkende Kosten für Photovoltaik

John Schaeffer, Gründer von Real Goods Solar und vom Solar Living Institut im kalifornischen Hopland (nördlich von San Francisco), erinnert sich gerne an die Zeit, als Photovoltaik noch eine Seltenheit war. Bei einer Veranstaltung im Rahmen der Intersolar-Konferenz hat mir Schaeffer kürzlich erzählt, dass PV-Module zu Beginn der 1970er selten waren, so selten, dass das US-Militär einmal bei ihm anklopfte, um zu fragen, warum er Anlagen verkauft, die vorher Eigentum der NASA waren. Er verkaufte die gebrauchten Solarmodule damals für 90 US-Dollar pro Watt. Die konventionelle Energieindustrie möchte Sie am liebsten glauben lassen, dass Solaranlagen immer noch so viel kosten.

Im Jahr 1970 kosteten PV-Module 100 US-Dollar pro Watt (siehe Abbildung 1.5). Der Solarunternehmer und Gründer der Solar Power Corporation, Elliot Berman, setzte eine Reihe von Innovationen bei der Modul-Herstellung um, die die Kosten drastisch senkten – bis auf 20 US-Dollar pro Watt im Jahr 1973.[33] Bis 2008 sind die Kosten für Solarmodule auf 6 US-Dollar pro Watt gefallen, also um 94 Prozent seit 1970.

Die Kosten für Solarmodule sind seitdem weiter stark gesunken. Im Jahr 2011 sind die Kosten für PV-Module um 50 Prozent gefallen, im Jahr 2012 um weitere 20 Prozent.

Der Marktpreis für Solarmodule lag im Jahr 2013 bei 65 US-Cent pro Watt. In nur fünf Jahren konnten die Kosten für PV-Module also ein weiteres Mal um eine Größenordnung gesenkt werden.

Die Kosten für Solaranlagen sind seit 1970 um den Faktor 154 (von 100 US-Dollar pro Watt auf 65 US-Cent pro Watt) gesunken.

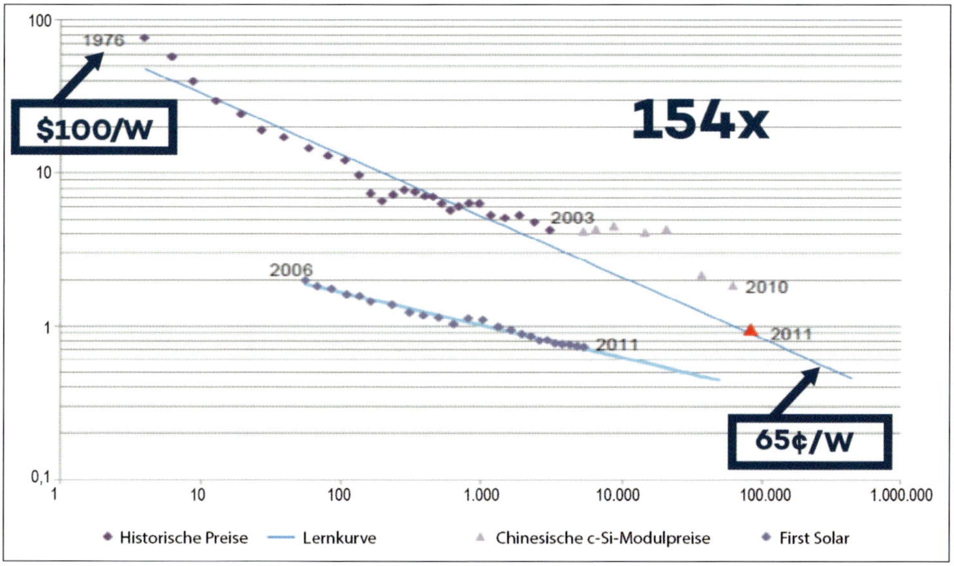

Abbildung 1.5 – Kostenkurve für PV-Module. Seit 1970 sind die Kosten für PV-Module um den Faktor 154 gesunken. (Quelle der Grafik: Bloomberg New Energy Finance. Hervorhebungen durch den Autor ergänzt.)[34]

Die exponentielle Verbesserung der Kosten für Solaranlagen ist etwas, das wir von der IT-Branche, aber nicht von der Energiebranche erwarten.

Stellen Sie sich eine Welt vor, in der die Erdölpreise der gleichen Kostenkurve folgen wie die Solarpreise. 1970 kostete Erdöl 3,18 US-Dollar pro Barrel (2 US-Cent pro Liter).[35] Benzin wurde für 0,36 US-Dollar pro Gallone (9,5 US-Cent pro Liter) an Endkunden verkauft.[36] Wenn der Preis für Erdöl seit 1970 genau so schnell gesunken wäre wie für Solar, dann würde ein Barrel Erdöl nur noch 2 US-Cent und eine Gallone Benzin 0,00234 US Dollar kosten. Das heißt, dass vier Gallonen Benzin (15,14 Liter) ungefähr einen US-Cent kosten würden! In dieser Traumwelt könnten Sie ihren 15-Gallonen-Benzintank (57 Liter) für 3,5 US-Cent volltanken. Stattdessen bewegen sich die Kosten für Erdöl bei ungefähr 110 US-Dollar pro Barrel und eine Tankfüllung kostet mehr als 50 US-Dollar.

In der realen Welt ist Photovoltaik 154 mal günstiger als im Jahr 1970 (die Kosten sind von 100 US-Dollar pro Watt auf 65 US-Cent pro Watt gesunken), während der Erdölpreis 35 mal teurer geworden ist (der Preis für Erdöl ist von 3,18 US-Dollar pro Barrel auf 110 US-Dollar pro Barrel gestiegen).

Wenn man diese Zahlen zusammen nimmt, sieht man, dass sich die relative Kostenbasis von Solar im Vergleich zu Erdöl um den Faktor 5.355 verbessert hat. Wenn Sie denken, dass irgendeine Industrie mit einer Technologie mithalten kann, deren Kostenposition sich relativ zu der eigenen mehr als 5.000-fach verbessert hat, dann verschließen Sie die Augen vor der Wirklichkeit und der baldige Bankrott zeichnet sich ab. Das trifft besonders dann zu, wenn Ihre Konkurrenz zu Grenzkosten von null arbeitet. Fragen Sie Kodak.

Die relative Kostenposition von Solarenergie hat sich seit 1970 im Vergleich zu allen rohstoffbasierten Energiequellen um mehrere hundert oder sogar mehrere tausend mal verbessert. Tabelle 1.1 veranschaulicht, wie die Kostenverbesserung von PV-Technologie relativ zu der Kostensteigerung der vier wichtigsten rohstoffbasierten Energiequellen verlaufen ist. Im weiteren Verlauf dieses Buches untersuche ich alle konventionellen Energiequellen genauer (Erdöl, Kernkraft, Erdgas und Kohle).

Kostenverbesserungen von Solar seit 1970	Größenordnung der Verbesserung	Siehe Kapitel
gegenüber Öl	5.355 x	7
gegenüber Atomkraft	1.540 x	6
gegenüber Erdgas	2.275 x	8
gegenüber Kohle	900 x	10

Tabelle 1.1 – Verbesserung der PV-Kosten relativ zu anderen Energiequellen seit 1970 (für weitere Informationen siehe die jeweiligen Kapitel)

Außerdem fallen die Kosten für Solarenergie weiter, während die Energiequellen, die auf Rohstoff-Extraktion basieren, immer teurer werden.

Wenn Sie glauben, dass Solarenergie nicht mit Erdöl konkurriert, dann denken Sie noch einmal nach. Solarenergie wird Erdöl auf zwei Arten verdrängen (ich erläutere das Thema detailliert in Kapitel 7). Der erste Weg ist die Verdrängung von Diesel und Kerosin, die immer noch teure und schmutzige Energie für Milliarden Menschen auf der ganzen Welt liefern. Der zweite Weg ist die Umwälzung der restlichen Energiewirtschaft, während das Elektroauto den Verbrennungsmotor verdrängt.

Die Insider der konventionellen Energieindustrie hoffen, dass Solarpreise sich „stabilisieren" oder sogar ansteigen.[37] Vergeblich. Innovationen im PV-Geschäft sind unerbittlich. Die Konkurrenz unter den PV-Herstellern ist extrem hart. Selbst der Energieriese GE konnte nicht mithalten und hat das PV-Geschäft aufgegeben. GE hat seine PV-Anlagentechnologie an den Branchenführer First Solar verkauft.[38] GE will im Solargeschäft bleiben, aber den Schwerpunkt auf Finanzierung und Wechselrichter legen.

Die Kosten für Solartechnik sind schnell gesunken und man geht davon aus, dass sie in absehbarer Zukunft weiter sinken werden. Die Kosten werden sinken, weil Innovation, Skaleneffekte und Wettbewerb stärker werden. Die solare Erfahrungskurve (das solare Äquivalent des Mooreschen Gesetzes) liegt bei 22 Prozent. Das heißt, dass jedes Mal, wenn die Industrie ihre Kapazität verdoppelt, die Kosten um 22 Prozent fallen. In den letzten Jahren hat sich dieses Verhältnis vermutlich sogar noch verbessert (siehe Abbildung 1.5).

Der schnell wachsende Photovoltaikausbau

Einige Energie-„Experten" waren überrascht, als MidAmerican Energy, eine Firma von Warren Buffett, mehr als zwei Milliarden US-Dollar in Solarenergie investierte. Sie waren noch mehr überrascht, als er dann weitere Solarprojekte mit mehreren hundert Megawatt hinzukaufte. Die Experten haben nicht aufgepasst.

David Crane, Vorstandsvorsitzender von NRG Energy, hat mit Sicherheit aufgepasst: „Wenn man die Kosten für eine Dach-Solaranlage vor einem Jahr oder sogar erst vor drei Monaten berechnet hat, ist das längst völlig überholt", sagte Crane.

NRG Energy hat einen Umsatz von 8,8 Milliarden US-Dollar pro Jahr und produziert Strom für 20 Millionen US-Haushalte vor allem auf der Basis fossiler Rohstoffe. NRG hat mit Begeisterung in Solartechnik investiert.

Seit einigen Jahren hat Crane die Solarrevolution seiner Firma gekonnt vorangetrieben. „Wir glauben, dass man in den Jahren zwischen 2014 und 2016 Strom vom eigenen Dach günstiger bekommen wird als aus der Steckdose", sagte Crane 2011. „Solarstrom wird von aktuell 0,1 Prozent Marktanteil auf 20 bis 30 Prozent des gesamten Strommixes anwachsen. Das ist gigantisch."[39]

Er ergänzte, „dass Solarstrom das Spiel stärker verändern wird, als alles, was ich in 25 Jahren in dieser Branche gesehen habe."

MidAmerican Energy ist ein regionales Unternehmen, das einen Umsatz von drei Milliarden US-Dollar pro Jahr macht und für 58 Prozent seiner Stromerzeugung Kohle einsetzt. MidAmerican Energy hat fast 5 Milliarden US-Dollar in Solarenergie investiert und ist im Begriff, sieben Kohlekraftwerke stillzulegen.

In Australien und Deutschland ist die Etablierung von Solarenergie bereits über die Anfangsphase hinaus. In Australien hat Solarenergie eine Marktdurchdringung von 11 Prozent auf nationaler Ebene erreicht. Es gibt Wohngebiete, in denen 90 Prozent der Häuser Solardächer haben (siehe Kapitel 3)! In Kalifornien ist Solarenergie in einem großen Teil des Marktes bereits günstiger als Strom aus dem Netz. „Mehr als 90 Prozent unserer Kunden sparen vom ersten Tag an Geld," berichtete Danny Kennedy, Mitbegründer von Sungevity, einem Solarinstallateur in Oakland.

Außerdem werden im Jahr 2015 zwei Drittel aller Amerikaner unsubventionierten Solarstrom zu günstigeren Tarifen kaufen können als derzeit vom Energieversorger. Danny Kennedy, Gastlektor in meiner Vorlesung zu sauberer Energie an der Stanford University, erklärte den Studenten: „Bis 2016 werden 40 bis 50 Millionen amerikanische Haushalte eine Entscheidung treffen müssen: Möchten wir günstige Solarenergie oder teuren Strom vom Netz?"

Ich denke, die Antwort ist klar. Amerikaner möchten sauberen und günstigen Strom. Bis zum Jahr 2022 wird es nach meiner Prognose 20 Millionen Solaranlagen in den USA geben.

Die US-Solarindustrie ist innovativ, wächst exponentiell und entwickelt sich zu einer gesunden, nachhaltigen Multi-Billionen-Dollar-Branche.

Warum Solaranlagen in Amerika teurer als in Deutschland sind

Während die Kosten für Solarmodule dramatisch gesunken sind, sind die Gesamtkosten für Dachsolaranlagen in den USA nicht annähernd so schnell gefallen.

Die Kosten für Solarmodule sind so gering, dass sie bei privaten und kommerziellen Solaranlagen nicht der Hauptkostenfaktor sind. Die sogenannten „weichen Kosten" machen einen höheren Anteil der gesamten Solarkosten aus als die PV-Module selbst. Weiche Kosten beinhalten Kosten für Genehmigungen, Regulierungen, Steuern, Netzanschlussgebühren und Kosten für Inspektion und Montage.

Genehmigungen und Regulierungen tragen beispielsweise zu einem erheblichen Teil zu den Installationskosten für Solaranlagen bei. Eine Studie des Solarinstallateurs SunRun ergab, dass die Kosten für die Genehmigung den Preis für die Solaranlage im Durchschnitt um 2,516 US-Dollar (0,50 US-Dollar pro Watt) anhebt.[40] Das ist fast so teuer wie die Module selbst. Derzeit liegen die Kosten für Solaranlagen bei 0,65 US-Dollar pro Watt. Es wird geschätzt, dass die Kosten 2017 auf 0,36 US-Dollar pro Watt fallen.[41]

Ende 2012 fielen die Kosten für eine kleine (<10 kW) PV-Anlage in Deutschland auf 2,26 US-Dollar (1,698 Euro) pro Watt.[42] In Australien waren die durchschnittlichen Kosten für die Installation einer privaten 5 kW-Solaranlage mit 1,76 australischen Dollar pro Watt (1,62 US-Dollar pro Watt) im Juli 2013 sogar noch geringer.[43]

In Perth kostete es sogar nur 1,38 australische Dollar pro Watt (1,27 US-Dollar pro Watt), um eine Solaranlage zu installieren.

Die Gesamtkosten für private und kommerzielle Solaranlagen (pro Watt) waren in den Vereinigten Staaten durchweg viel höher als in Deutschland. In Amerika bezahlt man ungefähr doppelt so viel wie in Deutschland für eine vergleichbare Solaranlage.

Obwohl Solarmodule, Wechselrichter und der größte Teil der Hardware weltweit gehandelt werden und daher ähnliche Preise auf beiden Märkten gelten, muss die US-Käuferin gemäß dem Lawrence Berkeley National Laboratory pro Watt 2,80 US-Dollar mehr für eine Solaranlage investieren, als ihr deutsches Pendant.[44]

Selbst wenn Solarmodule nichts kosten würden, würde der amerikanische Kunde immer noch mehr für weiche Kosten bezahlen, als Deutsche oder Australier für die gesamte Solaranlage. Tatsächlich sind die weichen Kosten in Amerika fast doppelt so hoch wie die Kosten für das gesamte Solarsystem im australischen Perth.[45]

Ungeachtet der Tatsache, dass die Installation von Solaranlagen in Amerika 2,80 US-Dollar pro Watt mehr kostet als vergleichbare Installationen auf dem globalen Markt, hat sich der PV-Markt in den USA nahezu vervierfacht. Das lässt Gutes für die Zukunft der sauberen Energieversorgung erwarten. Nur durch Angleichung an Deutschland oder Australien werden die Solarkosten in den USA um mindestens 50 bis 60 Prozent fallen. Das Sunshot Vision Programm des US-Energieministeriums schätzt die Kosten auf 1,50 US-Dollar pro Watt im Jahr 2020.[46] Im Grunde hofft das US-Energieministerium, dass die USA sechs Jahre brauchen, um den heutigen Preis für Solarstrom in Australien zu erreichen.

Wenn historische Kosten und Lernkurven Indikatoren sind, werden die Kosten für Solarstrom weiter und schneller fallen als Marktprognostiker bisher schätzen.

Unsubventionierter Solarstrom vs. subventionierte Tarife der Energieversorger

First Solar, der größte Verkäufer von Solarmodulen auf der Welt, hat erklärt, dass seine globale Strategie ist, Solaranlagen in Märkten zu bauen, in denen es keine staatlichen Subventionen gibt.[47] Unsubventionierter Solarstrom ist bereits günstiger als subventionierte, fossile Treibstoffe und Atomkraft in hunderten von Märkten auf der ganzen Welt. Das ist eine interessante Entwicklung.

Die gesamten Kapitalkosten für den Bau eines großen Solarkraftwerks sind unter 2 US-Dollar pro Watt gesunken und nähern sich der Marke von 1 US-Dollar pro Watt. Bei der Entscheidung zu Solarstrom zu wechseln, geht es nicht darum, „grün zu sein", sondern es geht um „grüne Scheine" (Dollars). Allein der Markt für Privatkunden ist vermutlich eine Billion US-Dollar wert. Der Markt für kommerzielle Solarkunden in den USA ist vermutlich noch größer. Ähnliche disruptive Marktchancen, die Billionen Dollar wert sind, warten auf der ganzen Welt.

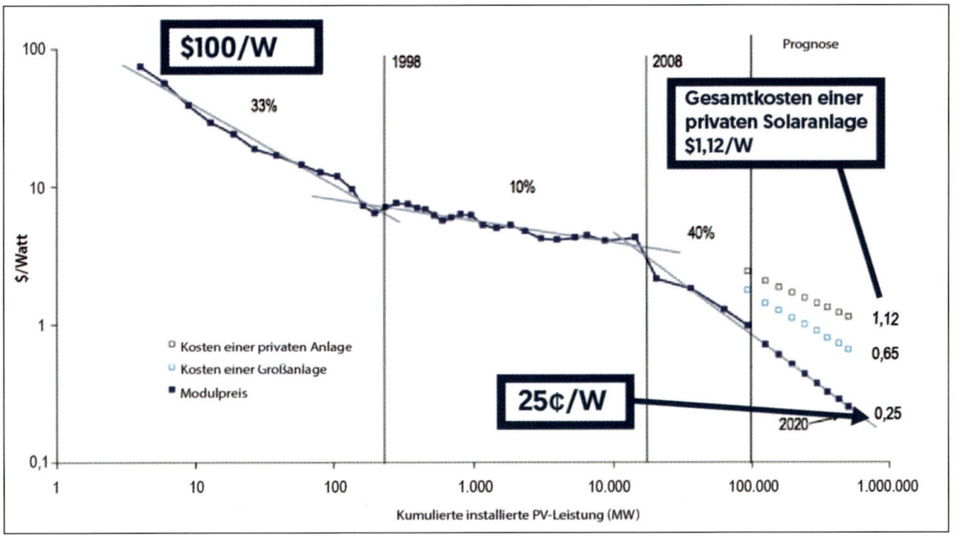

Abbildung 1.6 – Historische und prognostizierte Kosten für Photovoltaik (Quelle: Citigroup, Hervorhebungen durch den Autor hinzugefügt)[48]

Greentech Media erwartet, dass der Preis für Solarmodule auf 36 US-Cent pro Watt bis 2017 fällt.[49] Die Citibank erwartet, dass die Preise für Solarmodule bis 2020 auf 25 US-Cent pro Watt fallen (siehe Abbildung 1.6).[50]

Die Citigroup prognostiziert außerdem, dass die Gesamtkosten für solare Großkraftwerke bei 65 US-Cent pro Watt liegen werden, während die Gesamtkosten für private Solarstromanlagen 1,12 US-Dollar pro Watt erreichen.

Lancaster, eine Fallstudie für die Energiezukunft

Was bedeutet günstige unsubventionierte Solarenergie für die Energiebranche? Um eine Vorschau auf den kommenden Umbruch zu erhalten, kann man sich die Stadt Lancaster in Kalifornien ansehen. Am 26. März 2013 stimmte der Rat von Lancaster für eine Änderung des Bebauungsplans, der jetzt vorschreibt, dass auf jedem neuen Haus PV-Module installiert werden müssen.

Die Stadt Lancaster, die ungefähr 130 km nordwestlich von Los Angeles liegt, ist ambitioniert. Anfang 2012 erzählte mir der stellvertretende Bürgermeister, Jason Caudle, dass seine 155.000 Einwohner große Stadt bereits 23 MW an Solarleistung gebaut hat und weitere 100 MW auf die Genehmigung für den Netzanschluss warten. Wenn man annimmt, dass alle Genehmigungen bewilligt werden, wird Lancaster über 794 Watt installierte Solarleistung pro Einwohner verfügen. Das wären 60 Prozent mehr als das, was der derzeitige regionale Spitzenreiter, Sonoma County, zu bieten hat. Eine Hochrechnung der Zahlen für den Rest von Kalifornien würde 30,5 GW Solarleistung für den *„Golden State"* Kalifornien ergeben. Der Spitzenstrombedarf von Kalifornien lag im Jahr 2011 bei ungefähr 60 GW. Mit 30,5 GW könnte mehr als die Hälfte des kalifornischen Spitzstrombedarfs von Solarenergie abgedeckt werden.[51]

Aber Lancaster ist noch ambitionierter. Lancaster hat das Ziel, die weltweit erste Netto-Null-Emissionsstadt zu werden. Um das zu erreichen, braucht Lancaster eine effektive Solarleistung von knapp 600 MW. Wenn man nachrechnet, ergibt sich, dass die 155.000 Einwohner große Stadt also rund 4 kW Solarleistung pro Einwohner installieren will.

Um sein Netto-Null-Ziel zu erreichen, muss Lancaster seine Kapazität, mit der es bereits an der Spitze des Bundesstaates liegt, um 300 Prozent vergrößern. Um das Ziel zu erreichen, hat die Stadt ihre Genehmigungsverfahren geändert: Eine gewöhnliche private Solaranlage kann im Eilverfahren in nur 15 Minuten bewilligt werden. Die Kosten betragen 61 US-Dollar (Genehmigung = 31 US-Dollar, Anfahrt und Dokumentation = 22 US-Dollar und Aushändigung = 6 US-Dollar).

Der stellvertretende Bürgermeister von Lancaster, Jason Caudle, hat mir erzählt, dass Lancaster plant, eine 50 MW große Solaranlage zu bauen und den produzierten Strom für 8,5 US-Cent pro kWh an seine Nachbarn zu verkaufen. Ist das möglich? Nachfolgend meine Berechnung der Gestehungskosten für Solarstrom in Lancaster. Da die Kapitalkosten der Hauptbestimmungsfaktor für die Kosten von Solarstrom sind, habe ich die Stromgestehungskosten über die Kapitalkosten graphisch dargestellt. Hier sind meine Annahmen für das Jahr 2020:

- Sonneneinstrahlung: 2400 kWh/m^2/Jahr
- Wirkungsgrad der Module: 15,9 % (genauso wie im Jahr 2013)[52]
- Installationskosten pro Watt PV: 1,12 US-Dollar [53]
- Instandhaltung und Betrieb: 1% der gesamten Installationskosten (schlüsselfertig)
- Versicherung: 0,3% der gesamten Installationskosten (schlüsselfertig)

Im Jahr 2020 werden die Kosten für private Solarstromerzeugung in Lancaster in Abhängigkeit von den Kapitalkosten zwischen 3,47 US-Cent pro kWh und 6,63 US-Cent pro kWh liegen (siehe Abbildung 1.7) – ohne Subventionen.

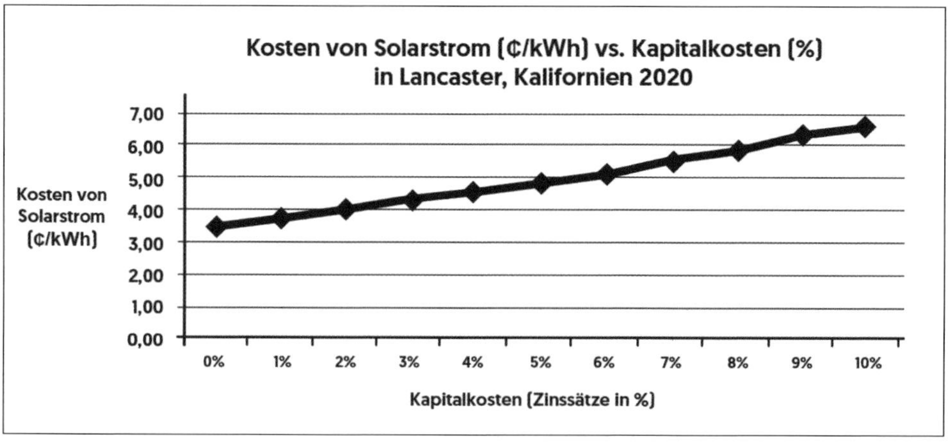

Abbildung 1.7 – Kosten für Solarstrom vs. Kapitalkosten in Lancaster, 2020

Die einzige Annahme in meiner Berechnung, die signifikant anders als der heutige US-Marktpreis ist, betrifft die Kosten für die Installation pro Watt PV. Für meine Berechnung verwende ich die von der Citibank prognostizierten 1,12 US-Dollar pro Watt. Wie optimistisch ist diese Annahme?

Im August 2013 lagen die Installationskosten für private Solarstromanlagen im australischen Perth bereits bei nur 1,38 Australischen Dollar (1,27 US-Dollar pro Watt).[54]

Im Wesentlichen prognostiziert die Citibank, dass die USA sechs Jahre brauchen, um etwas geringere Kosten als Australien im Jahr 2013 zu erreichen.

In Lancaster werden Solarmodule ein integraler Bestandteil jedes neuen Hauses sein, genauso wie Fenster und Türen und können deshalb zusammen mit der Hypothek auf das Haus, auf dem sie installiert sind, finanziert werden. Angenommen der Zinssatz für Hypotheken in den USA beträgt 3,47 Prozent (15 Jahre fest, 0 Punkte), dann betragen die Kosten für eine private Solaranlage in Lancaster ungefähr 4,4 US-Cent pro kWh. Keine andere Art der Erzeugung kann Strom für private Verbraucher zu einem so geringen Preis liefern. Alleine die Kosten für Übertragung und Verteilung liegen bereits über 4,4 US-Cent pro kWh. Energieversorger werden kein Geschäft mehr machen, wenn die Kosten für dezentrale Solarstromerzeugung auf 1,1 US-Cent pro kWh sinken.

Rohstoffbasierte zentralisierte Kraftwerke (Kernkraft, Erdgas, Kohle und Öl), werden dann mit Sicherheit kein Endkundengeschäft mehr haben. Bereits jetzt werden sie von Solarstrom im Großhandelsmarkt geschlagen. Konventionelle Kraftwerke werden in der Investment-Branche einen neuen Namen bekommen: *„Stranded Assets"* – Investitionsruinen.

Sie können nicht glauben, dass Solarstrom für Endverbraucher bis 2020 weniger als 5 US-Cent pro kWh kosten wird? Nach Angaben des stellvertretenden Bürgermeisters von Lancaster, Jason Caudle, bezahlt Lancaster bereits 10 US-Cent pro kWh für die Erzeugung von Solarstrom auf den eigenen Gebäuden.[55] „Die Stromversorger haben 18 US-Cent pro kWh verlangt", meinte er, „wir sparen also bereits Geld."

Die Kosten für Photovoltaik sinken, die Installationskosten sinken, die Kapitalkosten sinken und die Instandhaltungskosten sinken. Es wäre überraschend, wenn Lancaster 5 US-Cent pro kWh nicht erreichen würde – vor dem Jahr 2020!

Am wichtigsten ist, dass die Führung von Lancaster ambitioniert ist und voll hinter Solarstrom steht. „Wir werden innerhalb von drei Jahren eine Netto-Null-Emissions-Stadt sein", sagte Bürgermeister Rex Parish. Um dieses Ziel zu erreichen, hat die Stadt eine Projekt-Pipeline für 700 MW Solarleistung aufgebaut.[56]

Wenn Lancaster sein Ziel erreicht, wird es nicht nur eine Netto-Null-Emissions-Stadt sein, sondern auch ein Netto-Exporteur von Energie. Außerdem wird Lancaster sein Solarenergie-Ziel in weniger als einem Jahrzehnt erreicht haben.

Wie schnell kann sich die solare Disruption abspielen?

Ist das Beispiel von Lancaster auf die nationale oder globale Ebene übertragbar? Wenn es in den USA eine ähnlich hohe durchschnittliche Solarleistung wie in Lancaster mit 4 kW pro Einwohner gäbe, wäre das eine installierte Solarleistung von insgesamt 1,2 TW. 100 Prozent der Spitzenleistung des Landes wäre durch Solarstrom gedeckt. Lancaster wird sein Ziel sehr wahrscheinlich vor 2020 erreichen. Und was ist mit dem Rest des Landes?

Skeptiker argumentieren, dass es viele Jahrzehnte dauern wird, um eine Infrastruktur mit Solarstrom zu errichten. Selbst wenn der private Solarstrom viel günstiger ist als die Endkundentarife der regionalen Energieversorger, können in einem Jahrzehnt keine zehn Millionen Solardächer gebaut werden, sagen die Skeptiker. Was die Skeptiker nicht verstehen, ist, dass der Umbruch, wenn er kommt, schnell kommt. Fragen Sie einfach irgendjemand in einem Unternehmen ihrer Wahl für Photoapparate, Telegraphen oder Schreibmaschinen.

Ich habe erklärt, dass Australien ein gutes Beispiel dafür ist, wie schnell sich Solarenergie im Markt durchsetzen kann. Ausgehend von einer Situation, in der es praktisch keine privaten Solaranlagen gab, sind die Australier in nur vier Jahren bei einer Million Häuser mit Solaranlagen angekommen. Ungefähr 2,6 Millionen Australier, was elf Prozent der Bevölkerung entspricht, haben jetzt eine Solaranlage auf dem Dach.[57]

Die Bevölkerung der Vereinigten Staaten ist ungefähr zehn mal so groß wie die Bevölkerung Australiens, sodass ein ähnlich starker Ausbau in Amerika zu zehn Millionen Solaranlagen in vier Jahren führen würde. Glauben die „Energieexperten“, dass Australier das schaffen können, Amerikaner aber nicht?

Es gibt ungefähr 300 000 Solaranlagen in den USA. Kann die Solarbranche realistischerweise so schnell wie in Australien auf 10 oder 20 Millionen Anlagen wachsen? Haben wir die Lieferketten und die Arbeitskräfte, um 10 bis 20 Millionen private Solaranlagen in so kurzer Zeit zu installieren?

Um herauszufinden, ob sich Solaranlagen in den USA schnell verbreiten können, vergleichen Sie die Entwicklungen mit einer anderen disruptiven Technologie, die auf Hausdächern installiert wird: Satellitenfernsehen.

Direkt-TV: Disruptive Entwicklung auf Hausdächern

Eine neue Firma namens DirecTV startete 1994 ein Multikanal-Fernsehprogramm, das durch Satellitenschüsseln auf dem Dach direkt in die Häuser übertragen wurde. Das direkt gesendete Satellitenfernsehen für Zuhause stellte eine Alternative zum Kabelfernsehprogramm, das über das Festnetz übertragen wird, dar.

Satellitenfernsehen hatte sich bereits über viele Jahre hinweg exponentiell verbessert. 1984 hatten „private Schüsseln“ einen Durchmesser von 3 Metern, kosteten 5.000 US-Dollar und konnte bis zu 27 Kanäle übertragen. Bis 1994 waren sie auf nur einen halben Meter geschrumpft, kosteten 700 US-Dollar und konnten 175 Kanäle übertragen.[58]

War das Angebot von DirecTV für Installationen auf Hausdächern in der Lage, mit dem festnetzbasierten Monopol der Kabel-TV-Anbieter zu konkurrieren? Und falls ja, wie schnell konnten die Verkaufszahlen steigen? Immerhin mussten Arbeiter auf die Hausdächer klettern, die Stabilität der Dächer testen, Kabel verlegen und vieles mehr. Würden sich Nachbarn über diese komischen Apparate beschweren, die auf den Hausdächern wuchsen?

Die fabrikneue Technologie von DirecTV, die sich entgegen der Wahrscheinlichkeiten im Markt durchsetzte, hat in den ersten fünf Jahren nach der Markteinführung 10 Millionen Kunden gewonnen (siehe Tabelle 1.2). Die Marktdurchdringung erreichte etwas mehr als 10 Prozent aller Häuser mit Fernsehgeräten.

Jahr	Gesamtzahl der Haushalte mit Fernseher, die ein DBS gekauft haben (in Millionen)	Anteil der Haushalte mit Fernseher, die ein DBS gekauft haben (in %)
1	1,15	1,21
2	3,076	3,21
3	5,076	5,25
4	7,358	7,55
5	9,989	10,16

Tabelle 1.2 – Einführung von direkt gesendetem Satellitenfernsehen (DBS – direct-broadcast-to-satellite) auf Hausdächern (Quelle: Frank M. Bas et al.[59])

Eine PV-Installation ist natürlich komplexer als die Installation einer Satellitenschüssel. Es ist aber trotzdem so, dass ein geschultes Team eine private Solaranlage in ein paar Stunden installieren kann. Beachten Sie, dass sowohl der zeitliche Rahmen (fünf Jahre), als auch die Marktdurchdringung (10 Prozent) der Einführung von privaten Photovoltaik-Anlagen in Australien ähnelt (vier Jahre und 11 Prozent).

Wenn man die Logistik, die DirecTV 1994 entwickelt hat, verwenden würde, könnten in den USA fünf Millionen private Solaranlagen in nur fünf Jahren gebaut werden.

Computer sind buchstäblich 1.000 mal leistungsfähiger, als sie noch 1994 waren. (Das entspricht dem Mooreschen Gesetz). Die Logistikbranche hat sich seit der Markteinführung des Satellitenfernsehservice durch DirecTV vor über zwei Jahrzehnten erheblich verbessert. DirecTV verfügte nicht über mobile Internetkommunikation, Cloud-Infrastruktur oder große Datenanalytik. Das Konzept der Ressourcenplanung für Unternehmen steckte noch in den Kinderschuhen. Und es dauerte noch Jahre, bis Google Maps und Google Earth überhaupt erdacht wurden.

Heute ist die allerbeste Logistiktechnologie als Cloud-Service verfügbar. Es gibt jetzt Dutzende von Solarfirmen mit der Fähigkeit und den finanziellen Mitteln, um ihre Aktivitäten hochzufahren.

Wenn eine einzelne Firma wie DirecTV es mit einem aus heutiger Sicht altertümlichen (1994) Logistiksystem geschafft hat, in fünf Jahren zehn Millionen Satellitenschüsseln auf den Dächern zu installieren, dann gibt es keinen technischen Grund, warum eine einzelne Firma nicht 10 Millionen oder 100 Millionen PV-Module in fünf oder zehn Jahren installieren kann, indem sie Logistik- und Kartierungssoftware aus dem Jahr 2014 einsetzt. Selbst wenn eine einzelne Firma das nicht kann, dann ist es für die zehn besten Installateure von Solaranlagen als Gruppe sicherlich möglich. Zu diesen zehn Firmen könnten auch Solaranlagen- oder Drittfinanzierungfirmen wie SolarCity, Sungevity, SunRun, Vivint Solar und Verengo gehören. Außerdem könnten einige der australischen Firmen, die die Millionen Solardächer in nur 4 Jahren installiert haben, mit anpacken.

Wenn die Kosten für Solarenergie den „point of no return" erreichen, also den Punkt an dem es kein Zurück mehr gibt, wird es keinen technischen Grund mehr geben, der uns daran hindert, 10 Millionen, 40 Millionen oder 100 Millionen Solaranlagen in weniger als einem Jahrzehnt zu bauen. Es wird Hindernisse auf rechtlicher, politischer oder regulatorischer Ebene geben (die wahrscheinlich von den etablierten Energieunternehmen platziert werden).

Das weltweit erste Solarkraftwerk, das rund um die Uhr Strom liefert

In naher Zukunft werden Solaranlagen so massenhaft verbreitet sein wie PCs und Mobiltelefone heute. Sie werden Energie nach Bedarf produzieren. Im Juni 2011 bin ich nach Spanien geflogen, um das Solarkraftwerk Gemasolar zu besuchen, das in der Lage ist, Tag und Nacht Solarstrom zu erzeugen.

Das 19,9 MW-Solarkraftwerk Gemasolar, das von Torresol Energy gebaut wurde, hat einen Speicher für fünfzehn Stunden thermische Energie, aus der zu jeder Tages- und Nachtzeit Strom erzeugt werden kann – um 11 Uhr abends, um 1 Uhr oder um 3 Uhr morgens. (Auf YouTube gibt es ein Video, das mich bei meinen Besuch bei Gemasolar zeigt: http://www.youtube.com/watch?v=GhV2LT8KVgA.)

Die erwartete Produktion von Gemasolar liegt bei 110.000 MWh pro Jahr – genug Energie, um 25.000 Haushalte vollständig mit Strom zu versorgen, wie Santiago Arias, Mitbegründer und technischer Leiter von Torresol Energy, erläutert. Da die Anlage Energie speichern kann, entspricht nach Aussage von Arias die Leistung von 19,9 MW der Leistung eines 50 MW-Solarkraftwerks ohne Speicher.

Solar-Salz-Akkus

Die Akkus von Gemasolar bestehen aus zwei Behältern mit thermischen Flüssigsalzspeichern. Die Akkus ermöglichen es, mit der Solaranlage Strom nach Bedarf zu erzeugen – nachts, wenn es bewölkt ist, wenn es regnet, oder Tage oder Wochen später. Flüssigsalzspeicher, die auch als „Solar-Salz"-Akkus bezeichnet werden, sind thermische und keine chemischen Speicher, wie Lithium-Ionen Akkus, die Elektroautos, wie das Model S von Tesla antreiben (siehe Kapitel 4).

Flüssigsalzspeicher verwenden eine Kombination aus 60 Prozent Kaliumnitrat und 40 Prozent Natriumnitrat, das 99 Prozent der Wärme für bis zu 24 Stunden speichert. Oder anders gesagt: Diese Akkus verlieren nur 1 Prozent der Wärmeenergie pro Tag.

Kaliumnitrat ist zufällig auch umweltfreundlicher, sicherer und günstiger als die meisten chemischen Alternativen. Im europäischen Mittelalter wurde Kalium dazu verwendet, Nahrungsmittel zu konservieren. Kaliumnitrat wird immer noch in der Produktion von Corned Beef,[60] in Zahnpasta (für empfindliche Zähne) und in Gartendüngern verwendet. Die Kapitalkosten für Flüssigsalzspeicher sind relativ niedrig. Sie betragen 50 US-Dollar pro kWh – ungefähr ein Zehntel der Kosten eines Li-Ionen-Akkus.

Gemasolar ist nicht die erste kommerzielle Solaranlage auf der Welt, die Flüssigsalzspeicher verwendet. Wenn man auf der andalusischen Autobahn A94 von Gemasolar 400 km nach Südosten fährt, erreicht man Andasol-1, ein solares Konzentrator-Kraftwerk mit einer Leistung von 50 MW, das seit Juli 2009 mit einem 7,5-

Stunden-Akku arbeitet. Gemasolar verdoppelte im Grunde die Speicherverfügbarkeit auf 15 Stunden.

Santiago Arias erwartet, dass Gemasolar 6400 Stunden pro Jahr Strom mit einem Nutzungsgrad von 75 Prozent erzeugt. Zum Vergleich: Der Hoover Damm hat einen Nutzungsgrad von ungefähr 23 Prozent und Chinas gewaltiges Drei-Schluchten-Staudamm-Kraftwerk hat einen Nutzungsgrad von 50 Prozent.[61]

Gemäß einer Studie von Michael Maloney, Professor an der Clemson Universität, aus dem Jahr 2003, lag der Nutzungsgrad von Atomreaktoren in Japan, Frankreich und den USA im Bereich von 65 bis 72 Prozent. Der weltweite Auslastungsfaktor lag bei 69,4 Prozent.[62] Diese Zahlen wurden berechnet vor der Katastrophe in Fukushima Dai'ichi, die die gesamte japanische Atomindustrie in die Knie zwang.

Wie Energiespeicherung alles verändert

Santiago Arias, technischer Leiter von Torresol, begann vor 38 Jahren Kraftwerke zu bauen. Beim Thema Strommarkt begeistert er sich für den Effekt einer Solaranlage, die rund um die Uhr Strom liefert. „Der Strombedarf ist abends an den wärmsten Tagen des Jahres am höchsten", sagte er mir in seinem Büro am Kraftwerk. Der Markt bezahlt einen Höchstpreis für Strom während dieser Spitzenlast-Stunden. Eine Solaranlage erzeugt die meiste Energie genau dann, wenn sie benötigt wird: An den wärmsten und sonnigsten Tagen.

Arias meinte: „Die Fähigkeit, Energie zu speichern, wenn die Sonne am stärksten ist, und zu liefern, wenn die Nachfrage am Markt am größten ist, ändert alles auf dem Strommarkt. Mein Treibstoff ist kostenlos. Erdgas kann einfach nicht mit uns mithalten."

Solarenergie auch nachts: Die solare Grundlast ist da

Die Vereinigten Staaten bauen eine gewaltige solare Infrastruktur auf – sowohl solare Konzentrator- als auch Photovoltaik-Kraftwerke. Nach Angaben des Verbandes der Solarindustrie befinden sich in den USA, ohne Berücksichtigung der privaten und gewerblichen Solarstromanlagen, Projekte mit mehr als 4.200 MW im Bau und mehr als 23.000 MW in der Entwicklung.[63]

Das in Los Angeles ansässige Unternehmen SolarReserve plant für Anfang 2014 in Nevada das weltweit größte Kraftwerk (110 MW), das Grundlaststrom aus Solarenergie erzeugt, in Auftrag zu geben. Das Solarkraftwerk in Tonopah ist ungefähr fünf mal so groß wie Gemasolar in Spanien. Tonopah wird seine Energie verkaufen, um Las Vegas in den Abendstunden mit Strom zu versorgen. Der Strip von Las Vegas wird bald von Solarstrom erleuchtet.

In einem wesentlich kleineren Umfang wurde die Inselnation Tokelau im Südpazifik zum weltweit ersten Land, das auf 100 Prozent Solarenergie umgestiegen ist. Über drei Atolle verteilt wird der Solarstrom von Tokelau in Batterien gespeichert, um ihn nachts zu nutzen. Tokelau hat den Wechsel von einer 100 Prozent Diesel- zu einer 100 Prozent Solarstromversorgung in weniger als einem Jahr vollzogen.

Die solare Disruption ist da

Ein großer Teil des restlichen Buches beschreibt die vielen Gründe dafür, dass Solarenergie die Energieindustrie umwälzen wird. Ich habe das schon einmal erlebt. Das exponentielle Wachstum der Solarenergie erinnert mich an meine Zeit bei Cisco Systems, das damals noch deutlich kleiner als heute war.

Im Jahr 1993 arbeitete ich in der Geschäftsentwicklung bei Cisco Systems. Ich erinnere mich immer noch gut daran, wie ich das Wachstum des Internets betrachtet habe und dachte: „Wenn dieser Markt weiter mit dieser Geschwindigkeit wächst, dann wird es innerhalb eines Jahrzehnts Milliarden von Geräten geben." Damals schauten mich viele Leute komisch an, wenn ich das sagte. Viele Menschen wussten nicht einmal, was das Internet ist, geschweige denn glaubten sie, dass sie selbst oder eine Milliarde anderer Menschen bald so ein internetfähiges Gerät besitzen würden.

1990 gab es einen (ja einen) Webserver und einen Internetbrowser. Beide liefen auf dem NeXT-Computer von Tim Berner-Lee am CERN in der Schweiz.[64] Der erste Webserver außerhalb von Europa wurde im Dezember 1991 in Kalifornien am Stanford Linear Accelerator Center in Palo Alto realisiert.[65] Heute gibt es mehr als 10 Milliarden internetfähige Geräte.[66]

Die Solarenergie entwickelt sich entlang einer ähnlichen Exponentialkurve. Weltweit ist die PV-Leistung von 1,4 GW im Jahr 2000 auf 141 GW im Jahr 2013 gestiegen. Das entspricht einer durchschnittlichen jährlichen Wachstumsrate von 43 Prozent.

Sollte Photovoltaik weiterhin mit einer jährlichen Wachstumsrate von 43 Prozent wachsen, werden im Jahr 2030 rund 56,7 TW Solarleistung installiert sein. Das entspricht etwa einer konventionellen Grundlast von 18,9 TW. Der weltweite Energiebedarf im Jahr 2030 wird von der US Energy Information Agency auf 16,9 TW geschätzt. Wenn sich der Solarausbau weiter wie bisher exponentiell entwickelt, ist die Energieinfrastruktur 2030 zu 100 Prozent solarbasiert.

Die Aussage, dass die Welt zu 100 Prozent solar versorgt sein wird, erzeugt normalerweise die gleichen verwirrten Blicke wie vor zwanzig Jahren, wenn ich eine Milliarde Internetknotenpunkte vorhersagte. Die Frage ist: Kann Solarenergie in den nächsten zehn oder zwanzig Jahre mit dieser Wachstumsrate weiter wachsen?

Die Antwort ist, dass sich die Wachstumsrate des Solarausbaus sogar noch beschleunigen könnte. Wenn ein Technologieprodukt eine kritische Masse (den „point of no return") erreicht, beschleunigt sich tatsächlich in der Regel das Marktwachstum.

Da sich Solartechnik in vielen Märkten auf der ganzen Welt der kritischen Masse nähert, entsteht eine Aufwärtsspirale bei der Marktdurchdringung, die zu einem beschleunigten Solarwachstum führt:

- Die Verfügbarkeit von Kapital steigt und die Kapitalkosten sinken.
- Die regionale, dezentrale Energieerzeugung wächst.
- Das Energiesystem dreht sich von zentral zu dezentral.
- Hilfstechnologien in den Bereichen Sensorik, künstliche Intelligenz, große Datenmengen und mobile Kommunikation verbessern sich exponentiell.
- Die Kosten rohstoffbasierter Energieproduktion steigen.

- Komplementärmärkte wie Windenergie, Elektrofahrzeuge und selbstfahrende Fahrzeuge wachsen exponentiell.
- Investitionen in andere Speichertechnologien, die für Solar- und Windenergie, Elektrofahrzeuge und selbstfahrende Autos gemeinsam genutzt werden, steigen.
- Das Energiesystem wird immer dezentraler.
- Das konventionelle, hierarchisch organisierte Geschäftsmodell gerät in einen Teufelskreis von steigenden Preisen und Investionsruinen.

Die Trends, die zu einer Vollversorgung auf der Basis von Sonne (und Wind) führen, sind bereits da. Laut einem Bericht des Australian Energy Market Operator (AEMO), werden 97 Prozent der neu installierten Erzeugungskapazitäten im Jahr 2020 von Wind- und Solarkraftwerken stammen.[67] Danach geht es nur noch darum, alte Kraftwerke stillzulegen, bis das gesamte Netz von Windkraft und Solarenergie bestimmt wird.

Die Disruption, die durch exponentiell verbesserte Technologien, neue Geschäftsmodelle und eine partizipative Finanzierungs- und Energiekultur verursacht wird, kommt. Viele konventionelle „Energieexperten" werden Ihnen etwas anderes erzählen. Oder sie werden die Meinung vertreten, dass der Umbruch teuer sein oder viele Jahrzehnte oder ein Jahrhundert dauern wird. Die gleichen „Telekommunikationsexperten" haben früher ähnliche Vorhersagen gemacht.

Im Jahr 1985 beauftragte AT&T McKinsey & Co., eine führende Unternehmensberatung, mit einer Prognose für den Mobiltelefonmarkt in den Vereinigten Staaten im Jahr 2000. McKinsey sagte vorher, dass im Jahr 2000 weniger als eine Million Mobiltelefone verkauft werden.

AT&T, das den Bereich der drahtlosen Kommunikation praktisch erfunden hatte, entschied, nicht ins Geschäft einzusteigen, weil das Unternehmen annahm, dass es sich um eine winzige Marktchance handeln würde. Mitte der 1980er schien es klug, Geld im Bereich Telekommunikation nicht in das Geschäft mit Mobiltelefonen zu investieren. Im Jahr 2000 gab es tatsächlich allerdings 106 Millionen Mobiltelefone. Die „klugen Experten für Telekommunikation" lagen um den Faktor einhundert daneben. AT&T bezahlte schließlich 12,8 Milliarden US-Dollar, um McCaw aufzukaufen und 1994 wieder in die Branche einzusteigen.

Mehr als sechs Milliarden Menschen besitzen Mobiltelefone in einer Welt mit sieben Milliarden Menschen.[68] Zum Vergleich: laut Vereinten Nationen haben nur 4,5 Milliarden Menschen weltweit Zugang zu Toiletten. Es haben also mehr Menschen Zugang zu einem Mobiltelefon als zu einer Toilette. Mehr als 2800 Jahre sind seit der Erfindung der Toilette in Minoa vergangen. Mehr als 2000 Jahre sind vergangen, seit Rom eine funktionierende Kanalisation gebaut hat.[69] Dennoch hat die Nutzung des digitalen Mobiltelefons die Toilettennutzung in zwei Jahrzehnten überholt.

Es Ist offensichtlich einfacher, eine dezentrale, drahtlose und Bit-basierte, als eine zentralisierte, leitungsgebundene und Atom-basierte Infrastruktur aufzubauen.

Es gibt viele Beispiele für Produkte, die Industrien mit einem Umsatz von Billionen Dollar in nur zwei Jahrzehnten oder sogar in nur zwei Jahren zerstört haben. Kodak war 2003 immer noch ein Riese in der Fotobranche. Der Smartphone-Markt war ein

Nischenmarkt, bevor Apple im Jahr 2007 das iPhone auf den Markt brachte. Tablets gab es kaum, bevor Apple im Jahr 2010 das iPad auf den Markt brachte.

iPhone und iPad waren durch exponentielles Wachstum geprägt. Exponentielles Wachstum ist nicht intuitiv. Es ist schwer vorstellbar. Wenn eine Produktgruppe aber mit einer exponentiellen Geschwindigkeit wächst, muss man aufpassen. Wenn exponentielles Wachstum über zehn oder zwanzig Jahre andauert, kann es eine stark disruptive Wirkung haben.

Solarstrom wird das Energiesystem umwälzen. Aber bei Marktumbrüchen geht es nicht nur um disruptive Technologieinnovationen, die die existierenden Produkte und Industrien verdrängen.

Für den Zusammenbruch etablierter Unternehmen sind innovative Geschäftsmodelle genauso entscheidend wie innovative Technologien. Um die Disruption von Geschäftsmodellen zu verstehen, muss man etwas von Finanzierung und Finanzinnovationen verstehen.

Kapitel 2

Finanzen und die Disruption des Energiesystems

„Innovative Geschäftsmodelle sind wichtiger als Technologie-Innovationen."

– Abe Reichental, Vorstand 3D Systeme (2013)

„Die häufigste Art, auf die Menschen ihre Macht abgeben, ist zu meinen, sie hätten keine."

– Alice Walker

„Die Wahrheit ist, dass keine Onlinedatenbank Ihre tägliche Zeitung ersetzen wird."

– Clifford Stoll, Astronom und Autor

Im Jahr 1918 besaß eine von dreizehn amerikanischen Familien ein Auto. Elf Jahre später besaßen 80 Prozent der amerikanischen Familien ein Auto. Der Hauptgrund dafür, dass sich die Entwicklung des US-Automarkts von den ersten Anfängen bis zur vollständigen Marktdurchdringung in nur wenig mehr als einem Jahrzehnt vollzog, war eine Innovation, die von General Motors auf den Markt gebracht wurde. Diese Innovation hatte nichts mit einem Fortschritt in der Motortechnologie, einem neuem Getriebe oder mit technologischer Innovation zu tun.

1919 gingen GM und DuPont eine Partnerschaft ein und bildeten zusammen die General Motors Acceptance Corporation (GMAC). Das Ziel dieser Partnerschaft war es, Kredite für Autokäufer anzubieten.[70] Sieben Jahre später kauften 75 Prozent aller Autokäufer Autos auf Kredit.

Nicht die technische Innovation, sondern die finanzielle Innovation seitens GM und DuPont machte Autos für den durchschnittlichen amerikanischen Käufer erschwinglich. Mit anderen Worten: die Transportindustrie war von einem bis dato unbekannten Geschäftsmodell revolutioniert worden. Die Energieindustrie wird ebenfalls durch ein neues Geschäftsmodell umgewälzt.

Neue Geschäftsmodelle für Solarenergie

2008 wurde das Konzept der solaren Dienstleistung von einem Unternehmen namens SunEdison eingeführt. Private und kommerzielle Solarstromkäufer mussten dadurch ihr Kapital nicht mehr in den Kauf von Solarmodulen investieren.

SunEdison bot an, als Eigentümer die Solarmodule auf den Hausdächern der Kunden zu finanzieren, zu installieren und instandzuhalten. Die Firma verlangte kein eigenes Kapital. Hausbesitzer mussten keine Risiken bei der Technik, den Finanzen oder der Wartung eingehen. Sie unterzeichneten einen 20-Jahres-Vertrag mit SunEdison. Am Ende der 20 Jahre muss der Kunde entscheiden, ob er die Anlage zu einem stark vergünstigten Preis kauft oder die Anlage wieder vom Dach geholt wird.

Kurz nach SunEdison entwickelte ein anderer Installateur aus dem Silicon Valley, der sich SolarCity nannte, den „SolarLease" und der Solarmarkt explodierte. Beim SolarLease-Plan, einem solaren Pachtmodell, pachteten die Käufer die Anlage, statt sie zu kaufen. Das Konzept setzte sich durch und im Silicon Valley ansässige Unternehmen wie Sungevity und SunRun boten ebenso wie SunEdison und SolarCity „Solar-Leasing" und Abnahmeverträge für Solarstrom an.

Die Solarunternehmen boten den Kunden eine finanzielle Innovation an: „Solarstrom als Dienstleistung", ein Vertrag ohne Eigenkapital und mit Pauschalzahlungen während der Laufzeit des Vertrages (14 bis 20 Jahre).

Es gab zwei Hauptvertragstypen von „Solarstrom als Dienstleistung":

- *Abnahmeverträge für Solarstrom.* Der Kunde willigt ein, Strom, der durch Solarmodule erzeugt wurde, zum Festpreis pro kWh während der Vertragslaufzeit zu kaufen.
- *Das Solar-Leasing.* Der Kunde verpflichtet sich, eine fixe monatliche Leasingrate für die Solarmodule zu bezahlen, unabhängig von der Stromproduktion.

Die Solarmodule und die dazugehörige Technologie wurden bei beiden Vertragsarten vom Solarunternehmen gekauft, finanziert, installiert und für den Kunden kostenfrei instandgehalten. Solarstromkunden hatten nun die gleiche Möglichkeit, die Autokäufer schon fast seit einem Jahrhundert hatten: Sie konnten Solarenergie mit Bargeld oder einem Kredit bezahlen oder aber pachten.

Diese finanziellen Innovationen funktionierten. Der Photovoltaikmarkt in Amerika hat sich seit 2009 nahezu jedes Jahr verdoppelt – mit einer durchschnittlichen jährlichen Wachstumsrate von 97 Prozent. Der größte Teil dieses Wachstums kam durch Solarfirmen zustande, die mit Fremdfinanzierung arbeiteten.

Bis Mitte 2012 war der Anteil von privaten Solaranlagen, die in Kalifornien, Colorado und Arizona (siehe Abbildung 2.1) fremdfinanziert wurden, bis auf 75-80 Prozent angestiegen – ausgehend von einstelligen Prozentzahlen. Diese Anteile steigen weiter. Ungefähr 80 Prozent der privaten und kommerziellen Solaranlagen sind nun durch Unternehmen fremdfinanziert.[71] In Colorado liegt der Anteil bei fast 90 Prozent.

Diese Geschäftsmodell-Innovation war so erfolgreich, dass *Scientific American* 2009 das Finanzierungsmodell „Solaranlage ohne Eigenkapitel" auf die Liste seiner „20 weltverändernden Ideen" setzte.[72]

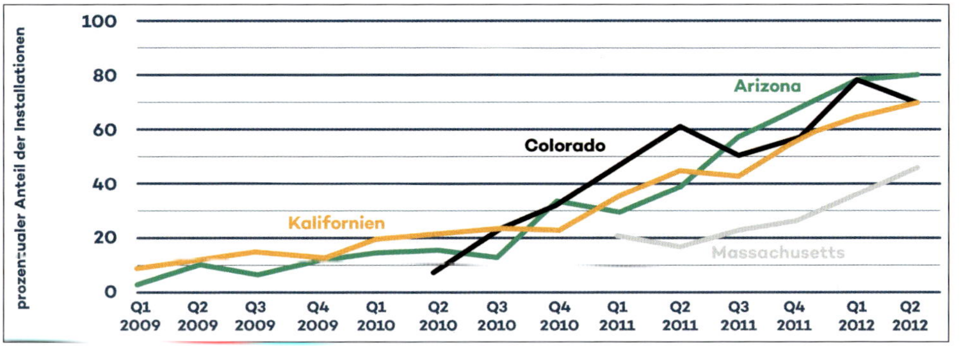

Abbildung 2.1 – Prozentsatz der fremdfinanzierten privaten Photovoltaikanlagen (Quelle: SEIA und GTM Research)

Fremdfinanzierung ersparte dem Kunden den Gang zur Bank, um einen Kredit für die Finanzierung der Solaranlage aufzunehmen.

Darüber hinaus hat die Fremdfinanzierung dazu beigetragen, dass sich die Diskussion über Solarenergie verändert hat. Jahrelang hatten Energieunternehmen das „Payback"-Konzept (Rückzahlungskonzept) dazu verwendet, um Kunden von der Installation von Solarmodulen abzuhalten. Sie erzählten den Kunden, dass es viele Jahre dauert, bis sich die ursprüngliche Kapitalinvestition amortisiert hat. Das Konzept der Amortisation basierte auf zwei Annahmen:

- Der Kunde würde die Solaranlage mit Bargeld (oder geliehenem Geld) kaufen.
- Der Kunde würde zunächst mehr für Solarstrom bezahlen, da aber der Preis für konventionellen Strom steigen würde und die Solarkosten gleich blieben, würde der Kunde letztlich genug Geld sparen, um die anfänglichen Investitionen zurück zu bekommen.

Die Fremdfinanzierung stellte dieses Konzept auf den Kopf. „Was bedeutet ‚Payback', wenn Sie nichts investieren müssen und am ersten Tag anfangen, Geld zu sparen?" fragte Danny Kennedy, Mitgründer von Sungevity, der 2012 in meinem Kurs an der Stanford Universität vortrug.

Als SolarCity [Nasdaq: SCTY], ein Pionier auf dem Gebiet der Fremdfinanzierung von Solaranlagen im Dezember 2012 an die Börse ging, hatte es mehr als 1,3 Milliarden US-Dollar Projektfinanzierungskapital gesammelt. Im Juni 2013 sammelte SunRun 630 Millionen US-Dollar von JPMorgan Chase, der US Bank und von anderen ein, um private Solaranlagen zu finanzieren.[73] Vivint Solar brachte 740 Millionen US-Dollar zusammen. Clean Power Finance verwaltet 500 Millionen US-Dollar zur Finanzierung seiner Solaranlagen.[74]

SolarCity ist im Dezember 2012 an die Börse gegangen, mit einem Aktienwert von 9,25 US-Dollar. Im August 2013 verkündete das Unternehmen, dass die installierte Solarleistung um mehr als 144 Prozent gewachsen und die Pachterlöse um 78,8 Prozent gestiegen seien.[75] Der Aktienpreis vervierfachte sich auf 40 US-Dollar, sodass die Firma einen impliziten Wert von 2,9 Milliarden US-Dollar erreichte.[76] Der Aktienpreis verdoppelte sich danach noch einmal innerhalb weniger Monate.

Genauso wie die Autoindustrie ein Jahrhundert zuvor ist die Solarbranche durch ein innovatives Geschäftsmodells buchstäblich durch die Decke geschossen.

Fallende Kosten für Solarmodule

Es gibt noch mehr Parallelen zwischen der frühen Autoindustrie und der heutigen Solarindustrie. Neben den Autodarlehen waren sinkende Kosten ein weiterer Grund für den rasant wachsenden Automarkt. Die Kosten sind durch Wettbewerb, Skaleneffekte und Innovation signifikant gesunken.

Das Ford Model T wurde 1908 für 850 US-Dollar verkauft, sodass es für die durchschnittlichen Arbeitnehmer unerreichbar war. Bis 1914 waren die Kosten für das Model T jedoch auf 490 US-Dollar gefallen. Im Jahr 1921 kostete das Auto nur noch 310 US-Dollar – ein Rückgang von 62 Prozent in 13 Jahren.

Vergleichen Sie den Rückgang der Autopreise zwischen 1908 und 1921 mit den gesunkenen Preisen für die Installation von Solaranlagen. Im Jahr 2009 kostete eine „typische" private 4 kW-Solaranlage ungefähr 32.000 US-Dollar (ohne Fördergelder).[77] Dieser Preis für die Kosten der Installation war höher als das Durchschnittseinkommen der Arbeitnehmer in Amerika, das im Jahr 2009 bei ungefähr 26.684 US-Dollar lag.[78] Die Kosten für Solarmodule sind allerdings allein im Jahr 2011 um 50 Prozent und seit 2008 um ungefähr 90 Prozent gefallen. Die Kosten für Solaranlagen sind stärker und schneller gesunken, als die Kosten für den Kauf eines Autos im letzten Jahrhundert.

Sobald eine kritische Masse erreicht war, dauerte es noch etwas mehr als ein Jahrzehnt (1908-1921), bis die Autoindustrie das Transportgeschäft, das sich auf Pferde stützte, vollständig verdrängt hatte. Es ist zu erwarten, dass Solarstrom ähnlich schnell den Markt durchdringt. Was hält diese Entwicklung noch auf?

Kapitalkosten und die Kosten für Kapital

Während „weiche Kosten" den Hauptteil der Kapitalkosten einer Solaranlage ausmachen, sind die Finanzierungskosten einer Solaranlage zum wichtigsten Einflussfaktor der Gestehungskosten für Solarstrom geworden. Wenn jemand ein Haus mit einer Hypothek über 30 Jahre kauft, dann wird der Großteil der monatlichen Zahlungen verwendet, um die Zinsen zu tilgen. Das Gleiche gilt für die Finanzierung einer Solarstromanlage.

Die Kosten für den Treibstoff (die Sonne) sind null. Die laufenden Kosten für Betrieb und Wartung sind nahezu null. Die Solarmodule müssen ab und zu gesäubert werden (darum kann sich aber auch der Regen kümmern) und der Wechselrichter muss ungefähr alle 10 Jahre ausgetauscht werden. (Der Wechselrichter wandelt den Gleichstrom der Solarmodule in Wechselstrom, der im Haus verwendet wird, um). Folglich bilden die Kosten für das geliehene Kapitel (der Zinssatz) den größten Kostenpunkt für den Nutzer des Solarstroms.

Gemäß Lyndon Rive, Geschäftsführer von SolarCity, verringert eine Reduktion der Kapitalkosten um einen Prozentpunkt die Projektkosten um 20 US-Cent pro Watt. Was hält Solar noch auf? Rive glaubt, dass es im Wesentlichen daran liegt, dass die Branche „Kreditkarten-Zinssätze" bezahlt hat, um Solaranlagen zu finanzieren.

Immerhin haben Finanzinnovationen bewiesen, dass sie schnell für Dynamik im Solarmarkt sorgen können. Die Konzepte der Abnahmeverträge für Solarstrom und Solar-Leasing, die ich weiter oben erwähnt habe, sind außerdem nur der Anfang einer Reihe von Möglichkeiten, die Solarentwickler zur Verfügung haben werden.

Fallstudie: PACE Finanzierung in Sonoma County

Eines der ersten Programme, das die Bedeutung von günstigem und leicht zugänglichem Kapital für eine saubere Energieproduktion unter Beweis gestellt hat, wurde von Sonoma County (Bezirk Sonoma) im Norden von San Francisco aufgelegt.

Ende 2011 verfügte Sonoma County über 500 Watt Solarleistung pro Einwohner und 4,5 Solaranlagen pro 100 Einwohner.[79] Diese Zahlen hören sich nicht besonders beeindruckend an, aber wenn man die Zahlen von Sonoma County auf die 38 Millionen Einwohner von Kalifornien hochrechnet, dann gäbe es in dem Staat 1,7 Millionen Solaranlagen mit insgesamt 19 GW installierter Leistung. Die tatsächlichen Zahlen in Kalifornien liegen bei einem Zehntel davon. Tatsächlich hat Sonoma County das Ziel des Goldenen Staates zur dezentralen Energieerzeugung bis 2020 (12 GW) schon um 45 Prozent und die Anzahl der Solarinstallationen (eine Million Solardächer) um 70 Prozent übertroffen.

Sonoma erreichte diese Zahlen inmitten einer nationalen Finanzkrise und trotz heftigen Widerstands durch die *U.S. Federal Housing Finance Agency* (bundesstaatliche Hausfinanzierungsbehörde der USA) in weniger als drei Jahren. Sonoma County hat offensichtlich etwas richtig gemacht.

Das Herzstück des Programms für saubere Energie in Sonoma war das *Sonoma County Energy Independence Program* (SCEIP, Energieunabhängigkeitsprogramm des Bezirks Sonoma). SCEIP ist ein PACE (*property assessed clean energy* – Saubere Energie durch Veranlagung von Immobilen) Programm. Es wurde im März 2009 eingeführt. Ziel des Programms ist, „80 Prozent der Häuser und Gewerbeflächen von Sonoma County auf das kostengünstigste Effizienzniveau" zu bringen.

Konzeptionell ist PACE ein lokales Finanzierungsprogramm für Kommunen, mit dem Kommunalverwaltungen den privaten Kapitalmarkt anzapfen können, um Projekte in den Bereichen Energieeffizienz und saubere Energie für private und kommerzielle Immobilien zu finanzieren. Die Finanzierung erfolgt über die Festsetzung von Grundsteuern für private und kommerziell genutzte Immobilien.

PACE ist eine Variante der "Solaranlage ohne Eigenkapital", die von *Scientific American* als eine der „20 Ideen, die die Welt verändern" bezeichnet wurde. PACE ist ein einfacher Finanzierungsmechanismus mit einem niedrigen Zinssatz, der es Haus- und Geschäftseigentümern leicht macht, ihre Gebäude mit sauberer und effizienter Energie aufzuwerten.

Das PACE-Programm von Sonoma County hat folgende Eigenschaften:

- Die Finanzierung wird nicht in Form eines Darlehens, sondern durch eine steuerliche Veranlagung bereitgestellt. Im Gegensatz zu einem Darlehen ist eine steuerliche Veranlagung an eine Immobilie gebunden statt an eine Einzelperson. Das reduziert das finanzielle Risiko erheblich.
- Die steuerliche Veranlagung ist ein Pfandrecht, so dass die Verantwortung für die Rückzahlung automatisch an den folgenden Eigentümer der Immobilie übergeht, wenn die Immobilie vor der vollständigen Rückzahlung verkauft wird.
- Die Finanzierung läuft über 10 oder 20 Jahre und wird durch einen Aufschlag auf die jährliche Grundsteuer des Eigentümers bezahlt.
- Die Wertsteigerungen müssen dauerhaft mit dem Eigentum verbunden sein.

Die Pace-Finanzierung war ursprünglich konzipiert worden, um der Tatsache Rechnung zu tragen, dass der Rückfluss aus Investitionen in Energieeffizienz und saubere Energie über einen längeren Zeitraum erfolgt, während Kapitalkosten gewöhnlich vorab aufgebracht werden müssen. Die PACE-Finanzierung wurde im Jahr 2005 in Berkeley in Kalifornien entwickelt und in kurzer Zeit von 23 Staaten in den USA übernommen.[80]

Für das Energieunabhängigkeitsprogramm von Sonoma County (SCEIP) wurden 60 Millionen US-Dollar an Finanzierungsmitteln bereitgestellt: 45 Millionen US-Dollar von der Finanzabteilung des Bezirks und 15 Millionen US-Dollar von der Wasserbehörde des Bezirks. Mit dem SCEIP-Modell wurden energetische Sanierungsprojekte im Wert von 58,8 Millionen US-Dollar finanziert, insgesamt 2.855 private und 87 kommerzielle Projekte. Der Bezirk schätzte, dass 79 Prozent der 682 Jobs, die durch das SCEIP-Modell entstanden sind, lokale Jobs waren.

Mein Schwerpunkt liegt zwar auf Solarenergie, aber SCEIP hat neben Solarenergie mehr als 1.000 weitere Projekte gefördert, darunter mehr als 500 Projekte zur Installation von Fenstern und Türen, 200 HLK-Projekte (Projekte im Bereich Heizung, Lüftung und Klimaanlagen) und 200 Dichtungs- und Dämmprojekte.

Sonoma County hat bewiesen, dass die PACE-Finanzierung funktioniert. Sie hat selbst inmitten einer nationalen Rezession und Finanzmarktkrise funktioniert. SCEIP wurde nicht mit dem Geld der Steuerzahler finanziert, sondern durch Anleihen von privaten Investoren. SCEIP wurde auf einige Finanzierungvorhaben übertragen.

Andere Staaten und Kommunalbehörden haben bemerkt, dass Sonoma County mit der PACE-Förderung Erfolg hatte. PACE ist ein Programm der Kommunalverwaltung und benötigt als solches für die Fortführung eine Gesetzgebung auf Ebene des Bundesstaates. Es gab eine Zeit, da wurde die PACE-Förderung in 23 Staaten angewendet und in 20 weiteren wurde darüber nachgedacht.[81]

Wie würde ein nationales PACE-Programm aussehen? Wenn die gesamten Vereinigten Staaten im Durchschnitt 500 Watt Solarleistung pro Einwohner und 4,5 Solaranlagen pro 100 Einwohner wie in Sonoma erreichen würden, dann gäbe es in den Vereinigten Staaten 159 GW Solarleistung und 14 Millionen Solaranlagen. Diese Wattzahl entspricht der Spitzenleistung von 159 Kernkraftwerken – beinah so viel wie alle Kernkraftwerke in den USA und Japan zusammen.

Darüber hinaus könnte die USA diese Produktion in drei Jahren erreichen, wie es Sonoma County geschafft hat. Das ist ein wirklich disruptives Szenario. Kernkraft wäre überflüssig und das Geschäft innerhalb von drei Jahren am Ende. Stromversorger können damit nicht konkurrieren.

Die US-Regierung möchte, dass die USA eine saubere Energiewirtschaft aufbauen – einen „Sonnenflug" vergleichbar John F. Kennedys „Mondflug".

Das Sonoma County-PACE-Modell hat in aller Ruhe gezeigt, dass es möglich ist. Sonoma hat das Rezept zur Verfügung gestellt. Wird die US-Regierung die Führung übernehmen?

Seltsamerweise war es eine Geschäftsstelle der US-Regierung, die die schnelle Einführung des PACE-Programms im Land abrupt zum Stillstand brachte. Die *Federal Housing Financing Agency* (FHFA), die die quasi-staatlichen Institute für Hypothekenfinanzierung Fannie Mae, Freddie Mac und die Federal Home Loan Banks beaufsichtigt, hat das PACE-Programm abgelehnt. Die FHFA argumentierte, dass „die erstrangigen Pfandrechte, die durch PACE-Darlehen begründet werden, … eine ungewöhnliche und schwierige Herausforderung für das Risikomanagement von Darlehensgebern, Dienstleistern und Investoren in Sicherungshypotheken darstellen.[82]

Ich habe Diane Lesko, die Managerin des SCEIP-Programms, gefragt, ob PACE-finanzierte energetische Sanierungen risikoreiche Investitionen wären, wie die FHFA behauptete. Sie erklärte, dass die Ausfallquote des PACE-Programms in Sonoma County bei 1,1 Prozent liegt, wohingegen die Ausfallraten von Hypotheken zu dieser Zeit bei 10 Prozent lagen.

Es war weniger riskant in Solarstrom zu investieren als in die Hypothek auf ein Haus. Dennoch rieten Fannie Mae und Freddie Mac – die steuerzahlergestützten Finanzdienstleister, die hunderte Milliarden Dollar an faulen Krediten ermöglicht und fast die gesamte US-Wirtschaft zum Absturz gebracht hatten – den amerikanischen Banken von einer Finanzierung von Vermögenswerten mit einer 1,1-prozentigen Ausfallsrate ab.

PACE war als Finanzinnovation erfolgreich, aber die Politik hat sich quer gestellt. Die US-Regierung hat dazu beigetragen, den möglichen Sieg in eine Niederlage zu verwandeln.

Ich fragte Diane Lesko von SCEIP nach der wichtigsten Zutat, um ein Programm zur Energieunabhängigkeit zu einem Erfolg zu machen. „Politischer Wille", antwortete sie ohne zu zögern. „Die Verantwortlichen müssen sich an einen Tisch setzen, um unsere gemeinsamen Ziele zu erreichen."

Trotz des Widerstands der FHFA gegen PACE-Privatdarlehen übernahmen viele Kommunalverwaltungen im ganzen Land die PACE-Programme für kommerzielle (nicht private) Solaranlagen. Der Bezirk Miami-Dade in Florida kündigte beispielsweise ein kommerzielles 550 Millionen US-Dollar PACE-Programm unter Leitung von Ygrene Energy, einem in Santa Rosa (im Bezirk Sonoma) ansässigen Finanzdienstleister, an.[83] Ygrene visierte auch einen 100 Millionen US-Dollar Pace-Fonds für Sacramento in Kalifornien an.

Sonoma County hat bewiesen, dass einfach zugängliche Finanzierung mit geringen Kapitalkosten die Erschließung von Märkten für saubere Energien vorantreiben können. Was die Solarbranche brauchte, war eine finanzielle Innovation, wie die, die die Autoindustrie vor einem Jahrhundert revolutioniert hat. Sonoma County hat auch gezeigt, wie schnell der Umbruch passieren kann.

Partizipative Finanzierung: Crowdfunding für Solarenergie

Finanzinnovationen wie PACE, Abnahmeverträge für Solarstrom und Solar-Leasing haben gezeigt, wie man schnelles Wachstum im privaten und kommerziellen Solarmarkt schaffen kann. Inzwischen hat die durch das Internet ermöglichte „Sharing Economy" (Ökonomie des Teilens) weitere Instrumente entwickelt, die dazu verwendet werden können, um Solaranlagen zu finanzieren.

Am 10. Dezember 2012 startete eine gemeinnützige Organisation aus San Francisco mit dem Namen Re-Volv auf einer Crowdfunding-Webseite namens Indiegogo.com (ebenfalls in San Francisco ansässig) eine Spendenaktion. Re-Volv wollte in sechs Wochen 10.000 US-Dollar für eine Dachsolaranlage für eine Gemeindeorganisation beschaffen. Re-Volv erhielt die 10.000 US-Dollar von 100 Spendern in nur drei Wochen. Re-Volv warb sogar 50 Prozent mehr Mittel ein als geplant – insgesamt 15.391 US-Dollar.[84]

Was haben die Spender für ihr Geld bekommen außer dem guten Gefühl, dass sie einer Gemeindeorganisation geholfen haben? Zwei Spender, die 1.000 US-Dollar spendeten, erhielten eine Führung durch die Büros von Re-Volv in San Francisco und die Möglichkeit, die Mitarbeiter von Re-Volv kennen zu lernen. Diejenigen, die 500 US-Dollar beisteuerten, erhielten einen Telefonanruf von Andreas Karelas, dem Geschäftsführer. Wenn man 50 US-Dollar beisteuerte, konnte man zwischen einem Exemplar meines Buches *Solar Trillions* oder Paul Wapners Buch *Living Through the End of Nature* wählen.

Die meisten Menschen, die sich dem Crowdfunding anschlossen, taten das, um die Welt zu einem besseren Ort zu machen. Tatsächlich gab es 75 Spender, die 50 US-Dollar spendeten und damit Anspruch auf ein Buch hatten, aber nur 24 machten davon Gebrauch.

Drei Monate nachdem die Spendenaktion von Re-Volv abgeschlossen war, erhielt ich eine E-Mail von Andreas Karelas, der mir schrieb, dass seine Firma vereinbart hatte, eine 10 kW-Solardachanlage am Shawl-Anderson Dance Center in Berkeley zu finanzieren. Die Anlage würde 100 Prozent des Strombedarfs des Tanzkollektivs während der Laufzeit des Vertrags abdecken. Im Gegenzug würde Re-Volv die Pachteinnahmen dazu verwenden, andere Solaranlagen zu finanzieren (daher der Name Re-Volv).

Ein Jahr danach startete Re-Volv die zweite Spendenaktion, dieses Mal für 55.000 US-Dollar. Das Endergebnis waren 303 Spender aus 20 amerikanischen Staaten und sieben Ländern, die Re-Volv halfen, ihr Ziel um mehr als 1.000 US-Dollar zu übertreffen. Das Geld wurde dazu verwendet, um eine 22 kW-Solaranlage für die Kehilla Community Synagoge in Oakland zu installieren. „Wir werden während der Laufzeit der Anlage über 130.000 US-Dollar an Stromkosten sparen", meinte ein glücklicher Andreas Karelas.

Re-Volv ist eine gemeinnützige, gemeinschaftsorientierte Organisation. Solarenergie ist eine finanzwirtschaftliche Chance in Höhe von mehreren Billionen Dollar. Funktioniert Crowdfunding tatsächlich? Kann eine partizipative, gemeinschaftsorientierte Bewegung das Energiesystem revolutionieren?

Partizipative Finanzierung: Wind in Dänemark

Die Energiebranche ist eine hierarchische von Befehlen und Kontrolle geprägte Welt. Großbanken investieren in große Energieprojekte, die von großen Energieversorgern betrieben werden, um Energie an Einzelpersonen, Familien und Unternehmen zu verkaufen. Die Energie fließt in die eine Richtung (von den großen Energieversorgern zum Verbraucher) und das Geld fließt in die entgegengesetzte Richtung (vom Verbraucher zu den großen Energieversorgern). Alle Entscheidungen der Energieversorger werden von wenigen Personen und Gremien getroffen, die meistens gegenüber den Verbrauchern oder der Gesellschaft nicht zur Rechenschaft verpflichtet sind.

Partizipative Energie bedeutet, dass Einzelpersonen und Familien an der Erzeugung, Übertragung und Speicherung der Energie für sich oder ihre Gemeinschaft mitwirken.

Partizipative Finanzierung bedeutet, dass Einzelpersonen und Familien direkt in die Energieprojekte investieren, die sie oder die erweiterte Gemeinschaft, der sie angehören, nutzen werden. Bei der partizipativen Finanzierung investieren Einzelpersonen direkt in Energieanlagen. Sie wählen das Energieprojekt (sauber, dezentral, relativ klein) aus, in das sie investieren wollen und sie profitieren von dem Gewinn, den das Projekt erzeugt.

Partizipative Energie und partizipative Finanzierung können Hand in Hand gehen, wie es Dänemark in den 1970ern gezeigt hat. Der Marktanteil der Windenergie am nationalen Energiemarkt ist im weltweiten Vergleich in Dänemark am höchsten.

Am 3. November 2013 erzeugte Wind über 100 Prozent des Strombedarfs in Dänemark und brach so einen Weltrekord.[85] Aber der dänische Markt ist kein gewöhnlicher, hierarchisch organisierter Energiemarkt. Das Land mit den meisten Windrädern weltweit hat diese Situation im Wesentlichen ohne die Investitionen oder die Beteiligung der größten Energieversorger des Landes erreicht.

Dänemark wurde zum größten Windenergiemarkt der Welt, weil Gemeinden in ihre eigenen Windenergieprojekte investierten.

Um Gemeinden dazu zu motivieren, Windenergie zu nutzen, hat die dänische Regierung Anreize für Einzelpersonen und Familien geschaffen, damit sie in Windenergie in der eigenen Kommune investieren. Als der Markt wuchs und die Windräder größer wurden und mehr Kapitaleinsatz benötigten, investierten Einzelpersonen in Anteile von „Windrad-Genossenschaften". Diese Genossenschaften wiederum entwickelten und finanzierten gemeinschaftliche Windräder und Windparks.

Im Jahr 2001 gehörten über 100.000 Familien zu Windenergie-Genossenschaften. Diese Genossenschaften hatten 86 Prozent der Windräder in Dänemark installiert.[86] Windgenossenschaften in Dänemark stellen das erste wichtige Beispiel partizipativer Energiefinanzierung dar. Sie waren außerdem das erste wichtige Beispiel für partizipative Energie. In Dänemark haben Einzelpersonen die Art von Energie gewählt, die sie nutzen und mit der Gemeinschaft teilen wollten (normalerweise Wind, aber auch Geothermie und Solarenergie). Dänemark ist außerdem das erste wichtige Beispiel, das zeigt, was der Übergang von zentralen Kraftwerken hin zu einem Modell der dezentralen Erzeugung bedeutet.

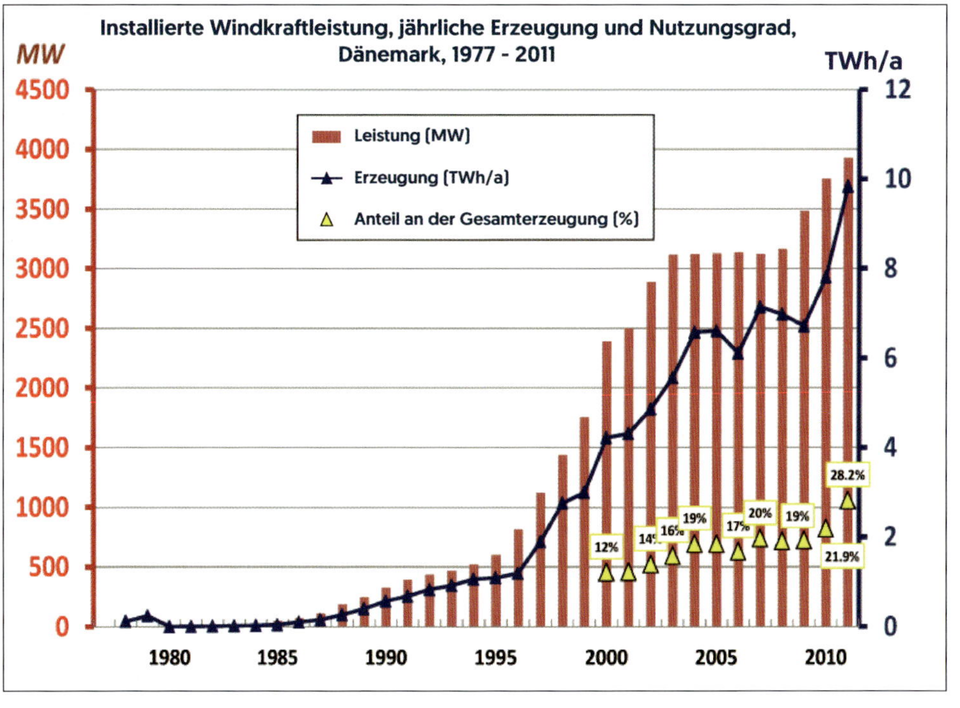

Abbildung 2.2 – Installierte Windleistung in Dänemark, jährliche Erzeugung und Nutzungsgrad, 1977-2011 (Quelle: Wikipedia)[87]

Partizipative Finanzierung und partizipative Energie gingen Hand in Hand in Dänemark. Bis 2005 besaßen 150.000 Familien Windräder oder waren Mitglieder von Windenergie-Genossenschaften und diese Genossenschaften lieferten 75 Prozent des gesamten Windstroms in Dänemark. Zu diesem Zeitpunkt begann die Privatwirtschaft, die Bedeutung von dezentraler Windstromerzeugung zu erkennen.[88]

Bis 2009 war die dänische Windkraftleistung so gewachsen, dass nun 19,1 Prozent des Stroms durch Windkraft bereitgestellt wurden (siehe Abbildung 2.2).[89]

Mit der Unterstützung von 86 Prozent der Dänen für saubere, dezentrale Energie wuchs der Windmarkt weiter. Ende 2012 wurde 30 Prozent des gesamten Stroms durch Windkraft bereitgestellt (siehe Abbildung 2.2). Bis 2020 plant das Land, 50 Prozent des gesamten Strombedarfs aus Windkraft zu erzeugen.

Das partizipative Energiemodell in Dänemark verbreitete sich in ganz Europa. In Deutschland stieß das auf Begeisterung. Deutschland hat die größte Zahl an installierten Solaranlagen auf der Welt und hat das ohne die Beteiligung seiner großen Stromversorger erreicht. Solarstrom in Deutschland ist ein Beispiel für partizipative Energie. Hauptsächlich haben sich Einzelpersonen und kleine Unternehmen dazu entschieden, Solaranlagen zu entwickeln und in ihrer Umgebung zu installieren. Diese Solaranlagen wurden meist durch Banken finanziert, sodass es in Deutschland das partizipative Finanzierungselement, das in Dänemark so wichtig war, nicht gab.

Kleinere Unternehmen, die Crowdfunding (partizipative Finanzierung) für Windkraft- und Solarprojekte betreiben, sind an Orten wie Großbritannien und den Niederlanden aus dem Boden geschossen.

Am 24. September 2013 verkündete WindCentrale, dass es 1,3 Millionen US-Dollar gesammelt hatte, um eine Windkraftanlage zu bauen und zu betreiben – aber das war keine gewöhnliche Spendensammelaktion.[90] Das Unternehmen hatte 6.648 Anteile zu je 200 Euro an Einzelpersonen in 1.700 Haushalten verkauft, die durch den Kauf einen Anteil an einem 2 MW-Windrad erhielten. Pro Anteil sollten die Erlöse aus der Produktion von 500 kWh pro Jahr ausbezahlt werden. Gemäß WindCentrale würden die Anteile jährlich 8,5 Prozent Ertrag bringen, vorausgesetzt die Energiekosten würden jährlich um 3 Prozent steigen.[91] Die Energie wird durch eine Firma namens GreenChoice verkauft werden, die sauberen Strom an mehr als 350.000 Kunden in den Niederlanden verkauft.

Können die Vereinigten Staaten ihre europäischen Cousins einholen? Wer wird hier die solare Chance im Wert von mehreren Billionen Dollar finanzieren? Werden es hier große Banken (wie in Deutschland) oder Einzelpersonen und Familien (wie in Dänemark) sein?

Die Golden Gate Bridge als Beispiel für partizipative Finanzierung

Partizipative Finanzierung und Crowdfunding werden als neuartiges Phänomen betrachtet – allerdings nicht von den Einwohnern von San Francisco. Sie machen das schon seit Jahrzehnten. Die Golden Gate Bridge, das vermutlich symbolträchtigste und beliebteste von Menschen geschaffene Bauwerk an der Westküste der Vereinigten Staaten, wäre ohne die Beteiligung der Menschen von Kalifornien nie gebaut worden.

Als die Pläne für die Golden Gate Bridge im Jahr 1916 vorgestellt wurden, war San Francisco die größte amerikanische Stadt, die noch mit Fähren bedient wurde. Joseph Strauss, ein ehrgeiziger Ingenieur und Unternehmer, verbrachte fast ein Jahrzehnt damit, die Werbetrommel für die Brücke in Nordkalifornien zu rühren. Zu dieser Zeit war die *Golden Gate Ferry Company* der größte Fährbetrieb der Welt. Es handelte sich außerdem um die Tochtergesellschaft eines der (finanziell und politisch) mächtigsten Unternehmen zu dieser Zeit: Die *Southern Pacific Railroad* (südpazifische Eisenbahngesellschaft).[92]

Die Fährgesellschaft war eine „Melkkuh", die durch den Bau einer Brücke über das Golden Gate geschlachtet worden wäre.

Im Jahr 1928 verabschiedete die kalifornische Gesetzgebung den *Golden Gate Bridge and Highway District Act.* Durch dieses Gesetz wurde ein Zweckverband zwischen sechs Gemeinden gebildet (San Francisco, Marin, Sonoma, Del Norte und Teile von Napa und Mendocino), mit dem Ziel, die Planung, den Bau und den Betrieb der Brücke zu finanzieren.[93] Die Brücke sollte 35 Millionen US-Dollar kosten. Nachdem der Börsencrash an der Wall Street das Land 1929 in die Große Depression gestürzt hatte, versiegte die öffentliche Finanzierung für die Brücke.

Strauss und seine Anhänger entschieden, das Geld direkt von den Menschen in Kalifornien einzuwerben. Am 4. November 1930 gingen Wähler der sechs Mitgliedsgemeinden des Golden Gate Bridge und Highway-Distrikts zum Wahllokal, um über die Frage zu entscheiden, ob ihre Häuser, Farmen und Firmenimmobilien als Sicherheit für eine Anleihe im Wert von 35 Millionen US-Dollar zur Finanzierung der Konstruktion der Golden Gate Bridge verwendet werden sollten.

Southern Pacific, die Fährenlobby und ihre Verbündeten inszenierten eine bösartige Desinformationskampagne. Es handelte sich um eine klassische „Angst, Unsicherheit und Zweifel"-Kampagne (FUD – fear, uncertainty and doubt) – ähnlich den Kampagnen, die die atomarfossile Industrie später gegen saubere Energien benutzte. Gegner der Brücke argumentierten:

> *Die Durchfahrtshöhe der Brücke würde die größten Schiffe der Welt an der Einfahrt in die Bucht hindern. Eine feindliche Flotte könne die Brücke zum Einsturz bringen und die US-Flotte dadurch einschließen. Die Brücke könne nicht gebaut werden. Sie wäre nicht stabil. Der Boden in der Meerenge am Golden Gate würde das Gewicht des Stützpfeilers und des Turms von San Francisco nicht tragen. Das ganze Projekt wäre eine Falschmeldung und ein Schwindel. Nur Dummköpfe würden Anleihen einer Brücke kaufen, die sicher einstürzen werde. Die Steuerzahler würden leiden und müssten weiterhin die Finanzierung des Fiaskos bezahlen.*[94]

Nachdem die Wählerstimmen ausgezählt waren, war klar, dass die Menschen an die Vision des Chefingenieurs Joseph Strauss glaubten. 145.057 Stimmen waren dafür und 46.954 Stimmen dagegen, die Golden Gate Bridge zu bauen.

Dabei handelte es sich nicht um gewöhnliche Stimmen. Die Einwohner von Nordkalifornien stimmten dafür (im Verhältnis 3 zu 1), ihr Eigentum als Sicherheit für den Bau der Golden Gate Bridge zu stellen. Auf der Grundlage der von der Bevölkerung gestellten Sicherheiten, sagte die *Bank of America* den Kauf des ersten Anleihepakets im Wert von 3 Millionen US-Dollar zu, um den Bau der Brücke 1932 zu beginnen.

Es war die finanzielle und politische Beteiligung der Menschen im Gebiet der Bucht von San Francisco, die die Golden Gate Bridge möglich machte. Die Brücke wurde im Mai 1937 eröffnet. Im ersten Betriebsjahr überquerten 3,3 Millionen Fahrzeuge die Brücke. Bis 1967 stieg die Zahl der Fahrzeuge, die die Golden Gate Bridge überquerten, auf 28,3 Millionen an.[95]

Der Fährverkehr zwischen San Francisco und Marin County ging zurück, bis im Jahr 1941 offiziell Schluss war. Die Fährbranche war offiziell am Ende.

Mosaic: Ein Unternehmen, das sich der partizipativen Finanzierung verschrieben hat

Ich dachte über die Geschichte der Golden Gate Bridge nach, während ich an Deck der Fähre stand, die mich vom Fährgebäude in San Francisco zum Jack London Square in Oakland brachte. Obwohl ich schon seit 20 Jahren in San Francisco lebe, liebe ich es immer noch, die Bucht von San Francisco vom Deck einer Fähre aus zu sehen. Fähren erlebten ein Comeback in den 1970er Jahren und füllen nun eine kleine Marktnische, die das Transportsystem der Buchtregion ergänzt.

Ich bin ein Berater des „Solarbeschleunigers" SFUNCube, der in der Nähe des Jack London Square in Oakland angesiedelt ist. Diese Umgebung erinnert mich an den Kendall Square in Cambridge in Massachusetts in der Nähe meiner Alma Mater MIT, bevor es zu einem weltweiten Zentrum für Technologie-Startups wurde. Die Anlegestelle der Fähre in Oakland befindet sich in der Nähe eines wunderschönen Bootshafens, von Geschäften und Restaurants, aber wenn man ein paar Blöcke nach Osten geht, dann erreicht man verlassene Lagerhäuser, die die Narben der letzten Industrialisierungswelle zur Schau stellen.

Als Berater für SFUN prüfe ich gemeinsam mit den Mitbegründern Emily Kirsch und Danny Kennedy Geschäftsvorhaben, die von Bewerbern aus der ganzen Welt eingereicht werden. SFUN glaubt, dass Software- und Finanzinnovationen der Schlüssel zur nächsten Welle des Solarunternehmertums sind. Wenige Unternehmen haben diese beiden Schlüssel in der Hand. Mosaic ist ein Unternehmen, das Crowdfunding für Solarprojekte betreibt und im Gebäude von SFUNCube untergebracht ist.

Dan Rosen, Mitbegründer und Präsident von Mosaic hat mir erzählt, dass Photovoltaik die Chance auf ein Billionen-Dollar-Geschäft bietet, das am besten durch einen Peer-to-Peer-Markt (Markt unter Gleichen) erschlossen wird. Wenn Menschen direkt in ein Solarprojekt investieren, dann verdienen sie an den Zinsen, die sie erhalten, während der Nutzer der Solaranlage von niedrigeren Stromrechnungen profitiert.

Mosaic startete im Januar 2013. Als Dan Rosen und ich im Dezember des gleichen Jahres miteinander sprachen, hatten bereits dreitausend Menschen mehr als 6 Millionen US-Dollar in 25 Solarprojekte investiert. Die Projekte reichten von einer 55 kW-Solaranlage auf einem Sozialwohnungskomplex in Corte Madera in Kalifornien bis hin zu einer 1,6 MW-Anlage im *Prairie View Solar Park* in Gainesville, Florida.[96]

Die Mission von Mosaic ist, den Zugang zu solaren Investitionsmöglichkeiten im Wert von mehreren Billionen Dollar zu demokratisieren.

Weniger als zwanzig Banken in den USA haben sich konsequent im Solarbereich beteiligt. Diese Konzentration des Kapitals bedeutet dreierlei:

1. *Das Kapital für Solarprojekte ist begrenzt.* Selbst wenn die etwa 20 Banken großes Interesse an Solarprojekten hätten, schreibt die Portfoliotheorie vor,

dass sie sich nur in begrenztem Umfang auf eine einzelne Kategorie von Vermögensanlagen festlegen.

2. *Die Renditeerwartungen von Banken sind hoch und passen nicht zum Verhältnis von Risiko und Erträgen bei Solarprojekten.* Die *Federal Deposit Insurance Corporation* (FDIC, Einlagensicherungsfonds der Vereinigten Staaten) versichert Einlagen von fast 6.800 Einrichtungen.[97] Weniger als zwanzig von ihnen investieren in Solar. Die Tatsache, dass sich trotz hoher Liquidität und niedriger Zinssätze auf den Finanzmärkten nur wenige Banken an der Finanzierung von Solarprojekten beteiligen, spricht für mangelnden Wettbewerb zwischen den Banken. Das erhöht die Anbietermacht und die Kapitalkosten für Solarprojekte.

3. *Die Transaktionskosten sind hoch.* Es gibt keine von der Industrie akzeptierten Investitionsstandards für Projekte. Jedes Projekt scheint eine Reihe unterschiedlicher Abnahmeverträge für Solarstrom und anderer Dokumente zu verwenden. Das treibt die Gebühren für Anwälte und den Zeitaufwand, um Investitionen zu bearbeiten und abzuschließen, in die Höhe. „Müssen wir den Anwälten wirklich für jedes Solarprojekt 70.000 US-Dollar zahlen?" hat sich Dan Rosen gefragt.

Die meisten Projekte, die auf der Mosaic-Webseite zu finden sind, liefern den Anlegern eine Rendite im Bereich von 4,5 bis 5,75 Prozent. Zwei Ausreißer werfen 7 Prozent ab. Für Privatanleger, die weniger als ein Prozent für ihr Bankguthaben oder ihre Einlagezertifikate erhalten, ist eine Rendite von über vier Prozent beachtlich. Bisher sind die Auszahlungen bei den Mosaic-Projekten zu 100 Prozent fristgerecht. Es gibt keinen Grund für die „Kreditkarten-Renditen", die Banken bisher von Entwicklern für Solarprojekte eingefordert haben.

Finanzdienstleister und Energieunternehmen haben starkes Interesse an überdimensionierten Kapitalerträgen. Eine Peer-to-Peer-Technologieplattform wie Mosaic vertreibt die Finanzdienstleister und Energieunternehmen vom Spielfeld. Wenn Kleinanleger bei einer Peer-to-Peer-Plattform wie Mosaic mitmachen, dann profitieren beide Seiten. Privatanleger profitieren von einem stabilen, langfristigen Cash Flow, zu dem vorher nur die großen Spieler im Energiebereich Zugang hatten, während Solarnutzer von der billigeren und beständigeren Energiezufuhr profitieren. „Je 100 Basispunkte (1 Prozent), um die wir die Gesamtkosten für Kapitel verringern, fallen die Kosten für Solarstrom um 1 bis 2 US-Cent pro kWh," erklärte Dan Rosen, der Präsident von Mosaic. „Weil Solarstrom im ganzen Land die Netzparität erreicht und übertrifft, macht eine 1-prozentige Einsparung bei den Kapitalkosten einen großen Unterschied."

Dan Rosen sieht Mosaic als ein Instrument, um Chancen zu vergrößern. Mosaic bietet Solarnutzern und Kleinanlegern einen Zugang zu Möglichkeiten, die sie beim heutigen Modell der Energiefinanzierung sonst nicht hätten.

"Es ist unglaublich, wie ineffizient der Ablauf bei der Finanzierung und Entwicklung von Solaranlagen ist", sagte Rosen. „Wir versuchen die Finanzierung von Solaranlagen zu standardisieren. Unser Ziel ist es, ähnliche Kredite für Solaranlagen bereitzustellen, wie es sie für Autos gibt: Man bewirbt sich online und erhält die Bewilligung für das Solarprojekt sofort."

Mosaic möchte eine cloudbasierte Internetplattform entwickeln, auf der Entwickler von Solarprojekten jeder beliebigen Größe ihre Projekte einstellen und Investoren jeder beliebigen Größe investieren können. Es ist dabei unerheblich, wo Projekte und Investoren ansässig sind. Rosen erklärte, dass „Kleinanleger einige hundert Dollar und die Pensionskasse ein paar Millionen anlegen können. Gemeindeorientierte Investoren können Projekte in ihrer eigenen Nachbarschaft finden und in diese investieren, während Anlageberater ein Portfolio mit mehreren Projekten in unterschiedlichen Märkten aufbauen können."

Ungefähr vor einhundert Jahren brachte GMAC Autokredite auf den Markt. Das Unternehmen hat seitdem hunderte Milliarden Dollar erwirtschaftet. Auf diesem Weg hat GMAC dazu beigetragen, die Automobilindustrie der Anfangsphase in ein Maschinenhaus zu verwandeln, das mehrere Billionen Dollar wert ist. Das Ziel von Mosaic ist, in der Solarbranche das erreichen, was GMAC mit partizipativer Finanzierung in der Automobilbranche erreicht hat.

„Die Amerikaner haben fünf Billionen Dollar in ihrer individuellen Altersvorsorge angelegt", meinte Rosen. „Wir möchten jedem Amerikaner die Möglichkeit geben zu sagen: ‚Ich habe eine Solaranlage auf meinem Altersvorsorgekonto.' "

Die Wall Street hat GMAC irgendwann eingeholt. Technologieplattformen haben allerdings einen Netzwerkeffekt und das macht es schwierig, einen Gewinner einzuholen. Mosaic ist vielleicht die erste Chance, Billionen Dollar im Wesentlichen über eine Peer-to-Peer-Plattform zu finanzieren. Wird die Wall Street diese Gelegenheit verpassen, mehrere Billionen Dollar zur Finanzierung von Energieprojekten bereit zu stellen?

Warum Warren Buffett und die Wall Street Solarenergie mögen

Im Februar 2012, zwei Monate nachdem die MidAmerican Energy Holdings von Warren Buffett die größte Solaranlage der Welt für 2,4 Milliarden US-Dollar gekauft hatte, ging das Unternehmen an die Wall Street, um das Projekt zu refinanzieren. MidAmerican brauchte die Hilfe der Wall Street, um den ersten Teilbetrag von 850 Millionen US-Dollar zusammen zu bringen. Trotz der Rückendeckung durch Warren Buffet waren die Ratingagenturen von Solarprojekten nicht begeistert. Fitch Ratings gab den Anleihen eine BBB Bewertung – seine Bonitätsbewertung für die Investitionen, die sich am wenigsten lohnen. Moody's bewertete die Anleihen mit Baa3, Standard & Poor's gab ihnen eine BBB-Bewertung – die schlechteste Note für Investitionsbewertungen laut Bloomberg.[98]

Topaz Solar Farms LLC bot die unbesicherten Schuldverschreibungen in Höhe von 850 Millionen US-Dollar mit dem Fälligkeitsdatum September 2039 und einer Rendite von 5,75 Prozent pro Jahr an. Laut Bloomberg bringen vergleichbare staatliche Anleihen in den USA gerade mal 1,95 Prozent Rendite. Buffets Solargeschäft bot fast drei mal so viel Rendite wie die staatlichen amerikanischen Anleihen. Die Investoren schnappten zu. Das Angebot für Anleihen von Topaz Solar war mit 400 Millionen US-Dollar überzeichnet.

Investoren, die eine gleichmäßige, stabile Langzeitrendite wollen, finden heute keine Angebote mehr. Im August bot die 1-jährige staatliche Anleihe nur 0,13 Prozent Rendite und die 5-Jahres-Anleihe 1,49 Prozent.[99] Aktien bieten potentiell höhere

Gewinne, sind aber extrem volatil. In den USA gab es zwei traumatische Börsencrashs seit 2000. Der größte Aktienindex an der Nasdaq-Börse, der Nasdaq Composite (IXIC), fiel beispielsweise von einem bereinigten Höchststand von 4.571 im Januar 2000, auf 1.172 im Juli 2002; er stieg auf 2.700 im Juli 2007, nur um wieder auf 1.528 im Januar 2009 abzustürzen. Ende 2013 war der Nasdaq zurück auf 4.177 (siehe Abbildung 2.3).

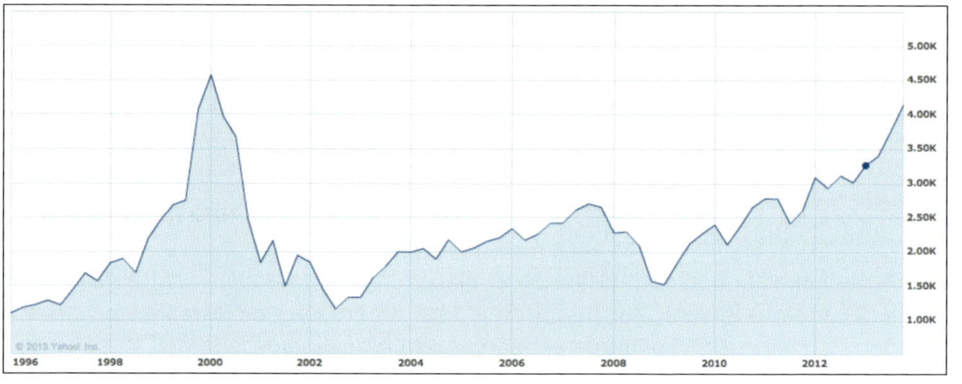

Abbildung 2.3 – Der Nasdaq Composite (Quelle Yahoo! Finance, © Yahoo! Inc.)[100]

Hypothekenpapiere? Viele erinnern sich noch an die *Mortgage Collateralized Debt Obligations* (CDO – hypothekengesicherte Schuldverschreibungen), die die Finanzkrise mit ausgelöst haben (eine Krise, von der sich die USA immer noch nicht vollständig erholt hat). Rohstoffwerte haben größere Ähnlichkeit mit Achterbahnfahrten.

Der Sommer 2013 wird vielleicht als das Jahr in Erinnerung bleiben, in dem die öffentlichen Märkte Solar- und Windenergie entdeckt haben. Ein Sommer mit heißer, sonniger Liebe sozusagen.

Erinnern wir uns noch einmal daran, dass Warren Buffetts Unternehmen MidAmerican Energy Holdings 2,4 Milliarden US-Dollar investierte, um das Solarentwicklungsprojekt Topaz zu kaufen. Über die Investitionsweisheit von Buffett wurden viele Bücher geschrieben. Warum investierte er in Topaz? Um diese Frage zu beantworten, sollten Sie Buffetts elementare Regeln für wertorientiertes Anlegen anschauen. Die „Börsenweisheiten" von Warren Buffett:

- „Ich mag Unternehmen, die ich verstehen kann."
- "Ich möchte wissen, wie ein Unternehmen in zehn Jahren aussehen wird. Wenn ich nicht erkennen kann, wie Unternehmen in zehn Jahren aussehen werden, dann kaufe ich sie nicht."
- „Wir haben keine riesigen Renditen, aber wir verlieren unser Geld auch nicht."[101]

Anders ausgedrückt: Warren Buffett möchte Unternehmen kaufen, die leicht zu verstehen und langweilig sind, über Jahrzehnte gutes Geld abwerfen können und im schlimmsten Fall das Geld, das er investiert hat, nicht verloren ist.

MidAmerican Energy hat einen Solarpark und keinen Anbieter von Solartechnik gekauft. Es gibt einen großen Unterschied zwischen diesen beiden Arten von Geschäften, auch wenn die Medien normalerweise nicht zwischen den beiden unterscheiden.

Ein Solarpark-Projekt ist aus betriebswirtschaftlicher Sicht langweilig. Wie bei jedem Geschäft entsprechen die Nettoeinnahmen aus einem Solarpark dem Umsatz abzüglich der Kosten. Angenommen jemand hat einen Abnahmevertrag für Solarstrom, dann sehen die Umsätze und Kosten so aus:

- Umsätze: Stromnachfrage multipliziert mit den Stromkosten
    - *Strompreis*: Stabil (fest) über die gesamte Laufzeit des Abnahmevertrags für Solarstrom (etwa 20 Jahre).
    - *Stromnachfrage*: Stabil während der Laufzeit des Stromabnahmevertrags.
- Kosten: Brennstoffkosten plus Betriebs- und Wartungskosten plus Versicherungskosten plus Kapitalkosten
    - *Brennstoffkosten*: Null. Sonnenschein ist kostenlos und die Sonne wird voraussichtlich noch einige Milliarden Jahre scheinen.
    - *Betriebs- und Wartungskosten*: Stabil und sehr gering (weniger als 1 US-Cent pro kWh)
    - *Versicherungskosten* sind normalerweise ein niedriger Prozentsatz (0,3 Prozent) der Anschaffungskosten einer Anlage und sinken während ihrer Lebensdauer.
    - Kapitalkosten: Im Wesentlichen Zinsaufwendungen, die vom Zinssatz abhängen.

Wie bei Haushypotheken sind die Kapitalkosten zum teuersten Posten beim Bau einer Solaranlage geworden. Je weiter man die Zinssätze nach unten drücken kann, umso geringer sind die Kosten für Solarstrom.

Da die Installationskosten für Solaranlagen sinken, werden sich die Kosten für Solarstrom den Kapitalkosten annähern. Das ist eine gute Nachricht, weil die Kapitalkosten für die US-Regierung bei weniger als einem Prozent liegen. Die Kapitalkosten in Japan waren seit mehr als einem Jahrzehnt im Wesentlichen gleich null.

Die Partnersuche hat lange gedauert, aber die Wall Street beginnt langsam den Wert von Solaranlagen zu verstehen und die Vermählung steht kurz bevor. Große Solaranlagen profitieren von den niedrigeren Kapitalkosten. Das wird ihnen ermöglichen, die Kosten für die Lieferung von Solarstrom zu senken.

Die solare Aufwärtsspirale ist in Bewegung. Die geringeren Kosten von Solaranlagen führen zu einer höheren Marktdurchdringung. Das wiederum vermindert das wahrgenommene Risiko und zieht mehr Kapital zu niedrigeren Kapitalkosten an. Und das senkt wiederum die Kosten für Solarprojekte, was zu einer stärkeren Marktdurchdringung führt, ganz zu schweigen von gestiegenen Investitionen, mehr Innovation und noch niedrigeren Kapitalkosten. Wenn diese Aufwärtsspirale erst einmal eine kritische Größe erreicht hat, beschleunigt sich das Marktwachstum. Solarenergie ist dann nicht mehr aufzuhalten und die etablierten Industrien werden zerstört.

Aber was ist mit der Finanzierung kleinerer, dezentraler, privater und kommerzieller Solaranlagen? Geschäfte an der Wall Street brauchen Zeit und die Transaktionskosten sind hoch. Die Investmentbanker an der Wall Street bevorzugen große Geschäfte gegenüber einem Haufen kleinerer Geschäfte mit Privatleuten. Wie werden dezentrale Solarprojekte die Billionen anzapfen, die sie von der Wall Street brauchen?

Die Verbriefung erreicht die Solarbranche

Am 13. November 2013 kündigte SolarCity eine Platzierung von durch Solarvermögenswerte besicherten Schuldscheinen im Wert von 54,4 Millionen US-Dollar an.[102] Die Schuldscheine würden einen Zinssatz von 4,8 Prozent haben und am 21. Dezember 2026 fällig werden. Standard und Poor's gaben dem Angebot (mit dem Namen SolarCity Series I LLC Series 2013-1) eine BBB+ Bewertung.[103]

FINRA TRACE Corporate Bond Data

INVESTMENT GRADE | HIGH YIELD | CONVERTIBLES — 12/27/2013

Issuer name (symbol)	Coupon %	Maturity	Credit rating Moody's	S.&P.	Fitch	Price Last	Change	Yield %
General Elec Cap Corp Medium Term Nts Bo GE.ATZ	2.15%	Jan '12015	A1	AA+	n.a.	101.271	–0.61	0.90%
Continental Res Inc CLR3875305	5.00%	Sep '12022	Baa3	BBB-	n.a.	103.5	–0.125	4.35%
Ford Mtr Co Del F.GY	7.45%	Jul '12031	Baa3	BBB-	BBB-	121.75	–1.23	n.a.
Procter & Gamble Co PG.HT	1.80%	Nov '12015	Aa3	AA-	n.a.	102.551	+0.183	0.43%
Devon Energy Corp New DVN3852854	3.25%	May '12022	Baa1	BBB+	BBB	95.711	–0.255	3.85%
Anheuser Busch Inbev Worldwide Inc BUD.IZ	7.75%	Jan '12019	A3	A	A	125.518	+0.424	2.35%
General Elec Cap Corp Medium Term Nts Bo GE3872800	1.63%	Jul '12015	A1	AA+	n.a.	101.611	+0.109	0.55%
At&t Inc T4013485	4.30%	Dec '12042	A3	A-	A	85.608	–2.98	5.28%
Apple Inc AAPL4001809	2.40%	May '12023	Aa1	AA+	n.a.	91.607	–0.08	3.46%
Commonwealth Bk Australia Medium Term Nt CBAU3828562	2.25%	Mar '12017	Aaa	n.a.	AAA	102.934	–0.225	1.31%

Abbildung 2.4 – FINRA TRACE Corporate Bond am 27.12.2013, New York Times (Source: NYTimes.com)

Wie eine Tabelle der *New York Times* zu ausgewählten Angeboten von Unternehmensanleihen zeigt (siehe Abbildung 2.4), hat S&P die SolarCity-Anleihe 2013-1 ein wenig höher als die F.GY-Anleihe von Ford (bewertet mit BBB-) und niedriger als die AT&T-Anleihen T4013485 (bewertet mit A-) eingestuft.

So klein dieses Anleiheangebot auch war, stellte es einen Durchbruch für die amerikanische Solarbranche dar. Die Verbriefung von Krediten in Wertpapierform ist ein entscheidender Schritt, um den Kapitalfluss an eine Branche zu vergrößern. Verbriefung verringert außerdem die Kapitalkosten für eine Branche.

Das Verbriefungsgeschäft von SolarCity bündelte 5.033 Verträge für private PV-Anlagen zu einem einzigen Wertpapier. Wenn die 5.033 Privatkunden ihre monatlichen Strom- oder Leasingraten bezahlen, werden ihre Zahlungen aggregiert und an die Wertpapier-Investoren ausgezahlt. Wer investiert in solare Wertpapiere? Pensionskassen, Stiftungsfonds der Universitäten und andere Investoren, die vorhersagbare, langfristige Zahlungsflüsse bevorzugen. SolarCity profitiert davon, indem es 53 Millionen US-Dollar an frischem Geld umschichtet, um tausende neue private Solaranlagen zu bauen.

Das Geschäft von SolarCity ist ein erster kleiner Schritt dahin, den 1,8 Billionen US-Dollar großen Markt für Wertpapiere, die durch Vermögenswerte besichert sind, für Solarenergie zu öffnen.[104] Mit der Zeit werden sich Pensionskassen und Investmentbanken an Wertpapiere, die durch solare Vermögenswerte besichert sind, gewöhnen. Sie werden führende Solarinstallateure wie SolarCity, SunRun und Sungevity darum bitten, ihnen mehr Wertpapiere, die durch solare Vermögenswerte besichert sind, zu verkaufen. Wenn sich mehr Käufer (Pensionskassen, Stiftungsfonds, Investmentbanken) und mehr Verkäufer (Anbieter von Solarinstallationen durch Dritte) an diesem Prozess beteiligen, wird der Markt liquider und es wird mehr Geld in den Markt fließen. Infolgedessen werden die Kapitalkosten für hochwertige Wertpapiere, die durch solare Vermögenswerte besichert sind, sinken.

Durch die Verfügbarkeit von frischem Kapital kann sich der Solarmarkt schnell vergrößern. Unterdessen senken die geringeren Kapitalkosten die Kosten für Solarstrom. Mehr Kunden können Solaranlagen kaufen, weil sie billiger sind. Und Unternehmen können Solaranlagen schneller bauen. Die Installateure können dann tausende von privaten Solaranleihen verbriefen und dadurch mehr Geld zu geringeren Kapitalkosten einwerben.

Vor einem Jahrhundert erzeugten die breit verfügbaren Kredite und die niedrigeren Kapitalkosten eine Aufwärtsspirale in der Autoindustrie. Weil neue Kunden Zugang zu Krediten hatten, wurden mehr Autos verkauft und weil mehr Autos verkauft wurden, gab es mehr Investitionen, Innovation und Skaleneffekte in der Automobilindustrie. Das wiederum reduzierte den Verkaufspreis der Autos, was noch mehr Kunden anlockte. Das brachte neue Banken auf den Kreditmarkt, was die Kapitalkosten noch einmal verringerte und wiederum mehr Kunden anlockte und so weiter und sofort. Die Folge war eine Aufwärtsspirale in der Automobilindustrie.

So wie Verbriefungen von Krediten in Wertpapierform den Zugang zu Autos, Häusern und Hochschulbildung demokratisiert haben, hat die Verbriefung von Solarprojekten das Potential, den Zugang zu Solarenergie zu demokratisieren. Die solare Aufwärtsspirale wird also durch die Verbriefung von Krediten, die durch solare Vermögenswerte besichert sind, weiter beschleunigt.

Finanzierung von Solarprojekten durch Immobilienfonds

Im April 2013 ging die Hannon Armstrong Sustainable Infrastructure Capital Inc. an die New Yorker Börse (New York Stock Exchange – NYSE: HASI). Das Unternehmen verkaufte 13,33 Millionen Aktien und nahm damit 155,4 Millionen US-Dollar ein.[105] Der Börsengang war ansonsten unauffällig bis auf ein wichtiges Detail: HASI war ein Immobilienfonds (Real Estate Investment Trust – REIT), der auf Investitionen in saubere Energien ausgerichtet war.

Ein Immobilienfonds (REIT) ist eine rechtliche Struktur, über die ein Unternehmen in Immobilien investieren, sie besitzen und daraus Einnahmen erwirtschaften kann.[106] REITs wurden vom US-Kongress im Jahr 1960 entwickelt, um es Investoren zu ermöglichen, in Immobilien zu investieren, genauso wie sie in liquide, marktgängige Wertpapiere wie Aktien und Anleihen investieren können.[107] Seit 1960 haben sich die Anwendungsbereiche und die räumliche Verbreitung der REITs stark ausgedehnt. Als REIT hat Hannon Armstrong Sustainable Infrastructure Capital enorme Vorteile, wenn es um die Finanzierung von sauberen Energieprojekten geht. Nach Aussage von Dan Reicher, der Professor an der Stanford Universität und Geschäftsführer des Steyer-Taylor Center for Energy Policy and Finance (Steyer-Taylor Zentrum für Energiepolitik und Finanzen) in Stanford ist, „haben REITs einen

Marktwert von 630 Milliarden US-Dollar und schütten im Durchschnitt eine Dividende von 5 Prozent aus. REITs für saubere Energie hätten Zugang zu hunderten Milliarden Dollar von privaten Investoren – zu wesentlich niedrigeren Kapitalkosten als heute."

Wer entscheidet darüber, ob eine Anlagekategorie wie Solar- oder Windprojekte die Anforderungen für die Anerkennung als REITs erfüllt? Dafür ist der Internal Revenue Service (IRS, die amerikanische Steuerbehörde) zuständig. Mithilfe eines "Revenue Ruling" (Steuererlass) entscheidet der IRS, in welche Arten von Vermögenswerten ein REIT investieren kann. REITs können heute in Bürogebäude, Apartmentgebäude, Lagerhallen, Einkaufszentren und Krankenhäuser investieren. Selbst Investitionen in Holz sind „REIT-fähig" (Bezeichnung für Arten von Vermögensgegenständen, die die Anforderungen für eine Anerkennung als REIT-Investi-tionen erfüllen)".

Weiter oben in diesem Kapitel habe ich erklärt, dass eine Voraussetzung für eine Finanzierung nach dem PACE-Modell ist, dass der Vermögengegenstand mit der Immobilie verbunden sein muss. PV-Dachanlagen sind mit der Immobilie verbunden (sie sind mit Appartmentgebäuden, Lagerhallen und Eigenheimen verbunden). Solaranlagen erfüllen die Anforderungen für eine PACE-Finanzierung, aber die IRS hat Solaranlagen noch nicht als REIT-fähige Investitionen anerkannt.

Können Investoren die IRS davon überzeugen, Solaranlagen als REIT-fähige Investitionen anzuerkennen, weil sie mit der Immobilie verbunden sind? Auf Antrag eines Unternehmens kann die IRS eine verbindliche Auskunft erteilen, die genau beschreibt, ob eine bestimmte Art der Infrastruktur als REIT-fähige Investition anerkannt wird. Hannon Armstrong hat eine solche verbindliche Auskunft von der IRS erhalten.

In seiner Aussage vor dem Kongress im Oktober 2013 erwähnte Dr. Reicher von der Stanford Universität, dass ein Unternehmen wie FirstWind ihm erzählt hatte, dass sie bis zu 14 Prozent der Kapitalkosten zahlen, um Steuergleichheit herzustellen.[108] Um das in einen Bezug zu setzen: Laut Morningstar lag die Dividendenrendite von Hannon Armstrong bei 3,19 Prozent.[109] Da Hannon 100 Prozent seiner Einnahmen verteilte, entsprach die Dividendenrendite den effektiven Kapitalkosten.

Die Möglichkeit durch die Nutzung eines Instruments wie REIT direkt von Investoren Geld zu beschaffen, könnte die Kosten für saubere Energieprojekte beträchtlich verringern. Stellen Sie sich den Unterschied zwischen einer monatlichen Zahlung für eine Hypothek mit einem 14-prozentigen Zinssatz oder mit einem 3,19-prozentigen Zinssatz vor. Das ist der Unterschied zwischen der Nutzung von REITs und einer konventionellen Finanzierung.

Am 23. Dezember 2013 verkündete Hannon Armstrong, dass es 100 Million US-Dollar an *„asset-backed sustainable yield bonds™"* (HASI SYBs – durch Vermögenswerte besicherte nachhaltig ertragreiche Wertpapiere), mit einem noch geringeren Ertrag (2,79 Prozent) verkauft hatte.

Laut Jeff Eckerl, Geschäftsführer von Hannon Armstrong, verbrieft diese 100 Millionen US-Dollar-Transaktion „den Cashflow, der von über 100 einzelnen Wind-, Solar- und Energieeffizienz-Projekten erwirtschaftet wird."[110]

Gemäß einem Brief, den 35 Mitglieder des Kongresses im Dezember 2012 an Präsident Obama gesendet haben, könnte die Einstufung von Anlagegütern aus dem Bereich saubere Energie als REIT-fähig die Kosten für Solarstrom (und Windstrom) um ein Drittel reduzieren. Hier ein Auszug aus dem Brief:

> Kleine Verbesserungen der Steuerordnung könnten Milliarden Dollar für Investitionen des Privatsektors zur Errichtung von Anlagen im Bereich erneuerbare Energien anlocken, die Kosten für erneuerbaren Strom um bis zu ein Drittel reduzieren und die Zahl geeigneter Investoren sprunghaft steigen lassen.[111]

Laut Dr. Reicher von der Stanford Universität braucht man kein vom Kongress verabschiedetes Gesetz, um Solar- und Windenergie REIT-fähig zu machen. Alles was man braucht, ist ein administrativer Steuererlass durch die IRS. Hannon Armstrong hat vielleicht den Weg bereitet, damit sich die IRS von einem „Private Letter Ruling“ (verbindliche Auskunft) zu einem „Revenue Ruling“ (Steuererlass) bewegt.

Der Brief des Kongresses an Präsident Obama hat ihn auch dazu gedrängt, eine andere Art von rechtlicher Struktur zu schaffen: die sogenannten „Master Limited Partnerships“.

Ausdehnung der Master Limited Partnerships auf saubere Energie

Kinder Morgan (NYSE: KMI) wurde 1997 in Houston gegründet, als Richard Kinder, William V. Morgan und eine Gruppe von Investoren die Enron Liquids Pipeline, LP, ein kleines, öffentlich gehandeltes Pipeline-Unternehmen kauften.[112] Kinder Morgan besitzt oder betreibt heute rund 132.000 Kilometer an Öl- und Gaspipelines und 180 Terminals, die Produkte wie Erdöl, Kohle und Petrolkoks lagern.[113] Kinder Morgan hat eine Unternehmensstruktur genutzt, die als „Master Limited Partnership“ (MLP – eine begrenzt haftende Teilhaberschaft, die öffentlich gehandelt wird) bekannt ist, und damit einen Energieriesen im Wert von 102 Milliarden US-Dollar aufgebaut. KMI ist gemessen am Unternehmenswert das viertgrößte Energieunternehmen in Nordamerika, das öffentlich gehandelt wird.[114]

Kinder Morgan ist nicht die einzige Energiefirma, die MLPs benutzt. Apache Petroleum nutzte bereits 1981 die Konstruktion des Master Limited Partnership (MLP), um an die Börse zu gehen. Seitdem haben MLPs im Energiesektor mehr als 400 Milliarden US-Dollar für den Bau von Öl- und Gas-Pipelines, Bohrungen, Bergbau, Transport von Energie und die Verarbeitung von Erdöl, Erdgas und Kohle aufgebracht.

Als Unternehmensstruktur haben die Master Limited Partnerships die Steuervorteile einer Kommanditgesellschaft, aber das Grundkapital kann wie bei einer Aktiengesellschaft gehandelt werden. Im Unterschied zu typischen „C“-Unternehmen, die Körperschaftssteuern entrichten müssen, zahlen MLPs keine Körperschaftssteuern. Das verschafft ihnen einen großen Vorteil. Ihre Nettoerträge werden an die Aktionäre als Dividenden durchgereicht (siehe Abbildung 2.5).

Kinder Morgan und der jüngste Schieferöl- und Schiefergasboom in den Vereinigten Staaten wären ohne die MLPs nicht möglich gewesen. MLPs erlaubten der Öl- und Gasindustrie trotz der Finanzkrise Ende der 2000er Jahre, Geld von Privatinvestoren zu beschaffen.

Master Limited Partnerships können nicht für saubere Energieprojekte genutzt werden. Der Kongress lässt nicht zu, dass MLPs für „unerschöpfliche" Naturressourcen wie Wind und Sonne genutzt werden. Auf diese Weise verschafft die US-Regierung der Fossilindustrie ebenfalls einen klaren institutionellen Vorteil gegenüber sauberer Energie.

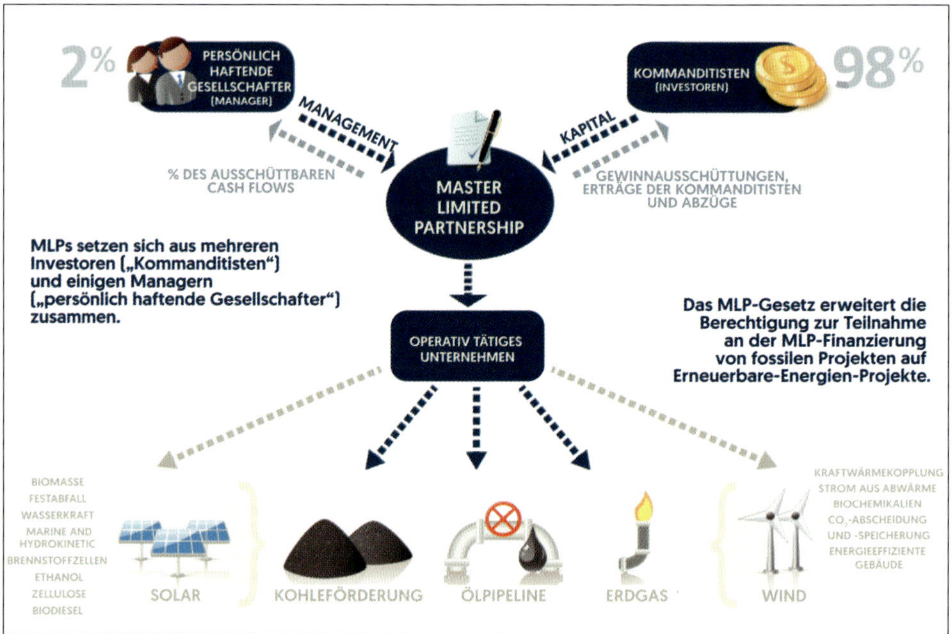

Abbildung 2.5 – Wie Master Limited Partnerships (MLPs) funktionieren. (Quelle: US-Senator Chris Coons)[115]

Dan Reicher, Professor an der Stanford Universität und früherer stellvertretender Energieminister hat vorgeschlagen, MLPs für saubere Energieprojekte zu nutzen. Er glaubt, dass MLPs im Bereich der sauberen Energien die Zahl der Investoren deutlich erhöhen und die Kosten von sauberen Energieprojekten senken könnten.[116]

Nach Aussage von Reicher haben MLPs eine Marktkapitalisierung von 440 Milliarden US-Dollar und zahlen eine durchschnittliche Dividende von 6 Prozent. Dem stehen die „kreditkartenähnlichen" Kapitalkosten von 10 bis 20 Prozent gegenüber, die saubere Energieunternehmen für Steuergleichheit zahlen müssen.

Um den Unterschied zu verstehen, den MLPs machen können, muss man die Frage beantworten, warum es so schwierig ist, Eigenkapital zu beschaffen. Das Programm, das in den USA den größten Anreiz für Solarprojekte schafft, ist der „Investment Tax Credit" (ITC – Investitionsfreibetrag). Der ITC ist ein Steuerfreibetrag in Höhe von 30 Prozent für Solaranlagen auf privaten und kommerziellen Immobilien.[117]

Öl- und Gasunternehmen erhalten auch Investitionsfreibeträge. Zum Beispiel erhalten sie Abzüge für im Ausland gezahlte Steuern und Abzüge für immaterielle Bohrkosten. Gemäß dem *Congressional Joint Committee on Taxation* (Gemeinsamer Steuerausschuss des US-Kongresses), werden die fünf größten Erdölfirmen durch diese beiden Steuervergünstigungen im nächsten Jahrzehnt 2 bzw. 7,5 Milliarden US-Dollar sparen.[118]

Einzelprojekte können die Steuerfreibeträge nicht direkt nutzen, bis sie anfangen, Gewinne zu erzielen, was mehrere Jahre dauern kann. Im Gegensatz dazu machen Fossil-Konzerne bereits große Gewinne und können diese Gewinne durch die Nutzung von Investitionsfreibeträgen verrechnen.

Solarunternehmen in den USA beschaffen Eigenkapital, indem sie Investoren anlocken, die Investitionsfreibeträge nutzen können. Das wird als „Steuergleichheit" bezeichnet. Es gibt mehrere Probleme, wenn man die Steuergleichheit nutzt, um Kapital für Projekte zu beschaffen. Das erste Problem ist, dass es sich um einen sehr illiquiden Markt handelt. Jedes Jahr gibt es nur zehn oder zwanzig Investoren im ganzen Land, die Interesse an den Milliarden Dollar haben, die Solarentwickler an Steuergleichheit brauchen. Das zweite Problem ist, dass der fehlende Wettbewerb den wenigen Eigenkapitalgebern ermöglicht, „Kreditkarten"-Gebühren für ihr Kapital zu verlangen.

Wenn die Öl- und Gasindustrie nur Zugang zu einer so begrenzten Zahl an Investoren hätte, wie die Regierung für Solar und Wind erlaubt, dann hätte die Industrie niemals die Millionen Bohrlöcher erschließen und tausende Kilometer an Pipelines verlegen können, wie sie es in den letzten Jahrzehnten getan hat.

Master Limited Partnerships würden Solar- und Windunternehmen über den öffentlichen Kapitalmarkt einen direkten Zugang zu Millionen Investoren verschaffen. Alleine die Liquidität würde die Kapitalkosten für saubere Energieprojekte verringern.

Der Master Limited Partnership Parity Act (Gesetz zur Gleichstellung von MLPs), ein Gesetzesentwurf, der vom US-Kongress im Jahr 2012 eingebracht wurde, würde die Nutzung von MLPs auf saubere Energien ausdehnen. Das würde Wettbewerbsverzerrungen beseitigen. Es würde anderen Arten von Projekten im Bereich Energieerzeugung und Energieeffizienz ermöglichen, die Vorteile der Master Limited Partnerships zu nutzen. Projekte in den Bereichen Wind, Solar, Umwandlung in Gas, Müllverbrennung, CO_2-Abscheidung ebenso wie energieeffizientes Bauen könnten alle die Vorteile von MLPs nutzen.

Der *Master Limited Partnership Parity Act* wurde im Kongress von den Senatoren Chris Coons (Demokrat aus Maryland) und Jerry Moran (Republikaner aus Kansas) eingereicht. Im Jahr 2013 wurde der Entwurf ergänzt, um den Bereich der Energieprojekte, auf die er angewendet werden kann, zu erweitern. Der Gesetzesentwurf wurde „an den Finanzausschuss verwiesen" und wartet immer noch auf eine Anhörung im Kongress.[119]

Das *Joint Committee on Taxation* hat untersucht, welche finanziellen Auswirkungen es hätte, den *Master Limited Partnership Parity Act* auf saubere Energie auszudehnen. Es kam zu dem Schluss, dass „der *MLP Parity Act* ein gutes Geschäft ist". Der Ausschuss erklärte, dass das Gesetz „auf der Stelle" zu 10 Milliarden US-Dollar Investitionen in saubere Energien führen könnte.[120] Außerdem würde das Gesetz die Steuerzahler 307 Millionen US-Dollar in fünf Jahren und 1,3 Milliarden US-Dollar in zehn Jahren kosten. Zum Vergleich: die geschätzten Kosten für die Steuerzahler für die existierenden Fossil-MLPs sind 6,7 Milliarden US-Dollar in zehn Jahren.

Das Gesetz zur Gleichstellung der Master Limited Partnerships „is less filling and tastes great" (füllt einen weniger und schmeckt hervorragend), um eine alte Bierwerbung zu zitieren. Es würde die Energiekosten der Verbraucher senken, neue Jobs schaffen und die Steuern reduzieren. Wer möchte das nicht?

Fazit: Die Billionen-Dollar-Chance der Solar-Finanzierung

Die Finanzierung von Solarprojekten hat sich seit 2008, als das Geschäftsmodell „Solar als Dienstleistung ohne Eigenkapital" eingeführt wurde, gut entwickelt. Dank Experimenten mit neuen Finanzierungsformen und Innovationen bei vorhandenen Wertpapieren, hat sich eine Marktnische, der illiquide Investitionsmarkt für Steuergerechtigkeit, entwickelt, die schnell ihre Kapitalbasis vergrößert und die Kapitalkosten gesenkt hat (siehe Abbildung 2.6).

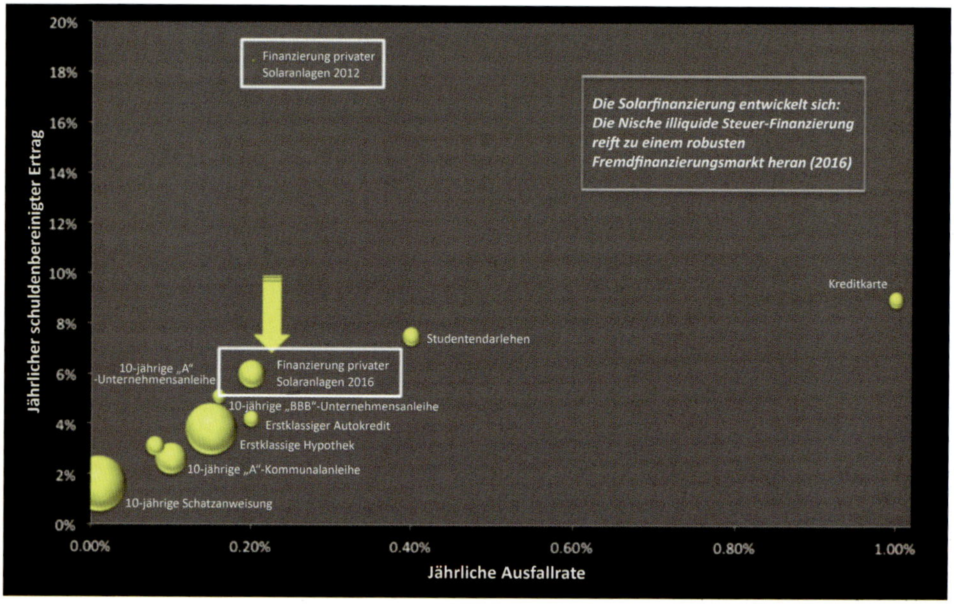

Abbildung 2.6 – Entwicklung der Kosten für die Kapitalfinanzierung für private Solaranlagen von 2012 bis 2016 (Quelle: Clean Power Finance)

Die Americorp Energy Holdings, die Warren Buffetts Berkshire Hathaway gehört, ist heute der größte Solarentwickler in Amerika. Die Firma hat zwei der weltweit größten Enwicklungsprojekte für Solarstrom übernommen. Die Platzierung von nicht abgesicherten Verbindlichkeiten in Höhe von 850 Millionen US-Dollar mit einer 5,75-prozentigen Rendite durch Topaz Solar Farms LLCs wurde erfolgreich abgeschlossen. Tatsächlich war es um 400 Millionen US-Dollar überzeichnet.

Die im kalifornischen Oakland ansässige Crowdfunding-Plattform Mosaic wurde zum ersten Solarfinanzierungsunternehmen in den USA, das sich erfolgreich mit gewinnorientierter, partizipativer Finanzierung für Solarprojekte beschäftigte. Diese Projekte werden mit Kapitalkosten in Höhe von etwa fünf Prozent finanziert. Mosaic richtet außerdem eine Internetplattform ein, in der Hoffnung, damit die Energiefinanzierung zu demokratisieren. Einzelpersonen werden die Möglichkeit erhalten, direkt in die solare Infrastruktur im Wert von mehreren Milliarden Dollar zu investieren und davon zu profitieren.

Im November 2013 bot SolarCity die erste Verbriefung von Krediten für private Solarprojekte, die es jemals gab, als Geschäft an. Das Geschäft bereitete den Weg für einen liquideren Markt zur Finanzierung von privaten Solaranlagen. Beim Geschäft von Solar-City ging es um eine durch solare Vermögenswerte besicherte Anleihe im Wert von 54,4 Millionen US-Dollar mit einer Verzinsung von 4,8 Prozent.[121]

Im folgenden Monat verkündete Hannon Armstrong, der erste Investitionsfonds, der als REIT für saubere Energien erfolgreich an die Börse gegangen war, dass er *„asset-backed sustainable yield bonds™“* (HASI SYBs – durch Vermögenswerte besicherte nachhaltig ertragreiche Wertpapiere) im Wert von 100 Millionen US-Dollar sogar mit einer geringeren Rendite verkauft hatte: 2,79 Prozent.

Kristian Hanelt von der in San Francisco ansässigen *Clean Power Finance* (CPF – Finanzierung von sauberem Strom) erwartet, dass der Markt für Solarfinanzierungen bis 2016 ein robuster Kapitalmarkt sein wird. *Clean Power Finance* ist ein Finanzdienstleistungs- und Softwareunternehmen, das eine halbe Milliarde Dollar Kapital zur Finanzierung von privaten Solarprojekten verwaltet.[122] Das CPF-Geschäftsmodell macht sich cloudbasierte Internet-Softwaretools zu Nutze. Mit diesen Tools erhalten Investoren und Kreditgeber Zugang zu Investitionsmöglichkeiten in private Solarprojekte. Diese Projekte werden von Solarinstallateuren, die auch die CPF-Webseite nutzen, verwaltet.

Seit 2006 ist der private und kommerzielle Solarmarkt in den USA mit einer jährlichen Wachstumsrate von 76 Prozent gewachsen.[123] Wie die Finanzierungs- und Geschäftsmodell-Innovationen, für die GMAC Anfang des 20. Jahrhunderts Wegbereiter war – Innovationen, die die Entwicklung der Autoindustrie zur wichtigsten amerikanischen Produktionsindustrie angetrieben haben – zapfen Finanzierungs- und Geschäftsmodelle für Solarinvestitionen wie nie zuvor privates Kapital an. Dieses Kapital wird die Billionen-Dollar-Disruption der größten Industrie der Welt finanzieren.

Kapitel 3

Strom 2.0
Dezentrale, partizipative Energie und die Disruption der Stromversorger

„Man verändert die Dinge niemals, indem man gegen die bestehende Wirklichkeit kämpft. Wenn Sie etwas verändern wollen, dann bauen Sie ein neues Modell auf, das das alte Modell obsolet macht."

– Buckminster Fuller

„Mobiltelefone werden niemals das lokale Festnetz ersetzen."

– Martin Cooper, Miterfinder des ersten Handheld-Mobiltelefons (1981)

„Verändern Sie sich, bevor Sie dazu gezwungen werden."

– Jack Welch, früherer Vorstandsvorsitzender von General Electric

Am 5. November 2012 gab die kalifornische Stadt Palo Alto bekannt, dass sie einen 25-Jahres-Vertrag zum Kauf von Solarstrom für rund 7,7 US-Cent pro kWh abgeschlossen hatte.[124] Im Vergleich dazu fordert PG&E, der größte Energieversorger in Nordkalifornien, mindestens 13 US-Cent pro kWh (Grundlast) und höchstens 34 US-Cent pro kWh für die Nutzung von „Stufe 4" und „Stufe 5" (siehe Abbildung 3.1). Für Solarstrom zahlt Palo Alto ungefähr die Hälfte des Minimalpreises, den PG&E seinen privaten Gebührenzahlern berechnet. Die Stadt bezahlt etwa ein Fünftel dessen, was PG&E für den Verbrauch bei hoher Nachfrage verlangt (sprich: im Sommer für die Klimatisierung).

Das ungläubige Entsetzen hatte sich noch nicht gelegt, als Palo Alto sieben Monate später einen weiteren Vertrag zum Kauf von Solarstrom zu einem noch geringeren Preis abschloss: 6,9 US-Cent pro kWh.[125]

Abbildung 3.1 – Tarife von PG&E für San Francisco, Kalifornien. (Quelle: PG&E Webseite)[126]

Palo Alto hat den Beschluss gefasst, auf 100 Prozent saubere Energie umzustellen, und ist auf dem besten Weg, 30 Prozent saubere Energie bis 2015 und 48 Prozent bis 2017 zu kaufen. Diese Zahlen schließen die Solaranlagen, die Privatleute und Unternehmen installiert haben, nicht mit ein. Palo Alto wird nicht nur mit günstigem und 100 Prozent sauberem Strom versorgt werden. Die niedrigen Kosten, die es für Strom bezahlt, sind für die nächsten 20 bis 25 Jahre garantiert.

Weil die Solartechnik besser wird, wächst der Markt und die Finanzierungskosten sinken. Die Kosten für die Erzeugung von Solarstrom fallen schnell. Der dezentrale Charakter der Solarenergie führt unvermeidlich zur Disruption des bisherigen Geschäftsmodells der Energieversorger. Die Disruption kommt schneller, als es die bestehenden, hierarchisch organisierten Energieunternehmen erwarten.

Bestehende Energieversorger sehen das Gesamtbild nicht. Jeder einzelne Aspekt der Solarnutzung ist dezentral: Technologische Innovationen, Planung und Entwicklung, Finanzierung, Installation und Wartung. Einige Experten erwarten, dass viele Jahrzehnte vergehen, bevor sich Solarenergie am Markt durchsetzt, aber wegen ihres dezentralen Charakters können sich Solarstrommärkte auf der Stelle drehen.

Australien: Wie die Zukunft aussieht

2008 gab es in Australien kaum Solaranlagen. Ende 2012 war die Schwelle von einer Million privaten Solaranlagen bereits überschritten (siehe Abbildung 3.2).[127] Ausgehend von „praktisch nichts" erreichte Australien in rund vier Jahren eine Durchdringung des Strommarktes für Privatkunden von mehr als 11 Prozent.

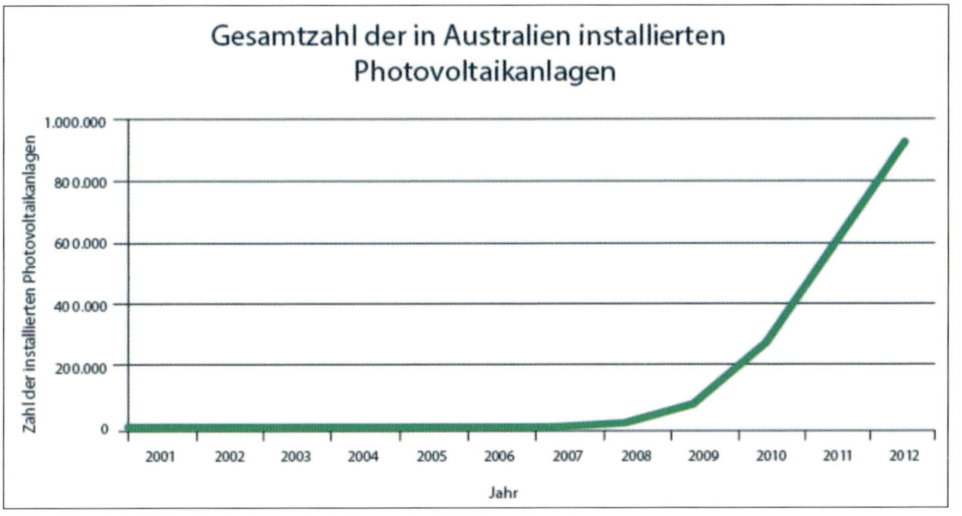

Abbildung 3.2 – Zahl der installierten Solaranlagen in Australien (Quelle: Australien Clean Energy Council)[128]

Um diese Zahlen in eine Relation zu setzen, lassen Sie uns Australien mit dem Staat Kalifornien und den Vereinigten Staaten vergleichen. Australien hat 23 Millionen Einwohner.[129] Kalifornien hat 38 Millionen und die USA haben 313 Millionen Einwohner.[130]

Kalifornien ist der größte Markt für Solaranlagen in den Vereinigten Staaten. Der Marktanteil schwankt zwar von Jahr zu Jahr, der Goldene Staat machte aber in der Vergangenheit etwa die Hälfte des Marktes für Solaranlagen in den USA aus. Ende 2012 gab es nach Angaben der „California Solar Initiative" 167.878 Solaranlagen. Diese Zahl beinhaltet private und gewerbliche Solaranlagen und große Solarparks.[131]

Wenn die solare Marktdurchdringung in Kalifornien wie in Australien bei 11 Prozent läge, gäbe es dort 1,65 Millionen Solaranlagen – fast zehn mal mehr als heute. Wenn die Durchdringung des privaten Marktes mit Solaranlagen in den Vereinigten Staaten so hoch wäre wie in Australien, gäbe es dort 13,6 Millionen private Solaranlagen. Ende 2012 lag die tatsächliche Zahl der installierten Solaranlagen in den USA bei 300.000 bzw. 2 Prozent der Installationen, die es in den USA gäbe, wenn die Durchdringung des Marktes mit Solaranlagen so hoch wie in Australien wäre.[132]

Außerdem ist die 11-prozentige Durchdringungsrate in Australien ein Durchschnittswert. Im Bundesstaat Süd-Australien haben sogar 20 Prozent der Häuser Solardächer. Nach Aussage von Mike Swanton vom Energieversorger Energex in Queensland gibt es in einigen Gegenden eine 90-prozentige Marktdurchdringung mit Solaranlagen.[133]

Was passiert mit einem Energieversorger, wenn Verbraucher beginnen, ihren eigenen Solarstrom zu erzeugen?

1. Die Nachfrage nach Energie vom Energieversorger sinkt. Da Verbraucher ihre eigene Energie erzeugen, kaufen sie weniger vom Energieversorger.

2. Der Wettbewerb nimmt zu. Der Energieversorger konkurriert mit unzähligen Solarinstallateuren.
3. Die Gewinne des Energieversorgers fallen. Wenn die Nachfrage sinkt und der Wettbewerb zunimmt, verdienen Energieversorger weniger Geld.
4. Die Margen des Energieversorgers sinken überproportional. Solaranlagen erzeugen die meiste Energie während der Zeiten, in denen Höchstpreise abgerechnet werden, was den Produkten der Energieversorger mit den höchsten Margen das Wasser abgräbt.

Die australischen Strompreise sind in den letzten fünf Jahren um 50 Prozent gestiegen, von ungefähr 25 Cent pro kWh auf 38 Cent pro kWh.[134] Die Preiserhöhungen erfolgten ungeachtet der Tatsache, dass Australien ein wichtiger Kohle- und Erdgasproduzent ist. Im Jahr 2013 lag der Preis für Solarstrom bereits bei 12 Cent pro kWh – Tendenz fallend.

Der frühere Vorstandsvorsitzende von General Electric, Jack Welch, meinte: „Wenn die Geschwindigkeit von Veränderungen draußen größer als im Inneren ist, dann ist das Ende nah." Das Geschäftsmodell der Energieversorger ist veraltet und das Ende der Energieversorger ist nah.

Wie Solarstrom die Gestaltung der Spitzenpreise für Endkunden umwälzen wird

Bei den meisten Gesprächen zum Thema Solarenergie geht es um das Erreichen der magischen „Netzparität", auch „Steckdosenparität" genannt. Netzparität ist gegeben, wenn der Strom, den eine alternative Energiequelle produziert, genau so viel kostet, wie Strom aus dem Stromnetz. Allerdings ist das Erreichen der Netzparität nur ein Grund von mehreren dafür, dass die Solarenergie die traditionellen Energieversorger umwälzt.

Auf der Einzelhandelsebene wälzt dezentral erzeugter Solarstrom die Geschäftsmodelle der konventionellen Energieversorger um, weil er deren lukrativste Einnahmequelle zerstört: die Gestaltung der Spitzenlastpreise.

Früher haben Energieversorger unverhältnismäßig hohe Einnahmen aus den sogenannten Spitzenlastpreisen erzielt. Arizona Public Service berechnet beispielsweise nur 5 US-Cent pro kWh in Zeiten geringer Nachfrage, aber fünf mal so viel (24,4 US-Cent pro kWh) in Zeiten hoher Nachfrage und fast zehn mal so viel (49,4 US-Cent pro kWh) während der „Superspitzenlast"-Stunden im Juni, Juli und August, wenn Arizona am heißesten ist (siehe Abbildung 3.3).[135]

Es zeigt sich also, dass *Arizona Public Service* (APS) fast das zehnfache der „Grundlastgebühr" verlangt, wenn die Sonne am hellsten scheint. Eine private Verbraucherin, die ihren eigenen Solarstrom erzeugt, spart vom ersten Tag an Geld, weil die Kosten für Solarstrom vom Dach sehr viel geringer sind, als die Spitzenlastpreise, die die Energieversorger verlangen. In Arizona mit seinem ganzjährigem Sonnenschein und seinen sonnigen Sommern ist dezentraler Solarstrom vom Dach bereits viel billiger als das, was APS von seinen Kunden verlangt.

Energiekosten:

Abrechnungszeiträume Juni-August (Super-Spitzenlast Sommer)
$0,49445 pro kWh während Super-Spitzenlastzeiten, plus $0,24445 pro kWh während Spitzenlastzeiten, plus $0,05254 pro kWh während Schwachlastzeiten

Abrechnungszeiträume Mai, September und Oktober (Sommer)	Abrechnungszeiträume November bis April (Winter)
$0,24445 pro kWh während Spitzenlastzeiten, plus $0,05254 pro kWh während Schwachlastzeiten	$0,19825 pro kWh während Spitzenlastzeiten, plus $0,5253 pro kWh während Schwachlastzeiten

Abbildung 3.3 – Tarifverzeichnis von Arizona Public Service ET-SP, Januar 2012.[136]

Weil mehr Kunden Solaranlagen installieren und weniger Strom von den Energieversorgern zu Höchstpreisen kaufen, beginnen die hohen Aufschläge der Energieversorger zu verschwinden. Die Energieversorger können ihre großen Atom- und Kohle-Grundlastkraftwerke nicht in Abhängigkeit von der Nachfrage am Markt an- und abschalten. Diese veralteten Kraftwerke produzieren weiter Strom unabhängig davon, ob der Bedarf groß oder klein ist.

Die Vorstände der Energieversorger haben bemerkt, wie schnell und dramatisch die Aufschläge für Spitzenlaststrom in Märkten mit einem hohen Anteil an dezentraler Solarstromerzeugung gesunken sind. Nach Aussage des Fraunhofer Instituts für Solare Energiesysteme sind die Aufschläge für Spitzenlaststrom in Deutschland in nur fünf Jahren um 80 Prozent gefallen, von 14 Euro pro MWh im Jahr 2008 auf nur 3 Euro pro MWh im Jahr 2013.[137]

Das Höchstpreis-Geschäftsmodell gilt nicht nur für Privatkunden. Es gilt auch für Kunden aus der Landwirtschaft, der Industrie und dem Gewerbe.

Pacific Gas and Electric (PG&E) stellt Kunden aus der Landwirtschaft auf Höchstpreise um. Was bedeutet das für Landwirte im PG&E-Gebiet? Nach Aussage von Enernoc, einem Unternehmen im Bereich Energiemanagement, könnten „die durchschnittlichen Kosten für den Betrieb einer 240 kW-Bewässerungspumpe von 24 Dollar auf 224 Dollar pro Stunde springen".[138] Solarstrom ist bereits viel billiger, als die Spitzenlastpreise der Energieversorger. Wenn sie Rechnungen bezahlen sollen, die 10 mal so hoch sind wie vorher, wird das mehr Landwirte zur Überlegung veranlassen, ob sie den Betrieb ihrer Bewässerungssysteme nicht lieber auf Solar- oder Windstrom umstellen.

Wenn die Aufschläge bei der Festsetzung der Spitzenpreise sinken oder verschwinden, dann werden konventionelle Energieversorger erleben, dass ihre Einnahmen aus dem Endkundengeschäft fallen und ihre Margen schrumpfen.

Wie Solarenergie die Großhandelsstrommärkte umwälzt

Die Großhandelsmärkte für Strom werden sich durch Solar- und Windenergie stark verändern. Um zu verstehen warum, muss man bedenken, wie stark der Wettbewerb auf den Strommärkten ist (siehe Abbildung 3.4):

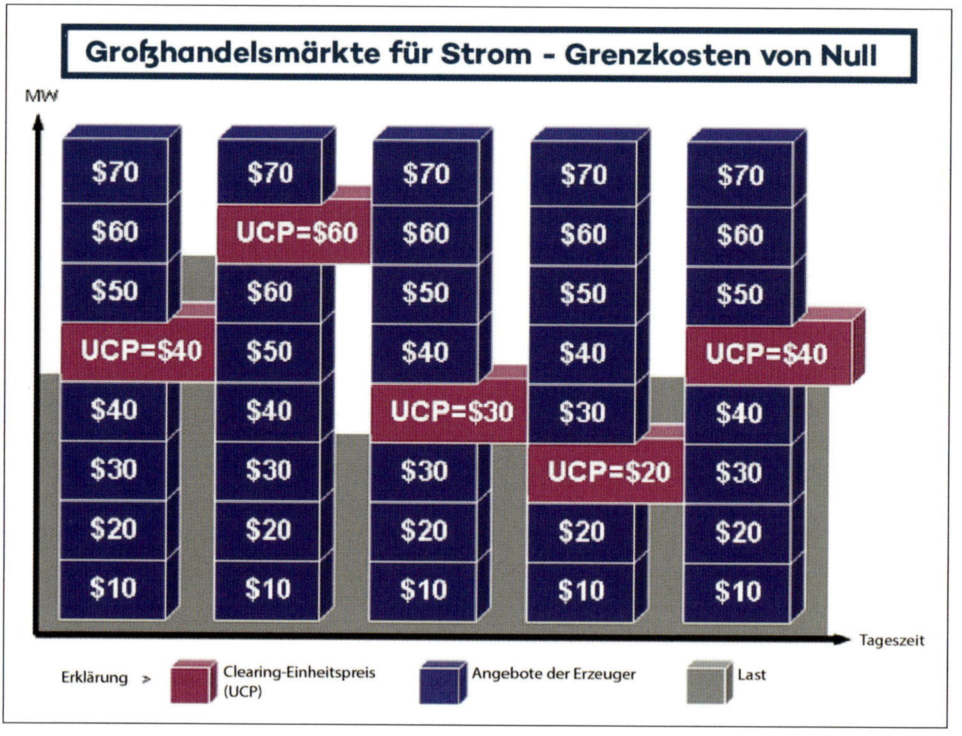

Abbildung 3.4 – Auktionen nach dem Einheitspreisverfahren auf Großhandelsmärkten (Quelle: NY ISO)[139]

1. Ein Netzbetreiber (auch unabhängiger Systembetreiber genannt) schätzt die Energiebedarfe für den Folgetag ab. Der New Yorker Netzbetreiber schätzt beispielsweise einen Bedarf Q = 1.000 MW von 12 Uhr bis 13 Uhr des folgenden Tages.

2. Der Netzbetreiber holt Angebote von Stromerzeugern ein, um die prognostizierte Menge (Q) von 1.000 MW bedienen zu können. Betreiber von Kraftwerken bieten normalerweise zu ihren Grenzkosten für die Erzeugung der nächsten Energieeinheit an. Nehmen wir an, dass ein Betreiber von Solarparks 200 MW zu 10 US-Dollar pro MWh anbietet, der Betreiber eines Wasserkraftwerks 300 MW zu 20 US-Dollar pro MWh, ein Windpark-Betreiber 300 MW zu 30 US-Dollar pro MWh, der Betreiber eines Gaskraftwerks 400 MW zu 40 US-Dollar pro MWh, der Betreiber eines Atomkraftwerks 1.000 MWh zu 50 US-Dollar pro MWh und so weiter.

3. Der Netzbetreiber beginnt, den angebotenen Strom zu kaufen, angefangen vom Betreiber mit dem niedrigsten Gebot, bis der Bedarf (Q = 1.000 MW) gedeckt ist. In unserem Beispiel würde der New Yorker Netzbetreiber zuerst die 200 MW vom Betreiber des Solarparks, dann die 300 MW vom Betreiber des Wasserkraftwerks und dann die 300 MW vom Windpark-Betreiber kaufen. Der New Yorker Netzbetreiber hätte dann 800 MW eingekauft und bräuchte nur noch 200 MW, um die 1.000 MW vollständig zu decken. Er würde dann 200 MW vom Betreiber des Gaskraftwerks nehmen. Das wäre das teuerste Gebot und würde den Markt bei 40 US-Dollar pro MWh ausgleichen. Das wird als „Uniform Clearing Price" (UCP – Einheitspreisverfahren)

bezeichnet. Das Angebot des Atomkraft-Betreibers zu 50 US-Dollar pro MWh wäre über den Preis aus dem Markt gedrängt worden.

4. Der Netzbetreiber zahlt allen Lieferanten einen Einheitspreis von 40 US-Dollar pro MWh. Das heißt, diejenigen, die zu 20 US-Dollar pro MWh oder 30 US-Dollar pro MWh angeboten haben, erhalten trotzdem 40 US-Dollar pro MWh für die Menge, die sie angeboten haben.

Dieses Verfahren, das man Auktion nach dem Einheitspreisverfahren nennt, wird auf Großhandelsmärkten für Strom in den Vereinigten Staaten angewendet.[140]

Kraftwerksbetreiber geben Angebote zu ihren Grenzkosten ab, das heißt zu den Barkosten, die für die Erzeugung der nächsten Energieeinheit (MWh) anfallen. Die Grenzkosten werden hauptsächlich durch die Brennstoffkosten bestimmt. Die Grenzkosten für Solar- (und Wind-)Energie sind null. Da die Kosten für den Brennstoff Sonnenschein null sind, sind die Kosten für die Produktion der nächsten Einheit (MWh) von Solarstrom auch null. Solar-(und Wind-)Energie-Betreiber können immer ihre gesamte Produktion verkaufen, da sie zu Grenzkosten von null anbieten können und daher immer oberhalb ihrer Grenzkosten verkaufen können. Das ist nicht der Fall für die Betreiber von fossilen und atomaren Kraftwerken. Deren Grenzkosten werden durch die hohen und steigenden Brennstoffkosten bestimmt.

Wenn Anbieter von Solar- und Windkraftanlagen mitbieten, dann ist der Einheitspreis für Strom, der im Wettbewerb auf Großhandelsmärkten angeboten wird, geringer. Nach Angaben des Fraunhofer Instituts für Solare Energiesysteme führte im Jahr 2011 jedes zusätzliche Angebot von einem Gigawatt Solarstrom zu einem Absinken des durchschnittlichen Spotpreises von 82 Eurocent pro MWh (1,13 US-Dollar pro MWh) an der European Energy Exchange (EEX – Strombörse).[141] Je mehr Solarstrom ins Netz eingespeist wird, umso geringer ist der Einheitspreis bei Auktionen.

Die konventionellen Stromerzeuger, die die niedrigsten Grenzkosten haben, bestimmen den Einheitspreis bei Auktionen und verkaufen einen Teil, aber nicht unbedingt die gesamte Produktionsmenge, die sie angeboten haben. Diejenigen, die auf der Basis von konventionellen Rohstoffen (Diesel, Erdgas, Kernkraft oder Kohle, jeweils abhängig vom Markt) am teuersten produzieren, werden einen zunehmenden Anteil ihrer möglichen Produktionsmenge nicht mehr verkaufen können. Deswegen werden Betreiber von fossilen und atomaren Kraftwerken mit ansehen müssen, wie ihre Einnahmen und Margen auf der Großhandelsebene schrumpfen.

Außerdem können einige dieser Kraftwerke (Atom und Kohle) Strom nicht nach Bedarf erzeugen. Aus technischen Gründen müssen diese Anlagen weiter laufen, unabhängig davon, ob sie ihre Produktion verkaufen oder nicht. Sie verbrennen buchstäblich Geld, wenn sie ihren teuren Strom nicht verkaufen können. Neuere Gaskraftwerke sind flexibler und erzeugen Strom nach Bedarf, was Erdgas einen technischen Vorteil gegenüber anderen fossilen Brennstoffen und Atomkraft verschafft. Neuere Gaskraftwerke müssen nicht mehr weiter produzieren, wenn die Produktionskosten höher liegen als der Einheitspreis bei Auktionen.

Beim konventionellen Geschäftsmodell haben die Energieversorger die Stromerzeugung, die Stromübertragung und das Endkundengeschäft in der Hand. Die

Monopolstellung, die Energieversorger genießen, hat ihnen ermöglicht, ineffizient zu sein und trotzdem garantierte, überdurchschnittliche Renditen zu erzielen. Da der Wettbewerb auf dem Strommarkt allerdings gestiegen ist und unabhängigen Erzeuger Marktzutritt gewährt wurde, sind die Ineffizienzen des Geschäftsmodells der konventionellen Energieversorger sichtbar geworden. Wenn die Marktdurchdringung mit Solarstrom hoch ist, dann müssen konventionelle Energieversorger – Energieversorger, die große fossile und atomare Kraftwerke besitzen und Strom an Endkunden verkaufen – mit ansehen, wie ihre Margen sowohl im Einzel- als auch im Großhandelsbereich schrumpfen.

Sowohl die Solarstromerzeugung für den Großhandel, als auch die dezentrale Solarstromerzeugung wälzen bereits das hundert Jahre alte Geschäftsmodell der konventionellen Energieunternehmen um. Nicht nur private Verbraucher erzeugen ihren eigenen Solarstrom. Kommerzielle Kunden machen das auch.

Untersuchung der Kostenvorteile dezentraler Stromerzeugung

Ein großes, zentrales Kraftwerk spart Kosten durch Massenproduktion. Das Kraftwerk kann einen Teil seiner Kosten auf eine große Zahl von produzierten Einheiten verteilen und dadurch die Stückkosten senken. Die Kostenersparnis durch Massenproduktion gewährt den zentralen Kraftwerken im Vergleich zu kleinen, dezentralen Stromerzeugern möglicherweise gewisse Stückkostenvorteile, aber die zentrale Erzeugungsanlage braucht eine teure Infrastruktur zur Übertragung und Verteilung, um den Strom an die Endkunden zu liefern.

Wenn man die Kosten für Übertragung und Verteilung (ganz zu schweigen von den Gehältern der Vorstände) addiert, stellt man fest, dass dezentrale Energieerzeugung einen Kostenvorteil gegenüber zentraler Erzeugung hat. Wie sieht dieser Kostenvorteil aus?

Die Long Island (New York) Power Authority (LIPA) hat eine Studie durchgeführt, um herauszufinden, wie viel der Aufbau von neuen Erzeugungsanlagen, Übertragung und Verteilungsleitungen für Gegenden, die östlich des Kanalumspannwerks in Southampton liegen, kosten würde. Die Studie ergab, dass die Infrastrukturkosten für die LIPA mehr als 7 US-Cent pro kWh betragen würde, um Strom in diese Gegenden zu bringen. Nachdem sie kurz zuvor von Hurrikan Sandy, der die Infrastruktur auf Long Island und in New York City verwüstet hatte, hart getroffen worden war, wusste die LIPA sehr gut, wie teuer der Betrieb und die Wartung von Übertragungsleitungen, Umspannwerken und Strommasten in den nächsten Jahrzehnten sein kann.

Die Kosten für das Übertragungs- und Verteilnetz variieren von Stadt zu Stadt, Staat zu Staat und Land zu Land. In Europa variieren beispielsweise die durchschnittlichen Netzentgelte für Privatkunden beträchtlich, wobei Belgien und Norwegen am oberen Ende und Malta und Litauen am unteren Ende der Skala liegen (siehe Abbildung 3.5). Die Netzkosten werden von verschiedenen Faktoren beeinflusst, darunter die Spannungsklasse, die Geländebeschaffenheit, die Größe des Landes und der Standort der Elektrizitätswerke.

Laut *Energy Information Administration* (EIA – Amt für Energiestatistik) lagen in den Vereinigten Staaten im Jahr 2013 die durchschnittlichen Netzentgelte für Privatkunden bei 4,16 US-Cent pro kWh.[142]

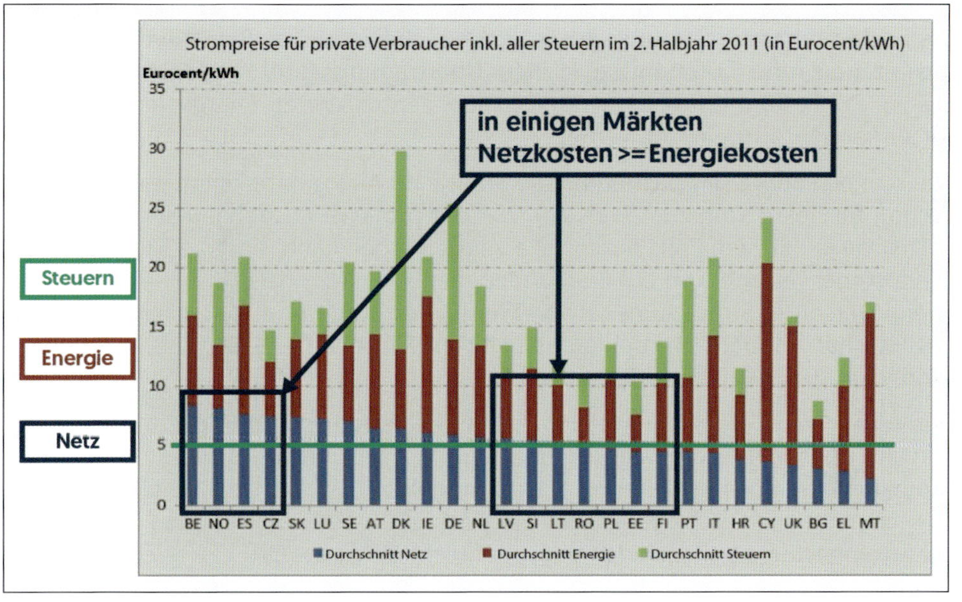

Abbildung 3.5 – Aufschlüsselung der Stromkosten für Endverbraucher in Europa (Quelle: Europäische Kommission)[143]

Das sind Zahlen zu Netzwerkkosten von bestehenden Übertragungs- und Verteilnetzen. Der größte Teil dieser Stromnetze wurde vor Jahrzehnten gebaut. Es ist sehr teuer, eine neue Netzinfrastruktur zu bauen. Die Kosten für die technische Basisausstattung für ein Übertragungsnetz bewegen sich zwischen 576.000 US-Dollar pro km für eine 230 kV-Einfachleitung und 1,86 Millionen US-Dollar pro km für eine 550 kV-Doppelleitung.[144] Die Gesamtkosten für den Bau einer Übertragungsleitung beinhalten die Kosten für das Wegerecht und die vom Gelände abhängigen Multiplikatorkosten (wenn die Trasse durch die Berge führt, muss man die oben genannten Kosten mit dem Faktor 1,7 multiplizieren).

Das alles setzt voraus, dass ein Verteilnetz überhaupt gebaut werden kann. Im Jahr 2010 waren in Nordamerika nur knapp 5.000 Kilometer an Stromleitungen im Bau, ein Ausbau von nur 0,7 Prozent bezogen auf die 728.529 Kilometer an Stromleitungen, die bereits gebaut sind.[145]

Um Kosten in Höhe von mehreren Milliarden Dollar und ein jahrzehntelanges Projekt zum Bau von Übertragungsleitungen zu vermeiden, entschied die LIPA 7 US-Cent pro kWh als Anreiz für dezentrale, lokale Solarstromerzeugung zu bezahlen.[146] Der Energieversorger sparte dadurch nicht nur langfristig Geld. Er ließ sein Kapital auf der Bank, während andere in Infrastruktur investierten.

Zentrale Stromerzeugung hat einen Kostennachteil von 7 US-Cent pro kWh im Vergleich zu dezentraler Stromerzeugung. Anders ausgedrückt: wenn Ihre private Solaranlage Strom zu einem Preis von 10 US-Cent pro kWh erzeugen kann, dann muss das zentrale Kraftwerk des Energieversorgers Strom für 2 US-Cent pro kWh produzieren, um Ihnen ein besseres Angebot zu machen. Kein Energieversorger, der Strom auf Basis von Rohstoffen zentral erzeugt, kann zu diesen Kosten produzieren, unabhängig davon wie stark er subventioniert wird – weder mit Erdgas noch mit Kohle und sicherlich nicht mit Atomkraft oder Diesel.

Die Kosten für die Erzeugung von Solarstrom sinken weiter. Bald werden die Kosten unter die rund 7 US-Cent pro kWh für Übertragungs- und Verteilnetze fallen. An diesem Punkt könnten die konventionellen, zentralisierten Energieversorger, wie wir sie kennen, ausgelöscht werden.

Wie schnell könnte das passieren? Die Stadt Palo Alto gab bekannt, dass sie einen Vertrag für Solarstrom zum Preis 6,9 US-Cent pro kWh ausgehandelt hat.[147] Wenn Solarstrom zu diesem Preis dezentral erzeugt werden kann, sind die Tage der Energieversorger gezählt. Um auf Endkundenebene konkurrenzfähig zu sein, müssten Energieversorger Strom zu negativen Preisen verkaufen und das ist kein nachhaltiges Geschäftsmodell. Ich meine das nicht im Sinne von „ökologisch nachhaltig", sondern im Sinn von „finanziell nachhaltig".

Der Vertrag von Palo Alto umfasst 52 MWh Solarstrom pro Jahr, die in diesem Fall von einer 20 MW-Solaranlage kommen werden. Diese Anlage ist viel kleiner, als ein Atomkraftwerk aus der Zeit Ihres Vaters (ungefähr 5 Prozent der Spitzenleistung), aber es passt auch nicht gerade auf ein Dach. Kraftwerkparks können in der Nähe der Stromnachfrage angesiedelt sein, aber nicht direkt vor Ort.

Wal-Mart, IKEA und die „Big Box"-Solardächer

Wenn Sie eine Filiale oder ein Auslieferungslager von IKEA anschauen, sehen Sie einen riesigen Kasten mit großer Dachfläche. Das wirtschaftliche Potential der IKEA-Dächer war früher vergeudete Fläche. Das hat sich geändert. Seit 2013 hat IKEA 34,1 MW Solarleistung auf 39 Filialen in zwanzig amerikanischen Staaten installiert.[148] Ganze 89 Prozent der IKEA-Filialen in den USA haben Solaranlagen auf dem Dach.

IKEA ist nicht der einzige "Big Box"-Laden, der Solarstrom nutzt. Wal-Mart hat 89,4 MW auf 215 Filialen installiert, Costco hat 47,1 MW auf 78 Filialen installiert und Kohl's hat 44,7 MW auf 147 Filialen installiert. Während IKEA sich auf 89 Prozent seiner Filialen Solaranlagen zugelegt hat, hat Wal-Mart nur auf 5 Prozent seiner Filialen Solaranlagen installiert. Aber Wal-Mart plant die Installation von Solaranlagen auf 1.000 seiner 4.522 Filialen bis zum Jahr 2020.[149] Viele dieser „Big Box"-Läden verkaufen PV-Module zusätzlich zur eigenen Nutzung.

Die durchschnittliche Leistung der Solaranlagen, die Wal-Mart installiert hat, liegt bisher nur bei 415 kW. Wenn Wal-Mart Solaranlagen in dieser Größe auf allen seinen Filialen installieren würde, dann würde das Unternehmen über 1,8 GW Solarleistung verfügen, eine Zahl, die fast der Spitzenleistung von zwei Standard-Atomreaktoren entspricht. Bisher ist die durchschnittliche Leistung der Solaranlagen von Wal-Mart weniger als halb so hoch, wie die 874 kW von IKEA. Wenn die Kosten für PV aber weiter fallen und konventionelle Strompreise weiter steigen, dann lohnt es sich für Wal-Mart, mehr Solaranlagen zu installieren.

Angenommen Wal-Mart zieht in all seinen US-amerikanischen Filialen mit den 874 kW pro installierter Anlage von IKEA gleich, dann würde Wal-Mart über 3,8 GW dezentrale Solarleistung verfügen. Wal-Mart hätte dann eine Spitzenleistung, die fast der Spitzenleistung von vier Atomkraftwerken entsprechen würde.

Wal-Mart könnte außerdem eine halbe Milliarde Dollar pro Jahr an Stromkosten sparen. Angenommen Strom würde durchschnittlich 10 US-Cent pro kWh kosten, dann würden die jährlichen Gewinne der regionalen Energieversorger um 570 Millionen US-Dollar fallen, wenn Wal-Mart Energie auf den Dächern seiner „Big Box"-Filialen erzeugen würde.

Wenn man das Solarprogramm von Wal-Mart auf alle 10.400 Filialen in 27 Ländern auf der ganzen Welt erweitert, dann hätte der „Big Box"-Filialist 9,18 GW Solarleistung auf den Dächern. Das entspricht einer Spitzenleistung von neun Kernkraftwerken.

Weil die Kosten für Solarstrom fallen und die Kosten für konventionelle Energie weiter steigen, steigt der Wert von Solarstrom für die „Big Box"-Filialen, was einen starken wirtschaftlichen Anreiz für die Filialen bietet, mehr Solarstrom zu erzeugen.

Energieversorger verlieren jährlich Milliardenumsätze, wenn „Big Box"-Filialen einen größeren Teil ihrer Energie vor Ort erzeugen, indem sie Solarstrom nutzen. Eine niedrigere Nachfrage von kommerziellen Kunden, besonders während der Spitzenlastzeiten, wird die Aufschläge der Energieversorger zu Spitzenlastzeiten senken, ihre Gewinne senken und ihre Margen drücken.

IKEA will seinen gesamten Energiebedarf bis 2020 aus Solar- und Windenergie erzeugen.[150] Wal-Mart hat sich selbst das Ziel gesetzt, 100 Prozent seiner Energie aus sauberen Quellen zu erzeugen.[151]Wenn große Organisationen zu „Netto-Null-Organisationen" werden, dann verlieren konventionelle Energieversorger ihre größten Kunden.

Ein Teufelskreis aus geringeren Einkünften, geringeren Margen, geringerer Kapazitätsauslastung und niedrigeren Kapitalrenditen beginnt. Die Kapitalkosten konventioneller Energieversorger werden steigen, ihre Energie noch teurer machen, was wiederum den Abwärtstrend beschleunigt.

Dass Wal-Mart, IKEA und andere „Big Box"-Filialen zu Netto-Null-Organisationen werden, ist schlimm genug für die Energieversorger, aber vielleicht nicht einmal das Worst-Case-Szenario. Der nächste Schritt im Disruptionsprozess kommt, wenn die Unternehmen vom Erzeuger ihrer eigenen Energie zum Energielieferanten werden.

Energieversorger sind an bequeme Monopoleinkünfte gewöhnt. Wettbewerb ist nicht Teil ihrer DNA. Wenn „Big Box"-Filialen Stromüberschüsse erzeugen, dann kann es passieren, dass die Energieversorger mit ihren früheren Kunden konkurrieren müssen. Vorstände von Energieversorgern möchten nicht mit kleinen Startups aus dem Silicon Valley wie Sungevity, SolarCity und SunRun konkurrieren. Energieversorger können diese Firmen vorübergehend aufhalten, indem sie das öffentliche Regulierungssystem nutzen, das sie aufgebaut und mehr als ein Jahrhundert lang gehegt haben. Der Gedanke an ein starkes, wohlhabendes, technisch versiertes und extrem wettbewerbsfähiges Unternehmen wie Wal-Mart, das mit dem Verkauf von günstigem Solarstrom in den Energiemarkt einsteigt, wird Manager von Energieversorgern sicherlich dazu veranlassen, ihre Altersvorsorge noch einmal gegenzuprüfen.

In einer Welt, in der Strom dezentral erzeugt wird, werden mehr „Big Box"-Läden ins Stromgeschäft einsteigen. Denken Sie daran, dass die Grenzkosten für Solarstrom null sind. Wal-Mart und andere kommerzielle „Big-Box"-Stromproduzenten könnten auf einem kompetitiven Großhandelsmarkt ihre gesamte Produktion immer verkaufen.

Wal-Mart und andere „Big Box"-Händler könnten sich sogar dafür entscheiden, an Verbraucher direkt zu verkaufen. Laut einem vor kurzem veröffentlichten Bericht von Accenture können sich 59 Prozent der Stromverbraucher vorstellen, Strom von Einzelhändlern wie BestBuy, Tesco oder Carrefour zu kaufen.[152] Der Bericht stellte auch fest, dass 47 Prozent der Energieverbraucher in Betracht ziehen würden, Strom von einem Unternehmen zu kaufen, das ausschließlich online arbeitet. Können Sie sich vorstellen, dass Amazon.com ins Stromgeschäft einsteigt?

Konventionelle Energieversorger würden ihre beste Waffe nutzen, um den Wettbewerb zu bekämpfen: die Regulierungssysteme. Aber die Disruption kann nicht gestoppt, sie kann nur etwas aufgeschoben werden.

„Big Box"Filialen sind nicht die einzigen, die erkannt haben, dass Solaranlagen auf Dächern bares Geld wert sind. Industrieunternehmen wie VW, Nissan und Apple haben recht große Solarprojekte, die vor Ort gebaut werden sollen, angekündigt. Der deutsche Automobilgigant Volkswagen hat vor kurzen die Fertigstellung einer 11 MW-Dachsolaranlage in Spanien bekannt gegeben.[153]

Apple, das gemessen an seinem Börsenwert das größte Unternehmen der Welt ist, hat das Ziel ein Netto-Null-Unternehmen zu werden, das Strom zu 100 Prozent aus sauberen Quellen bezieht. Im Jahr 2012 baute Apple eine 20 MW-Freiflächen-Solaranlage auf dem Land, das sein Datenzentrum in Maiden in North Carolina umgibt. Laut Apple ist die Anlage die weltweit größte Solaranlage auf einem Firmengelände, die dem Endverbraucher selbst gehört. Das Unternehmen baut noch eine zweite 20 MW-Solaranlage im Umkreis von einer Meile seines Datenzentrums. Es wird erwartet, dass diese Anlage bis Ende 2013 in Betrieb genommen werden kann.[154] Laut Apple wird sein neues Datenzentrum in Reno in Nevada zu 100 Prozent mit Strom aus Solaranlagen und Geothermie versorgt werden.

Immobilienmanager entdecken Solarstrom

Prologis ist ein führender Eigentümer, Verwalter und eine Managementfirma für Industrieimmobilien mit Liegenschaften auf der ganzen Welt. Allein in Amerika verwaltet Prologis 46 Milliarden Dollar an Vermögenswerten, einschließlich ungefähr 52,3 Millionen Quadratmetern an Logistik- und Distributionsfläche.[155] Das sind viele Dachflächen, die keine Erträge abwerfen. Kann eine Immobilienfirma diese Gleichung ändern, indem sie ihr Portfolio der Vermögenswerte, die Erträge bringen, um Solaranlagen ergänzt? Natürlich kann sie das.

Im Juni 2011 gab Prologis bekannt, dass es eine Partnerschaft mit NRG Solar und der *Bank of America* eingeht, um auf den Dächern von Lagerhäusern, die Prologis gehören, Solaranlagen mit einer Leistung von 753 MW zu errichten.[156] Damit ließe sich genügend Strom erzeugen, um 100.000 Häuser zu versorgen. Die *Bank of America* wird einen Kredit in Höhe von 1,4 Milliarden US-Dollar für das Projekt bereitstellen. Prologis hat bereits 34 Anlagen mit insgesamt 79,6 MW gebaut.[157]

Andere Entwickler und Manager von Immobilien haben die Chancen erkannt. Hartz Lights Industries hat 17 Solaranlagen mit insgesamt 19,2 MW gebaut. Kimco hat drei MW an sechs Standorten errichtet.

Prologis und Hartz Lights Industries verwalten Industrieanlagen mit vielen Millionen Quadratmetern Fläche. Von dem Nachweis, dass man mit dezentralen Solaranlagen Geld verdienen kann, werden tausende Eigentümer von Lagerhäusern im ganzen Land erfahren.

Der Roboter-Thermostat

Solaranlagen sind nicht die einzige Technik, die die Energieversorger umwälzen wird. Roboter und andere Silicon-Valley-Technologien werden die Unternehmensgewinne der Energieversorger beschneiden.

Im Jahr 2007 erhielt Yoky Matsuoka den MacArthur Fellowship „Genie"-Preis. Die MacArthur-Stiftung war der Meinung, dass ihre Arbeit „unser Verständnis davon verändert (hat), wie das zentrale Nervensystem Aktivitäten des Bewegungsapparates koordiniert und wie Robotertechnologie die Mobilität von Menschen mit Bewegungseinschränkungen vergrößern kann."[158] Als Matsuoka den Preis erhielt, war sie außerordentliche Professorin für Computerwissenschaften und Ingenieurwesen an der Universität Washington, wo sie das *Neurobotics Labor* und das *Center for Sensorimotor Neural Engineering* der Universität leitete.

Matsuoka hat in Elektrotechnik und Computerwissenschaften am *Massachusetts Institute of Technology* promoviert. Sie hat das Fachgebiet Neurobotik (die Kombination von Neurologie und Robotik) praktisch begründet. Die MacArthur-Förderung ermöglichte ihr, in den folgenden vier Jahren mehr als 200.000 US-Dollar für Projekte auszugeben, die sie für geeignet hielt. Was hat Dr. Matsuoka damit gemacht? Sie kehrte ins Silicon Valley zurück, wo sie nach einem kurzen Intermezzo bei Google bei einem kleinen Startup namens NEST Laboratories als Vizepräsidentin für Technologie einstieg. NEST war von zwei Entwicklern des ursprünglichen Apple iPods gegründet worden, die im Bereich Energie das tun wollten, was Apple im Musikbereich gemacht hatte.

Im Jahr 2012 brachte NEST den *NEST Learning Thermostat* zum Preis von 299 US-Dollar auf den Markt. Das war kein gewöhnlicher programmierbarer Thermostat. Es handelte sich um einen sensorbasierten, internetfähigen Computer mit künstlicher Intelligenz, der die Temperatur in einem Haus kontinuierlich aufzeichnete und die Präferenzen der Bewohner kennen lernte.

Nach Angaben des amerikanischen Energieministeriums sind Heizen und Kühlen in einem durchschnittlichen US-amerikanischen Haushalt für rund 56 Prozent des Energieverbrauchs verantwortlich.[159] Die Stromrechnungen können weh tun, wenn die Klimaanlagen im Sommer auf Hochtouren laufen. Während der heißesten Tage des Sommers nimmt der Stromverbrauch am späten Nachmittag um mehr als 40 Prozent zu.[160] Wenn alle zur gleichen Zeit ihre Klimaanalage einschalten, steigen die Großhandelsstrompreise um mehr als 100 Prozent. Das bedeutet, dass die Haushalte dann mehr Strom verbrauchen, wenn er am teuersten ist. Das ist der Grund dafür, dass Stromrechnungen während der Sommermonate so schnell auf mehrere hundert Dollar steigen.

Tatsächlich sind auf vielen Märkten im Sommer die Spitzenlastpreise für Strom um ein Vielfaches höher als die Tiefstpreise oder die Durchschnittspreise. Während einer Hitzewelle in Texas im August 2011, erreichte der Preis einen Höchststand von 6 US-Dollar pro kWh, bis zu 10 mal mehr als während der „normalen" Hochlastzeiten (siehe Abbildung 3.6). Es ist paradox, dass an einem sonnigen Tag, wenn Solaranlagen am meisten Strom produzieren, der Preis in Texas auf 6 US-Dollar pro kWh gestiegen ist – mehr als 50 mal so viel wie der Preis von Solarstrom.

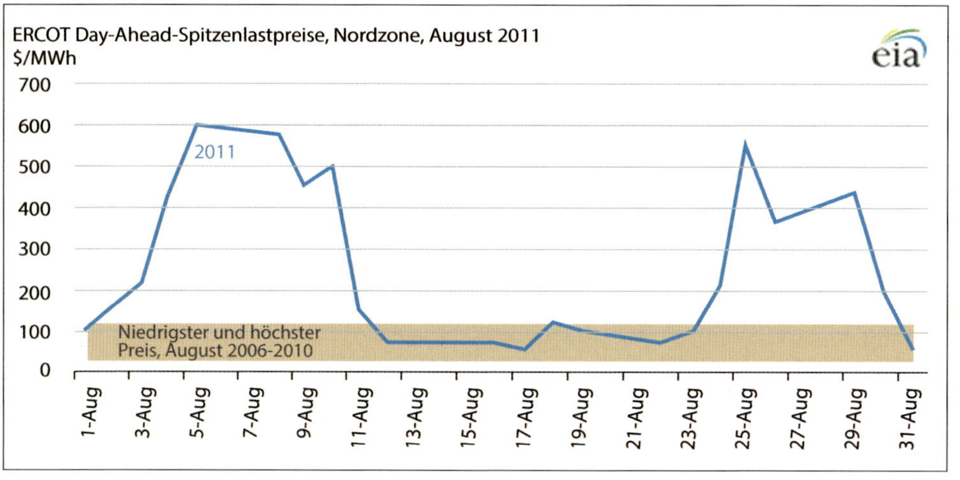

Abbildung 3.6 – Spitzenlast-Strompreise in Texas im August 2011 (Quelle: EIA)[161]

Extrem heiße Tage wird es immer wieder geben. Im Jahr 2012 wurden in den USA bei den Höchsttemperaturen mehr als 27.000 Tagesrekorde gebrochen.[162] Nach Angaben der *National Oceanic and Atmospheric Administration* (Nationale Ozean- und Atmosphärenbehörde) war das Jahr von Juni 2011 bis Juli 2012 das heißeste Jahr seit Beginn der Wetteraufzeichnungen für das gesamte Gebiet der Vereinigten Staaten.[163]

Die intelligente Nutzung von Klimaanlagen kann den Energieverbrauch beträchtlich vermindern. Programmierbare Thermostate wurden seit Jahrzehnten verkauft, aber wegen der komplexen Programmierung war es schwer, sie einzusetzen. Verbraucher haben normalerweise nach ein paar Wochen aufgehört, die Thermostate zu nutzen.

Yoky Matsuoka und NEST wollten das ändern. Unter Einsatz von künstlicher Intelligenz registriert der NEST-Thermostat die Präferenzen und das Komfortniveau des Nutzers. Der Nutzer stellt die Temperatur mit einer einfachen Drehscheibe (wie beim iPod) ein. Sensoren im Thermostat erkennen, wann der Nutzer zuhause ist, und ändern die Temperatur entsprechend den gesammelten Nutzerdaten. Um den Energieverbauch zu minimieren, senkt der Thermostat die Temperatur, wenn der Nutzer zur Arbeit geht. Eine App, die auf iPhones und Android Smartphones läuft, ermöglicht dem Nutzer, dem Thermostat zu sagen, dass die Heizung oder die Klimaanlage ein- oder ausgeschaltet werden soll. Tatsächlich kann ein Nutzer, der beispielsweise um 17.45 Uhr von der Arbeit nach Hause kommt, den Thermostat so programmieren, dass das Haus um 17.45 Uhr vorgekühlt ist.

Während des ersten Betriebsjahres sparten die Nutzer mit dem NEST-Thermostat bereits mehr als 50 Prozent der Ausgaben für die Kühlung.

Der NEST-Thermostat war nur die erste Version des Produkts. Denken Sie daran, dass der Thermostat so wie ein iPhone ein Computer ist. Wenn NEST neue Funktionen für den Thermostat entwickelt, kann der Nutzer diese Funktionen über das Internet kabellos auf seinen Thermostat herunterladen.

Alle Technologien, auf die der Thermostat aufbaut, verbessern sich exponentiell: Sensoren, maschinelles Lernen, drahtlose Kommunikation, große Datenmengen und dezentrale Datenverarbeitung. Sensoren werden günstiger, schneller, besser, kleiner, enger vernetzt und energieeffizienter. Sensoren sind in Smartphones, Tablets und tragbaren Geräten eingebaut. Ein Samsung Galaxy S4 Smartphone hat beispielsweise Sensoren, um Bewegung, Licht, Temperatur, Feuchtigkeit, Ort und anderes mehr zu erkennen (siehe Abbildung 3.7).

Abbildung 3.7 – Sensoren in einem Samsung S4 Smartphone (Quelle: Samsung)[164]

Einer der weltweit führenden Lieferanten von Sensoren ist Invensense Inc., ein im Silicon Valley ansässiges Unternehmen. Bei einem Vortrag in meinem Kurs an der Stanford Universität sagte Steve Nasiri, der frühere Vorstandsvorsitzende und

Gründer von Invensense, dass ein Bewegungssensor, der vor einem Jahrzehnt noch 25 US-Dollar gekostet hat, heute gerade mal noch 2 US-Dollar kostet. Heutige Sensoren sind außerdem hundert mal kleiner und zehn mal energieeffizienter. In zehn Jahren werden Sensoren vermutlich nur noch Cents kosten.

NEST macht Energieeffizienz zu einem günstigen, schnellen und benutzerfreundlichen technischen Produkt. Bei Energieeffizienz ging es traditionell darum, die Gestaltung eines Hauses zu verändern: Neue Fenster, neue Dämmung der Wände und LED-Lampen. Das ist wichtig, aber genauso wichtig ist ein intelligenter Thermostat. Wenn man 299 Dollar ausgibt und fünf Minuten für die Installation des Thermostats in seinem Haus aufwendet, kann man bis zu 50 Prozent seiner Heizkosten sparen. Wenn Millionen Menschen das so machen, werden sie hunderte Millionen sparen.

Energieversorger sollten zur Kenntnis nehmen: Der Stromverbrauch könnte durch intelligente Informationstechnologiegeräte wie den lernenden Thermostat von NEST schnell und deutlich sinken. Wie Solaranlagen auf Dächern werden intelligente Energiemanagementgeräte zum Teufelskreis der Disruption der Energieversorger beitragen.

Weil mehr Kunden ihren Energieverbrauch mit Produkten, die künstliche Intelligenz einsetzen, steuern, wird die Gesamtnachfrage nach teurer Spitzenenergie (kWh) sinken. Energieversorger werden ihre getätigten Aufwendungen durch einen kleineren Nenner teilen müssen, was dazu führt, dass die Stromrechnungen steigen. Die Energieversorger werden zusätzliche Gebühren verlangen und die Strompreise anheben. Deshalb werden mehr Verbraucher auf Solarstrom und intelligente energiesparende Geräte umschalten, was die Nachfrage bei den Energieversorgern noch weiter sinken lässt. Die Kapitalkosten für Energieversorger werden steigen, weil die Erträge sinken, was ihre Leistungen noch teurer macht. Wenn diese Abwärtsspirale einmal anfängt, ist sie nur noch schwer aufzuhalten.

Außerdem fangen Firmen wie NEST gerade erst an. Auf einer Konferenz für Robotik im kalifornischen San Jose stellte Yoky Matsuoka vor kurzem das neueste Gerät der Firma vor: Protect, ein Rauchmelder und Kohlenmonoxiddetektor.

Ein Rauchmelder gehört normalerweise nicht zu der Sorte von Produkten, die Energieversorgungsunternehmen Sorgen bereiten. Im Fall von Protect sollten Energieversorger allerdings alarmiert sein, weil das Gerät mit einer Reihe von Sensoren ausgestattet ist, die etwas mit der Ermittlung des Energieflusses im Haus zu tun haben. Hier die Liste der Sensoren im Rauchmelder:

- Photoelektrischer Rauchsensor
- Kohlenmonoxidsensor
- Wärmesensor
- Raumlichtsensor
- Feuchtigkeitssensor

In jeder Sekunde von jeder Minute an jedem Tag wird Protect ein multi-dimensionales Spektrum von Energieinformationen für jedes Haus, in dem es installiert ist, sammeln. Protect wird mehr Energiedaten sammeln, als irgendjemand oder irgendein Gerät zuvor. NEST wird mehr Informationen über die Energienutzung in einem Haus haben, als es sich konventionelle Energieversorger jemals erträumen können.

Sicherlich ist das Ziel der Datenerfassung, das Haus vor Rauch und Feuer zu schützen. Aber wenn die Daten intelligent analysiert werden, dann sind die Möglichkeiten für die Entwicklung neuer Produkte und Dienstleistungen für Häuser grenzenlos.

Im Jahr 2014 kaufte Google NEST für 3,2 Milliarden Dollar. Stellen Sie sich die Leistungsfähigkeit der gewaltigen Computerressourcen und Dateninfrastruktur von Google hinter dem Energiemanagementgerät von NEST vor.

Wie große Datenmengen die Erträge aus sauberer Energie erhöhen

Climate Corp., eine in San Francisco ansässige Firma, ist ein gutes Beispiel dafür, wie Silicon Valley-Technologien den Wert von großen Datenmengen erschließen können. Die Firma wurde im Jahr 2009 von zwei ehemaligen Google-Mitarbeitern gegründet. Climate Corp. nutzt Wetterdaten der US-Regierung und entwickelt damit Produkte, die die Erträge in der Landwirtschaft verbessern sollen. Die Firma verknüpfte Wetterdaten aus einem Zeitraum von dreißig Jahren mit Erntedaten aus einem Zeitraum von sechzig Jahren und 14 Terabyte an Bodendaten, um damit z.B. Ernteversicherungen zu untersuchen und Preise dafür zu setzen.[165] Im Oktober 2013 wurde Climate Corp. vom Agrarriesen Monsanto gegen Zahlung von 930 Millionen US-Dollar aufgekauft.

Die Daten, die Climate Corp. verwendete, standen durch die US-Regierung kostenfrei zur Verfügung. Climate Corp. entwickelte eine Informationstechnologie, um den Wert dieser Daten zu erschließen. Stellen Sie sich vor, was eine Firma wie NEST mit einem ähnlichen Ansatz machen kann. Durch die Kombination der Wetter- und Energiedaten der US-Regierung mit den privaten Daten, die NEST von Milliarden von Sensoren in mehreren zehn Millionen Haushalten erhält, kann NEST besser als jemals zuvor aus den Daten einen Nutzen ziehen.

Für einen Energieversorger ist ein Haus wie eine „Black Box": Man schüttet Energie hinein und es kommt Geld heraus. Energieversorger haben wirklich nicht viele Informationen über ihre Kunden.

Ganz anders NEST: das Unternehmen erstellt eine Wissensdatenbank, mit dem Ziel, aufeinander aufbauende Produkte zu entwickeln – und dabei Branchen, einschließlich der Energiebranche zu revolutionieren. Wie ein iPhone, das mit einem iPad verbunden wird, werden sich der NEST Learning Thermostat und der Protect-Rauchmelder miteinander verbinden. Sie werden in der Lage sein, miteinander zu kommunizieren und voneinander zu lernen. Nach Aussage von Yoky Matsuoka beginnen zum Beispiel 40 Prozent aller Feuer im Heizkessel. Vom Thermostat zu erfahren, ob sich der Heizkessel gerade aufheizt, kann dem Alarmgerät dabei helfen festzustellen, ob der Rauch, den es wahrnimmt, wahrscheinlich durch ein echtes Feuer und nicht etwa durch verbranntes Rindfleisch auf dem Grill verursacht wurde.

NEST ist ein Paradebeispiel für die Ökonomie der steigenden Erträge im Silicon Valley. Für einen Hausbesitzer erhöht der Kauf des Rauchmelders den Wert des lernfähigen Thermostats – und umgekehrt. Ebenso verringert sich, wenn Ihr Nachbar einen Rauchmelder von NEST kauft, die Wahrscheinlichkeit für ein Feuer in Ihrem Haus (und in seinem natürlich). Wenn mehr Nachbarn einen lernfähigen

Thermostat kaufen, wird NEST dazu in der Lage sein, ganze Viertel zu analysieren und mit den gesammelten Daten seine Produkte zu verbessern. Jeder, der einen lernfähigen Thermostat gekauft hat, wird davon profitieren, wenn eine neue und verbesserte Software-Version herunter geladen wird.

Ein heutiger Thermostat sammelt Daten und gibt Einblick in das Verbraucherverhalten, mit dem Ziel, eine Plattform für das Energiemanagement von morgen und, wer weiß, in der Zukunft vielleicht eine Energiehandelsplattform zu entwickeln.

Die Null-Disruption: Das „Exploratorium"- Wissenschaftsmuseum

Die Wissenschaft wälzt das Stromgeschäft auf vielfältige Weise um. Das Exploratorium, ein Wissenschaftsmuseum in San Francisco, zeigt den Weg nach null.

Vor kurzem eröffnete das Exploratorium seine nagelneuen Gebäude auf den Piers 15 und 17 am Embarcadero von San Francisco. Die New York Times nannte das neue Museum „das wichtigste Wissenschaftsmuseum, das seit Mitte des 20. Jahrhunderts eröffnet wurde."[166]

Das zuvor neben dem *Palace of Fine Arts* im *Marina District* angesiedelte Exploratorium verdreifachte seine Ausstellungsfläche auf rund 30.000 Quadratmeter, baute ein Theater für 400 Personen und seine Mitarbeiter bekamen im gleichen Gebäude wie das Museum eine neue Bleibe (zuvor waren die Büros der Mitarbeiter in einem separaten Gebäude untergebracht). Das Museum erwartete, dass sich die Besucherzahl von einer halben Million auf eine Million Besucher pro Jahr verdoppelt.

Trotz all des Wachstums ist eines auf null gesunken: Die Energierechnung. Das Exploratorium wurde als Netto-Nullenergie-Campus konstruiert, der zu 100 Prozent von Solarmodulen auf seinem Dach versorgt werden soll. Das Museum hat eine Solaranlage mit 1,4 MW Leistung installiert und erwartet, dass sie im ersten Betriebsjahr 2,1 GWh Energie produzieren wird. Das Museum schätzt, dass es den kompletten jährlichen Energiebedarf mit Solarstrom decken kann. Dieser Energieverbrauch würde sonst ungefähr 300.000 US-Dollar pro Jahr kosten.[167]

PV-Module erzeugen die gesamte Energie, aber das ist nicht der einzige Grund dafür, dass das Exploratorium führend in der Energiearchitektur des 21. Jahrhunderts ist. Das Exploratorium wurde mit einer energieeffizienten Ausstattung konstruiert. Nach Aussage von Chuck Mignacco, der für die Betriebsführung des Gebäudes zuständig ist, verbraucht das Gebäude weniger als 50 Prozent der Energie, die ein ähnliches Gebäude verbrauchen würde.

Das Museum, das auf einen Pier direkt am Ufer gebaut wurde, nutzt ein innovatives Wasser- und Energiemanagementsystem: das *„bay water heating and cooling system"*, ein Heiz- und Kühlsystem, das mit Wasser aus der Bucht arbeitet. Acht Motoren, die mit Solarstrom betrieben werden, pumpen rund 276.000 Liter Wasser aus der Bucht. Das Wasser wird gefiltert, sterilisiert und zirkuliert dann im Gebäude (siehe Abbildung 3.8). Das gefilterte Wasser wird je nach Jahreszeit zum Heizen oder Kühlen verwendet. Alle Büros, alle Ausstellungsstücke und alle Labors werden mit Wasser aus der Bucht beheizt bzw. gekühlt. Selbst das Datenzentrum in der zweiten Etage wird mit Wasser aus der Bucht gekühlt. Das ausgeklügelte Heiz- und

Kühlsystem macht es möglich, dass das Museum im Vergleich zu einem Standard-Industriegebäude 80 Prozent weniger Energie zum Kühlen und 77 Prozent weniger Energie zum Heizen braucht.

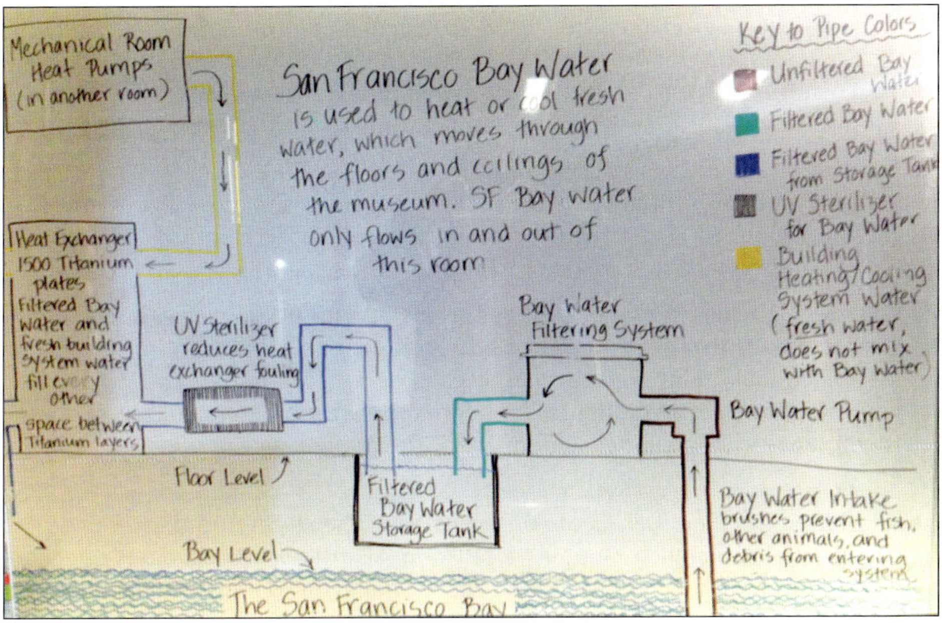

Abbildung 3.8 – Das Heiz- und Kühlsystem des Exploratoriums in San Francisco nutzt Wasser aus der Bucht. (Foto: Tony Seba)

Die herkömmliche Art das Gebäude zu kühlen und zu heizen wäre, Kühltürme einzusetzen, die sowohl ineffizient sind, als auch optisch stören, und Erdgas zu nutzen, um das System mit Energie zu versorgen.[168] Aber das Exploratorium ist kein konventionelles Bauwerk. Im Inneren der Gebäude wird alles mit Solarstrom betrieben – die LED-Lichter, Wasserpumpen (für Heizung und Kühlung), Lüftungsgebläse, Computer und die Laborausstattung. Der CO2-Fußabdruck des Museums wäre null, wenn es für die Küche nicht noch eine Erdgasleitung mit einem Zoll Durchmesser gäbe.

Wie der dezentrale Aufbau den sauberen Energien hilft

Am 24. Juni 2013 waren Mike Sarimsacki und ich in seinem Büro in Millbrae in Kalifornien und analysierten einen 400 MW-Windpark, den wir gerade für die Republik Georgien entwickelten. Ein Ingenieur aus Spanien, der Windertragsgutachten erstellt, hatte die Pläne per Mail am Tag zuvor geschickt. Bei der Betrachtung der gesamten Anlage auf Google Earth konnten wir jedes einzelne Windrad anklicken, um ein Pop-Up-Infofenster mit den wichtigsten Kennzahlen zu öffnen: Höhe, Koordinaten, Windgeschwindigkeit und so weiter. Mike stellte fest, dass sich einige 3 MW-Windräder auf Bergrücken befanden. Er fragte mich, ob ich meinte, dass sie verschoben werden sollten und wenn ja, ob sie näher an einem Bergrücken aufgestellt werden sollten, auf dem es bereits ein halbes Dutzend Windräder gab.

Man muss die richtige Balance finden, wenn man einen Windpark baut. Man kann die Windräder nicht zu dicht aneinander bauen, weil Windräder gegenseitig ihre Windverhältnisse und ihre Produktion beeinflussen. Da aber zu jedem Windrad Übertragungsleitungen und Straßen gebaut werden müssen, ist es vorteilhaft, sie auf dem gleichen Bergrücken aufzustellen. Wir machten Computersimulationen, um die Konfiguration zu finden, die die Energieerzeugung optimiert und gleichzeitig die Kosten minimiert. Das ist ein notwendiger Schritt im Gestaltungsprozess von Windparks.

Am Ende des Nachmittags schickten wir unsere Rückmeldung per Mail an den Ingenieur in Spanien und machten Feierabend. Am nächsten Morgen wachte ich wie gewöhnlich um 4 Uhr früh auf. Wenig später erhielt ich ein Antwortmail aus Madrid mit drei Vorschlägen zur Anordnung der Windräder.

Mir kam der Gedanke, dass die Gestaltung eines Wind- oder Solarparks einem informationstechnologischen Programmierprojekt sehr ähnlich ist. In beiden Fällen arbeiten hochqualifizierte Personen über das Internet zusammen und nutzen dabei frei verfügbare Informationen, die Analyse großer Datenmengen, Open-Source-Technologien und Wissen, das andere zuvor geschaffen und mit der Welt geteilt haben.

Die Winddaten der Republik Georgien waren über die NASA und das US-Energieministerium frei zugänglich. Google hatte Google Earth aufgebaut, die Werkzeuge entwickelt, um Karten zu erstellen, und die Modelle, um daraus einen Nutzen zu ziehen. Die Software für die Windsimulation war ursprünglich ein Open-Source-Programm. Dutzende, vielleicht sogar tausende Programmierer und Windenergieingenieure hatten Millionen Stunden investiert, um dieses Werkzeug zu entwickeln und es für andere verfügbar zu machen. Jeder, der die Software verbessern wollte, konnte das tun.

Die Simulationen konnten sogar über ein Netzwerk von Computern in verschiedenen Ländern laufen, um so die Stillstandszeiten der Computer vieler Menschen zu nutzen. Ich kann mir vorstellen, dass unser spanischer Windgutachter die Computer genutzt hat, die im amerikanischen Büro seiner Firma frei waren, nachdem das amerikanische Team nach Hause gegangen war. Oder sie haben vielleicht einen Cloud-Dienst wie den Webservice von Amazon genutzt (ebenfalls eine auf allgemeinen Standards basierende, frei zugängliche Plattform). Alle Komponenten, die zum Wachstum des Internets selbst beigetragen hatten, waren verfügbar.

Strom 2.0 ist sowohl eine Informationstechnologie, als auch eine Energieinfrastruktur und unterliegt damit den Regeln der Informationsökonomie. Wie die Datenverarbeitung basieren Solar- und Windenergie auf einer Ökonomie steigender Erträge.

Lernen Sie Rachel Rhodes, die weit entfernte Solar-Revolutionärin, kennen

Vor kurzem besuchte ich Sungevity, eines der am schnellsten wachsenden Solarinstallationsunternehmen im Silicon Valley. Sungevity plant, finanziert, installiert und betreibt Solaranlagen auf Hausdächern.

Sungevity stellt keine PV-Module, Wechselrichter oder andere Hardware für Solaranlagen her. Die Firma besitzt keine Lastwagen und hat kein Materiallager. Die Mitarbeiter des Unternehmens klettern nicht einmal auf die Hausdächer der Kunden oder installieren PV-Module. Nie. Nicht um sie zu auszumessen, nicht um PV-Module zu installieren, nicht um sie zu warten.

Sungevity ist ein Software- und Finanzierungsunternehmen. Von dem Moment an, in dem sich ein zukünftiger Kunde auf der Webseite von Sungevity anmeldet (oder auf der Webseite des Partnernetzwerks), wird alles vom Büro der Firma in Oakland aus erledigt.

Um die Solaranlagen auf den Dächern der Wohnhäuser zu planen, hat Sungevity ein Team von Planern, die weit entfernt vom Unternehmenssitz arbeiten. Ich habe mich mit Rachel Rhodes unterhalten, die mir zeigte, wie sie eine Solaranlage für ein Dach plant, das hunderte Kilometer entfernt ist.

Rachel Rhodes hat einen Abschluss in Internationalen Beziehungen und Umweltwissenschaften von der Tufts Universität. Sie ist seit eineinhalb Jahren bei Sungevity. Sie öffnet zunächst ein Fenster auf dem Bildschirm ihres Computers, wo ihr die Anschrift des zukünftigen Kunden angezeigt wird. Jemand im Unternehmen hat bereits dreißig oder vierzig Minuten mit dem Kunden telefoniert, um seinen Energieverbrauch zu analysieren, die Finanzierungsmöglichkeiten zu erklären, usw. Rhodes schaut sich anschließend das Haus auf Google Earth aus der Vogelperspektive an. Dächer gibt es mit vielen verschiedenen Formen und Winkeln. Rhodes hat viele Möglichkeiten, die Module auf dem Dach zu platzieren, um die Stromerzeugung zu maximieren und die Kosten zu minimieren.

Jeder Verwaltungsbereich in den USA hat andere Baunormen und Gestaltungsvorschriften. Zum Beispiel verlangen manche Städte, dass 1 m Abstand vom Rand des Daches eingehalten werden muss, was die Fläche, die für PV-Module potentiell verfügbar ist, verkleinert. Rachel Rhodes schaut sich die Bäume und die mögliche Verschattung an. Auf einem zweiten 20-Zoll-Bildschirm hat sie einen etwas anderen Blick aus der Vogelperspektive auf das Dach, an dem sie arbeitet. Diese zweite Ansicht ermöglicht es ihr, in einem Winkel auf das Dach zu schauen, so dass sie die Verschattung untersuchen kann.

Anschließend beginnt sie damit, die virtuellen PV-Module auf dem Dach anzuordnen. Der Kunde hat Sungevity bereits mitgeteilt, wie viel Strom er oder sie verbraucht. Rhodes berücksichtigt diese Angaben, wenn sie die Anordnung und Größe der PV-Module plant. Es ist so, als ob sie die Solarversion eines Computerspiels wie Tetris spielen würde.

Keine zehn Minuten später entscheidet sie sich für die richtige Anordnung. Der Mitgründer der Firma Danny Kennedy hat mir gesagt, dass es schneller und genauer ist, aus der Ferne zu planen, als mit „Stiefeln auf dem Dach" Messungen durchzuführen. Die solare Disruption von Sungevity produziert „schnellere, günstigere und bessere" Produkte und Dienstleitungen, als es die Wettbewerber können.

Ausgehend von den Planungen von Rhodes, erhält der Verbraucher ein „iQuote"-Angebot – einen Plan für die Versorgung mit Solarstrom in den nächsten 25 Jahren. Wenn der Kunde den Vertrag unterschreibt, startet die Sungevity-Software automatisch die Abwicklung der Formalitäten mit den Behörden, kontaktiert einen unabhängigen, durch das Unternehmen zertifizieren Installateur, der vor Ort ist, und startet die Logistik für die Lieferung und Installation der PV-Module.

Die Installation der Solaranlage selbst dauert nur wenige Stunden, abhängig vom Haus und der geplanten Anordnung.

Allerdings sind die bürokratischen Anforderungen, die durch die lokale Rechtsprechung und die Energieversorger bestimmt werden, der Flaschenhals, der viele Installationen um Wochen oder Monate verzögert.

Rhodes hat die Software dazu verwendet, um von ihrem Arbeitsplatz in Oakland aus Solardächer außerhalb der Vereinigten Staaten in Australien und Holland zu planen. War in Australien irgendetwas anders? Sie meinte, dass man daran denken muss, dass die PV-Module in Australien nach Norden ausgerichtet werden müssen.

So wie es heute in der Informationstechnologie üblich ist, arbeiten in der Solarbranche hochqualifizierte Personen über das Internet zusammen und nutzen dabei frei verfügbare Informationen, die Analyse großer Datenmengen, Open-Source-Technologien und Wissen, das andere zuvor geschaffen und mit der Welt geteilt haben.

Google hatte Google Earth aufgebaut, die Werkzeuge entwickelt, um Karten zu erstellen, und die Modelle, um daraus einen Nutzen zu ziehen. Die Daten der Sonneneinstrahlung basierten auf öffentlich zugänglichen Informationen der NASA und des US-Energieministeriums. Einzelpersonen und Firmen auf der ganzen Welt tragen zu den Inhalten, Technologien und Fähigkeiten bei, um diese Werkzeuge zu verbessern. Sungevity nimmt diese Mischung an Technologien und ergänzt sie um seine einzigartigen technologischen Fähigkeiten und sein geistiges Eigentum. Darin zeigt sich in aller Kürze die Denk- und Arbeitsweise des Silicon Valley.

Die Bits des Silicon Valley haben sich mit Solarelektronen vermischt, um eine offene, skalierbare und internetbasierte Infrastruktur zu entwickeln. Die Ökonomie einer Internetinfrastruktur, die auf Bits und Elektronen basiert, beruht auf steigenden Erträgen. Damit kann die Energieindustrie, die sich auf Rohstoffförderung, hierarchisches Denken und Atomkraft stützt, einfach nicht mithalten.

Als ich vom Treffen mit Rachel Rhodes wegging, dachte ich, dass es nicht schwer ist, sich vorzustellen, wie mit dieser Infrastruktur viele Millionen private Solaranlagen gebaut und die Energieversorger im Handumdrehen zerstört werden können.

An die Lobbys der Energieversorger auf der Welt: Vereinigt euch und hebt die Preise an!

Das *Edison Electric* Institut, eine Interessenvereinigung und Lobbyistenorganisation von Energieversorgern in den Vereinigten Staaten, die im Besitz von Investoren sind, veröffentlichte vor kurzem einen Bericht mit dem Titel „Disruptive Herausforderungen: Finanzielle Auswirkungen und strategische Antworten im Bezug auf ein sich veränderndes Stromgeschäft im Endkundenbereich". Der Bericht hob die disruptive Bedrohung, die Solarenergie und dezentrale Energieressourcen für die Mitgliedsunternehmen darstellen, hervor. Das *Edison Electric* Institut erklärt seinen Mitgliedern, dass die Energieversorger ihr Geschäftsmodell nicht verändern müssen. Stattdessen sollten sie sich an die Regulierungsbehörde für Energieversorger wenden und mehr Geld von den Gebührenzahlern einfordern:

> Während das Telekommuikationsbeispiel also eine Geschichte darüber ist, wie man auf die Gefahr reagiert, überholt zu sein, ist die kurzfristige Herausforderung für den Stromsektor für eine geeignete Tarifgestaltung zu sorgen, die eine gerechte Wiederherstellung der Gewinnanforderungen erlaubt, um der Geschwindigkeit der nicht-wirtschaftlichen Disruption des Sektors zu begegnen.[169]

Übersetzt bedeutet das: „Machen Sie sich keine Sorgen, erhöhen Sie einfach die Preise!" Zu den „unmittelbaren" und den „langfristigen" Maßnahmen, die empfohlen werden, gehören:

- Eine monatliche Dienstleistungsgebühr für Kunden.
- Eine Gebühr für Hausbesitzer, die den Energieversorgern hilft, in neue Infrastruktur zu investieren.
- Eine Gebühr für Kunden, wenn sie den Energieversorger verlassen.

In einer Zeit, in der die Wahlmöglichkeiten für Kunden wachsen und dezentrale saubere Energie zu niedrigeren Preisen als aus herkömmlichen Quellen erzeugt wird, wird den Stromversorgern gesagt, dass sie die Konsumhemmnisse erhöhen sollen. Das *Edison Electric* Institut unterstützt die „Kopf in den Sand"-Strategie. Man muss nur auf den Kodak-Moment warten! Er wird früh genug kommen!

Mittlerweile erleben die Energieversorger in Europa, das bei der Einführung von sauberen Energien weltweit führend ist, bereits schmerzhaft, was Disruption bedeutet. Seit einem Höchststand im Jahr 2008 ist der Börsenwert der Top 20 europäischen Energieversorger auf die Hälfte gefallen – von einer Billion Euro auf eine halbe Billion Euro.[170]

E.ON, ein großer Energiekonzern mit Sitz in Deutschland, ist ein Beispiel für die Disruption der Energieversorger in Europa (siehe Abbildung 3.9). Seit Oktober 2013 ist seine *American Depositary Receipt* (ADR – Zertifikat über die Hinterlegung ausländischer Aktien)-Aktie um mehr als die Hälfte gefallen – von einem Höchststand von fast 30 in den Jahren 2009 und 2010 auf weniger als 15.

Der Schulden-Alptraum von *Edison Electrics* wird bereits wahr. Im Jahr 2008 hatten alle Top 10 der europäischen Energieversorger eine Bonität von A oder besser. Im Jahr 2013 hatten nur noch fünf eine A-Bewertung.

Ein Fall der Aktienkurse der Energieversorger bedeutet, dass der Eigenkapitalwert sinkt. Das impliziert, dass die Investitionen sinken werden. Die Verschlechterung der Bonität bedeutet, dass die Zinssätze, die ein Energieversorger auf die Kraftwerkshypothek bezahlen muss, steigen. Diese Kombination von weniger Eigenkapital und höheren Zinszahlungen schlägt bei der Erhöhung der Kapitalkosten doppelt zu Buche. Die höheren Kapitalkosten bedeuten, dass weniger Projekte einen positiven Kapitalwert haben werden, sodass weniger konventionelle Kraftwerke gebaut werden. Das bedeutet auch, dass die Kraftwerke, die gebaut werden, teureren Strom erzeugen werden, weil die Zinszahlungen höher sind.

Dieser teure Strom kann nicht mit den ständig sinkenden Kosten von Strom aus Sonne (und Wind) konkurrieren. Konventionelle Energieversorger befinden sich bereits in einen Teufelskreis. Wenn sie weniger wettbewerbsfähig werden, wechseln ihre Kunden zu Solarstrom und es wird schwieriger für sie, Kapital zu niedrigen Zinssätzen zu beschaffen. Dadurch verlieren sie noch weiter an Wettbewerbsfähigkeit.

Abbildung 3.9 – E.ON Aktienpreise – 2009 bis 2013 (Bildquelle: Yahoo!)

Die nächste disruptive Welle: Dezentrale Stromspeicher

Konventionelle Energieversorger werden bald von verschiedenen disruptiven Wellen getroffen. Jede Welle wird ein großes Loch in das hundert Jahre alte Geschäftsmodell der Energieversorger reißen. Sensornetzwerke, maschinelles Lernen und vernetzte Geräte ermöglichen dezentrale Stromerzeugung und verbraucherzentriertes Energiemanagement. All diese Technologien werden die Energieversorger dort treffen, wo es am meisten weh tut:

- Senkung des Einheitspreises von Auktionen am kompetitiven Großhandelsmarkt
- Abflachen der Aufschläge bei der Höchstpreisgestaltung in Endkundenmärkten
- Verminderte Nachfrage durch verstärkte Stromerzeugung für den Eigenbedarf durch Endverbraucher
- Eine kritische Masse von Kunden bewegt sich in Richtung Energieautonomie

Der Doppelschlag von sinkenden Umsätzen und dramatisch gesunkenen Gewinnen würde den meisten Industrieorganisationen Angst machen, nicht aber den Energieversorgern. Energieversorger sind so eng mit dem Regulierungsprozess verflochten, dass sie sich nicht neu aufstellen müssen, um dem technologischem Fortschritt, veränderten Kundenwünschen und Änderungen am Markt zu begegnen.

Die konventionellen Unternehmen für Festnetztelefone sind nicht verschwunden. Als die Welt Anfang der 1990er Jahre anfing, Mobiltelefone zu nutzen, behielten die meisten Menschen ihr Festnetztelefon als Backup. Aber als sich die Qualität der Mobiltelefone verbesserte und sich die Nutzer an sie gewöhnten, zogen sie ihren Festnetztelefonen den Stecker. Nutzer, die mit Mobiltelefonen aufgewachsen sind, haben nie Bekanntschaft mit einem Festnetztelefon gemacht. Entwicklungsländer, die so gut wie keine Festnetzinfrastruktur hatten, sind direkt zu einer mobilen Kommunikationsinfrastruktur übergegangen.

Während der derzeitigen Disruptionswelle durch dezentrale Solaranlagen werden Privathäuser und Unternehmen die Energieversorger als Batterie-Backup nutzen – ein teures, aber notwendiges Backup. In den hundert Jahren ihres Bestehens mussten die Energieversorger nie um Kunden konkurrieren. Dieser Zustand des „Monopolglücks" ist bald vorbei. Nun müssen die Energieversorger die Kunden (oder „Gebührenzahler") mit zwei technologiebasierten Unternehmen, die exponentiell besser werden, teilen: dem PV-Anbieter und dem Energiemanagement-Anbieter.

Die Energieversorger werden bald einen Teufelskreis aus gesunkener Nachfrage und steigenden Kosten erleben, während der Markt für niedrigere Kosten und höhere Servicequalität sorgt.

Die nächste Disruptionswelle wird sich ausbreiten, wenn die Stromspeicherung für die Verbraucher billig genug ist, um einen Teil ihrer täglichen Produktion oder des täglichen Verbrauchs zu speichern. Die Verbindung zwischen den Technologien senkt die Kosten des Solarstroms und erhöht die Qualität exponentiell:

- Die Batteriekosten fallen und die Qualität der Batterien steigt.
- Intelligente Geräte für das Energiemanagement machen den Energieverbrauch effizienter. Die Geräte werden durch steigende Qualität und geringere Kosten für Software für maschinelles Lernen, Sensoren und Kommunikation (erinnern Sie sich an NEST) leistungsfähiger.
- Die Kosten für Photovoltaik sinken.
- Die Kosten der Energieversorger steigen.

Die nächste disruptive Welle: Stromspeicherung vor Ort

Die zweite Disruptionswelle wird sich ausbreiten, wenn die Verbraucher anfangen, Stromspeicher und intelligente Geräte für das Energiemanagement einzusetzen.

Unternehmen, die Stromspeicher anbieten, haben bei den Anbietern von Solaranlagen innovative Geschäftsmodelle kennengelernt. Stem, eine Firma aus dem Silicon Valley, bietet seit kurzem „Speicherung als Service" an. Genau wie die Anbieter von fremdfinanzierten Solaranlagen bietet Stem einen „Ohne Eigenkapital"-Vertrag für seine Dienstleistung „Stromspeicherung und -management" an. Im Gegenzug dafür, dass die Firma die Speichertechnik finanziert, installiert, managt und Eigentümerin bleibt, geht der Kunde eine Verpflichtung für 10 Jahre ein.[171]

Stem bietet nicht nur Strom an. Die Firma bietet an, die Stromkosten um 10 bis 50 Prozent zu senken. Wie? Auf die altmodische Art: Indem sie den Strom einkauft und speichert, wenn die Preise niedrig sind, und nutzt, wenn die Preise hoch sind.

Hier zeigt sich die für das Silicon Valley typische selbstverstärkende Wechselwirkung von Begabung und Geld. Jigar Shah, der das Konzept „Solar als Dienstleistung" im Jahr 2008 entwickelt hatte, verkaufte seine Firma SunEdison Ende 2009 an MEMC für 200 Millionen US-Dollar.[172] Er entwickelte anschließend den *Carbon War Room*, einen NGO-Think Tank, und wurde zum führenden Investor eines Risikokapitalfonds namens *Clean Feet Investors* (CFI – Investoren mit sauberen Füßen).

Stem kündigte vor kurzem eine Finanzierungsrunde über fünf Millionen US-Dollar an, bei der CFI Hauptinvestor ist. Sie haben nicht nur vom Meister gelernt, sie haben auch sein Geld bekommen!

Wie bald kommt die disruptive Welle, die von der Stromspeicherung vor Ort ausgelöst wird? Dazu habe ich einige Berechnungen angestellt. In Kapitel 4 schreibe ich über die Kostenentwicklung von Lithium-Ionen-Batterien für E-Autos. Die Li-Ionen-Technologie kann auch für Stromspeicherung in Häusern und Unternehmen verwendet werden. Es gibt viele andere Technologien, die für die Speicherung im Stromnetz entwickelt werden, aber ich verwende Li-Ionen, um die Kostenentwicklung und die Auswirkungen auf den Strommarkt zu verdeutlichen (siehe Tabelle 3.1).

Kosten für den Kauf eines Batteriespeichersystems ($/kWh) -->			$600	$500	$300	$200	$100	$50
	Stunden	kWh	monatliche Speicherkosten					
Demand Response	1	1,25	$4,6	$3,8	$2,3	$1,5	$0,8	$0,4
Spitzenlast vermeiden, günstig einkaufen & Verbrauch verschieben	4	5	$18,4	$15,3	$9,2	$6,1	$3,1	$1,5
Speichern des gesamten selbsterzeugten Solarstroms	8	10	$36,8	$30,7	$18,4	$12,3	$6,1	$3,1
Selbstversorgung	16	20	$73,6	$61,3	$36,8	$24,5	$12,3	$6,1
Netzunabhängig	24	30	$110,4	$92,0	$55,2	$36,8	$18,4	$9,2

Tabelle 3.1 – Kapitalkosten von Li-Ionen-Batteriespeichern vs. monatliche Gestehungskosten für gespeicherten Strom.

In Zukunft werden Stromverbraucher einen Teil des Stroms, den sie verbrauchen, an ihren Wohn-, Gewerbe- oder Industriestandorten speichern. Strom dort zu speichern, wo er verbraucht wird, bietet den Verbrauchern mehrere Vorteile. Im einfachsten Fall kann jemand, der Strom für ein paar Stunden des täglichen Bedarfs speichert, Strom (von einem Solardach oder aus dem Stromnetz) kaufen, wenn die Stromkosten niedrig sind und ihn nutzen, wenn die Stromkosten hoch sind. Strom für vier Stunden Bedarf zu speichern, würde Verbrauchern zum Beispiel dabei helfen, die hohen Stromkosten während der Spitzenlastzeiten zu vermeiden. Das kann in den Sommermonaten, wenn der Stromverbrauch am höchsten ist, einen Unterschied von mehreren hundert Dollar pro Monat ausmachen.

Der durchschnittliche Privatkunde in den USA verbraucht 903 kWh Strom pro Monat. Das sind etwas mehr als 30 kWh pro Tag.[173] Um Strom für vier Stunden Bedarf zu speichern, müsste ein Hauseigentümer ein Speichersystem mit einer Kapazität von 5 kWh kaufen. Li-Ionen-Batterien kosten einschließlich des elektronischen Geräts für das Batteriemanagement ungefähr 600 US-Dollar pro kWh, sodass die Kapitalkosten für dieses System bei ungefähr 3.000 US-Dollar liegen. Angenommen ein hypothetischer Verbraucher finanziert diese 3.000 US-Dollar mit 4 Prozent Kapitalkosten über zwanzig Jahre (Hypothekenrate). Die monatlichen Zahlungen für dieses System (Gestehungskosten für den gespeicherten Strom) würden ungefähr 18 US-Dollar betragen. Abhängig von der monatlichen Stromrechnung des Verbrauchers wäre ein solches System innerhalb einiger weniger heißer Sommermonate amortisiert. Danach spart der Verbraucher nur noch. Für die Energieversorger bedeutet das Einnahmeverluste während Spitzenlastzeiten.

Nehmen wir jetzt einmal an, dass der gleiche hypothetische Verbraucher entschieden hat, ein Drittel seines täglichen Bedarfs (10 kWh) zu speichern. Die monatlichen Kosten würden bei 36,80 US-Dollar liegen. Dieser Verbraucher würde sowohl von dem Kauf von Energie zu einem günstigen Preis als auch von der Möglichkeit Gebrauch machen, überschüssigen Solarstrom vom Dach zu speichern, den er tagsüber nicht verbraucht und den er am Abend nutzen kann. Der Verbraucher könnte sogar Geld verdienen, wenn der Energieversorger ein Demand-Response-Programm hat (er würde dann dafür bezahlt werden, während Spitzenlastzeiten keinen Strom aus dem Netz zu verbrauchen).

Damit ein Nutzer im Wesentlichen seinen eigenen Strom erzeugen und verbrauchen kann, müsste er 20 kWh Solarstrom auf seinem Dach erzeugen und speichern. Bei 600 US-Dollar pro kWh würden die Kapitalkosten für dieses System bei 12.000 US-Dollar bzw. die monatlichen Speicherkosten bei 110,40 US-Dollar liegen.

Aber die Kosten für die Li-Ionen-Technologie fallen. Es herrscht im Moment Einvernehmen darüber, dass Li-Ionen bis zum Jahr 2020 in der Größenordnung von 200 bis 250 US-Dollar pro kWh liegen wird. Bei 250 US-Dollar pro kWh könnte ein Kunde es für 7,70 US-Dollar pro Monat vermeiden, Spitzenlastpreise zu zahlen. Für ungefähr 15,30 US-Dollar pro Monat könnte der Nutzer Strom für acht Stunden speichern, um die Solarstromerzeugung vom Tag auf den Abend zu verlagern, keine Spitzenlastpreise zahlen und an Demand-Response-Programmen teilnehmen.

Wenn Energieversorger den Handlungsanleitungen folgen, die das *Edison Electric* Institut formuliert hat, und Strompreise und Gebühren anheben, weil sie sich dagegen sträuben, überschüssigen Solarstrom von Endverbrauchern zu kaufen, machen sie es den Energieverbrauchern einfacher, auf Solarstrom umzustellen und in Stromspeicher zu investieren.

Rocky Mountain Power in Utah hat vor kurzem die Regulierungsbehörde für die Versorgungsbetriebe gebeten, eine monatliche Minimalrechnung in Höhe von 15 US-Dollar, eine Servicegebühr für Kunden in Höhe von 8 US-Dollar pro Monat und eine monatliche Solargebühr in Höhe von 4,25 US-Dollar zu genehmigen. Das bedeutet eine Rechnung in Höhe von mindestens 27,25 US-Dollar plus den tatsächlichen Verbrauch.[174] Solche Gebühren machen die Speicherung vor Ort wirtschaftlicher. Bei einem Preis von 600 US-Dollar pro kWh würde es einen Nutzer 18 US-Dollar pro Monat kosten, um für vier Stunden Bedarf überschüssig erzeugten Solarstrom lokal zu speichern. Diese Zahl wird bis 2020 voraussichtlich auf 7,70 Dollar pro Monat sinken. Solaranlagen werden nicht nur günstigeren Strom erzeugen als Energieversorger, es wird für Nutzer wirtschaftlich sinnvoller, Energie vor Ort zu speichern, als sie über das Netz zu teilen.

Bis 2025 wird ein lokales Speichersystem für 20 kWh nur noch etwa 12,30 US-Dollar pro Monat kosten. Für den durchschnittlichen amerikanischen Privatverbraucher stellen 20 kWh zwei Drittel des täglichen Verbrauchs dar. Fünfzig oder sechzig Millionen amerikanische Hauseigentümer werden im Wesentlichen dazu in der Lage sein, mit Solaranlagen ihre gesamte Energie zu erzeugen. Sie werden in der Lage sein, das, was sie zum Zeitpunkt der Erzeugung nicht brauchen, für den Rest des Tages und der Nacht zu speichern. Für nur 18,30 US-Dollar pro Monat werden sie genug Strom speichern, um im Wesentlichen vom Netz unabhängig zu werden.

Wenn sich die Energieversorger neue Gebühren ausdenken, bestehende Gebühren und die Energiepreise anheben, vergrößern sie ihre kurzfristigen Einnahmen auf Kosten ihres schlichten Überlebens. Indem sie die Kosten für ihre Leistungen in Zeiten erhöhen, in denen die Kosten für dezentrale Solarstromerzeugung dramatisch sinken und die Kosten der Speicherung vor Ort wettbewerbsfähig werden, tragen die Energieversorger dazu bei, die Einführung dieser Technologien noch zu beschleunigen. Energieversorger tragen dazu bei, dass ihr eigener Kodak-Moment schneller kommt.

Kodak: Ein Beispiel für Energieversorger

Das hundert Jahre alte Geschäftsmodell der Energieversorger ist grundlegend veraltet. Die immer weiter zunehmende Marktdurchdringung und die immer geringeren Kosten von dezentraler Solarenergie haben bereits begonnen, das zentralisierte Monopolgeschäftsmodell der großen Energiekonzerne zu beeinträchtigen.

Man ist versucht zu sagen, dass Energieversorger Kodak ähneln, als das Unternehmen dabei zugesehen hat, wie die Digitalfotografie sein Geschäft aushöhlt. Kodak ist ein klassisches Beispiel für einen disruptiven Markt, aber man sollte Geschichten über Disruption nicht mit ratlosem Management verwechseln.

Kodak hat die Digitalkameras im Wesentlichen entwickelt. Die Firma investierte über Jahrzehnte Milliarden in digitale Bildtechnologie. Zum Beispiel erfand Kodak im Jahr 1986 den weltweit ersten Megapixelsensor (1,4 Millionen Pixel), der 5x7-Zoll Digitalfoto-Druckqualität produzieren konnte.[175] Im folgenden Jahr veröffentlichte Kodak sieben Produkte für die Aufnahme, Speicherung, Bearbeitung, Übertragung und den Druck von elektronischen Videostandbildern.

Im Jahr 1991 veröffentlichte Kodak das erste professionelle Digitalkamerasystem für Fotojournalisten. Das war eine von Kodak mit einem 1,3 Megapixelsensor ausgestattete Nikon F-3 Kamera. Bis 2001 hatte Kodak fünf Milliarden in F&E investiert. Es hatte mehr als eintausend Patente für digitale Bildtechnologien.

2001 erklärte Patricia Russo, die Vorstandsvorsitzende von Kodak: „Kodak muss über die Fotografie hinausgehen, um ein großes Stück des auf 225 Milliarden US-Dollar prognostizierten Marktes für das sogenannte „Info-Imaging“ zu erobern, eine Welt, in der Daten, Ton und Bilder konvergieren. Kodak ist bereit, dieses Feld zu dominieren.“

Kodak hatte die Technologie, kannte den Markt und hatte einen Markennamen, der ein Synonym für Fotografie war. Dennoch war Kodak nicht in der Lage, auf Marktveränderungen zu reagieren. Warum? Weil das alte Geschäftsmodell Teil seiner DNA war. Kodak glaubte, dass Käufer von Kameras von Filmen abhängig wären. Sie müssten ein Leben lang immer wieder Filme kaufen. Bei jedem Foto würde die Ladenkasse „pling“ machen. Filme waren ein Goldesel.

Das Geschäftsmodell für die digitale Fotografie war anders. In diesem Modell gibt es für den Anbieter, nachdem er die Kamera verkauft hat, im Grunde nichts mehr zu tun. Aus der Kundenperspektive entstehen die einzigen signifikanten Kosten beim Kauf der Digitalkamera. Die Grenzkosten, um Bilder zu erstellen, zu verarbeiten, zu übertragen und anzuschauen, sind praktisch null.

Selbst als Kodak Digitaltechnik einführen wollte, war es dazu nicht in der Lage. Das in seiner DNA verankerte Geschäftsmodell ließ das nicht zu. Irgendwann entwickelte Kodak sogar ein Mischprodukt, das Digital- und Filmtechnik miteinander kombinierte – eine „etwas-von-allem"-Strategie, wenn man so will. Kodak musste das alte Modell um jeden Preis erhalten. Letztlich war das Ergebnis „nichts-von-allem".

Als der Umbruch des Marktes vom Analogfilm zur Digitalphotographie ernsthaft begonnen hatte, ging es schnell. Es dauerte weniger als ein Jahrzehnt, bis der Marktführer Kodak Konkurs anmeldete.

Wenn man „Digitalkameras" und „Fotografie" durch „Solar" und „Strom" ersetzt, fängt man an, das Muster zu verstehen. Viele Energieversorger wissen, dass die Disruption kommt. Sie sind nur abhängig davon, dass Geld fließt, und können ihr herkömmliches Geschäftsmodell nicht loslassen. Je mehr sie ihre kurzfristigen Einnahmen erhöhen möchten, umso stärker treiben sie die Disruption voran.

Der Juckreiz, der zwanzig Jahre anhält: Wie Solarstrom die konventionelle Stromerzeugung überholt

Am 24. Januar 2004 landete der Opportunity-Rover der NASA auf dem Mars zu einer Erkundungsmission, die drei Monate dauern sollte (siehe Abbildung 3.10).[176] Die NASA erwartete, dass der Rover ungefähr einen Kilometer weit fahren könnte, bevor die PV-Module, die ihn antrieben, mit Schmutz bedeckt wären und nicht mehr länger den Strom erzeugen könnten, der für den Antrieb des Fahrzeuges und die Laborinstrumente benötigt wurde.[177] Statt drei Monaten und einem Kilometer haben die PV-Module den Rover mit Strom für zehn Jahre und 38,7 Kilometer versorgt. Auf seinem Weg hat der Rover 170.000 Bilder geschossen und an die Erde gesendet, die im Durchschnitt 255 Millionen Kilometer vom Mars entfernt ist.[178] Es scheint so, als wäre die Leistungsfähigkeit der Solarenergie schon immer unterschätzt worden.

Im Gegensatz zu Solar sind fossile Brennstoffe und Uran so giftig und korrosiv, dass thermische Kraftwerke nach vierzig Jahren irreparabel beschädigt sind. Während der vierzig Jahre, in denen sie genutzt werden, müssen sie oft für Monate oder Jahre wegen Reparaturen und Wartungen abgeschaltet werden. Wenn der bestehende Atom- und Kohlekraftwerkspark älter und ineffizienter wird, steigen die Ausgaben für Reparaturen und Wartungen. Sie verlieren nach und nach an Wettbewerbsfähigkeit. Ein Bericht der Investmentbank *Credit Suisse* weist darauf hin, dass die Zahl der Ausfalltage von Kernkraftwerken signifikant zugenommen hat, was einen höheren Kapitalaufwand für Reparaturen und Nachrüstungen erforderlich macht (siehe Kapitel 6).

Es wurde erwartet, dass die Solarmodule, die den Opportunity-Rover antreiben, drei Monate durchhalten, weil die Bedingungen auf dem Mars gnadenlos sind: Extreme Temperaturen, Strahlung, Sandstürme und so weiter. Trotzdem erzeugen die Solarmodule auch nach zehn Jahren noch Strom. Die Solarmodule haben vierzig mal länger gehalten, als ursprünglich erwartet wurde. Und sie funktionieren immer noch.

Abbildung 3.10 – Der Mars-Rover "Opportunity" (Fotoquelle: NASA)[179]

Zurück zur Erde: Nach zwanzig Jahren stürzt die Stromproduktion bei Solarmodulen nicht einfach komplett ab. Zwar lässt der Wirkungsgrad von PV-Modulen jedes Jahr nach, aber der Rückgang ist so gering, dass man ihn von einem Jahr zum anderen kaum bemerkt. Schätzungen gehen von einem Rückgang von 0,5 Prozent pro Jahr aus. Man erwartet, dass Solaranlagen nach 20 Jahren noch 90 Prozent dessen erzeugen, was sie im ersten Jahr erzeugt haben. Zu diesem Zeitpunkt, nach 20 Jahren, ist die Solaranlage amortisiert. Nach 20 Jahren erzeugen diese Anlagen im Grunde kostenlos Strom. Für den Rest ihrer Lebensdauer. Die Betreiber der Anlagen müssen die Wechselrichter etwa alle zehn Jahre austauschen, aber ansonsten sind Solaranlagen für viele weitere Jahrzehnte Gelddruckmaschinen.

Deutschland, das sein Solarprogramm um das Jahr 2000 herum gestartet hat, wird im Jahr 2020 über viele Gigawatt installierte Solarleistung verfügen, die kostenlos Strom liefert. Solaranlagen, die 2010 ans Netz gegangen sind, werden 2030 kostenlos Strom erzeugen und so weiter. Was passiert nach 2040 oder 2050, wenn die meisten Solaranlagen in Deutschland zu Gesamtkosten von null Energie erzeugen? Das Land wird die günstigsten Strompreise der Welt haben!

Das Imperium schlägt zurück: David gegen Goliath in Kalifornien

Kalifornien ist als „chaotische" und „unordentliche" direkte Demokratie bezeichnet worden.[180] Die Abstimmungen schließen Volksentscheide mit ein, mit denen die Wähler Gesetze ablehnen können oder bei denen Wähler die Initiative ergreifen können, um eigene Gesetze zu schreiben. Das politische System in Kalifornien wurde wie an vielen anderen Orten von Lobbyisten und Interessenvertretungen gekapert, die ihre Interessen an der Wahlurne verfolgen, indem sie vorgeben, dass ihre Initiativen im öffentlichen Interesse sind.

Nach Angaben von *BallotPedia* beinhaltete die Abstimmung vom Juni 2010 das Gesetzesvorhaben *"Proposition 16"*, eine Initiative mit dem Titel *"New Two-Thirds Requirement for Local Public Electricity Providers Act"*.[181]

> Wenn das Gesetzesvorhaben Nr. 16 von den Wählern angenommen worden wäre, wäre von diesem Zeitpunkt an eine Zwei-Drittel-Mehrheit der Wähler erforderlich gewesen, bevor eine Anstalt des öffentlichen Rechts in das Stromgeschäft mit Endkunden hätte einsteigen können. Das hätte es für lokale Körperschaften schwieriger als bisher gemacht, sowohl Stadt- oder Gemeindewerke zu gründen, als auch im Gebiet ganzer Kommunen „saubere Strombezirke", sogenannte *Community Choice Aggregators* (CCAs), zu bilden.

Pacific Gas and Electric (PG&E) wollte den Trend in Richtung dezentraler, partizipativer, lokaler Energieerzeugung stoppen. Der Vorstand von PG&E, dem größten Energieversorger in Amerika, stimmte einer Kriegskasse im Wert von 35 Millionen US-Dollar zu, um diese Initiative zu unterstützen.

Denjenigen, auf die diese Initiative hauptsächlich abzielte – Stadtverwaltungen, Bewässerungsbezirke und Stadt- und Gemeindewerke – war es nach Aussage des früheren kalifornischen Energiekommissars John Geesman per Gesetz verboten, Geld für den Kampf gegen die Initiative auszugeben.[182]

Dennoch gab es zunehmenden Widerstand gegen die *Proposition 16* und PG&E. Mehr als 38 Zeitungen in Kalifornien stellten sich mit der Veröffentlichung von Leitartikeln dem entgegen, was sie als „Griff nach der Macht" betrachteten. Vierzig Städte und zehn Handelskammern positionierten sich öffentlich dagegen. In seinen Broschüren für die Kampagne nannte PG&E sein Bündnis „Steuerzahler für das Recht zu wählen", ein Weckruf, der den Eindruck vermitteln sollte, dass es in der *Proposition 16* um das „Wahlrecht" der Menschen ginge.[183]

Den 46,1 Millionen US-Dollar, die PG&E letztendlich für die *Proposition 16* ausgab, standen nur 100.000 US-Dollar gegenüber, die die Gegner zusammengekratzt hatten.[184] Trotz dieses 461:1-Verhältnisses lehnten die kalifornischen Wähler die *Proposition 16* mit 53 zu 47 Prozent ab.

Die kalifornische *Proposition 16* ist nur ein Beispiel dafür, wie Energieversorger, die kurz vor der Disruption stehen, kämpfen, um ihre behaglichen Monopole zu behalten. Energieversorger in Kalifornien und anderen Bundesstaaten und Ländern wissen, dass der beste Weg, um ihre Einnahmen zu erhöhen, die gute altbewährte Methode ist: Treffen mit dem Gesetzgeber, der Regulierungsbehörde für Energieversorger und den Aufsichtsbehörden hinter verschlossenen Türen.

Noch ein Angriff des Imperiums: Besteuerung der Sonne

Stellen Sie sich vor, dass ihre örtliche Festnetztelefon-Gesellschaft (nennen wir sie einmal *Ma Bell*) eine Gebühr von Ihnen verlangen möchte, weil Sie ein Mobiltelefon besitzen. Sie erhalten von *Ma Bell* das folgende Mail:

> Sehr geehrte/r [Name hier]: Wir haben bemerkt, dass Sie ein neues Mobiltelefon haben. Wenn Sie ihr neues Mobiltelefon benutzen, dann nehmen wir mit unserer teuren und veralteten Infrastruktur weniger Geld ein. Wir müssen einen Ausgleich schaffen, indem wir von den Kunden, die nur ein Festnetz besitzen, mehr für unsere Dienste verlangen. Sicherlich könnten wir wie Mobilfunkanbieter in eine Verbesserung unserer Technologie investieren und Dienstleistungen anbieten, die Verbraucher wirklich schätzen, aber als ein Monopolanbieter müssen wir das nicht. Wir ziehen es vor, eine „Gebühr für Mobiltelefone" in Höhe von 50 US-Dollar pro Monat zu verlangen. Wir schätzen ihr Geld. Sie werden verstehen, dass wir uns für die Millionen Menschen, die kein Mobiltelefon haben, einsetzen. Beispielsweise verdient unser Vorstandsvorsitzender nur 11,4 Millionen US-Dollar pro Jahr, unser Vorstand für Netzwerke 9,1 Millionen US-Dollar und unser Vorstand für das operative Geschäft 5,4 Millionen US-Dollar.[185] Daher haben wir die staatlichen Regulierungsbehörden für öffentliche Versorgungsbetriebe um die umgehende Bewilligung einer „Mobiltelefongebühr" gebeten. Für weitere Informationen klicken Sie hier.

Sie würden glauben, dass das Mail ein Betrug ist und es löschen. Selbst wenn Sie glauben würden, dass das Mail vom Telefonanbieter kommt, würden Sie nicht annehmen, dass eine Regierungsbehörde solch ein Modell in Erwägung ziehen, geschweige denn es genehmigen würde.

Außer im Energiebereich. Wenn man „Mobiltelefon" durch „Solarstrom" ersetzt, erhält man das Szenario, das sich in den gesamten Vereinigten Staaten abspielt.

In Arizona hat der örtliche Energieversorger *Arizona Public Service* (APS) die *Arizona Corporation Commission* (ACC), die staatliche Kommission für öffentliche Versorgungsunternehmen, darum gebeten, von Solarnutzern eine monatliche Gebühr von 50 US-Dollar verlangen zu dürfen, mit der Begründung, dass Solarnutzer weniger Strom von APS kaufen.

Die Energieversorger haben erlebt, wie schnell das Mobiltelefon das Festnetztelefonsystem überflüssig gemacht hat, und wollen nun beides: Sie wollen mit ihrer Monopolposition dafür sorgen, dass sie weiter ihre veraltete Infrastruktur melken können, und gleichzeitig das Regulierungssystem dazu nutzen, um vom Übergang zu einer dezentralen Strominfrastruktur durch Besteuerung zu profitieren.

Man sollte meinen, dass die *Arizona Corporation Commission*, deren Aufgabe es ist, Entscheidungen im öffentlichen Interesse zu treffen,[186] *Arizona Public Service* ausgelacht und aus dem Saal geschickt hätte – aber man würde sich irren. Am 19. November 2013 genehmigte die ACC einen Antrag, der es APS gestattet, von Verbrauchern, die Solaranlagen auf ihren Dächern haben, eine Gebühr von mindestens 4,95 US-Dollar pro Monat zu verlangen. Je größer die Solaranlage, desto höher die Gebühr, die APS verlangen kann.[187]

Diese Versorger-Entscheidung öffnet Tür und Tor für ähnliche Entscheidungen in anderen Branchen. Sehen Sie YouTube oder Netflix? Der örtliche Kabelnetzbetreiber verlangt eine monatliche Gebühr von 4,95 US-Dollar dafür, dass seine Kupferkabel nicht genutzt werden. Fahren Sie ein E-Auto? Die Ölfirmen wollen 4,95 US-Dollar pro Monat dafür, dass ihre Pipelines nicht genutzt werden. Kochen Sie auf einem Elektroherd? Die Gasindustrie möchte 4,95 US-Dollar pro Monat dafür, dass die Rohrleitungen in Ihr Haus nicht genutzt werden.

Nehmen Sie sich in Acht vor dieser alten Telegraphenfirma, die in Ihren Geldbeutel greifen will.

Kapitel 4

Die Elektroauto-Disruption

„Ich glaube nicht, dass die Einführung von Motor-Fahrzeugen jemals einen Einfluss auf das Reiten von Pferden haben wird."

– Scott Montague, Abgeordneter Groß-Britannien, 1903

„Die technologischen Veränderungen der nächsten 20 Jahre werden so groß sein, wie in den letzten 100 Jahren."

– Ray Kurzweil

„Der beste Weg, um die Zukunft vorherzusagen, ist es, sie zu erfinden."

– Alan Kay

Am 11. November 2013 verkündete das amerikanische Automagazin *Motor Trend* den Preisträger „Motor Trend Auto des Jahres 2013“: Es war das Tesla Model S.[188]

Ein Unternehmen, das es zehn Jahre zuvor noch nicht einmal gegeben hatte, hatte das erste Elektrofahrzeug gebaut, das jemals diesen Preis gewann.[189] Tesla präsentiert sich als ein Computerunternehmen des Silicon Valley, das eher enger mit dem Geist und der Denkweise von Apple und Google verbunden ist als mit seinen Detroiter Vorfahren. Elon Musk, der Vorstandsvorsitzende von Tesla, schloss nicht aus, dass sein Unternehmen von einem zahlungskräftigen Unternehmen wie Apple übernommen werden könnte.[190]

Auszeichnungen sind das eine, aber der Prüfstein für die Automobilindustrie sind die Stückzahlen. Als die Verkaufszahlen für das zweite Quartal des Jahres 2013 veröffentlicht wurden, hatte Tesla laut *Green Car Reports* Mercedes Benz, BMW und Audi in der Kategorie „Luxusklasse“ überholt.[191]

Tesla verkaufte gerade mal 4.750 Fahrzeuge (aufs Jahr hochgerechnet 19.000 Stück) in einer Branche, die im Jahr 2012 insgesamt 82 Millionen Autos verkaufte.[192] Das ist eine kleine Menge Autos in einem kleinen Segment des Automarkts, sodass der Emporkömmling aus dem Silicon Valley den meisten Führungskräften der Autobranche wahrscheinlich keine schlaflosen Nächte bereitet hat.

Doch bald vervierfachte sich der Aktienkurs von Tesla, was dem Unternehmen einen Marktwert von 17 Milliarden US-Dollar verschaffte. Das entspricht eher einem High-Tech-Unternehmen aus dem Silicon Valley als einem Detroiter Autokonzern. Tesla hatte nur ein Prozent des Umsatzes von Ford, aber der Marktwert lag bei einem Viertel des Marktwerts von Ford (68 Milliarden Dollar) und einem Drittel des Marktwerts von General Motors (51 Milliarden Dollar).[193]

Der Vorstandsvorsitzende von General Motors, Dan Akerson, „beauftragte umgehend eine Gruppe von GM-Mitarbeitern damit, Tesla zu untersuchen und herauszufinden, wie Tesla das etablierte Geschäftsmodell in Frage stellen könnte.“[194] Übersetzt heißt das: Wie könnte Tesla die vier Milliarden US-Dollar schwere, globale Automobilindustrie umwälzen?

Neun Gründe warum das E-Auto disruptiv wirkt

Es gab eine ganze Menge, weshalb sich der Vorstandsvorsitzende von General Motors, Dan Akerson, Sorgen machen musste. Kurz nachdem sich der Wert der Tesla-Aktie vervierfacht hatte, erreichte das Model S bei der National Highway Traffic Safety Administration (NHTSA – US-Bundesbehörde für Sicherheit im Straßenverkeher) die höchste Sicherheitsbewertung aller jemals getesteten Fahrzeuge.[195] Die *Consumer Reports* bezeichneten das Tesla Model S als das beste Auto, das sie jemals getestet hatten.[196]

Als ich am 2. Dezember 2013 durch die Automobilausstellung in San Francisco lief, dachte ich mir, wie wenig sich die Industrie innerhalb eines Jahrhunderts verändert hatte. Nachdem ich einige der neuesten Modelle, wie den BMW 950 und den Audi R8 bewundert hatte, ging ich weiter in den „Museums“-Bereich, in dem Schönheiten wie der Hispano-Suiza H6C von 1928, der Cord L29 Convertible Coupe von 1931 und mein Lieblings-Oldtimer der Show, der Lagonda LG45 Touring Rapide von 1937 ausgestellt waren.

Der Lagonda LG45 wurde durch einen 4,5 Liter großen Sechszylindermotor mit obenliegenden Ventilen, hoher Verdichtung und Doppelflachstromvergasern angetrieben, der mit einem Meadows Vier-Gang Schaltgetriebe verbunden war. Er stand im „Museum" der Ausstellung, aber der LG45 sah aus, als wäre er bei den neuesten Modellen von Buick, Volkswagen, Toyota und Kia zu Hause. Wenn man den 2014er Buick 3,6 Liter VVT-DI (siehe Abbildung 4.1) anschaute, war offensichtlich, dass sich seit dem Bau des Lagonda LG45 Motors vor acht Jahrzehnten an den Autos mit Verbrennungsmotoren nicht wirklich viel verändert hat.

Abbildung 4.1 – Der Verbrennungsmotor (Foto: Tony Seba)

Am 10. Dezember 2013 verkündete der Vorstand von General Motors, dass er die Leiterin der Produktentwicklung, Mary Barra, die seit 33 Jahren im Unternehmen arbeitet, zur neuen Vorstandsvorsitzenden gewählt hat.[197]

Der drohende Jobverlust ist nur einer der Gründe, warum Barra und andere Manager der konventionellen Automobilindustrie schlaflose Nächte verbringen sollten. Die Branche, die heute Autos mit Verbrennungsmotoren (Benzin und Diesel) herstellt, ist in etwa das, was die Branche der Pferde und Kutschen vor einem Jahrhundert war. Das E-Auto wird die Branche der Benzinautos (und mit ihr die Ölindustrie) schnell und für immer verdrängen.

Es gibt viele Gründe dafür, warum das E-Auto disruptiv ist. Durch die Marktdisruption wird der Verbrennungsmotor (Benzin und Diesel) bald der Vergangenheit angehören. Vom Standpunkt der Benzin- und Dieselfahrzeuge aus betrachtet ist noch schlimmer, dass das E-Auto nicht einfach nur eine disruptive Technologie ist. Das gesamte Geschäftsmodell, das die Automobilindustrie während des letzten Jahrhunderts entwickelt hat, wird dadurch zerstört werden.

Die San Francisco Auto Show 2030 wird sich von der Auto Show im Jahr 2013 grundlegend unterscheiden. Und der heute noch eindrucksvolle BMW 950 und Audi R8 werden der kunstvoll gefertigten Pferdekutsche entsprechen.

Es gibt neun Gründe dafür, warum das Elektroauto disruptiv ist:

1. Der Elektromotor ist fünf mal energieeffizienter

Unter den größten Energieverbrauchern ist der Verkehrsbereich am verschwenderischsten. Ganze 79 Prozent des Erdöls, das im Verkehrsbereich eingesetzt wird, lösen sich in Rauch auf (siehe Abbildung 4.2). Im Durchschnitt wird nur 21 Prozent des Benzins oder Diesels (beide basieren auf Erdöl), die in einen Verbrennungsmotor gepumpt werden, in nutzbare Energie umgewandelt.

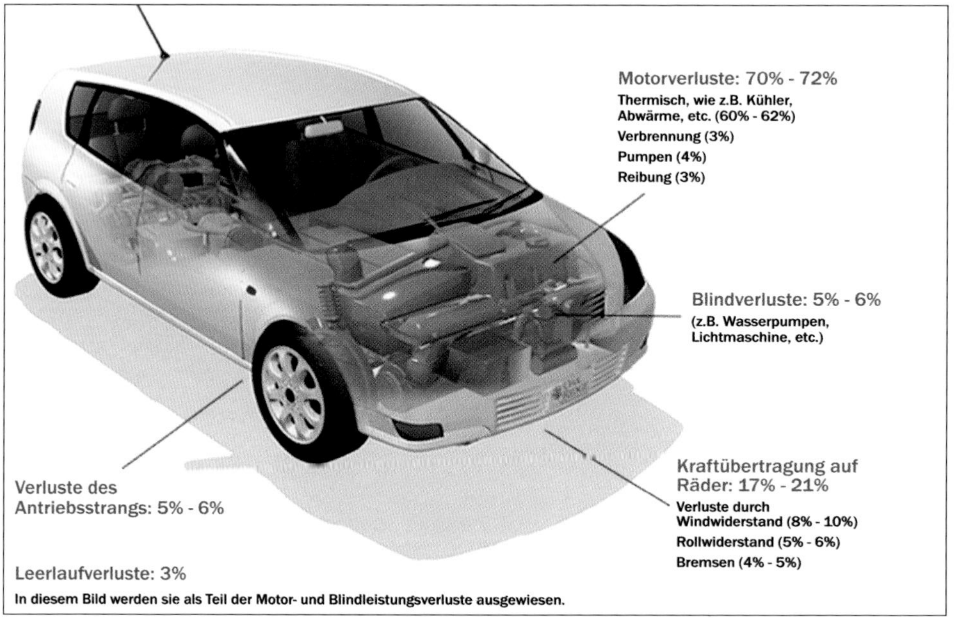

Abbildung 4.2 – Treibstoffwirtschaft: Wohin die Energie fließt. (Quelle: US-Energieministerium) [198]

Natürlich erklären die Autokonzerne, dass der Kraftstoffverbrauch variieren kann, abhängig davon, wie die Verkehrsverhältnisse und der Zustand des Motors sind, oder ob man in der Stadt oder auf der Autobahn unterwegs ist. Aber die Zahlen sprechen für sich und die Schlussfolgerung ist klar: Der Verbrennungsmotor ist von Natur aus ineffizient.

Wenn man die Fahrten eines durchschnittlichen Autos in den USA sowohl in der Stadt als auch auf der Autobahn betrachtet, werden nach Angaben des US-Energieministeriums (*U.S. Department of Energy*) nur 17 bis 21 Prozent des Treibstoffs genutzt, um die Räder tatsächlich zu bewegen (siehe Abbildung 4.2). Das Wissen, das wir in einem Jahrhundert aus dem Bau von Milliarden Autos und der Investion von hunderten Millarden Dollar in Forschung und Entwicklung gewonnen haben, hat uns ein Fahrzeug mit einem Verbrennungsmotor mit einer Effizienz von 21 Prozent gebracht.

Können Hersteller herkömmlicher Autos in Detroit, München und Japan energieeffizientere Motoren bauen? Natürlich. Sie können sie schrittweise verbessern, allerdings sind sie durch die Gesetze der Physik in ihren Möglichkeiten beschränkt.

Verbrennungsmotoren sind Wärmekraftmaschinen und unterliegen damit den Hauptsätzen der Thermodynamik. Sie unterliegen insbesondere dem Gesetz der maximalen thermischen Effizienz – die Obergrenze für den Anteil der Wärme, die in nützliche Arbeit umgewandelt werden kann. Ein Ottomotor hat eine Obergrenze von rund 25 bis 30 Prozent, wenn er für den Antrieb eines Autos eingesetzt wird.[199] Das heißt, dass ein Ottomotor selbst im theoretischen Optimum immer noch 70 bis 75 Prozent der Energie verschwendet.

Wie sieht das im Vergleich beim Elektromotor aus? Zunächst sollte man sich wieder ins Gedächtnis rufen, was das Elektroauto nicht hat: Kühler, Kolben, einen Auspuff, eine Kurbelwelle, eine Kupplung, Pumpen und unzählige andere Teile, die eine Wärmekraftmaschine braucht und die so viel Energie verschwenden (siehe Abbildung 4.2).

Ein Elektromotor hat bei der Energieumwandlung einen Wirkungsgrad von bis zu 99,99 Prozent.[200] Das E-Auto der ersten Generation von Tesla, der Roadster, hatte einen Gesamtwirkungsgrad des Antriebs von 88 Prozent.[201] Diese Zahl bedeutet einen vier bis fünf mal so hohen Wirkungsgrad der Energieumwandlung gegenüber einem durchschnittlichen amerikanischen Benzinauto. Der Elektromotor sorgt nicht nur für eine ruhigere, sondern auch für eine wesentlich energieeffizientere Fahrt.

Kann Detroit einen Verbrennungsmotor entwickeln, der genauso energieeffizient ist, wie der Elektromotor? Kurz gesagt: Nein. Die Hauptsätze der Thermodynamik verhindern das. Schauen Sie sich die Technologien an, die Detroit verwendet, um Verbrennungsmotoren energieeffizienter zu machen: Batterien und Elektromotoren!

Da der Verbrennungsmotor eine Wärmekraftmaschine ist, muss man die Motortemperatur erhöhen, um eine höhere Energieumwandlung zu erreichen. Selbst Kohle- und Kernkraftwerke mit ihren weitaus höheren Temperaturen vergeuden zwei Drittel ihrer potenziellen Energie.

Um Ihnen eine Vorstellung davon zu geben, wie energieeffizient Elektrofahrzeuge sind: Der Elektromotor des Tesla Model S ist drei mal so energieeffizient wie große Atom- oder Kohlekraftwerke, die Milliarden Dollar kosten!

2. Das Elektroauto ist beim Aufladen zehn mal billiger

Laut *Consumer Reports* kostet es 15.000 US-Dollar über einen Zeitraum von fünf Jahren bzw. 3.000 US-Dollar pro Jahr, um einen Jeep Liberty aufzutanken.[202] Das gilt unter der Annahme, dass man 12.000 Meilen (19.000 km) im Jahr fährt. Mit einem Tesla Roadster 12.000 Meilen zu fahren, kostet 313 US-Dollar.

Hier die schnelle Berechnung: Der Roadster fährt 4,6 Meilen (7,4 km) pro kWh. Nach Angaben des US-Energieministeriums liegt in den USA der durchschnittliche Strompreis für Endkunden bei 12 US-Cent pro kWh. Daraus ergibt sich folgende

Rechnung: (12.000 Meilen * 0,12 US-Dollar pro kWh) / 4,6 Meilen pro kWh = 313,04 US-Dollar.

Ein elektrisch angetriebener Jeep Liberty (falls es einen gäbe) würde Sie über einen Zeitraum von fünf Jahren 1.565 US-Dollar für Strom statt 15.000 US-Dollar für Benzin kosten.

Es ist rund zehn mal billiger ein E-Auto zu laden, als ein entsprechendes Benzinauto aufzutanken – aus zwei Gründen:

- Elektromotoren sind vier bis fünf mal so energieeffizient wie Benzinautos.
- Benzin ist pro Energieeinheit zwei bis drei mal so teuer wie Elektrizität.

Die Preise für Strom und Benzin in den Vereinigten Staaten und auf der Welt variieren stark. Der Benzinverbrauch kann variieren, wie die Industrie gerne erklärt, aber das gibt Ihnen eine ungefähre Vorstellung. In den USA wird ein E-Auto im Vergleich zu einem Benzinauto ca. 90 Prozent der jährlichen Kraftstoffkosten einsparen.

Diese Benzinkostenersparnis bei einem Jeep Liberty entspricht den Studiengebühren an der Florida State Universität für rund zwei Jahre.[203] Also werden sich viele Familien bald die Frage stellen: Verbrennen wir weiterhin diese Dollarscheine mit teurem Benzin oder holen wir uns ein E-Auto und sparen genug Geld, um unsere Kinder aufs College zu schicken?

3. Das Elektroauto ist zehn mal so billig bei der Instandhaltung

Bei konventionellen Autos sollte das Öl alle fünf- bis achttausend Kilometer gewechselt werden. Bei E-Autos braucht man das nicht. Aber nicht nur Ölwechsel machen E-Autos überlegen.

Abbildung 4.3 – Das Fahrgestell des Tesla Roadster. (Foto: Tony Seba)

Weil das E-Auto von einem Elektromotor angetrieben wird, braucht es keines der Teile, die mit der Verbrennung zu tun haben: keine Zündkerzen, Anlasser/Lichtmaschine, Einspritzdüse, Verbrennungsraum, Kolben, Kolbenboden oder Zylinder, Filter oder Auspuff. Das E-Auto hat keine Kurbelwelle, Steuerkette oder Katalysator. Weil ein E-Auto weniger Teile hat, ist es bei weitem nicht so anfällig wie das Auto mit Verbrennungsmotor. Auf das Fahrgestell müssen weniger Teile gepackt werden (siehe Abbildung 4.3).

Trotz nur begrenzt verfügbarerer Daten kann man getrost behaupten, dass Elektrofahrzeuge 90 Prozent weniger Reparatur- und Wartungsarbeiten brauchen als Benzin- und Dieselmotoren. Folglich gibt der Fahrer eines E-Autos während der Lebensdauer des Autos 90 Prozent weniger Geld für Reparaturen aus.

4. Das E-Auto wird den Sekundärmarkt für Benzin-Autos zerstören

Im Jahr 2010 gab es 257.576 Kfz-Werkstätten in den Vereinigten Staaten.[204] Darunter waren 3.978 Dienstleister in Einkaufszentren, 16.800 Standorte mit Autohandel und Reparatur und 77.674 allgemeine Werkstätten. Diese Autowerkstätten führen alle Arten von Wartungen und Reparaturen bei fast 250 Millionen PKW auf amerikanischen Straßen durch.

Im Jahr 2010 erwirtschafteten die Autohersteller am Sekundärmarkt insgesamt 83 Milliarden US-Dollar. Bis 2017 wird nach Einschätzung von Frost & Sullivan ein Wachstum auf 98 Milliarden US-Dollar erwartet.[205] Die Kosten auf dem Sekundärmarkt beinhalten Reparaturen von Teilen wie Vergaser, Zündkerzen, Anlasser/Lichtmaschine, Filter und Auspuffteile.

Aber stellen Sie sich vor: Das Elektrofahrzeug hat keines dieser Teile. Erinnern Sie sich an diese Ölwechsel alle fünf- bis achttausend Meilen? Das brauchen Sie bei einem Elektroauto nicht mehr.

Letztlich sind es nicht einfach Technologien, die Branchen zerstören. Es ist die Tatsache, dass die disruptiven Unternehmen Geschäftsmodelle nutzen, mit denen die etablierten Unternehmen nicht mithalten können.

Erinnern Sie sich an Kodak? Das Unternehmen hat bei den Besitzern von Digitalkameras nicht nur den Verkauf von Filmen verloren, sondern den gesamten Sekundärmarkt für die Filmentwicklung: Zubehör, Papier und Chemikalien.

Die Einnahmen auf dem Sekundärmarkt sind eine wesentliche Komponente des Geschäftsmodells der konventionellen Automobilindustrie. Autohersteller verdienen zusätzliche 25,8 Milliarden US-Dollar durch den Verkauf von Werkzeugen und Ausrüstung an die Wertschöpfungskette auf dem Sekundärmarkt. Der Sekundärmarkt beinhaltet Produkte wie Elektrowerkzeuge für Motoren, Rohrreinigungsspiralen, Schneidwerkzeug, Ausrüstung für das Flüssigkeitsmanagement.[206]

Die Autohersteller werden durch E-Autos nicht nur weniger Einheiten verkaufen, ihnen entgeht auch der Großteil ihrer Einnahmen aus dem Sekundärmarkt. Sie werden keine Werkzeuge und Ausrüstung mehr an Werkstätten oder Ersatzteile für Reparaturen verkaufen.

Der Sekundärmarkt für Fahrzeuge mit Verbrennungsmotor wird zusammenbrechen. Die konventionelle Autobranche wird vollständig umgewälzt.

5. Kabelloses Laden

1891 führte Nikola Tesla in New York öffentlich die weltweit erste kabellose Energieübertragung mittels elektrostatischer Induktion vor.[207] Er entwickelte außerdem viele der Schlüsseltechnologien und -konzepte, die unserer Strom-Infrastruktur zugrunde liegen.

Wenn man einen Sprung um 120 Jahre nach vorne macht, findet man Elektrobusse in Italien, die an Bushaltestellen aufgeladen werden, während die Passagiere ein- und aussteigen (siehe Abbildung 4.4).[208] Die Elektrofahrzeug-Branche hat die Energieübertragung durch Induktion so angepasst, dass Autos kabellos, ohne „typische" Ladestationen aufgeladen werden können.

Abbildung 4.4 – Kabelloses Laden eines Elektrobusses in Italien. (Bildquelle: Conductix-Wampfler)[209]

Für Stadtbusse, die jeden Tag auf derselben Strecke fahren und an den gleichen Stellen halten, ist es wichtig, dass sie auf diese Weise ihre Batterie wieder aufladen können. Statt eine große Portion zu frühstücken, „knabbern" diese Busse hunderte Male am Tag am Strom. Kabelloses Laden macht Elektrofahrzeuge freier. Weil sie mehrmals am Tag wieder aufgeladen werden, können sie eine kleinere Batterie nutzen. Nach Aussage von Conductix-Wampfler, dem Hersteller der in Italien verwendeten kabellosen Ladestationen kann ein Bus, der mit einer 240 kWh-Batterie 18 Stunden am Tag unterwegs ist, dieselbe Strecke zurücklegen wie ein Bus mit 120 kWh, der immer wieder induktiv nachgeladen wird. Wenn man eine kleinere Batterie verwendet, verringern sich die Betriebskosten des Busses um rund 100.000 US-Dollar (bei aktuellen Batteriepreisen).

Dieselbe kabellose Technik, mit der man Handys auflädt, kann unterwegs ein Elektrofahrzeug aufladen. General Motors bietet Powermat in einigen seiner 2014er-

Modelle an. Powermat nutzt die induktive Übertragungstechnik, um Smartphones kabellos aufzuladen. Vielleicht wird GM irgendwann dieselbe Technik verwenden, um E-Autos aufzuladen.[210]

Denken Sie an die möglichen neuen Geschäftsmodelle, die sich mit der Induktionstechnik eröffnen könnten. Statt in zweiter Reihe zu parken und die Straßen der Innenstädte zu blockieren, könnten die Lieferwagen von Fedex und UPS an induktiven Ladestation parken, während die Fahrer Pakete austragen. Die Verkehrslage verbessert sich, jemand verdient Geld durch den Verkauf von Strom an Fedex- und UPS-Lieferwagen, und Fedex und UPS sparen Geld, indem sie elektrische Lieferwagen mit kleineren Batterien kaufen.

6. Das E-Auto hat einen modularen Aufbau

Der herkömmliche Aufbau eines Autos bestand aus einem einzigen Motor, der zwei oder vier Räder mit einer Kombination aus einem Getriebe, einem Differential und einer Kardanwelle antreibt. Die erste Generation der E-Autos übernahm diese Bauweise mit einem Einzelmotor. Mit wachsendem Vertrauen in ihre Ingenieursfähigkeiten haben die Hersteller von E-Autos angefangen, sich den Vorteil zu Nutze zu machen, den der Elektromotor bietet und mit dem der Verbrennungsmotor nicht konkurrieren kann: die Modularität.

Das Tesla Model X und der Audi eTron Allroad werden zwei Elektromotoren haben, eine Heckantriebseinheit für die Hinterreifen und eine Frontantriebseinheit für die Vorderreifen (siehe Abbildung 4.5).

Abbildung 4.5 – Tesla X mit zwei Elektromotoren (Frontantriebseinheit und Heckantriebseinheit) (Bildquelle: Tesla Motors)[211]

Wie ein Intel-Prozessor mit einem Mehr-Kern-System, ermöglicht diese Modularität mehr Leistung, mehr Flexibilität im Design und mehr Traktionskontrolle. Außerdem macht es das E-Auto zuverlässiger. Elektromotoren haben eine viel längere Lebensdauer als Verbrennungsmotoren. Sollte allerdings einer von zwei Motoren ausfallen, muss das Elektroauto nicht stehen bleiben. Der zweite Motor kann das Auto immer noch antreiben. Man muss es auch nicht bei zwei Motoren belassen. Möglich sind auch vier Elektromotoren, die jeweils ein Rad antreiben.

Ein MIT-Team entwickelte unter der Leitung von Professor William J. Mitchell eine neue Technik, sogenannte „Roboter-Räder".[212] Jedes Roboterrad verfügt über integrierte elektrische Antriebs- und Lenkmotoren, Dämpfung und Bremssystem. Ein mit vier dieser unabhängigen Räder designtes Auto verfügt über eine Flexibilität, die kein handelsübliches Benzinauto jemals haben könnte: Ein Fahrgestell ohne Einschränkungen durch Getriebe, Getriebekasten und Differenziale.

Man montiere einfach nur die Räder an die vier Enden des Fahrgestells, verbinde sie mit einer Batterie (oder zwei oder vier Batterien) und steuere sie elektronisch mit *by-Wire*-Systemen.

Vier unabhängige Elektromotoren ermöglichen mehr Leistung, mehr Flexibilität beim Design und mehr Traktionskontrolle, so Masato Inoue, leitender Produktdesigner für das weltweit meistverkaufte Elektrofahrzeug, den Nissan Leaf. Bei seinem Vortrag in meinem Kurs an der Stanford Universität zeigte Inoue wie der Pivo 3, ein Konzeptfahrzeug von Nissan, seitwärts einparken kann, indem er seine Räder um 90 Grad dreht. (Ein Video zum Pivo 3 finden Sie auf http://youtu.be/J2Ruxm_JdCU.)

Es gibt unendlich viele Designmöglichkeiten. Der Verbrennungsmotor könnte damit niemals konkurrieren.

7. Große Datenmengen und schnelle Produktentwicklung

Bis Juni 2013 hatten die Roadster von Tesla insgesamt 30 Millionen Meilen (50 Millionen km) zurückgelegt; die 11.000 Model S waren weitere 30 Millionen Meilen gefahren. Die Tesla Autos waren also insgesamt 60 Millionen Meilen (100 Millionen km) gefahren.[213]

Na und? Die Fahrzeuge von GM sind Billionen Meilen weit gefahren. Hat Detroit wirklich einen Grund zur Sorge?

Der unterschiedliche Wert der elektrischen Meilen von Tesla und der Benzin-Meilen von GM hat mit Daten zu tun. Betrachten Sie das E-Auto als mobilen Computer. Elektroautos generieren sehr große Datenmengen. Ein Automobilunternehmen, das diese Daten durchforstet, kann viel schneller daraus lernen und sich anpassen, als eines ohne Nutzerdaten. Ein Autohersteller, der Daten über seine Fahrzeuge erfasst, kann Nutzungsmuster der Kunden und Belastungen und Fehler in der Technik erkennen. Er kann Fehler schnell beheben, neue Software auf die Autos herunterladen und neue Produkte und Dienstleistungen entwickeln.

Der Produktentwicklungsprozess für E-Autos wird verkürzt. Er ähnelt den extrem schnellen Entwicklungszyklen der Computerindustrie. Tesla und die anderen E-Auto-Unternehmen werden ihre Produktentwicklungszyklen mit exponententiell wachsender Geschwindigkeit nach dem Mooreschen Gesetz durchlaufen. Detroit bleibt bei der herkömmlichen linearen Geschwindigkeit.

Innerhalb des Silicon Valley muss man nun mit Geschwindigkeiten konkurrieren, die höher sind als beim Mooreschen Gesetz. Nehmen Sie Apple und sein disruptives iPhone als Beispiel. Als der Vorstandsvorsitzende von Apple, Tim Cook, das neue iPhone 5s im Jahr 2013 ankündigte, sagte er, dass sich die Prozessorleistung (CPU – *central processing unit*) des iPhones seit seiner Einführung 2007 um das 40fache verbessert habe.[214] Die CPU des iPhones hat sich jährlich um 85 Prozent verbessert! Daneben verblasst das Mooresche Gesetz mit nur 41 Prozent. Kein Wunder, dass Unternehmen wie Blackberry und Nokia dran glauben mussten. Selbst das Mooresche Gesetz ist auf einem extrem kompetitiven Smartphonemarkt nicht schnell genug. Das iPhone von Apple verdoppelt beinah jedes Jahr seine Leistung, während seine Wettbewerber zwei Jahre brauchen, um ihre Leistung zu verdoppeln.

Dagegen muss Detroit antreten. In der Zeit, in der Detroit ein neues Benzin-Auto entwickelt, könnte Tesla zwei Generationen von E-Autos entwickeln. Keine Branche kann überleben, wenn ihre Wettbewerber einen solchen Entwicklungsvorteil haben.

8. Solarenergie und E-Autos sind 400 mal flächeneffizienter

Nach der Ölkatastrophe von British Petroleum im Golf von Mexiko im Jahr 2010 habe ich mir über die Kombination von E-Autos und Solarenergie Gedanken gemacht. Irgendwann sind alle Autos elektrisch. Der Strom wird zum größten Teil aus Solar- und Windenergie stammen. Was wäre, wenn alle Autos in Amerika elektrisch wären und alle mit Solarenergie angetrieben würden?

Welche Fläche würde man brauchen, um genug Energie zu erzeugen, um jede Automeile in Amerika mit Solarenergie anzutreiben? Nach Angaben des Verkehrsministerium der Vereinigten Staaten (*U.S. Department of Transportation*) legen US-Bürger jährlich rund drei Billionen Meilen (4,8 Billionen km) zurück.[215] Der Nissan Leaf, heute das meistverkaufte E-Auto, legt pro kWh, die in seiner Batterie gespeichert ist, 3,45 Meilen zurück (5,55 km pro kWh). Stellen Sie sich vor, man würde eine riesige Solaranlage in der Wüste von Nevada, Arizona oder Kalifornien bauen. Wie groß müsste sie sein, um genug Solarstrom für alle Autos in Amerika zu erzeugen? Die Antwort lautet: 875 Quadratmeilen (2.266 Quadratkilometer). Das ist ein Quadrat mit 29 Meilen (46,67 km) Seitenlänge.

Natürlich wird niemand eine Solaranlage dieser Größe bauen. Zum einen ist es sicherlich besser, die Energie in der Nähe der Autos zu erzeugen – auf Dächern von Wohnhäusern und Gewerbegebäuden, auf Parkplätzen, auf Deponiegeländen und so weiter. Tausend Quadratmeilen geben eine Vorstellung von der Größenordnung der Fläche, die benötigt wird.

Wenn man bedenkt, dass Wal-Mart bis 2015 voraussichtlich eine Fläche von 218 Quadratmeilen (565 Quadratkilometern) belegen wird,[216] könnte allein Wal-Mart fast ein Viertel aller E-Auto-Meilen in den Vereinigten Staaten mit Strom versorgen. Alles, was Wal-Mart dafür tun müsste, wäre, seine Dächer mit Solarmodulen zu belegen und seine Parkplätze solar zu überdachen.

Die Öl- und Gasindustrie pachtet 143.000 Quadratmeilen (ca. 370.000 Quadratkilometer) Land von der US-Regierung, um rund ein Drittel des Transportbedarfs von Amerika zu decken (siehe Kapitel 7). Multipliziert mit drei ergibt das 429.000 Quadratmeilen (1.111.000 Quadratkilometer), die Fläche, die die Erdöl- und Gasindustrie brauchen würde, um das gesamte Erdöl für jede einzelne Meile, die mit einem Benzin- oder Dieselfahrzeug in Amerika gefahren wird, zu produzieren.

Die Kombination aus Solar und E-Auto würde 875 Quadratmeilen (2.266 Quadratkilometer) benötigen, während die Kombination aus Öl und Verbrennungsmotor 429.000 (1.111.000) bräuchte, um die Energie für jede einzelne Automeile in Amerika bereitzustellen.

Die Kombination aus Solar und E-Auto ist 490 mal flächeneffizienter als die konventionelle Auto- und Ölindustrie.

Eine technologische Konvergenz (Solar plus E-Auto), die 400 mal weniger wertvolle Ressourcen beansprucht als die bestehende konventionelle Technologie (Öl plus Autos mit Verbrennungsmotor), ist zwangsläufig disruptiv. Das ist vor allem dann der Fall, wenn es um so wertvolle Ressourcen wie Land und Wasser geht. Es ist nur eine Frage der Zeit, bis die solare E-Auto-Disruption stattfindet.

9. E-Autos können zur Speicherung im Netz und zu anderen Dienstleistungen beitragen

Stellen Sie sich vor, Sie würden dafür bezahlt, ein Auto zu besitzen. Ein aktueller Bericht der kalifornischen Aufsichtsbehörde für öffentliche Versorgungsunternehmen (CPUC – *California Public Utilities Commission*) kam zum Schluss, dass die Eigentümer von E-Autos mit monatlich bis zu 100 US-Dollar entlohnt werden könnten, wenn sie Strom für das Stromnetz bereitstellen.[217]

Die Integration eines Benzin-Autos in die Energieinfrastruktur besteht darin, zur Tankstelle zu fahren, zu tanken und zu zahlen. In die eine Richtung fließt Energie (ins Auto) und in die andere Richtung fließt Geld (zu den Ölunternehmen). E-Autos können eng in das Stromnetz integriert werden und sowohl Energie als auch Geld in beide Richtungen fließen lassen (siehe Abbildung 4.6).

Abbildung 4.6 – Ladestation für Elektrofahrzeuge bei SAP in Palo Alto, Kalifornien (Foto: Tony Seba)

E-Autos müssen nicht einfach nur herum stehen und sich in das Stromnetz einklinken. Sie können eine dynamische Rolle in der Energieinfrastruktur spielen, indem sie nützliche und wirtschaftlich vorteilhafte Dienstleistungen erbringen.

Ein Beispiel dafür, wie nützlich E-Autos für das Stromnetz sein können, liefert der Aufbau des Internets. Unternehmen wie Skype wurden durch die Nutzung von

Peer-to-Peer-(P2P)-Kommunikationstechnologien äußerst erfolgreich. Jeder Computer mit einer Skype-Verbindung wurde ein aktiver Teilnehmer, der Speicherkapazität, Bandbreite und Prozessorleistung für das gesamte Netzwerk beisteuerte.[218] Diese dezentrale Struktur verringerte die Kosten für Telefonate bei allen Teilnehmern. Es wurde keine große, zentralisierte Infrastruktur mehr gebraucht, um den Telefon-, Text-, Video- und Datenverkehr zu bewältigen.

E-Autos können im Netzwerk eine ähnliche Rolle spielen, wie Computer-Knotenpunkte in einer P2P-Struktur. E-Autos können bei Überschüssen in der Energieproduktion Energie speichern. Wind erzeugt zum Beispiel Strom hauptsächlich in der Nacht und bei kaltem Wetter. In den meisten Industrieländern wird während des Tages mehr Energie verbraucht. Am stärksten steigt die Nachfrage nach Strom an den heißesten Tagen.

E-Autos können während dieser Spitzenlastzeiten Energie abgeben. Zum Beispiel können E-Autos an heißen Sommertagen als Energielieferanten auf Abruf reagieren. Da Energieversorger während dieser Zeiten Höchstpreise verlangen, könnten Besitzer von E-Autos dafür bezahlt werden, dass sie gespeicherten Strom aus ihren Batterien dem Netz zur Verfügung stellen. Bei Wettbewerb auf dem Energiemarkt könnte jeder Eigentümer eines E-Autos an Energieauktionen teilnehmen und Strom an den Meistbietenden verkaufen.

Wenn man etwa eine Vergütung von 100 US-Dollar im Monat für die Erfüllung von Netzdienstleistungen bekäme, würde das die Wirtschaftlichkeit des Autobesitzes verändern.[219] Ein Auto würde von einem reinen Ausgabenposten zu einer Investition werden, die Einkommen generiert.

Wie lange dauert es noch, bis die Disruption eintritt?

Am 30. April 2013 sagte der Vorstandsvorsitzende von General Motors, Dan Akerson, dass ein 2014er Chevy Volt, ein Plug-in-Hybrid-E-Auto, in der Herstellung 7.000 bis 10.000 US-Dollar weniger kosten würde als das Vorgängermodell.[220] Der Preis wurde um 20 Prozent gesenkt – zu einer Zeit, als GM rund 26.500 Volts verkauft hatte.

Die Kosten für E-Autos fallen schnell, so wie der Preis von Solarmodulen. Solarmodule haben eine 22-prozentige Lernkurve. Das heißt, dass die Kosten für PV in der Vergangenheit bei jeder Verdoppelung der Industriekapazität um rund 22 Prozent gesunken sind. Lernkurven sind ein integraler Bestandteil von Fertigungsindustrien. Grundsätzlich gilt: je mehr Autos, Module oder Computer ein Unternehmen herstellt, umso effizienter wird es bei deren Produktion und umso billiger wird das Endprodukt.

In der Automobilindustrie unterstellt man, dass die Batteriekosten gesenkt werden müssen, bevor sich der Kaufpreis eines E-Autos dem eines Benzin-Autos angleicht und auf dem Markt konkurrieren kann. Ein gewaltiger Irrtum.

Obwohl Handys nie wirklich den Preis von Festnetztelefonen erreicht haben, schafften sie es, die Festnetztelefon-Branche umzuwälzen. Das letzte Mal, als ich nachgesehen habe, hat ein Festnetztelefon 10 bis 20 US-Dollar gekostet, während das Apple iPhone 600 US-Dollar kostete. Das Handy ist eine Neuerfindung des alten herkömmlichen Telefons und nicht nur ein Ersatz. Das Handy bietet einen Nutzen (Mobilität zum Beispiel), den das Festnetztelefon nicht bieten kann. Das Smartphone ist zum Mittelpunkt unseres Soziallebens geworden.

Die Innovation, die den Handys ermöglichte, die Branche der Festnetztelefone in den USA empfindlich zu stören, war eine Geschäftsmodell-Innovation: Der Kunde unterschrieb einen Zweijahresvertrag und der Betreiber finanzierte im Gegenzug das Telefon in diesem Zeitraum, ohne eine Anzahlung zu verlangen.

Die Innovation, die es dem Verbrennungsmotor ermöglichte, die Pferdekutsche zu verdrängen, war ebenfalls eine Geschäftsmodell-Innovation: Autokredite. Zu dem Zeitpunkt, als Autos das Preisniveau von Pferdekutschen erreichten, war die Umwälzung bereits im Wesentlichen vorbei.

Entsprechend wird, wenn sich die Kosten für ein E-Auto den Kosten für ein Benzinauto angleichen (irgendwann vor 2030), die Disruption der Benzinauto-Industrie im Wesentlichen vorbei sein.

Wenn sich eine Verbraucherin fragt „Wie viel Auto kann ich mir leisten?", dann fragt sie, wie hoch die monatliche Zahlung ist, die zu ihrem Budget passt. Es reicht, wenn E-Autos sich bei den monatlichen Ausgaben einem Benzinauto annähern.

Die E-Auto-Branche könnte näher dran sein, diese monatlichen Ausgaben zu erreichen, als Sie glauben. Der Nissan Leaf kann schon für 179 US-Dollar monatlich geleast werden (siehe Abbildung 4.7).

Abbildung 4.7 – "100 % Elektrofahrzeug – lease mich für 179 US-Dollar pro Monat zuzüglich Steuern." (Foto: Tony Seba)

Anhänger von Benzinautos werden schneller "Reichweiten-Angst" rufen, als Sie "Pferdekutsche" sagen können. Die größte Kritik an E-Autos ist, dass man mit ihnen nicht sehr weit kommt, ohne sie wieder aufladen zu müssen. Ein Durchschnittsamerikaner pendelt allerdings nur 29 Meilen (46,7 km) zur Arbeit hin und wieder zurück. Die Reichweite von 75 Meilen (120 km) bei einmaligem Aufladen des Nissan Leaf eignet sich gut für eine Hin- und Rückfahrt zur Arbeit und für weitere 17 Meilen (27 km). Ist "Reichweiten-Angst" real oder eine Erfindung der Verbrennungsmotor-Branche? Ich stimme jedenfalls Dan Galves von der Deutschen Bank zu, wenn er sagt, dass wohl eine Reichweite von 200 Meilen (320 km) die Mindestanforderung an den Marktführer bei E-Autos ist. Zusätzlich zu den durchschnittlichen 58 Meilen (93 km) Reichweite für das tägliche Pendeln stünde damit noch eine Batteriereserve für weitere 142 Meilen (229,5 km) Reichweite zur Verfügung.

Die E-Auto-Branche war im Technologiebereich schon ziemlich innovativ, aber sie hat ihren wahrscheinlich größten Trumpf noch gar nicht ausgespielt: Geschäftsmodell-Innovation.

Disruptive Geschäftsmodell-Innovationen

Es gab dutzende Internetunternehmen, als Google anfing. Seine Technologie war brillant, aber es war eine Geschäftsmodell-Innovation (AdWords), die es Google ermöglichte, der unumstrittene Suchmaschinenpionier zu werden. Technologische Innovationen schaffen das Umfeld für eine Disruption, aber damit eine Disruption wirklich passiert, ist ein neues Geschäftsmodell manchmal wichtiger als die technologische Innovation.

E-Autos sind verknüpfte, vernetzte und mobile Geräte. Sie können neue Geschäftsmodelle ermöglichen, die die Verkäufer von Benzin-Autos einfach nicht kopieren können.

Kostenlos Strom tanken

Am 26. Januar 2014 machten John Gleeney und seine 26-jährige Tochter Jill eine Fahrt mit Johns Tesla Model S quer durch die Vereinigten Staaten.[221] Wie viel haben die Gleeneys für das Aufladen ihres E-Autos von Tesla ausgegeben? Nichts.

Tesla baut das "Tesla-Supercharger-Netzwerk" in Nordamerika und Europa auf, sodass Besitzer des Model S weite Strecken fahren können – und das kostenlos (siehe Abbildung 4.8). Ein wichtiger Grund für den Bau dieser Ladestationen ist, dass in den Medien immer wieder behauptet wird, dass E-Autos eine kurze Reichweite hätten und deshalb für weite Strecken noch nicht reif wären. Das Tesla Model S von Gleeney hat eine 85 kWh Batterie mit einer Reichweite von 265 Meilen (426 km) pro Ladung.[222] Auf ihrer Reise quer durchs Land haben die Gleeneys ihr Model S an 28 Ladestationen wieder aufgeladen. Es dauert ungefähr vierzig Minuten, um die Batterie zu 80 Prozent aufzuladen.

Aber das Wichtigste am Tesla-Supercharger-Netzwerk ist, dass es Tesla ermöglicht, ein neues und potenziell disruptives Geschäftsmodell zu testen. Stellen Sie sich ein E-Auto-Unternehmen vor, das kostenlosen "Sprit" für fünf Jahre oder 60.000 Meilen (97.000 km) anbieten würde. Detroit kann sich das nicht leisten.

Ich habe weiter oben in diesem Kapitel erwähnt, dass es nach Angaben von *Consumer Reports* 15.000 US-Dollar kostet, fünf Jahre lang einen Jeep Liberty aufzutanken (bzw. 3.000 US-Dollar pro Jahr),[223] wenn man annimmt, dass man damit rund

12.000 Meilen pro Jahr fährt. Der Hersteller eines Benzin-Autos könnte es sich möglicherweise nicht leisten, kostenlosen Sprit (15.000 US-Dollar über fünf Jahre) als Teil des Kaufpreises für das Auto anzubieten.

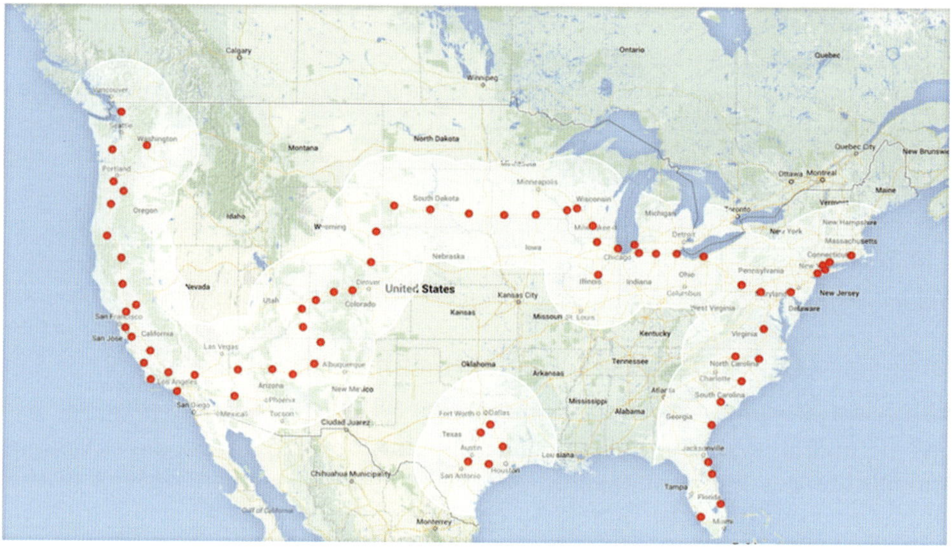

Abbildung 4.8 – Tesla Supercharger Netzwerk (Source: Tesla Motors)[224]

Für den Verkäufer eines E-Autos wäre es recht einfach, Gratis-Strom für fünf Jahre als Kaufanreiz anzubieten. In den USA würde das den Autoverkäufer rund 1.500 US-Dollar kosten.

Konventionelle Autohersteller geben nach Angaben von Accenture pro Auto 3.000 US-Dollar für Verbraucher- und Händler-Anreize aus, plus 1.100 US-Dollar für Medien- und Marketingaktivitäten.[225] In Summe sind das 4.100 US-Dollar pro Auto. Ein E-Auto-Hersteller, der 1.500 US-Dollar als Anreiz anbietet, würde 62 Prozent weniger ausgeben als den Betrag, den Detroit ausgibt, um heute einen Kunden zu gewinnen.

Was ist schlimmer: "Reichweiten-Angst" oder finanzielle Unsicherheit wegen hoher Spritpreise? Wie hoch ist der Marktanteil derjenigen, die bereit sind, ein Elektroauto zu fahren, das kostenfrei geladen wird?

Wenn alle E-Autos inklusive Gratisladung angeboten würden, wäre das ein disruptives Geschäftsmodell. Außerdem würde dieses Geschäftsmodell die Branche der Benzin-Autos zerstören. Sie könnten nichts tun, um damit zu konkurrieren. Rein gar nichts. Wenn dieses Geschäftsmodell Standard in der Branche wird, wird das Erdölzeitalter im Wesentlichen vorbei sein.

Kostenlose Wartung und Pflege

E-Auto-Unternehmen könnten den Untergang der Verbrennungsmotoren-Industrie sogar noch beschleunigen, indem sie Pflege und Wartung kostenfrei anbieten.

Die Wartungskosten für ein E-Auto sind um eine Größenordnung geringer als für einen Verbrennungsmotor. Ein Elektromotor kann Jahrzehnte halten, aber ein Verbrennungsmotor hat immer wieder Pannen. Das E-Auto hat hunderte Teile, die ständig gewartet werden müssen, nicht: Vergaser, Zündkerzen, Anlasser/Lichtmaschine, Filter und Auspuffteile.

Stellen Sie sich ein E-Auto-Unternehmen vor, das kostenlose Wartung und Pflege für fünf Jahre oder 60.000 Meilen anbietet. Das wäre ein weiterer disruptiver Schritt, den Unternehmen, die Verbrennungsmotoren anbieten, nicht mitgehen könnten.

Das Sekundärmarktgeschäft ist faktisch eine große Melkkuh für Autohersteller. Wenn sich eine wichtige Einnahmequelle wie das Sekundärmarktgeschäft in einen Kostenfaktor verwandelt, gehen wahrscheinlich die meisten Autohersteller Bankrott.

Weiter oben in diesem Kapitel habe ich neun Gründe dafür genannt, warum das E-Auto disruptiv wirkt. Gerade eben basteln vielleicht zwei junge Leute in einer Garage im Silicon Valley an neuen disruptiven Geschäftsmodellen, mit denen Detroit nicht mehr konkurrieren kann.

Meine Prognose von 2010 für das Ende von Benzin-Autos bis 2030

Im Sommer 2010 habe ich bei einem Hauptvortrag in Dickinson in North Dakota vorausgesagt, dass Benzin-Autos bis 2030 überholt sein werden. (Das Video finden Sie auf http://youtu.be/MAFoqo3Jbro). North Dakota vollzog da gerade eine regelrechte Fracking-„Revolution" und war auf dem besten Weg, der zweitgrößte Ölförderer der Nation zu werden. Zu diesem Zeitpunkt hatte Tesla Motors kaum tausend seiner E-Autos der ersten Generation, den Roadster, ausgeliefert. Meine Prophezeiung klang auf positive Weise verrückt, aber sie war möglicherweise konservativ.

Im Jahr 2010 war die Faustregel, dass hochwertige Li-Ionen-Batterien für E-Autos rund 1.000 US-Dollar pro kWh kosten. Der Tesla Roadster hatte eine 53 kWh Batterie, die rund 53.000 US-Dollar kostete – ungefähr die Hälfte des gesamten Autopreises.

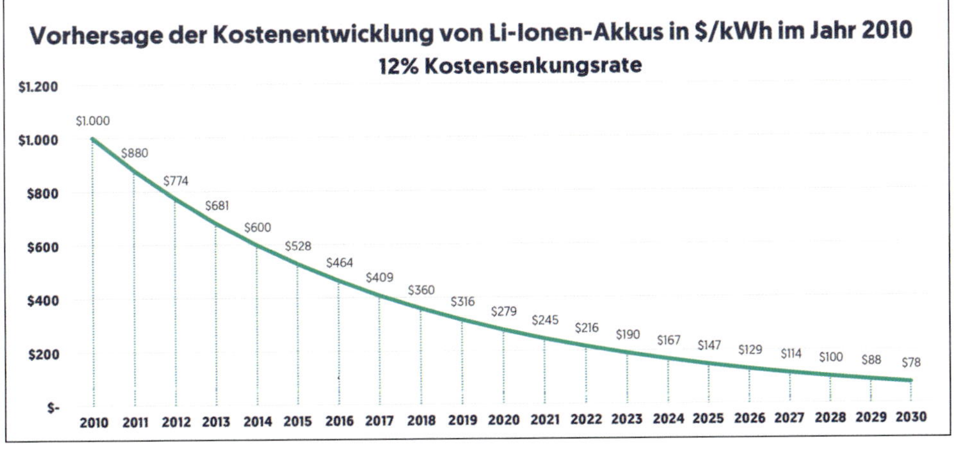

Abbildung 4.9 – Meine jährliche Kostenprognose für Li-Ionen-Elektrofahrzeugbatterien in US-Dollar pro kWh. (Tony Seba)

Um meine Vorhersage zu machen, traf ich eine für mich plausible Annahme. Ich unterstellte, dass die Kosten für Li-Ionen-Batterien jährlich um 12 Prozent sinken würden (siehe Abbildung 4.9). Bei dieser Geschwindigkeit würden bis 2028 die Kosten von Li-Ion Batterien auf 100 US-Dollar pro kWh sinken. Sobald die Speicherpreise für Elektrofahrzeuge diese Schwelle erreichen, sagte ich den Zuhörern in North Dakota, heißt es „game over" für Benzin-Autos (und für das Öl). Meine Prognose wurde mit langem Schweigen aufgenommen.

Während alle anderen ein neues Millennium für Öl und Gas versprachen, erklärte ich meinem Publikum, dass die Herrschaft des Öls in zwei Jahrzehnten zu Ende wäre. Entweder war die einhellige Meinung über Energie falsch oder meine Prophezeiung war verrückt. Auf meinem Rückweg zum Flughafen hörte ich zufällig wie der Referent, der nach mir vortrug, ein Politiker, über die Notwendigkeit von "sauberer Kohle" sprach. Ich musste mich nicht fragen, wer von uns der Verrückte war.

Der teuerste Teil eines heutigen E-Autos ist die Batterie. Die beliebtesten E-Autos wie der Tesla, der Nissan Leaf und der Chevy Volt verwenden Lithium-Ionen-(Li-Ionen)-Batterien. Das Basismodell des Tesla Model S ist mit einer 60 kWh Batterie ausgestattet. Die geschätzte Reichweite beträgt 230 Meilen (370 km).[226] Also können circa 3,83 Meilen pro kWh mit der Energie gefahren werden, die in der Batterie gespeichert ist. Der Roadster besaß eine 53 kWh-Batterie und eine Reichweite von 244 Meilen. Er konnte rund 4,6 Meilen pro kWh fahren.

Für meine Berechnungen gehe ich von durchschnittlich vier Meilen Reichweite pro kWh Batteriespeicher aus. Prinzipiell würde ein E-Auto mit 200 Meilen Reichweite eine 50 kWh Batterie benötigen. Dabei ist zu beachten, dass nicht alle Li-Ionen-Batterien gleich sind. Wie bei vielen Produktgruppen (Smartphones, Shirts oder Autos) kann man aus einem Spektrum von Qualitäts- und Preiskriterien auswählen.

Wenn Li-Ionen-Batterien einen Preis von 100 US-Dollar pro kWh erreichen, werden die Batterien für ein E-Auto mit einer Reichweite von 200 oder mehr Meilen rund 5.000 US-Dollar kosten. Geht man davon aus, dass die Batterie rund ein Drittel des Preises eines E-Autos ausmacht, wird man das dem Einsteigermodell eines Tesla Model S entsprechende E-Auto für 15.000 US-Dollar kaufen können.

Zum Vergleich: 2013 lag der Durchschnittspreis für einen Neuwagen in den USA bei 31.252 US-Dollar.[227] Selbst Autos der unteren Fahrzeugklassen wie die Marken Hyundai und Kia wurden für durchschnittlich 22.418 US-Dollar verkauft.

Die Umsatzrendite von GM lag laut Morningstar 2013 bei 3,3 Prozent, nachdem sie 2012 bei -19,9 Prozent gelegen hatte.[228] Aus diesen Zahlen lässt sich ablesen, dass GM nur einen geringen Spielraum zur Preisgestaltung hat, ohne in einen negativen, finanziell nicht nachhaltigen Geldfluss abzurutschen. Der Oberklassehersteller BMW hatte von 2010 bis 2012 eine Umsatzrendite zwischen 8,7 und 11,7 Prozent.[229] Dadurch hat BMW etwas, aber nicht viel mehr Handlungsspielraum. Eine Preissenkung von 10 Prozent auf dem Markt könnte beide Unternehmen dauerhaft in die roten Zahlen treiben.

Die Benzin-Auto-Industrie wird einfach nicht in der Lage sein, mit einem Auto von der Qualität eines Tesla Model S zu konkurrieren, das für 15.000 oder 20.000 US-Dollar verkauft wird. Weder Kia noch GM, Toyota oder BMW. Die Benzin-Auto-

Industrie wird in Schwierigkeiten sein, wenn Akkus 100 US-Dollar pro kWh kosten. Zu diesem Zeitpunkt wird die Disruption schon längst vorbei sein.

Meine anfänglichen Prognosen im Jahr 2010 deuteten darauf hin, dass die Industrie 100 US-Dollar pro kWh im Jahr 2028 erreichen wird. Nun scheint es so, dass das noch früher passieren wird.

Meine Prognose von 2010 stimmte in der Größenordnung, aber die Kosten für Batterien sinken etwas schneller, als ich es 2010 prognostiziert habe. Wie es in Technologiemärkten meistens der Fall ist, drückt das erfolgreiche Zusammenspiel von Innovation, Wettbewerb und Skaleneffekten die Kosten von Li-Ionen-Batterien etwas schneller als erwartet. "Die Herstellungkosten von Li-Ionen-Batterien sind in nur drei Jahren [von 2009 bis 2012] von 1.000-1.200 US-Dollar auf 600 US-Dollar gefallen", erklärte der Energieminister der Vereinigten Staaten im Jahr 2012.[230]

Ich lag nicht weit daneben. Meine ursprüngliche Prognose war, dass 2014 Li-Ionen-Batterien für E-Autos bei 600 US-Dollar pro kWh liegen werden. Heute kosten E-Auto-Batterien rund 500 US-Dollar pro kWh.

Meine neue Prognose für das Ende von Benzin-Autos bis 2030

Die Autobatterien von Tesla sind aus tausenden kleinen Li-Ionen-Zellen zusammengesetzt, die in der Größe den Li-Ionen-Zellen in Laptops ähneln. Es wäre daher naheliegend, wenn sich die Preise für Li-Ionen-Batterien in E-Autos ähnlich entwickeln, wie für Li-Ionen-Akkus in Laptops.

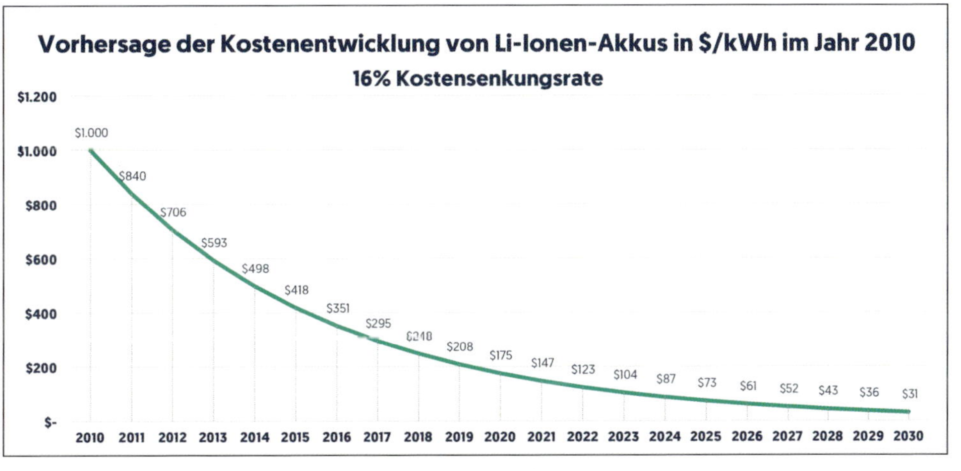

Abbildung 4.10 – Kostenprojektion für Li-Ionen-Batterien für E-Autos in US-Dollar/kWh. (Tony Seba)

Wie weit werden die Preise für Li-Ionen-Batterien noch sinken? Wir können einen Blick auf einen historischen Präzedenzfall aus jüngster Zeit werfen, um uns bei unserer Prognose gedanklich leiten zu lassen: Die Kosten für die Li-Ionen-Akkus, die Laptops, Smartphones und Tablets versorgen. Nach Angaben der Deutschen Bank ist der Preis eines Laptopakkus innerhalb von fünfzehn Jahren von 2.000 auf 250 US-Dollar gesunken. Das entsprach einer jährlichen Kostensenkung von 14 Prozent.[231] Wie aber neuere Daten zeigen, sind die Kosten von Batterien von 1.000

US-Dollar/kWh im Jahr 2010 auf 500 US-Dollar/kWh im Jahr 2014 gefallen. Das ist eine Verbesserung um 16 Prozent (siehe Abbildung 4.10). Diese Entwicklung wurde bei meiner Preisprognose 2014 berücksichtigt. Ich liebe die wissenschaftliche Methode. Hypothesen sollten von evidenzbasierten Daten bestimmt werden und nicht umgekehrt.

Es ist sinnvoll anzunehmen, dass Li-Ionen-Batterien schneller im Preis fallen als im historischen Präzedenzfall. Noch nie waren die Investitionen in Stromspeicher so hoch. Mindestens drei Multi-Billionen-Dollar-Branchen investieren gerade Milliarden, um bessere Batterien zu entwickeln: die Elektronik-, die Automobil- und die Energiebranche. Apple, Samsung und Google sind ebenso an Akkus interessiert wie Tesla, SolarCity und General Electric.

Tesla kündigte kürzlich den Bau einer fünf Milliarden US-Dollar teuren Batteriefabrik der nächsten Generation (genannt "GigaFactory") in den USA an. Diese Investition alleine würde die weltweite Herstellungskapazität für Li-Ionen-Akkus verdoppeln. Die Fabrik soll etwa 2017 in Betrieb gehen und bis 2020 genügend Batterien für 500.000 Autos pro Jahr produzieren. Tesla plant, 2014 rund 35.000 Autos zu verkaufen, das heißt, die Fabrik stellt mindestens eine Steigerung der Stückzahl um den Faktor 14 in sechs Jahren dar.[232] Es heißt, Panasonic, der japanische Elektronik-Riese, führe Gespräche, um eine Milliarde US-Dollar in Teslas "GigaFactory" zu investieren.[233] SolarCity hat die Batterien von Tesla als Bauteil für seine Solaranlagen verwendet.[234] Diese Batterien ermöglichen den Solarkunden sowohl Solarenergie zu speichern, als auch Strom aus dem Netz zu kaufen, wenn er billig ist und ihn zu verbrauchen, wenn die Preise hoch sind. Tatsächlich wird auch die Fabrik selbst ihre Energie zu 100 Prozent aus Solar- und Windkraftanlagen in der Nähe beziehen. Voraussichtlich wird die Fabrik die Batterien selbst herstellen, mit denen sie die Solar- und Windenergie speichert, die sie dann zur Herstellung von mehr Batterien nutzt.

Die Grenzen zwischen Automobil-, Energie- und Elektronikindustrie verschwimmen. Diese Grenzen wird es bald nicht mehr geben.

Die 16-prozentige Kostensenkungsrate bei Batterien berücksichtigt noch nicht einmal die Möglichkeit bahnbrechender Fortschritte. Das Management von Tesla spricht von einem „Entwicklungssprung in der Batterietechnologie innerhalb von fünf bis zehn Jahren, der 500 bis 1.000 Meilen Reichweite und vollständiges Aufladen innerhalb von Sekunden, ermöglichen würde."[235]

Akademische Institutionen auf der ganzen Welt, einschließlich der Stanford Universität und des Massachusetts Institute of Technology (MIT), meinen Alma Maters, haben dem Thema Energie bei Forschung und Entwicklung höchste Priorität eingeräumt. Ihre Arbeit hat bereits angefangen, Früchte zu tragen. Der MIT-Professor Donald Sadoway hat sich auf die Entwicklung von Flüssigmetall-Batterien zur Netzspeicherung konzentriert und dafür billige und breit verfügbare Materialien verwendet.[236] Ambri, der erste erfolgreiche Spin-Off seines Labors am MIT, sammelte in kurzer Zeit von Bill Gates und anderen 15 Millionen US-Dollar Beteiligungskapital ein. Ambri wurde von der *MIT Technology Review* schon zu einem der "50 disruptiven Unternehmen" des Jahres 2013 erklärt.[237] Das Team von Stanford-Professor Yi Cui setzt Nanotechnologie und günstige Materialien wie Silizium und Schwefel ein, um Batterien mit Kohlenstoffnanoröhren, Graphen und anderen fortschrittlichen

Materialien grundlegend neu aufzubauen.[238] Erste Ergebnisse lassen erwarten, dass Kosten und Energiedichten bei der Stromspeicherung um Dimensionen verbessert werden können. Ein Beispiel ist eine neue Konfiguration für Redox-Flow-Batterien, die die Produktionskosten auf rund 45 US-Dollar pro kWh senken könnte.

Meine neuen Prognosen (siehe Abbildung 4.10) bezüglich der Kosten für Li-Ionen-Batterien für E-Autos bilden die jüngste Vergangenheit (2010 – 2013) besser ab. Nimmt man für die nächsten 12 Jahre weiterhin jährlich 16 Prozent Kostensenkung bei den Li-Ionen-Batterien an, steht der Automobilindustrie eine schnelle Transformation bevor (siehe Tabelle 4.1.).

Jahr	2014	2015	2016	2017	2018	2019	2020	2021	2022	2023	2024	2025
Kosten (US-Dollar / kWh)	$500	$420	$353	$296	$249	$209	$176	$148	$124	$104	$87	$73

Tabelle 4.1 – Geschätzte Kosten der Li-Ionen-Batterien für E-Autos in US-Dollar/kWh. (Tony Seba)

Im Wesentlichen lässt Tabelle 4.1 erwarten, dass die Kosten von Batterien für E-Autos im Zeitraum bis 2023 auf 100 US-Dollar pro kWh sinken werden. Bis 2025 fällt der Preis auf 73 US-Dollar pro kWh und um 2030 auf nur 31 US-Dollar pro kWh.

Das sieht nach einer Prognose mit extremer Preissenkung aus. Tesla ist der Kurve allerdings schon voraus. Obwohl Tesla seine Kosten nicht offenlegt, können wir den ungefähren Wert seiner Batterien aus veröffentlichten Preisen ableiten. Der Listenpreis des Model S60 beträgt 71.070 US-Dollar (ohne Kaufprämien) und der des Model S85 beträgt 81.070 US-Dollar.[239] Zwischen den beiden Modellen gibt es vier wesentliche Unterschiede: Der S85 hat eine größere Batterie (85 kWh vs. 60 kWh), einen größeren Motor (362 PS vs. 302 PS), beinhaltet die Supercharger-Option für kostenloses Aufladen an Tesla Ladesäulen und ein Upgrade auf 19-Zoll-Michelin-Reifen.

Die Supercharger-Option wird für 2.000 US-Dollar und das Michelin Reifenupgrade für 1.000 US-Dollar verkauft, macht zusammen 3.000 US-Dollar. Nimmt man für diese zwei Produkte eine 50-Prozent-Gewinnspanne an (was ziemlich viel ist), dann liegen die Kosten für das Unternehmen bei 1.500 US-Dollar. Wenn man weiter annimmt, dass Tesla keine Marge für das Batterie- oder Motorupgrade kalkuliert, dann kosten die zusätzlichen 25 kWh Batteriespeicher 8.500 US-Dollar. Das bedeutet, dass die Batterie maximal 340 US-Dollar pro kWh kosten würde. Dieser Betrag könnte die Obergrenze der Batteriekosten von Tesla darstellen. Die Deutsche Bank veröffentlichte im Juli 2013 einen Bericht, in dem sie die Batteriekosten von Tesla auf rund 350 US-Dollar pro kWh schätzt.[240]

Was bedeuten diese Batteriekosten in Bezug auf den Übergang zu einer reinen Elektroautoindustrie? Berichte über E-Autos von einigen einflussreichen Analysten, unter anderem von McKinsey, Morgan Stanley und der Deutschen Bank, weisen darauf hin, dass E-Autos auf dem US-Markt, wo Benzin 3,50 US-Dollar pro Gallone oder mehr kostet, wettbewerbsfähig werden, sobald die Batteriekosten ein Niveau von 300 bis 350 US-Dollar pro kWh erreichen. Auf den europäischen Märkten, wo Benzin für 8 US-Dollar pro Gallone (2,10 US-Dollar pro Liter) oder mehr verkauft wird, werden E-Autos wettbewerbsfähig, wenn die Batteriepreise unter 400 US-Dollar pro kWh fallen.

Anmerkung des Übersetzers (August 2017): Im Folgenden werden Vergleiche zwischen dem von Elon Musk für 2015 zum Preis ab 35.000 US-Dollar angekündigten Tesla Model X mit im Markt befindlichen Fahrzeugen mit Verbrennungsmotor angestellt. Wie sich gezeigt hat, ist das Model X – anders als angekündigt – letztlich nicht zu diesem Preis angeboten worden. Die angestellten Vergleiche gelten im Wesentlichen aber ebenso für das Tesla Model 3, das auf den Massenmarkt zielt und dessen Auslieferung 2017 begonnen hat.

Tesla befindet sich schon im optimalen Bereich für die Disruption. Der bestplatzierte, erschwingliche, mittelgroße SUV in Amerika war 2013 laut dem *US News & World Report* der Buick Enclave 2014.[241] Der Endkundenpreis für den Enclave lag zwischen 38.698 und 47.742 US-Dollar. Teslas SUV Model X, das 2015 eingeführt werden soll, wird mit einem Preis zwischen 35.000 und 40.000 US-Dollar direkt den amerikanischen Mainstream treffen.[242] Das Basismodell des Model X wird eine 60 kWh Batterie und eine Reichweite von 265 Meilen haben.

Allerdings wird laut dem Vorstandsvorsitzenden von Tesla Elon Musk „das Model X SUV die Leistung eines Porsche 911 Carrera haben". Das heißt, dass Tesla einen SUV vom Rang eines 100.000 US-Dollar-SUVs zum „erschwinglichen" Preis von 40.000 US-Dollar anbieten wird. Da hat weder der Buick Enclave eine Chance noch irgendein anderer SUV in dieser Preiskategorie. Nicht einmal Porsche.

Wenn Tesla jährlich Millionen von Autos produzieren könnte, ginge der massenhafte Wechsel zu Elektrofahrzeugen mit dem Model X los. Allerdings legt Tesla trotz technologischen Könnens, Designvermögens und Markterfolges, größten Wert auf die Produktion qualitativ hochwertiger Autos. Der Qualitätsanspruch von Tesla hat die Fähigkeit eingeschränkt, die Produktion schnell auf Millionen von Autos pro Jahr zu steigern.

Die meisten großen Hersteller von E-Autos konnten die Kosten für Batterien noch nicht wie Tesla auf 350 US-Dollar pro kWh senken. Der Markt scheint bei rund 500 US-Dollar pro kWh zu liegen. Tabelle 4.1 zeigt, dass der Markt 350 US-Dollar pro kWh wahrscheinlich 2016 oder 2017 erreichen wird. Das bedeutet, dass die breite Umstellung auf E-Autos 2016 oder 2017 beginnen wird. Es bedeutet auch, dass Tesla bei den Batteriekosten einen Vorsprung von zwei Jahren gegenüber dem restlichen Markt hat.

Die allgemeine Massenbewegung hin zu E-Autos

Meine Prognosen deuten auf Kosten für Li-Ionen-Batterien von 200 US-Dollar pro kWh bis zum Jahr 2020 hin (siehe Tabelle 4.1). Meine Prognosen sind damit nicht weit vom derzeitigen Konsens entfernt. Die Kosten für E-Auto-Batterien werden bis 2020 zwischen 200 und 250 US-Dollar pro kWh liegen, vermutet Anand Sankaran, technischer Vorstand für Energiespeicherung und Hochspannungssysteme bei Ford.[243] Das Consultingunternehmen McKinsey prognostizierte bereits im Juli 2012 einen Preis von 200 US-Dollar pro kWh für das Jahr 2020.[244] Navigant prognostiziert einen Preis von weniger als 180 US-Dollar pro kWh bis 2020.

Wenn der Preis für Li-Ionen-Speicher 200 US-Dollar pro kWh erreicht, werden die Batterien für E-Autos mit einer Reichweite von 200 oder mehr Meilen rund 10.000 US-Dollar kosten. Wenn die Batteriekosten gesenkt werden, sinkt der Kostenanteil für die Batterien bei der Autoproduktion. Die ursprüngliche Roadster-Batterie machte rund die Hälfte der Gesamtkosten für das Auto aus, aber Tesla senkt die Batteriepreise immer weiter. Derzeit sind die Batteriekosten in einem Tesla für rund ein Viertel der Gesamtkosten des Autos verantwortlich.[245]

Nehmen wir mal für einen Augenblick konservativ an, dass die Batterie ein Drittel der Kosten eines E-Autos ausmacht. Wenn Li-Ionen-Batterien einen Preis von 200 US-Dollar pro kWh erreichen, wird man – bei einem Kostenanteil der Batterie von einem Drittel – das Äquivalent zum Tesla Model S mit 200 Meilen Reichweite für rund 30.000 US-Dollar kaufen können. In der Tat soll der Tesla der nächsten Generation, das Model 3, das derzeit für 2017 geplant ist, ungefähr 35.000 US-Dollar kosten.

Noch einmal: Der Durchschnittspreis für einen Neuwagen in den USA lag 2013 bei 31.252 US-Dollar.[246] Dieses "durchschnittliche" Auto (Toyota, Ford, GM, Honda, Nissan) wird ungefähr dasselbe kosten wie das E-Auto von Tesla „mit der Leistung eines Porsche 911 Carrera", aber mit einem Preisschild von 30.000 US-Dollar. Benzin-Autos werden keine Chance mehr haben. Hatte ich schon erwähnt, dass es 90 Prozent weniger kostet, E-Autos zu „betanken" und zu warten?

Selbst Autos unterer Fahrzeugklassen wie von den Marken Huyndai und Kia, die einen durchschnittlichen Verkaufspreis von 22.418 US-Dollar haben, sind chancenlos. Würden Sie einen Kia für 22.000 US-Dollar kaufen oder ein E-Auto mit der Leistung eines Porsche für 30.000 US-Dollar?

Noch einmal: Tesla ist der Kurve voraus. Der Vorstandsvorsitzende Elon Musk sagte, dass sein Unternehmen bereits eine 30 bis 40-prozentige Kostenverbesserung (pro kWh) für die Batterie des Model S im Blick hat. Geht man davon aus, dass die Batterie des Model S 350 US-Dollar pro kWh kostet, dann wird die nächste Generation der Tesla-Batterien zwischen 210 US-Dollar und 225 US-Dollar pro kWh liegen. Tesla würde diese Kostenbasis um 2015 herum erreichen – mehrere Jahre vor dem als Konsens geltenden Jahr 2020.

Das letzte Benzin-Auto

Wenn Batterien auf das Niveau von 100 US-Dollar pro kWh fallen, könnten sie für E-Autos mit einer Reichweite von 200 Meilen gerade einmal 5.000 US-Dollar kosten. Ab diesem Niveau werden E-Autos aller Kategorien billiger als "vergleichbare" Benzin-Autos. Ich schreibe das Wort "vergleichbar" in Anführungszeichen, weil die heutige Autoindustrie Fahrzeuge nach einem veralteten Preis-Leistungs-Paradigma einstuft.

Ein Elektrofahrzeug wie das Tesla Model X, zum Beispiel, würde in dieselbe Leistungsgruppe gehören wie der 100.000 US-Dollar teure Porsche 911 Carrera, würde aber dasselbe kosten wie ein 40.000 US-Dollar Buick Enclave SUV. Elektrofahrzeuge werden das veraltete Preis-Leistungs-Paradigma auf den Kopf stellen.

Die konventionelle Autoindustrie liegt falsch damit, wie sie die mit den jeweiligen E-Autos „vergleichbaren" Benzin-Autos klassifiziert, da E-Autos eine völlig neue Spezies sind. „Das Elektrofahrzeug ist eine Neu-Erfindung des Automobils und nicht nur ein Ersatz", meinte Masato Inoue, der leitende Produktdesigner für den Nissan Leaf. Ein Porsche kann mit dem Model X nicht mithalten, weil er mehr als doppelt so viel kostet, obwohl er eine vergleichbare Leistung erbringt. Der Enclave wird genauso viel wie das Model X kosten, aber nur einen Bruchteil seiner Leistung erbringen.

Das Elektrofahrzeug verändert auch die Wettbewerbsbasis in der Transportindustrie (siehe Abbildung 4.11). Von allen Gründen dafür, warum das Elektrofahrzeug disruptiv ist, ist das wahrscheinlich der stärkste.

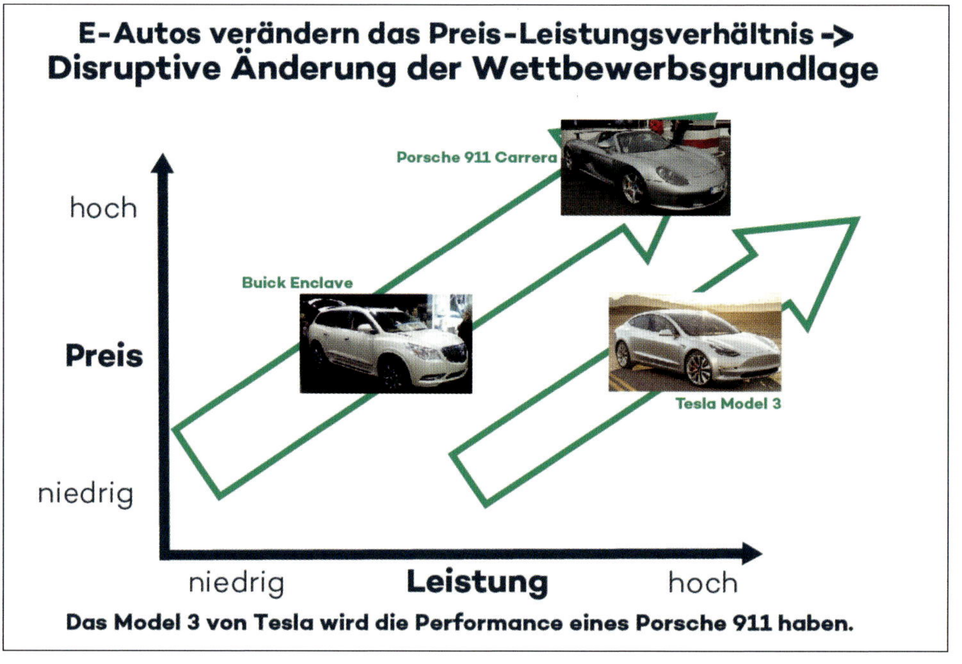

Abbildung 4.11 – Elektrofahrzeuge entziehen der Automobilindustrie die Basis ihrer Wettbewerbsfähigkeit. (Quelle: Tony Seba)

Weder teure noch günstige Benzin-Autos haben eine Chance gegen E-Autos, sobald E-Autos auf demselben Preisniveau sind. Wenn hochwertige Batterien für E-Autos einen Preis von 100 US-Dollar pro kWh erreichen, wird die Verbrennungsmotor-Industrie erledigt sein. Dann ergibt es – unabhängig vom Ölpreis – finanziell keinen Sinn mehr, ein Benzin- oder Dieselauto zu besitzen.

Meine Prognose ist, dass die Industrie bis 2024 oder 2025 ein Preisniveau von 100 US-Dollar pro kWh erreicht (siehe Abbildung 4.12). Ab 2025 wird es in keinem Markt mehr wirtschaftlich einen Sinn ergeben, ein neues Benzin-Auto zu kaufen. Zu diesem Zeitpunkt werden Ober- und Mittelklassemärkte größtenteils auf E-Autos umgestiegen sein. Selbst unter der Annahme, dass meine Prognose fünf Jahre daneben liegt oder dass es noch fünf weitere Jahre dauert, um die Infrastruktur für die Herstellung aufzubauen und zur neuen E-Auto-Weltordnung zu wechseln, werden bis 2030 Benzin-Autos die Pferdekutschen des 21. Jahrhunderts sein.

Es kann sein, dass dann immer noch Millionen von alten Benzin-Autos und LKWs auf den Straßen fahren. Zehn bis zwanzig Jahre alte Autos fahren auch heute noch auf den Straßen. Es gibt dann möglicherweise auch noch Nischenmärkte wie Kuba, wo 50 Jahre alte Autos die Norm sind. Im Wesentlichen wird man jedoch nach 2030 keine Autos mit Verbrennungsmotor mehr bauen. Erdöl wird dann ebenfalls überholt sein.

Öl wird im Jahr 2030 wohl eher billiger sein als heute (siehe Kapitel 8). Trotzdem wird mit dem im Jahr 2025 beginnenden Zusammenbruch der Benzin-Auto-Industrie auch der Sekundärmarkt für Autos mit Verbrennungsmotoren kollabieren. Es wird weniger Tankstellen, Werkstätten und Ersatzteilhändler geben, um die Besitzer von Autos mit Verbrennungsmotor zu bedienen. Wenn die Unternehmen, die Autos mit Verbrennungsmotoren anbieten, untergehen oder dazu übergehen, E-Autos herzustellen, werden sie die Produktion von Ersatzeilen für ihre älteren Modelle einstellen. Genauso, wie es immer schwieriger wird, Filme für eine Kamera oder einen Motorola 68000 Mikroprozessor zu finden, wird es auch zunehmend schwieriger, Teile für ältere Autos mit Verbrennungsmotor zu beschaffen. Die Betriebs- und Wartungskosten für Benzin-Autos werden zwangsläufig steigen, bis der Besitz eines Autos mit Verbrennungsmotor für alle außer den treusten Benzin-Auto-Besitzern zu teuer wird.

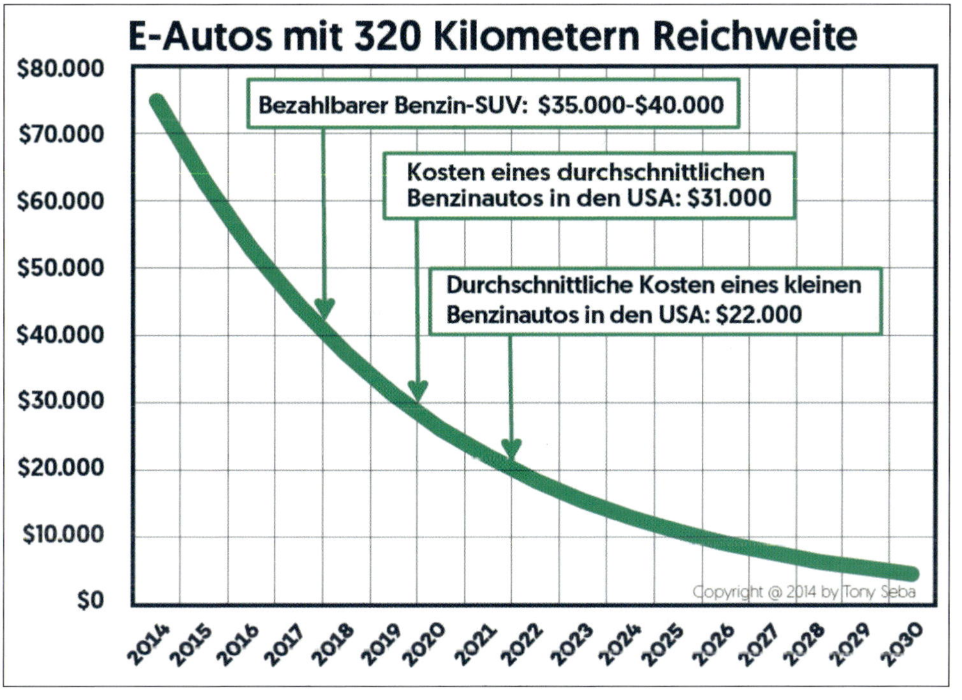

Abbildung 4.12 – Geschätzte Kosten für ein E-Auto mit 320 Kilometern Reichweite. (Quelle: Tony Seba)

Das beantwortet die Frage des früheren Vorstandsvorsitzenden von General Motors, Dan Akerson, wie es Tesla gelingen könnte, das „etablierte Geschäftsmodell" der Benzin-Autos-Industrie zu zerstören. Das E-Auto wird das Benzin-Auto verdrängen und es bis 2030 obsolet werden lassen, vielleicht auch schon bis 2025.

GM dachte, sie hätten das E-Auto in den 1990ern vernichtet, aber es ist möglich, dass es damit endet, dass das E-Auto noch vor 2025 GM und seine ganze Verbrennungsmotor-Verwandtschaft auslöscht. Die neue Vorstandsvorsitzende von GM, Mary Barra, und ihre Kollegen in Detroit, München und Toyoda haben immer noch die Chance, den Übergang zur neuen Weltordnung der E-Autos erfolgreich zu bewältigen. Aber wegen der langen Produktzyklen in der Benzin-Auto-Industrie, müssen sie sich heute dem E-Auto verschreiben. Wer sich entscheidet zu warten, wählt den eigenen Untergang.

Alles, was noch von der Industrie übrig bleibt, die Autos mit Verbrennungsmotoren baut, wird von einer weiteren disruptiven Welle ausgelöscht: dem autonomen (selbstfahrenden) Auto.

Kapitel 5

Die Disruption durch autonome (selbstfahrende) Autos

„Dieses ‚Telephon' hat zu viele Nachteile, als dass es je ernsthaft als Kommunikationsmittel in Betracht gezogen werden könnte."

– William Orton, Präsident der Western Union (Telegraphengesellschaft), 1876

„Die entscheidenden Probleme, denen wir uns gegenüber sehen, können wir nicht mit der Denkweise lösen, mit der wir sie geschaffen haben."

– Albert Einstein

„Mach Dich von allem frei. Angst, Zweifel, Misstrauen. Du musst Deinen Geist befreien."

– Morpheus, The Matrix

2005 habe ich mich entschieden, meinen Porsche Boxster zu verkaufen und ein neues Carsharing-Konzept namens „Zipcar" auszuprobieren. Für ca. 6 US-Dollar die Stunde (oder 72 US-Dollar pro Tag) konnte ich jederzeit im Umkreis von vier Blocks auf 20 Fahrzeuge zugreifen (siehe Abbildung 5.1). Dazu musste ich nur ein Fahrzeug auf der Internetseite von Zipcar reservieren (die Smartphone-App kam erst Jahre später), es abholen und losfahren. Autoschlüssel wurden nicht gebraucht, ich musste nur meine Mitgliedskarte (ZipCard) durchziehen und das Auto ging auf. Die Mietkosten enthielten schon Versicherung, Sprit und freie Kilometer (zu dieser Zeit waren es jeweils bis zu 190 km).

Abbildung 5.1 – Ein Zipcar Carsharing-Stellplatz, San Francisco Civic Center Plaza (Foto: Tony Seba)

Damals steckte die sogenannte „Sharing Economy" noch in den Kinderschuhen. Weniger als 10 Jahre später hat sich die Art und Weise, wie wir über Eigentum und Besitz denken, grundlegend geändert. Carsharing-Firmen wie Zipcar haben Tausenden ermöglicht, in den Genuss fast aller Vorteile eines eigenen Autos zu kommen, aber zu einem Bruchteil der normalen Kosten.

Nach eigenen Angaben hatte Zipcar 2012 in den USA mehr als 760.000 Mitglieder und einen Umsatz von 270 Millionen US-Dollar.[247] Nach Aussagen des Unternehmens ersetzt jedes seiner Fahrzeuge 15 Autos auf den Straßen.[248] Mit diesem 15 zu 1-Verhältnis von Mieter-zu-Besitzer, ersetzen die 10.000 Zipcar-Fahrzeuge 150.000 potentiell verkaufte Autos. Anders gesagt: das Zipcar Carsharing-Modell hat dazu geführt, dass die Autohersteller 150.000 Autos weniger verkauft haben. Ich weiß nicht, wie viele Führungskräfte namhafter Autohersteller sich schon Gedanken über dieses Teilen-zu-Besitzen-Verhältnis gemacht haben, aber es wird ihnen bald den Schlaf rauben.

Autos in der neuen Sharing Economy

Zipcar war nur der Anfang einer Reihe von Veränderungen, die zu einer fundamentalen Umwälzung der Autoindustrie, der öffentlichen und privaten Transportbranche und der Logistikindustrie führen wird.

Mittlerweile hat die „Sharing Economy" auch das Wohneigentum erreicht, das der wertvollste Vermögensgegenstand eines durchschnittlichen Amerikaners ist. Traditionell war „unser Haus unsere Burg". Aber seitdem es Webdienstleister wie Airbnb.com gibt, haben tausende Besitzer von Wohneigentum sich etwas dazu verdient, indem sie ihr Wohneigentum an wildfremde Menschen aus der ganzen Welt vermietet haben.

Geschätzte 300.000 Menschen haben ihr Wohneigentum an neun Millionen Fremde über Airbnb.com, eine in San Francisco ansässige Firma, vermietet.[249] 2008 gegründet, hat Airbnb mittlerweile 500.000 Einträge in 34.000 Städten und 192 Nationen auf der ganzen Welt.[250] In weniger als fünf Jahren hat sich Airbnb von der Idee des Gründers zum wahrscheinlich größten Hotelbetrieb der Welt entwickelt.

Über CouchSurfing.com haben sogar noch mehr Menschen ihr Wohneigentum vermietet als über Airbnb. 1999 in San Francisco gegründet, hat CouchSurfing.com sechs Millionen Menschen in 100.000 Städten auf der ganzen Welt kostenlose Aufenthalte ermöglicht.[251]

Es gibt einen Unterschied zwischen Dienstleistern wie Zipcar und Airbnb.com. Zipcar ist wie ein Hotelfranchising für PKWs. Hotels verfügen über Zimmer und vermieten sie auf Zeit. Zipcar besitzt auch seine eigenen Autos.

Nach dem Eigenheim ist das Auto der wertvollste Besitz des durchschnittlichen Amerikaners, aber die Amerikaner benutzen ihre Autos in der Regel nur zwei Stunden am Tag. Das heißt, unser zweitwertvollster Besitz hat eine Kapazitätsauslastung von weniger als 10 Prozent. Wir bezahlen jeden Monat Hunderte von Dollar für die Autofinanzierung, die Autoversicherung, die Parkgebühren, die Reparaturen, den Sprit und die Instandhaltung – alles für einen Besitz der 90 Prozent der Zeit nicht genutzt wird.

Gibt es einen Weg, um mit dem Auto in dieser „Auto-Stillstandszeit" Geld zu verdienen? Da wir unser Auto nur ein paar Stunden pro Tag nutzen, gibt es viel freie Kapazität für Menschen, die ein Auto mieten wollen. Wenn Eigenheimbesitzer gerne ihren wertvollsten Besitz teilen, warum sollten Autobesitzer dann nicht auch ihren zweitwertvollsten Besitz teilen? Gibt es ein Airbnb oder ein CouchSurfing für Autos?

In San Francisco sind mehrere neue Carsharing-Dienste mit leicht unterschiedlichen Geschäftsmodellen entstanden. Die Firma Lyft zielt direkt auf den Taximarkt. Sie ermöglicht Menschen, ihr Auto in ihrer Freizeit als Taxi zu nutzen. Alles wird über eine Smartphone-App abgewickelt: von der Bestellung des Autos über die Bezahlung bis hin zur Bewertung des Fahrers.

Uber hat damit angefangen, den Kontakt zwischen Limousinen-Fahrern und potentiellen Kunden herzustellen. Zusätzlich führte die Firma ein Auktionssystem wie auf eBay ein, um das Limousinen-Angebot und die Nachfrage aufeinander abzustimmen. Das führt dazu, dass eine Fahrt in den Zeiten der höchsten Nachfrage wesentlich teurer sein kann, als eine normale Taxifahrt. Als ich an Neujahr zu einer

Party am San Francisco North Beach mit einem Uber-Auto gefahren bin, musste ich 50 US-Dollar für eine Fahrt bezahlen, die mich in einem normalen Taxi 15-20 US-Dollar gekostet hätte. Der Fahrer sagte mir, dass für Fahrten nach Mitternacht Preise von über 100 US-Dollar erwartet würden.

Die Firmen Lyft und Uber fungieren als markterzeugende Vermittler im Markt für den Individualverkehr. Sie tragen dazu bei, diesen Markt effizienter zu gestalten, indem sie Verkäufer mit freien Kapazitäten mit Käufern zusammen bringen, die diese freie Kapazität sonst nicht nutzen könnten. Lyft und Uber haben den Taximarkt in San Francisco bereits verändert und breiten sich weltweit mit rasender Geschwindigkeit aus.

Uber wurde Anfang 2009 gegründet. Weniger als 4 Jahre später erhielt die Firma eine Million Fahrtanfragen pro Woche und erfüllt 80 Prozent dieser Anfragen. 2013 betrug der Umsatz der Firma geschätzte 213 Millionen US-Dollar.[252] Kürzlich hat Uber mehr als 341 Millionen US-Dollar Risikokapital in einer Finanzierungsrunde eingesammelt, bei der Uber mit mehr als 3,5 Milliarden US-Dollar bewertet wurde.[253] Der größte Investor in dieser Finanzierungsrunde war Google, das 250 Millionen US-Dollar in die vier Jahre alte Firma investierte.

Taxis machen allerdings nur einen kleinen Teil der Autos aus, die es heute auf den Straßen gibt. Nach Angaben von Wards Auto sind heute mehr als eine Milliarde Autos weltweit unterwegs.[254] Diese Zahl wird nach Einschätzung des International Transport Forum auf 2,5 Milliarden Fahrzeuge steigen.[255]

Die meisten dieser einen Milliarde Fahrzeuge stehen 90 Prozent der Zeit in einer Einfahrt oder auf einem Parkplatz. Für die Firma, die es schafft, auch nur einen kleinen Teil dieser ungenutzten Transportkapazität zu mobilisieren, gibt es eine riesige Marktchance.

GetAround.com ist ein anderer Peer-to-Peer-Service („Service unter Gleichen"), der PKWs weltweit besser nutzen will. Anstatt Ihr Auto jeden Tag mehrere Stunden ungenutzt herumstehen zu lassen, lädt GetAround Sie ein, Ihr Auto an einen Nachbarn oder jemanden, der in der Nähe lebt, zu vermieten. Diese Dienstleistung ähnelt mehr dem Zipcar-Modell, bei dem der Mieter ein Auto pro Stunde oder Tag ausleihen kann. Im Gegensatz zu Zipcar, muss GetAround allerdings keinen Fuhrpark kaufen oder instand halten. Die Firma stellt nur die Verbindung zwischen Käufer und Verkäufer her und erhält dafür einen Anteil des Geschäfts.

Die Problematik dieses Geschäftsmodells liegt darin, dass das Auto Ihrer Nachbarin möglicherweise nicht zu dem Zeitpunkt verfügbar ist, zu dem Sie es brauchen. Sie nimmt es wahrscheinlich morgens mit zur Arbeit und bringt es abends wieder nach Hause. Das Auto Ihrer Nachbarin steht in 40 km Entfernung ungenutzt auf dem Firmenparkplatz herum, während Sie es brauchen, um zum Supermarkt zu fahren. Ein Geschäftsmodell wie das von GetAround.com funktioniert in Gebieten wie San Francisco oder New York, in denen es eine hohe Dichte von Käufern und Verkäufern gibt. Kann das GetAround.com-Geschäftsmodell in einem Vorort funktionieren – 40 km vom Zentrum des Geschehens entfernt?

Autonome Autos: Die ultimative Disruptionsmaschine

Das selbstfahrende Auto wird die Automobilbranche, die Transportbranche (öffentlich und privat) und die Logistikbranche umwälzen. Es wird auch zur Zerstörung der Ölindustrie beitragen. Das selbstfahrende Auto wird die Pläne unserer Städte von Grund auf verändern, mehr als alles, was seit dem Niedergang von Pferd und Kutsche passiert ist.

Das selbstfahrende Auto würde Sie abholen, zu Ihrem Ziel fahren, absetzen und dann den nächsten Kunden abholen. Um Ihr nächstes Ziel zu erreichen, würden Sie eine Bestellung in Ihre Smartphone-App eingeben (oder Sie fragen einfach Siri). Ein anderes autonomes Auto würde Sie abholen und dorthin fahren.

Ob das autonome Auto einer Carsharing-Firma wie Zipcar oder einer Privatperson gehört, die es während der Arbeit ausleiht, ist unerheblich. Sie wissen, dass es immer ein Auto geben wird, um Sie zu jeder Zeit an jeden Ort zu bringen. Sie müssen nicht einmal in einem Ballungsraum wohnen.

Das auf autonomen Autos basierende Geschäftsmodell der *„Mobilität auf Abruf"* würde den Transportmarkt erweitern. Man denke nur an die Millionen von Menschen mit Behinderungen, Kinder oder ältere Menschen, die nicht Auto fahren können. Auf einmal hätten diese Menschen Autos um zur Schule, in den Park, zum Arzt oder zu den Wohnungen ihrer Freunde oder Familie zu fahren.

Eltern, die unter Zeitdruck stehen, müssen ihre Kinder nicht mehr jeden Morgen zur Schule oder ihre eigenen Eltern zum Arzt fahren. Blinde Menschen könnten zu einem Restaurant quer durch die Stadt fahren. All das wäre möglich, ohne dass der Fahrer einen Führerschein oder ein eigenes Auto besitzt.

Benzin-Autos: die ultimativen Verlustmaschinen

Während der Hauptverkehrszeit hat der I-880-Highway in der Bay Area von San Francisco eines der höchsten Verkehrsaufkommen der gesamten USA. Wenn ich nur in die Nähe des I-880-Highways fahren muss, organisiere ich meine Treffen für den späten Morgen oder den frühen Nachmittag, damit ich nicht in den Verkehr der Rush Hour gerate. Das Leben ist aber selten geradlinig, selbst wenn man nur von A nach B kommen will.

Kürzlich wurde ich zu einer Veranstaltung der „SFUN Solar Accelerator", für die ich als Berater tätig bin, eingeladen. Das Treffen sollte um fünf Uhr nachmittags am Jack London Square in Oakland stattfinden. Wenn ich zu Hause in San Francisco bin, nehme ich die BART (Bay Area Rapid Transit) U-Bahn oder die Fähre nach Oakland. Leider hatte ich am frühen Nachmittag ein Treffen in San Jose, das länger dauerte, als erwartet. Als ich schließlich den I-880-Highway erreichte, war es vier Uhr nachmittags, knapp vor der Pendlerzeit. Ich hatte genau eine Stunde Zeit, die 61 km nach Oakland zurückzulegen. Normalerweise würde das ausreichen, aber der I-880-Highway ähnelte bereits einem Parkplatz. Zwanzig Minuten später war ich genau acht Kilometer weiter gekommen.

In diesem Moment wünschte ich mir, ich hätte ein selbstfahrendes Auto (siehe Abbildung 5.2).

Abbildung 5.2 – Ein von Google zu einem selbstfahrenden Auto umgebauter Lexus. (Quelle: Wikipedia)[256]

Die Welt drehte sich, aber mein Auto stand. Ich brauchte Zeit, um an diesem Buch zu arbeiten und meinen bevorstehenden Kurs zum Thema Disruption an der Stanford Universität vorzubereiten. Ich musste den Entwurf für die Bewertung eines Windparkprojekts prüfen. Ich war Berater für die mögliche Investition in ein Elektrobus-Unternehmen und musste meinen Geschäftspartner in Londen anrufen. Es war zwar nach Mitternacht in Großbritannien, aber vielleicht könnte ich meinem Geschäftspartner ein E-Mail senden und er wäre noch wach, um es zu empfangen. Ich hatte seit längerer Zeit meine Freundin Sara nicht mehr angerufen. Margie auch nicht. Und außerdem brauchte ich ein bisschen Zeit zum Entspannen.

Aber ich steckte im Stau. Es war klar, dass ich die Feier in Oakland nicht rechtzeitig erreichen würde, also wendete ich das Auto und fuhr wieder zurück nach San Jose.

Das Benzin-Auto ist die ultimative Verlustmaschine. Das Auto hat uns in mindestens fünf Bereichen Verluste beschert:

1. Verlust von Leben
2. Verlust von Zeit
3. Verlust von Raum
4. Verlust von Energie
5. Verlust von Geld

Das autonome Auto ist ein revolutionäres Produkt, weil es jeden einzelnen Verlustposten auf dieser Liste auf ein Minimum reduzieren kann.

Verlust von Leben

Die Zahl der Menschen, die durch Autounfälle ums Leben kommen, ist eine Tragödie mit unsäglichen Ausmaßen. Allein in den Vereinigten Staaten starben 2010 bei sechs Millionen Autounfällen 32.788 Menschen. Es wird geschätzt, dass 93 Prozent dieser Menschen durch menschliches Versagen ums Leben kamen. 2009 landeten 2,3 Millionen erwachsene Fahrer und Mitfahrer in der Notaufnahme.[257]

Um die Zahl der Verkehrstoten in einen Bezug zu setzen: im Vietnamkrieg starben 58.220 Amerikaner (1956-1975).[258] In der gleichen Zeit starben in den Vereinigten Staaten 757.538 Menschen bei Verkehrsunfällen (dreizehn mal so viele).[259]

Nach Angaben der „World Health Organization" kamen im Jahr 2010 weltweit 1,24 Millionen Menschen bei Autounfällen ums Leben.[260] Fast die Hälfte dieser Toten waren Passanten, Fahrradfahrer oder Motorradfahrer.[261] Zusätzlich erleiden jedes Jahr 20 bis 50 Millionen Menschen nicht tödlich verlaufende Verletzungen durch einen Autounfall.

Weltweit ist die häufigste Todesursache in der Altersgruppe von 15 bis 29 Jahre der Tod infolge eines Verkehrsunfalls. Ein Verkehrsunfall ist weltweit die zweithäufigste Ursache für den Tod eines Kindes zwischen 5 und 14 Jahren. In diesem Alter sterben mehr Kinder durch Autounfälle als durch Malaria, Tuberkulose oder Masern.[262]

Menschen sind offensichtlich keine besonders guten Fahrer. Wir lassen uns leicht ablenken. Wir trinken und essen, während wir fahren. Wir schreiben SMS oder telefonieren. Wir greifen zum Radio oder ins Handschuhfach. Wir schminken uns, reden mit unseren Mitfahrern, diskutieren mit unseren Kindern auf der Rückbank oder träumen mit offenen Augen – manchmal alles auf einmal. Außerdem sind wir unseren eigenen körperlichen Grenzen ausgeliefert: unser Sehvermögen, unsere Reaktionsgeschwindigkeit und sogar unser Schlafverhalten entscheiden darüber, wie gut wir Auto fahren können.

Nach Aussagen des Harvard-Professors Sendil Mullainathan zeigen die mathematischen Modelle auf Basis der Daten des „Center for Disease Control" (Zentrum für Gesundheitskontrolle), dass 15-33 Prozent aller tödlichen Autounfälle der Vereinigten Staaten durch übermüdete Autofahrer verursacht werden.[263]

Autonome Autos können in vielerlei Hinsicht die besseren Fahrer sein. Sie haben einen Blickwinkel von 360°. Computer werden nicht abgelenkt. Sie können nachts „sehen" und sind nicht dem Schlaf-Wach-Rhythmus ausgeliefert. Die Aufmerksamkeit autonomer Autos lässt nicht nach, weil sie eine SMS schreiben oder mit dem Handy telefonieren. Sie trinken nicht, fahren nie zu schnell und träumen nicht mit offenen Augen.

Die Technologie ist noch nicht perfekt, aber autonome Autos fahren vermutlich schon besser als die meisten Menschen. „Autonome Autos erkennen 6.500 mal besser Gefahren als Menschen" sagt Masato Inoue, leitender Produktdesigner des Nissan Leaf. Das selbstfahrende Auto von Google hat schon 800.000 km zurückgelegt, ohne einen Unfall zu verursachen. Es gab allerdings einen Auffahrunfall – durch einen menschlichen Fahrer.

Autonome Fahrzeuge werden exponentiell besser, weil ihre technischen Komponenten wie Sicht, Sensorik, Rechenleistung und maschinelles Lernen exponentiell schneller, billiger und besser werden. Die „künstliche Intelligenz"-Software, die autonome Fahrzeuge steuert, wird ebenfalls immer besser. Die Menge an Daten, auf die autonome Fahrzeuge zugreifen können, nimmt exponentiell zu und die Computerplattform, die die Daten verarbeitet, wird ebenfalls exponentiell besser.

Wenn ein Mensch etwas lernt, wird er das Gelernte vielleicht an andere weitergeben, vielleicht aber auch nicht. Selbst wenn er seine Erfahrungen weitergibt, ist es fraglich, ob andere sie beherzigen. Eine Erkenntnis wird nur dann wirklich absorbiert, wenn sie durch eigene Erfahrungen gemacht wurde. Menschen machen immer und immer wieder die gleichen Fehler. Das ist einer der Gründe, weshalb es so viele Autounfälle gibt.

Im Gegensatz dazu sammelt das Google-Auto mehr als 1 GB Daten pro Sekunde![264] Um eine Vorstellung zu bekommen, wie viele Daten das sind: Das iPhone 5 hat 16 GB oder 32 GB Speicherkapazität. Das Google-Auto würde den Datenspeicher in maximal 32 Sekunden füllen. Wie bei jeder anderen Computerplattform entwickelt sich die Datenerzeugung exponentiell. Es wird nicht lange dauern, bis ein autonomes Auto die Speicherkapazität eines Smartphones in einer Sekunde mit Daten füllen kann. Außerdem wird das Google-Auto von diesen ganzen Daten „lernen".

Autonome Autos werden auch von den Daten, die alle anderen autonomen Autos sammeln, lernen. Sagen wir, ein autonomes Auto macht in Neuseeland einen Fehler und lernt etwas daraus. Was in Neuseeland passiert, bleibt aber nicht in Neuseeland. Die Lehre daraus wird kodifziert an eine Datenbank für „tiefes Lernen" in Mountain View oder München übertragen, wo es katalogisiert, mit ähnlichen Fehlern anderer autonomer Autos verglichen und wieder in Codes verwandelt wird, um anschließend weltweit auf Millionen von autonomen Autos übertragen zu werden. Ein paar Tage (oder vielleicht sogar nur Stunden) nach dem Unfall in Neuseeland hat jedes autonome Auto weltweit gelernt, ähnliche Fehler zu vermeiden. Jedes Auto lernt, ein besserer Fahrer zu werden.

Jeder Unfall wird jedes autonome Fahrzeug zu einem besseren und intelligenteren Fahrer machen. In der Informationsökonomie ist dieses Phänomen als *Netzwerkeffekt* bekannt. Mit der Menge an Informationen, über die das Netzwerk verfügt, nimmt der Wert des Netzwerks exponentiell zu. Die Lernfähigkeit der autonomen Fahrzeuge wird exponentiell zunehmen, was dazu führt, dass sie bald schlauer, besser, schneller und sicherer sind, als die besten menschlichen Fahrer.

Dass autonome Autos besser, intelligenter und schneller fahren werden als wir, ist sicher. Vielleicht ist es eine Überraschung, dass diese Fahrzeuge die besten professionellen Autofahrer weltweit schlagen werden, aber sie werden Danica Patrick, Jimmie Johnson, Dale Ernhardt Jr. und die restlichen Top-NASCAR-Fahrer alle abhängen (NASCAR: National Association for Stock Car Auto Racing – US-amerikanischer Motorsportverband). Autonome Autos werden nicht nur die besten NASCAR-Fahrer weltweit schlagen, sondern gleichzeitig Leben retten und Sprit sparen.

Autonome Autos werden bald mehr als eine Million Leben pro Jahr retten. Allein das ist potentiell revolutionär.

Verlust von Platz

Wenn ein Archäologe aus dem Weltall heute die Erde erforschen würde, müsste er zum Schluss kommen, dass das Auto die dominante Lebensform auf der Erde ist. In unseren Städten wird dem Auto mehr Platz eingeräumt als den Menschen.

Die Straßen und Parkplätze der nordamerikanischen Städte nehmen zwischen 30 und 60 Prozent der Gesamtfläche ein.[265] Auch Autobahnen sind eine ungeheure Platzverschwendung. Autofahren benötigen 10 bis 100 mal mehr Fläche als andere Transportmittel. Zum Beispiel werden auf der Autobahn 200 m^2, auf anderen Fernstraßen aber nur 30 m^2 pro Autopassagier benötigt. Ein Passagier im öffentlichen Nahverkehr beansprucht nur 2 m^2, ein Fußgänger 3 m^2.[266]

Wenn man im Stau steht, kann man leicht den Eindruck gewinnen, es gäbe nicht genug Autobahnen. Wenn man aber mit 100 km pro Stunde auf der Autobahn fährt und der Verkehr problemlos fließt, beanspruchen laut Professor Steven Shladover von der Universität Berkeley Autos nur 5 Prozent der Straßenfläche.[267] Das bedeutet, dass bei besten Verkehrsverhältnissen 95 Prozent der Autobahnfläche ungenutzt bleibt. Dieser Platz ist verschwendet: bei Autobahngeschwindigkeit braucht jedes Auto mindestens 40 bis 50 m Sicherheitsabstand zum nächsten Auto und eine Fahrbahn, die doppelt so breit wie das eigene Auto ist.

Forschungen haben gezeigt, dass intelligente Fahrzeuge den Platzbedarf drastisch reduzieren können, um die gleichen Grundfunktionen zu erfüllen, die Menschen jetzt schon beherrschen. Zum Beispiel brauchen automatisierte Fahrzeuge 25 Prozent weniger Platz beim Einfädeln und Spurwechsel.[268]

Autos, die mit automatischen Abstandsreglern (auch ACC, Adaptive Cruise Control, genannt) ausgestattet sind, ermöglichen eine etwa 40 Prozent höhere Autobahnauslastung. Wenn sowohl automatische Abstandsregler als auch Kommunikation zwischen den Fahrzeugen genutzt werden, kann nach Angaben der Columbia Universität die Leistungsfähigkeit von Autobahnen um erstaunliche 273 Prozent erhöht werden.[269]

Anders gesagt: autonome Autos können Staus auf Autobahnen beenden, indem sie die Leistungsfähigkeit der Autobahnen um das 3,7-fache erhöhen. Nach der Disruption durch selbstfahrende Autos müssen wir entscheiden, was wir mit der ganzen ungenutzten Autobahnfläche machen.

Verlust von Zeit

Im Jahr 2012 haben Staus die US-Bürger 121 Milliarden US-Dollar gekostet. Diese Zahl wird nach Schätzung des Urban Mobility Report von TTI bis 2020 auf 199 Milliarden US-Dollar anwachsen.[270] Nach Angaben von KPMG vergeuden die US-Bürger 4,8 Milliarden Stunden in Staus.[271]

Ich habe zwar bisher hauptsächlich PKWs betrachtet, aber jeder, der in der zweiten Reihe geparkte FedEx- oder UPS-Lkws gesehen hat, weiß, dass auch Lkws Zeit, Platz und Energie verschwenden. Im Jahr 2004, noch vor der explosiven Zunahme der Paketzustellungen auf Grund des Wachstums des Online-Verkaufs, verursachten Lieferwagen geschätzt eine Million Stunden an Verspätungen von Fahrzeugen.[272] Eine Studie hat herausgefunden, dass Lieferwagen jeden Tag zusammen genommen sieben Stunden in der zweiten Reihe parken, die Straßen so in Parkplätze verwandeln und die während der Hauptverkehrszeit ohnehin schon angespannte Verkehrssituation verschlechtern.[273]

Auf der Straße verschwendete Zeit ist auch anstrengend. Der MIT-Professor Carlo Ratti hat einen Straßen-Frustrations-Index zur Messung der Auswirkungen des Verkehrs auf die psychische Verfassung des Fahrers entwickelt und kam zu dem Schluss, dass die Anspannung beim Autofahren in der Stadt so hoch wie beim Fallschirmspringen ist.[274]

Selbstfahrende Autos werden die Fahrzeiten für Pendler durch die Reduktion von Staus verkürzen. Weil autonome Autos von uns nicht gesteuert werden müssen, wird darüber hinaus die Zeit, die wir heute noch im Auto verschwenden, in produktive Zeit verwandelt. Manche werden sich vielleicht entscheiden, im Internet zu surfen (oder was immer das Internet 2030 abgelöst haben wird) oder im Auto zu schlafen. So oder so, jede Stunde, in der wir nicht Auto fahren, ist eine Stunde mehr Lebenszeit. Selbstfahrende Autos werden uns auch all die Zeit fürs Parken und die Parkplatzsuche ersparen. Sie werden uns absetzen und danach in aller Ruhe selbst einparken oder den nächsten Fahrgast abholen.

Verlust von Energie

Nach Angaben des MIT Media Lab werden 40 Prozent des Benzins, das in Ballungsgebieten verbraucht wird, bei der Suche nach einem Parkplatz verschwendet.[275] Jedes Jahr vergeuden US-Amerikaner im Stau 7,2 Milliarden Liter Sprit.[276] Die erste energiesparende Funktion des autonomen Autos ist sehr banal: das automatische Einparken.

Wenn autonome Fahrzeuge einparken müssen, sind sie genauer beim Einparken. Sie können sich in enge Parklücken quetschen. Parkplätze, die ein durchschnittlicher Fahrer für viel zu eng hält, können für ein autonomes Auto geeignet sein. Um einen Parkplatz zu finden, kann das autonome Auto mit sensorgestützten Parkplätzen (oder sogar mit anderen Autos) in der weiteren Umgebung kommunizieren. Das autonome Auto kann dann direkt zum Parkplatz fahren, ohne lange suchen zu müssen.

Eine zweite energiesparende Eigenschaft ist die Reduktion des Luftwiderstands. Da autonome Autos die Anwesenheit anderer Autos besser wahrnehmen können, können sie einander beim Fahren viel näher kommen, was den Luftwiderstand reduziert. Diese Reduktion des Luftwiderstands würde nach Angaben des Rocky Mountain Institutes den Spritverbrauch um 20 bis 30 Prozent reduzieren.[277]

Verlust von Geld

Nach Angaben der American Automobile Association (AAA) hat ein US-Bürger, der 16.000 km mit seinem Minivan zurücklegt, jährliche Ausgaben für das Fahrzeug in Höhe von 8.161 US-Dollar.[278] Das ist eine relativ große Summe, wenn man bedenkt, dass das jährliche Durchschnittsgehalt in Amerika 2011 bei 26.684 US-Dollar lag.[279] Kosten für das Auto sind Ausgaben nach Steuern. Sie liegen bei 51 US-Cent pro gefahrenem Kilometer und binden mehr als ein Drittel des durchschnittlichen amerikanischen Einkommens.

Durch Verletzungen bei Verkehrsunfällen entstehen weltweit Verluste in Höhe von 518 Milliarden US-Dollar pro Jahr. Nach Angaben der Weltgesundheitsorganisation geben Regierungen pro Jahr zwischen einem und drei Prozent ihres Bruttosozialprodukts dafür aus.[280]

Staus kosten die Amerikaner 101 Milliarden US-Dollar für Verspätungen und Sprit zusammen genommen. Das sind jährlich 713 US-Dollar pro Pendler.[281] Darüber hinaus geben amerikanische Pendler im Durchschnitt jedes Jahr 1.000 US-Dollar für Parkgebühren und 1.500 US-Dollar für die Kosten von Unfallschäden aus.[282]

Autonome Autos können uns an jedem beliebigen Ort abholen und absetzen, ohne dass wir einen Parkplatz suchen und dafür bezahlen müssen. Da autonome Autos besser fahren werden als wir, wird das die Zahl der Unfälle und ihre Folgekosten minimieren.

Schließlich werden wir durch eine grundlegende Änderung unserer Vorstellungen vom Autobesitz Geld sparen. Wenn autonome Autos uns jederzeit abholen und überall hinfahren können, werden die meisten Menschen kein Auto mehr besitzen wollen. Diejenigen, die noch ein Auto besitzen, werden es vielleicht während der 90 Prozent der Zeit, in der sie nicht damit fahren, an andere vermieten.

Das Wettrennen hin zu vollständig autonomen Autos beschleunigt sich

Nissan hat versprochen, bis 2020 ein bezahlbares, autonomes Auto auf den Markt zu bringen. „Bis 2020 werden wir ein Auto für die Straße anbieten, das genauso gut funktioniert wie die Autos auf unserer Teststrecke in Kalifornien. Als Fahrer kann man die Arme verschränken, die Beine übereinander schlagen und das Auto wird Sie fahren, wohin sie wollen“, so die Aussage von Andy Palmer, dem stellvertretenden Vorstandsvorsitzenden von Nissan.[283] BMW und Mercedes haben ebenfalls versprochen, bis 2020 ein autonomes Auto zu haben.

Andy Palmer sagte außerdem, dass innerhalb von zwei Fahrzeug-Lebenszyklen nach dem ersten selbstfahrenden Auto Technologien für autonomes Fahren für die ganze Nissan-Poduktpalette verfügbar sein werden.[284] Er bekräftigte erneut, dass die Firma sich das Ziel von „null Todesopfern und null Emissionen“ gesetzt hat.

Wie schnell wird die Markteinführung autonomer Fahrzeuge gehen? Die Akzeptanz und die Nachfrage wird je nach Marktsegment, Altersgruppe und Region variieren. Eine von „Cisco System“ erstellte Studie ermittelte, dass 57 Prozent der befragten Autofahrer autonomen Autos vertrauen würden.[285] Die Studie stellte fest, dass 95 Prozent der befragten Brasilianer und 86 Prozent der befragten Inder mit autonomen Autos fahren würden (92 Prozent der befragten Brasilianer würden sogar ihre Kinder in autonomen Autos fahren lassen!). Aber nur 37 Prozent der Deutschen und 28 Prozent der Japaner würden sich autonomen Autos anvertrauen. Die US-Amerikaner liegen mit einer Akzeptanzrate von 60 Prozent im Mittelfeld.

Dafür, dass diese Technologie noch nicht auf dem Markt ist, sind diese Zahlen erstaunlich hoch. Dass die Fahrer selbstfahrende Autos willkommen heißen, könnte dafür sprechen, dass viele Menschen das Bedürfnis haben, vom langweiligen Herumsitzen im Verkehr erlöst zu werden. Wenn man die endlosen Staus von Sao Paolo erlebt, versteht man, dass die Brasilianer bereit sind, auf autonome Autos umzusteigen. Ich bin kürzlich nach Istanbul in der Türkei gereist. Der Verkehr war dort so schlimm, dass unser Taxifahrer während der Fahrt ein komplettes Fußballspiel live auf seinem iPhone verfolgen konnte.

Das Jahr 2020 könnte das erste Jahr für vollständig automatisierte Autos werden, aber der Wandel hin zu selbstfahrenden Autos hat schon begonnen. Um diesen Wandel zu verstehen, müssen wir die Rahmenbedingungen betrachten, die von der National Highway Traffic Safety Administration (NHTSA, Nationale Behörde für Verkehrssicherheit) entwickelt wurden. Die NHTSA hat ein fünfstufiges System entwickelt, um den Autoherstellern ihre Regulierungsbestrebungen klar zu kommunizieren.[286]

NHTSA Level	Beispiel von Automatisierungsfunktionen	Rolle des Fahrers	Hersteller, die die Funktionen anbieten
0	Keine	Fahrer hat die volle Kontrolle	Alle
1	- Automatischer Abstandsregler - Dynamische Bremsunterstützung im Notfall	Fahrer hat die Kontrolle, kann aber eine einzelne Funktion der Automatisierung überlassen	Audi, BMW, Mercedes, Nissan und andere
2	- Automatischer Abstandsregler - Spurassistent - Stauassistent	Der Fahrer kann im Internet surfen, lesen und schreiben, muss aber, wenn nötig, die Kontrolle übernehmen können	Audi, BMW, Mercedes, Nissan
3	- Stauassistent - Fahrerloses Stadt-Shuttle - Fahrerloses Campus-Shuttle	Fahrer kann schlafen	Google, Induct, Nissan
4	- Volle Fahrzeug-Automation	Keine	Keine

Tabelle 5.1 – Stand der autonomen Autos nach der NHTSA Einteilung (Quelle: Steven Shladover,[287] NHTSA und Autor)

Stufe 0: Keine Automatisierung. Der Fahrer hat jederzeit die völlige Kontrolle über das Fahrzeug und über alle Hauptkontrollfunktionen (Bremsen, Lenkung, Gaspedal und Antriebskraft).

Stufe 1: Automatisierung einer spezifischen Funktion. Eine Kontrollfunktion ist automatisiert. Wenn mehrere Kontrollfunktionen automatisiert werden, arbeiten sie unabhängig voneinander. Der Fahrer behält zwar die Gesamtkontrolle und hat die Verantwortung für das sichere Betreiben des Fahrzeugs, kann aber bis zu einem gewissen Maße die Befehlsgewalt über eine automatisierte Hauptkontrollfunktion abgeben.

Stufe 2: Zwei automatisierte und verknüpfte Funktionen. Mindestens zwei Kontrollfunktionen sind automatisiert und arbeiten zusammen. Durch die Automatisierung mehrerer Funktionen übernimmt das Fahrzeug die Kontrolle, was dem Fahrer ermöglicht, sich von der Bedienung des Fahrzeugs zurückzuziehen. Der Fahrer kann seine Hände vom Steuer *und* seinen Fuß gleichzeitig vom Gaspedal nehmen.

Stufe 3: Eingeschränkte Selbstfahr-Automatisierung. Der Fahrer übergibt dem Auto die komplette Kontrolle über alle kritischen Funktionen. Der Fahrer kann sich dann gefahrlos anderen Aktivitäten als dem Fahren widmen. Vom Fahrer wird erwartet, dass er verfügbar bleibt, um gelegentlich die Kontrolle zu übernehmen, allerdings erst nach einer angemessenen Übergangszeit.

Stufe 4: Vollständige Selbstfahr-Automatisierung. Das Auto ist so konstruiert, dass es vollautomatisch fährt. Es führt alle sicherheitsrelevanten Fahrfunktionen aus und überwacht die Straßenverhältnisse während der gesamten Fahrt mit oder ohne Fahrer an Bord.

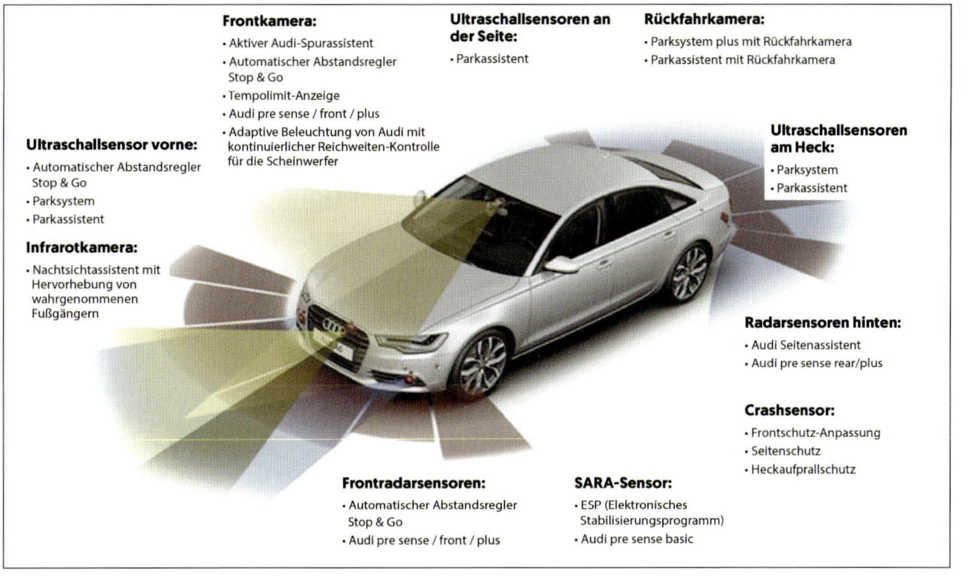

Abbildung 5.3 – Das Fahrerassistenzsystem des Audi A6 von 2012. (Quelle: Audi USA)[288]

Manche Fahrzeuge der Spitzenklasse sind schon jetzt mit Software und Hardware ausgestattet, die dem Fahrer bestimmte Fahrfunktionen abnehmen. So hat z.B. der Audi A6 des Jahres 2012 Sensoren, Kameras und Software die den Fahrer bei einer ganzen Reihe von Aufgaben unterstützen können (siehe Abbildung 5.3):

- Automatisches Einparken
- Nachtsichtgerät zur Erkennung von Passanten
- Spurwechselassistent
- Automatischer Abstandsregler mit „Stop und Go"-Funktion

Das Brems-Assistenz-System mit Kreuzungsassistent von Mercedes-Benz unterstützt den Fahrer, um sowohl Auffahrunfälle als auch Unfälle durch Querverkehr zu vermeiden, die sich z.B. an Straßenkreuzungen ereignen. Die Stereo-Kameras und Radarsensoren für die kurze, mittlere und weitere Umgebung erzeugen optische Daten. Das Auto wertet die Daten aus, um Kollisionsgefahren durch Querverkehr (von Fahrrädern bis zu LKWs) zu erkennen. Falls eine Kollision kurz bevor steht, warnt das System nicht nur den Fahrer, sondern es bremst auch ab und bringt das Auto zum Stehen.[289]

Der BMW X5 bietet eine Stau-Assistenz-Technologie, mit der das Auto im dichten Verkehr bis zu einer Geschwindigkeit von 40 km pro Stunde eigenständig fährt. Das heißt, im Stau kann dieser BMW zu einem autonomen Auto werden.[290]

Wenn man diese Funktionen verbindet, hat man ein halb-autonomes Auto. Zwischen den fünf Stufen der NHTSA-Behörde besteht ein fließender Übergang von Stufe 1 (eine automatisierte Funktion) bis Stufe 4 (vollautomatisiertes Auto). Einige Autos haben bereits einen Stauassistenten, an den der Fahrer die Kontrolle abgeben kann (Stufe 3). Vollautomatisierte Shuttlebusse auf Universitätsgeländen, die ohne Fahrer, allerdings nur auf festgelegten Strecken fahren, sind bereits in Betrieb (Stufe 3).

Einen großen Teil der Technologie, die gebraucht wird, um völlig autonome Autos (Stufe 4) zu realisieren, gibt es heute schon. Mit der exponentiellen Verbesserung von Sensoren, Computer-Hardware und Softwaretechnologien für Automatisierungen werden diese hochwertigen Ausstattungen in wenigen Jahren billig genug für den Einsatz in billigeren Autos werden.

Exponentielle Verbesserung bei den Technikkosten

2012 hat Google mitgeteilt, dass sein autonomes Auto eine Ausstattung hat, die 150.000 US-Dollar wert ist.[291] Bei einem solchen Preis wäre das Google-Auto für alle zu teuer, außer vielleicht für die kleine Schar der Ferraribesitzer. Viele „Experten" haben bezweifelt, dass ein autonomes Auto noch zu unseren Lebzeiten bezahlbar werden könnte.

Google hat die 150.000 US-Dollar nicht weiter aufgeschlüsselt, bis auf die Information, dass das LIDAR 70.000 US-Dollar kostet. LIDAR ist ein rotierendes, konisches, hutförmiges Teil auf dem Autodach (siehe Abbildung 5.2). Das Wort LIDAR ist eine Kombination aus LASER und RADAR. LIDAR ist ein technisches Gerät, mit dem ein autonomes Auto nach vorne und rundherum nach allen Seiten schauen kann.[292]

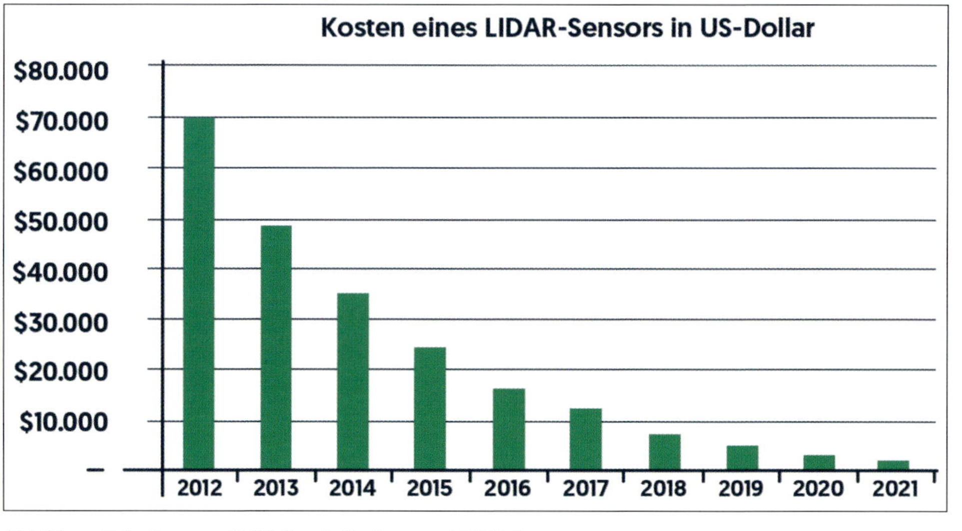

Abbildung 5.4 – Exponentiell fallende Kosten von LIDAR-Sensoren.

Das LIDAR macht knapp die Hälfte der Kosten des Google-Autos aus. Damit die Autos billiger werden, muss zuerst das LIDAR billiger werden. Gemessen an der Pulsfrequenz hat sich die LIDAR-Technologie, die ihre Signale über die Luft überträgt, alle 2 Jahre um 100 Prozent verbessert.[293] Das bedeutet eine Verbesserungsrate von 41 Prozent pro Jahr, was ungefähr dem Mooreschen Gesetz entspricht. Wenn sich dieser Trend fortsetzt, reduzieren sich die Kosten für die LIDAR-Technologie von 70.000 US-Dollar im Jahr 2012 auf überschaubarere 4.481 US-Dollar im Jahr 2020 (siehe Abbildung 5.4).

Da Google eine IT-Firma mit einem Blick für die Zukunft ist, nehme ich an, dass ein großer Teil der Technik im Google-Auto aus Computern, Kommunikationssystemen, Sensoren, Optik und anderen fortschrittlichen Technologien bestehen wird. Die meisten dieser Technologien verbessern sich exponentiell. Vorausgesetzt das Mooresche Gesetz gilt für diese Technologien, werden die technologischen Komponenten, die Google 2012 150.000 US-Dollar gekostet haben, 2020 nur noch 9.691 US-Dollar und 2023 sogar nur noch 3.425 US-Dollar kosten (siehe Tabelle 5.2).

Jahr	2012	2013	2014	2015	2016	2017	2018	2019	2020
Kosten	$70.000	$49.645	$35.209	$24.971	$17.710	$12.560	$8.908	$6.318	$4.481

Tabelle 5.2 – Prognostizierte Kosten von LIDAR-Sensoren.

Aus Kostensicht ergibt es einen Sinn, dass sowohl Nissan, als auch BMW und Mercedes-Benz bis 2020 autonome Autos angekündigt haben.

Technologischer Wandel kann schneller eintreten als erwartet. Ende 2013 kündigte Google an, dass die nächste Generation seiner selbstfahrenden Autos einen kleineren, im Vergleich zu seinem Vorgänger aber mindestens doppelt so leistungsfähigen LIDAR-Sensor nutzen wird. Dieser LIDAR-Sensor werde nur 10.000 US-Dollar kosten, ein Siebtel der Kosten der Vorgängerversion.[294]

Anscheinend beschleunigt sich die Technologiekostenkurve noch schneller als vorhergesagt. Diesen Punkt hebe ich in meiner Vorlesung über Marktumwälzungen in Stanford besonders hervor: Die Beschleunigung beschleunigt sich! Ich habe den Geschäftsführer eines Silicon Valley-Startups getroffen, der behauptet, er habe ein autotaugliches LIDAR-Sensor-Gerät entwickelt, das für 1.000 US-Dollar angeboten werden soll.

LIDAR ist nur eine von mehreren Technologien, die für die Visualisierung der Autoumgebung benutzt werden können. Technische Geräte können auch hochauflösende Videotechnologien nutzen, um die Umgebung zu scannen und zu verstehen. Halbleiterhersteller entwickeln mit rasanter Geschwindigkeit Hard- und Software für Datenverarbeitung und Sensoren, die Daten von Kameras auslesen können. Diese Technologie wird Autos autonomer machen.

Fujitsu hat zum Beispiel weltweit „das erste 360°-Panorama-Aufnahme-System" vorgestellt, das herannahende Objekte erkennt" (siehe Abbildung 5.5).[295] Laut Fujitsu hat der MB86R24-Chip sechs HD-Eingangskanäle (für Videokameras) und drei Bildschirmausgangskanäle. Der Chip enthält eine „Funktion zur Erfassung herannahender Objekte", die den Fahrer darüber informiert, ob Passanten und Objekte, wie z.B. Fahrräder, näher kommen. „Das 360°-Panorama-Aufnahme-System" von Fujitsu ermöglicht dem Fahrer, die gesamte Umgebung virtuell in 3D aus jedem Blickwinkel zu prüfen. Das Fujitsu-System kostet nur 5.000 japanische Yen oder ca. 50 US-Dollar, so ein Unternehmenssprecher.

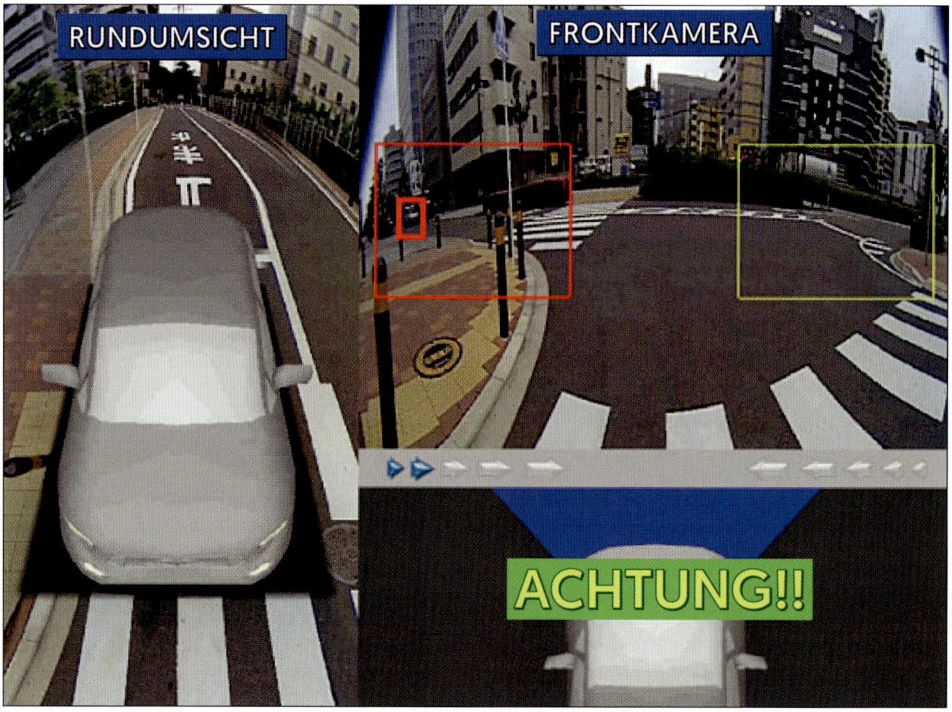

Abbildung 5.5 – Fujitsu MB86R24 „Erkennungssystem für herannahende Objekte" (Quelle: Fujitsu)[296]

Die Kosten der Technologien, die Autos autonom machen, sinken exponentiell. Bis 2020 werden diese Technologien nicht teurer sein als Korrosionsschutz oder die zusätzlichen Gewährleistungen, die Händler von Benzin-Autos den Käufern aufdrängen. Inzwischen hat der Wandel vom Auto, das vollständig von einem Fahrer gesteuert wird, zum völlig autonomen Auto bereits begonnen.

Google, Apple und Außenseiter der Automobilbranche

Automobilhersteller wie BMW und Ford entwickeln für ihre Fahrzeuge Programmierschnittstellen, damit Softwareentwickler von Drittanbietern Apps für diese Autos entwickeln können, die dann von den Autofahrern in App-Stores auf die Autos heruntergeladen werden können. William Ford Jr., ein Manager der Ford Motor Company, sagt, dass „Autos zu mobilen Kommunikationsplattformen" werden.[297] BMW hält schon „Hackathons" ab. Der deutsche Automobilhersteller verfügt über eine Risikokapitalgesellschaft (iVentures), um Investitionen in Softwarefirmen zu steuern.

All das deutet darauf hin, dass Silicon Valley dabei ist, den nächsten Technologiemarkt umzuwälzen, so wie Apple und Google das mit dem Markt für Mobiltelefone gemacht haben. Solche Umwälzungen nehmen keine Rücksicht auf Brancheninsider. Sie kommen tatsächlich aus heiterem Himmel. Der Geschäftsführer von Tesla, Elon Musk, stammt nicht aus der Automobilbranche. Lyndon Rive und Peter Rive haben vor der Gründung von SolarCity nichts mit der Energiebranche zu tun gehabt. Weder Apple noch Google hatten im Jahre 2000 irgendetwas mit dem Markt für Mobiltelefone zu tun. Das erste iPhone wurde vor nur sieben Jahren zum ersten

Mal verkauft (Juni 2007).[298] Die erste kommerzielle Version von Android wurde ein paar Monate später veröffentlicht.[299]

Ist es möglich, dass auch die Automobilindustrie von Außenseitern außerhalb des Transportsektors revolutioniert wird?

Auto-Betriebssysteme und „Der Gewinner bekommt alles"-Märkte

Softwareplattformen haben starke Netzwerkeffekte und hohe Umstellungskosten. Für Benutzer des Betriebssystems Windows von Microsoft ist es schwierig, die Software zu wechseln, und zwar nicht nur wegen der Investition in diese Software. Sie haben auch Zeit und Arbeit investiert, um die Software und die sie ergänzenden Technologien zu beherrschen. Durch solche Netzwerkeffekte hat Microsoft mit dem Windows-Betriebssystem seit Jahrzehnten Unsummen verdient, trotz mehrerer gravierender Produktfehler (wie Windows Vista und Windows ME). Es ist schwierig, ein System mit starken Netzwerkeffekten zu verlassen. Die Hürden für den Ausstieg sind sehr hoch. Netzwerkeffekte sind auch die Ursache dafür, dass iOS von Apple und Android von Google zusammen mehr als 90 Prozent des Marktes für Smartphone-Betriebssysteme ausmachen.[300]

Dagegen gibt es in der heutigen Automobilindustrie keine Netzwerkeffekte (und niedrige Umstellungskosten). Es dauert nur wenige Minuten, um von einem Chrysler SUV zu einem Ford F150 wechseln.

Es sollte niemanden überraschen, dass Apple und Google in die Automobilindustrie einsteigen wollen. Steve Jobs hat schon davon geträumt, einen iCar zu bauen. „Sieh Dir doch die Autoindustrie an. Sie ist in Amerika eine Tragödie. Wer gestaltet diese Autos?" hat Jobs nach Aussage des Apple-Vorstandsmitglieds Mickey Drexler einmal gefragt.[301]

Google ist in erster Linie eine Softwarefirma. Der Internetgigant hat durch den Kauf von Motorola Mobility gelernt, dass die Margen im Hardwaregeschäft extrem klein sind. Es ist deswegen unwahrscheinlich, dass Google ein eigenes Auto produzieren wird. Google wird eher seine autonome Fahrzeugsoftware zu einem „Betriebssystem für autonome Autos" bündeln und dann als Lizenz an Autohersteller verkaufen.

Google könnte ein automobiles Pendant zu seinem Android-Geschäftszweig entwickeln. Es könnte seine Softwareplattform für autonome Autos weltweit für Automobil-Konzerne lizenzieren, vergleichbar der derzeitigen Lizenzierung des Android-Betriebssystems für Smartphone-Hersteller. Das würde Neueinsteiger ermutigen und den Hardware-Teil des Autos zur Massenware machen. Weil ein Betriebssystem starke Netzwerkeffekte mit sich bringt, würde eine von Google entwickelte Autosoftware die Wettbewerbsgrundlage in der Automobilbranche verändern.

Um eine erfolgreiche Softwareplattform für Autos herum könnte im Umfeld ein Netzwerk von App-Anbietern entstehen, das sich schnell von 100.000 über eine Million zu hunderten von Millionen Einheiten entwickelt und so die Transportindustrie revolutioniert.

Giganten wie GM, Chrysler oder Ford könnten zum automobilen Pendant von Nokia oder Blackberry werden.

Das Auto als Dienstleistung: Das endgültig disruptive Geschäftsmodell

Ich habe schon erwähnt, dass das autonome Auto auf der Ebene des Einzelnen revolutionär ist, weil es Zeit, Energie und Geld sparen wird. Auf der gesellschaftlichen Ebene wird es Zeit, Energie und Geld sparen und Menschenleben retten.

Schließlich werden autonome Autos auch deswegen disruptiv wirken, weil sie die Einstellung zum Autobesitz von Grund auf verändern werden. Autos werden von individuellen Objekten der Begierde zu einem Ertrag bringenden Geschäft.

Die meisten von uns wollen eigentlich kein Auto haben. Was wir wünschen, ist Mobilität auf Abruf. Das heißt, wir wollen in der Lage sein, von A nach B zu kommen, wann immer wir das wünschen (oder müssen). Derzeit ist der Besitz eines eigenen Autos für die meisten Menschen der beste Weg, Mobilität auf Abruf zu gewährleisten. Wenn aber eines Tages selbstfahrende Autos Passagiere an jedem Ort und zu jeder Zeit abholen und absetzen können, werden autonome Autos gegenüber dem Autobesitz bevorzugt werden. Außerdem wird es deutlich billiger sein, ein autonomes Auto zu nutzen, als ein Auto zu besitzen.

Und auch hier ist es nicht allein die Technologie, die disruptiv wirkt. Es ist das Geschäftsmodell, das durch diese Technologie ermöglicht wird, das heißt das Geschäftsmodell „Auto als Dienstleistung".

Stellen Sie sich vor, Sie könnten an jedem Ort und zu jeder Zeit ein Auto rufen und es würde innerhalb von wenigen Minuten vor ihrer Haustür erscheinen. Firmen wie Zipcar, Uber und Lyft bieten heute schon Varianten dieser Dienstleistung an. Stellen Sie sich vor, Sie würden anstelle eines von einem Menschen gesteuerten Autos von einem selbstfahrenden Auto abgeholt.

Machen Sie ein Gedankenexperiment: nehmen Sie an, jedes Fahrzeug wäre mit den Techniken für autonomes Fahren ausgestattet und jeder Autobesitzer würde sein Auto an einen Mobilitätsdienstleister vermieten. Wie disruptiv ist dieses Szenario?

Ich habe bereits erwähnt, dass nach Berechnungen des Carsharing-Pioniers „Zipcar" jedes Carsharing-Auto 15 Autos auf der Straße ersetzt.[302] Wenn man annimmt, dass jeder zu einem Modell wechselt, in dem Autos als Dienstleistungen genutzt werden, und das Zipcar-Verhältnis von Carsharing-Autos zu Autos im Eigentum weltweit 1 zu 15 wäre, dann könnten Autoverkäufe um den Faktor 15 schrumpfen. 2012 verkaufte die Automobilindustrie weltweit 82 Millionen Fahrzeuge.[303] Wenn der Automobilverkauf wegen Carsharing um den Faktor 15 zurückgehen würde, würde die Branche pro Jahr nur noch 5,5 Millionen Fahrzeuge verkaufen, was 6,7 Prozent der jetzigen Produktion der Automobilindustrie entsprechen würde.

Drei Automobilhersteller auf der Welt – Volkswagen, Toyota und General Motors – verkaufen pro Jahr mehr als 9 Millionen Autos. In dem oben beschriebenen Szenario könnte eine dieser Firmen allein die ganze Welt mit autonomen Autos versorgen – und hätte trotzdem noch reichlich freie Kapazitäten (unter der Annahme, dass keines dieser drei Unternehmen durch die Umstellung auf Elektroautos zerstört wird). Alle übrigen Autounternehmen müssten schließen und nach Hause gehen. Disruptive Schockwellen würden auf die gesamte Wertschöpfungskette der Automobilindustrie zurückwirken. Auch die Ölindustrie würde schrumpfen.

Darüberhinaus würde mit einem Rückgang der Autoproduktion um 93 Prozent eine drastische Reduktion des Spritbedarfs einhergehen. Autonome Autos würden stärker genutzt werden als Autos im Privatbesitz, so dass der Spritbedarf nicht um 93 Prozent fallen würde. Autonome Autos sind aber spritsparender, nutzen den Platz besser und verschwenden im Verkehr und bei der Parkplatzsuche weniger Zeit.

Wenn man annimmt, dass jedes autonome Auto drei mal so viel Sprit verbraucht wie ein herkömmliches Auto, würde der Spritbedarf dennoch um 75 bis 80 Prozent zurückgehen! Rein rechnerisch wären die beiden Länder Russland und Saudi Arabien allein in der Lage, genügend Benzin für den Bedarf der ganzen Welt zu produzieren.

Der weltweite Markt für Erdöl und Verbrennungsmotoren würde auf nur zwei Länder, die Erdöl verkaufen, und eine einzige Firma, die Autos verkauft, schrumpfen.

Dieses Szenario unterstellt, dass autonome Autos Verbrennungsmotoren nutzen. Sehr wahrscheinlich ist die Umstellung auf E-Autos bis dahin längst im Gange. Die Disruption durch autonome Autos wird sich mit der Disruption durch E-Autos wahrscheinlich überschneiden. Man denke nur daran, wie sich die Internet- und die Smartphone-Disruption überschnitten und gegenseitig ergänzt haben. Sie haben sich schließlich zum „mobilen Internet" verbunden.

„E-Autos" sind laut Takeshi Mitamura vom Silicon Valley Research Center von Nissan allerdings „die natürliche Plattform für autonome Autos". Während E-Autos bereits die Industrie für Benzin-Autos umwälzen, werden autonome Autos sie ein weiteres Mal umwälzen und den Resten der Benzin-Auto-Industrie den Todesstoß versetzen.

Zwei Branchen werden radikal umgewälzt. Die Autoindustrie wird massiv schrumpfen und die Ölindustrie wird entweder als Lieferant für den Automobilmarkt komplett verschwinden (im E-Auto-Szenario) oder sie wird zunächst massiv schrumpfen (im Szenario „autonome Autos mit Verbrennungsmotoren"), am Ende aber auch in diesem Fall als Energiequelle für Autos völlig verschwinden (im Szenario mit autonomen E-Autos). So oder so sieht es für die Ölindustrie nicht gut aus.

Selbst wenn man die Umwälzung durch autonome Autos vorsichtig einschätzt und ein Verhältnis von 5 zu 1 für Teilen-zu-Besitzen annimmt, wird der Automobilmarkt stark schrumpfen – auf maximal 20 bis 30 Millionen Autos pro Jahr.

Anders ausgedrückt: selbst wenn man annimmt, dass das E-Auto das Benzin-Auto nicht verdrängt, wird die Umwälzung durch das autonome Auto den Benzinbedarf drastisch verringern – vielleicht um 80 Prozent.

Innovative Geschäftsmodelle

Die meisten Menschen denken bei Marktdisruption an disruptive Technologien. Es ist aber oft nicht die neue Technologie selbst, die eine Umwälzung verursacht, sondern ein innovatives Geschäftsmodell, das durch diese Technologie ermöglicht wird.

Bedenken Sie, wie Skype den Markt für Ferngespräche umgewälzt hat. Viele Firmen hatten Zugang zur Technologie für Internettelefonie („Voice Over Internet Protocol", VOIP). Skype revolutionierte mit seinem innovativen Geschäftsmodell die Branche.

Autokonzerne haben seit 100 Jahren das gleiche Geschäftsmodell. Das sieht ungefähr so aus: Wir stellen ein Auto her, Sie kaufen das Auto, wir reparieren das Auto, bis es zusammenbricht. Und das wiederholen wir alle paar Jahre. Die radikalste Geschäftsmodell-Innovation der Autoindustrie war wahrscheinlich die Einführung der Autofinanzierung durch GMAC um 1917. Diese einfache Innovation hat dazu beigetragen, dass der Anteil der Autobesitzer von 8 Prozent auf 80 Prozent gestiegen ist (siehe Kapitel 2).

Hinsichtlich ihrer Geschäftsmodelle hat die Autoindustrie im letzten Jahrhundert kaum Fortschritte gemacht, aber neue Geschäftsmodelle, die durch neue Technologien ermöglicht werden, fangen gerade an, das zu ändern. Wenn ein Auto eher zum Computer auf Rädern wird, dann werden sich die Spielregeln drastisch verändern. Das Auto gehört dann zu einer anderen Kategorie von Produkten, die unter das Mooresche Gesetz fällt. Technologische Verbesserungen können dann exponentiell verlaufen. Statt Millionen Autos zur Reparatur eines Defekts zurückzurufen, werden die Automobilhersteller über WiFi ein Softwareupdate durchführen.

Es ist leicht vorstellbar, dass die Autoindustrie, wie wir sie kennen, in ein oder zwei Jahrzehnten nicht mehr existieren wird. Werden E-Autos die Autoindustrie der Verbrennungsmotoren verdrängen? Wird eine Softwareplattform Detroit verschlingen? Es scheint mir, dass mehrere Disruptionswellen auf uns zukommen: E-Autos, softwareunterstützte Autos und schließlich autonome Autos. Darüber hinaus wird Carsharing die Art unserer Autonutzung radikal verändern. Wenn man das alles mit innovativen Geschäftsmodellen verknüpft, dann ist die auf Verbrennungsmotoren basierende Autoindustrie wirklich kaputt. Es ist nicht die Frage ob, sondern wann und wie.

Disruption der Autoversicherungsbranche

Ein großer Teil der medialen Diskussion über autonome Autos beschäftigt sich mit der Frage, ob die Versicherungsbranche autonome Autos auf der Straße „erlauben" wird. Diese Diskussion geht aber völlig an der Sache vorbei. Versicherungsfirmen sollten Angst vor den autonomen Autos haben, weil diese Fahrzeuge die hundert Jahre alte Autoversicherungsbranche umwälzen werden.

In Kapitel 3 habe ich die Firma Climate Corp. beschrieben. Diese Firma nutzt Wetter- und Bodendaten der US-Regierung, um Informationen für ihre landwirtschaftlichen Versicherungsprodukte zu sammeln. Wie konnte das einem kleinen Technologieunternehmen aus dem Silicon Valley gelingen, das von zwei ehemaligen Google-Mitarbeitern ohne jede Erfahrung in der Versicherungsbranche gegründet wurde? Daten. Sehr viele Daten. „Big Data".

Dan Rimer, der Risikokapital in Climate Corp. investiert hat, erklärte: „Um die Preise für seine Versicherungsprodukte zu berechnen, erfasst Climate Corp. Wettermessungen von 2,5 Millionen Standorten und Vorhersagen großer Klimamodelle, verarbeitet diese Daten zusammen mit 150 Milliarden Bodenuntersuchungen, um 10 Billionen Datenpunkte für die Wettersimulation zu erstellen. Dafür muss das Unternehmen jederzeit mit 50 Terabyte Live-Daten zurechtkommen".[304]

Das autonome Auto ist nichts anderes als eine Datenerzeugungsmaschine. Das Google-Auto sammelt mehr als 1 GB Daten pro Sekunde![305] Weil Sensoren billiger werden, wird die Datenmenge, die von autonomen Autos erzeugt wird, um Größenordnungen steigen. Wenn sich zusätzlich die Anzahl der autonomen Autos auf der Straße erhöht, wird diese Datenmenge exponentiell ansteigen.

Die Firma, die diese Daten sammelt und intelligent analysiert, kann die Preise für Versicherungsprodukte mit einer Genauigkeit berechnen, von der alte Versicherungsunternehmen nur träumen können. Diese Firma (nennen wir sie mal gAuto) kann Wetter-, Parkplatz- und Energiedaten von 91.000 öffentlich zugänglichen Datensätzen beziehen, die von der Regierung gepflegt werden (data.gov). gAuto kann aus Tausenden von Datensätzen auch Informationen erhalten, die von den Behörden von Bundesstaaten, Landkreisen und Städten gepflegt werden. gAuto wird dann in der Lage sein, die Preise für Versicherungsprodukte punktgenau zu berechnen und anzubieten.

Zipcar vermietet mir heute schon gewinnbringend ein Auto, bei dem Versicherung, Sprit und Parkgebühren im Preis inbegriffen sind. Zipcar hat aber keinen Zugriff auf die enormen Datenmengen, über die ein Unternehmen wie gAuto verfügen wird. gAuto wird mit den enormen Datenmengen, der künstlichen Intelligenz und seiner Rechenleistung einen autonomen Mobilitätsservice anbieten können, bei dem Selbst-Versicherung, Selbst-Laden- und Selbst-Parken inbegriffen sind.

Autoversicherungsfirmen, die sich darauf nicht vorbereiten, sind erledigt. Sie sind gewarnt worden.

Kapitel 6

Das Ende der Kernkraft

„Es gibt keine technische Abgrenzung zwischen einem militärischen und einem zivilen Reaktor und es hat nie eine gegeben."

– Los Alamos National Laboratory Report LA8969MS,UC-16

„Wenn sich die Welt selbst in die Luft jagen sollte, dann wird das letzte Geräusch die Stimme eines Experten sein, der ruft, dass das nicht passieren kann."

– Peter Ustinov

„Jeder intelligente Narr kann Dinge größer, komplexer und gewalttätiger machen. Es braucht einen Hauch Genie und eine Menge Mut, um in die entgegengesetzte Richtung zu gehen."

– Albert Einstein

Am 26. April 1986 explodierte der Reaktor 4 in Tschernobyl. Die Explosion verursachte die größte industrielle Katastrophe des 20. Jahrhunderts. Wolken, die 400 mal mehr radioaktives Material enthielten, als bei den Atombombenangriffen auf Hiroshima freigesetzt wurde, breiteten sich über Europa und Asien aus.[306] Die Strahlenbelastung war so hoch, dass sie im Atomkraftwerk Forsmark in Schweden, das 1.100 km von Tschernobyl entfernt ist, Alarm auslösten. Die sowjetische Führung und die übrige Welt erfuhren von der Katastrophe durch Wissenschaftler, die radioaktive Wolken in Schweden gemessen hatten.[307]

Am 7. Mai und erneut am 26. Mai teilte der französische „Zentrale Schutzdienst gegen ionisierende Strahlung" (SCPRI) das Ergebnis seiner Messungen des radioaktiven Niederschlags in Frankreich im Rundfunk mit. Es gebe keinen Grund zur Sorge, erklärte der SCPRI, die radioaktive Strahlung sei ziemlich gering, im Bereich von 500 Becquerel pro Quadratmeter (Bq/m^2) im Osten Frankreichs, bis zu 25 Becquerel pro Quadratmeter in der Bretagne, die im Nordwesten des Landes liegt.[308] Gemäß *Le Monde* waren diese Zahlenangaben allerdings nicht ganz richtig:

> Im Jahr 2005 zeigte eine Analyse des Instituts für Strahlenschutz und nukleare Sicherheit (IRSN), einem Nachfolger von SCPRI, das die Auswirkungen vom Mai 1986 neu untersuchte, ein anderes Bild: Die Ablagerungen von Cäsium 137 alleine überschritten die 20.000 Becquerel pro Quadratmeter in gewissen Regionen (im Elsass, der Region um Nizza und im Süden Korsikas), in einigen Regionen mehr als 40.000 Becquerel pro Quadratmeter.[309]

Die Strahlungswerte, die die französische Regierung 1986 veröffentlicht hatte, waren fingiert. Die wahren Messergebnisse der Niederschlagswolken von Tschernobyl in Frankreich lagen ungefähr 1.000 mal über denen, die die französische Regierung ihren Bürgern mitgeteilt hatte.

Die wahren Strahlungsmessergebnisse kamen nur ans Licht, weil die Nachfolgeorganisation der SCPRI im Jahre 2001 von der französischen Vereinigung für Schilddrüsenerkrankungen (AFMT) verklagt wurde. Diese Vereinigung beschuldigte die Regierung, dass sie Informationen bewusst verfälscht und bei Mindest-Hygiene-Maßnahmen versagt hätte, wie sie in europäischen Nachbarländern getroffen worden seien (beispielsweise das Verbot gewisser Lebensmittel).

Die französische Regierung schädigte Millionen von Bürgern vorsätzlich, um die Atomindustrie zu schützen.

Nach der Atomkatastrophe in Fukushima Dai'ichi im Februar 2011 informierte die japanische Regierung ihre Bürger in ähnlicher Weise falsch, indem sie das Ausmaß der Schäden bagatellisierte. Trotz der absoluten Katastrophe, die die ganze Welt auf Videos und Bildern gesehen hatte, die sich in rasender Geschwindigkeit im Internet verbreiteten, und trotz der Messungen, die Wissenschaftler auf der ganzen Welt gemacht hatten und die zeigten, dass die radioaktive Verseuchung von Fukushima mit der von Tschernobyl vergleichbar war, nahm die japanische Regierung ihre eigenen Bürger als Geiseln, um die Atomindustrie zu schützen.

War es möglich, dass sich die Desinformationskampagne der französischen Regierung zur radioaktiven Verstrahlung eine Generation später in Japan wiederholte? Würde es weitere zwei oder drei Jahrzehnte dauern, bis die japanischen Bürger die Wahrheit über diese Atomkatastrophe erfahren würden?

Partizipative Medien, „Citizen Science" und das Ende der Atomkraft

Die Disruption, die durch Internet, Mobiltelefon und Computer verursacht wurde, versetzte Bürger in die Lage, Informationen zu erstellen, zu sammeln und zu veröffentlichen. Diese Technologien ermöglichten den Aufstieg einer integrativen Beteiligungskultur.

Durch die Nutzung von Twitter, Facebook und Amazon.com beteiligen sich Menschen und tragen Daten, Ideen und Meinungen bei, anstatt Inhalte nur passiv von denjenigen zu empfangen, die an der Macht sind. Die Beteiligungskultur, die durch heutige Technologien ermöglicht wird, ist das Gegenteil der geschlossenen, verschwiegenen und hierarchischen Kultur, die die Atomindustrie kennzeichnet.

Eine Woche nach dem 11. März 2011, dem Tag der Kernschmelzen in Fukushima Dai'ichi, veröffentlichte eine gemeinnützige Organisation mit dem Namen Safecast ihre erste Webseite und startete ein Sensoren-Netzwerk, um Strahlenmessungen zu sammeln und für alle zugänglich zu machen. Safecast-Freiwillige begannen bald mit Strahlenmessungen in Fukushima. Später führten sie Messungen in ganz Japan und schließlich auch weltweit durch. Unter Nutzung einer „Open Source-Mikrocontroller-Plattform", die „Arduino" heißt, und mit Hilfe von Geigerzählern zur Strahlungsmessung von International Alert baute Safecast kleine, mobile Geigerzähler, die weniger als 1.000 US-Dollar kosteten.[310] Safecast gab dem Gerät den Namen „bGeigie", kurz für „bento Geiger", da es wie die japanische Bento-Box aussah. Um die Geräte und ihren Betrieb zu finanzieren, sammelte die Organisation 35.000 US-Dollar mit Hilfe der Crowdfunding-Webseite Kickstarter.

Safecast sammelt nun umfangreichere und detailliertere Strahlungsdaten als die japanische Regierung selbst. Anstelle eines von der Regierung festgelegten einzelnen Geigerzählers pro Stadt, zeichnet Safecast die radioaktive Strahlung mit einer Auflösung von 50 bis 100 Metern alle fünf Sekunden auf. Sie stellt diese Daten jeden Tag lizenzfrei und offen ins Netz. Jeder kann die Daten ohne Copyright oder finanzielle Einschränkungen nutzen. Auf den Wetterseiten des Internetgiganten Yahoo! verfügt Japan über einen Link, der die Strahlungsinformationen des Safecast Sensoren-Netzwerks zeigt.

Safecast hat mehr als zehn Millionen Datenpunkte ins Netz gestellt, eine Zahl die exponentiell wächst. Es hat eine neue Version seines bGeigie-Kit entwickelt und verkauft es für 450 US-Dollar an Safecast-Freiwillige auf der ganzen Welt (siehe Abbildung 6.1).[311]

In der Ökonomie spricht man von der „Vereinnahmung einer Regulierungsbehörde, wenn eine staatliche Regulierungsbehörde, die gegründet wurde, um im Interesse der gesamten Gesellschaft zu handeln, statt dessen kommerzielle oder spezielle Interessen der Industrie fördert, die sie regulieren soll.[312] Das heißt, die Regierungsbehörde beschützt die Industrie auf Kosten der gesamten Gesellschaft. Die Vereinnahmung von Regulierungsbehörden bestärkt Unternehmen darin, die Umwelt zu verschmutzen, Gesundheits- und Sicherheitsanforderungen abzusenken, sowie finanzielle und technische Risiken in der Gewissheit einzugehen, dass die Bürger und Steuerzahler die Kosten tragen werden.

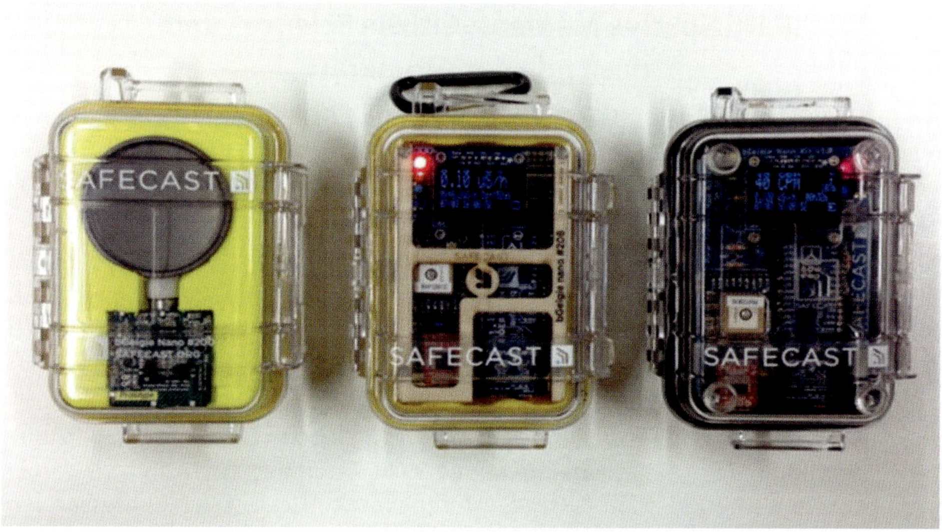

Abbildung 6.1 – Das 450 US-Dollar teure bGeigie Geigerzähler-Kit (etwa mit der Größe eines Mobiltelefons) (Quelle: International Medcom Inc)[313]

Öffentlich zugängliche Daten können als „politisch" gelten, wenn sie ein Licht auf die Vereinnahmung von Regulierungsbehörden und auf Geheimhaltung werfen. Auf die Frage, ob Safecast eine Anti-Kernkraft Organisation ist, antwortete ihr Mitbegründer Sean Bonner: „Safecast ist weder Anti-Kernkraft noch Pro-Kernkraft, sondern Pro-Daten. Daten sind unpolitisch".

Die Atomindustrie und die Regierungsbehörden, die sie schützen, werden nicht so bald offen oder transparent sein, aber es kommen Daten ans Licht, die für Klarheit in Bezug auf die Atomindustrie sorgen können.

Und die Daten sind eindeutig: Atomkraft ist unbezahlbar teuer, sehr gefährlich und todbringend schmutzig. Die Citibank hat einen Bericht über die Atomindustrie geschrieben mit dem Titel „Neue Atomkraft: Die Ökonomie sagt Nein." Atomkraft ist so unbezahlbar teuer, dass ohne die Vereinnahmung von Regulierungsbehörden, die dazu dient, für massive Subventionen durch den Steuerzahler und Protektion durch Regierungen zu sorgen, die gesamte Atomindustrie nicht existieren könnte.

Vereinnahmung von Regulierungsbehörden, Stilllegungen und die unbezahlbar hohen Kosten der Atomkraft

Im Februar 2013 erklärte Margaret Hodge, ein Mitglied des britischen Parlaments, dass die Stilllegung des Atomkraftwerks Sellafield bereits zu diesem Zeitpunkt 67,5 Milliarden Pfund (110 Milliarden US-Dollar) gekostet hatte.[314] „Die Regierung gibt jedes Jahr 1,6 Milliarden Pfund (2,6 Milliarden US-Dollar) an Steuergeldern aus", sagte sie, „und es ist nicht absehbar, wann diese Ausgaben aufhören, weiter zu steigen."

Wenn die Atomindustrie von den Kosten der Kernkraft spricht, dann schließt das nicht die Kosten für die Stilllegung (Altlastensanierung) der Atomkraftwerke ein. Durch die Stilllegung entsteht eine unerschöpfliche Quelle, aus der Gelder der Steuerzahler an die Atomindustrie fließen.

Der Rechnungsprüfungsausschuss der Regierung, der vom *House of Commons* eingesetzt wurde, hat in einem Bericht festgestellt, dass es unklar ist, wie lange die Beseitigung des gefährlichen radioaktiven Abfalls in Sellafield dauert und wie viel das die Steuerzahler kostet. Kein radioaktiver Abfall wurde von Sellafield wegbewegt. Der radioaktive Abfall ist immer noch vor Ort. Nach Aussage der Nuclear Decommissioning Authority, der Behörde, die für den Stilllegungsplan zuständig ist, soll Sellafield Anfang 2015 damit beginnen, den gefährlichen Abfall zu bergen.

Wer zahlt für die Stilllegung kerntechnischer Anlagen? Für Atomkraftwerke auf der ganzen Welt gibt es dafür zwei Antworten: der Gebührenzahler und der Steuerzahler. Das ist nicht nur in Großbritannien so. Das ist so bei Atomkraft.

Im Juni 2013, bald nachdem die Entscheidung für die dauerhafte Schließung des Atomkraftwerks in San Onofre in Kalifornien gefallen war, begann der Eigentümer und Betreiber *Southern California Edison* fast fünf Milliarden Dollar für fehlgeschlagene Reparaturen und die Kosten der Stilllegung auf die Gebührenzahler abzuwälzen. „Der übliche Weg ist natürlich der, alle diese Kosten an die Kunden, an die Gebührenzahler in Form der Gebühren weiterzugeben", sagte Ted Craver, Chairman und CEO von *Edison International*.[315]

Nachdem sie jahrzehntelang Gewinn damit gemacht haben, packen die Betreiber von Atomkraftwerken ein und wälzen die Kosten für die Beseitigung ihres Drecks auf die Gebühren- und Steuerzahler ab.

Was wäre wohl, wenn sich die Verantwortlichen für die Energieregulierung in Großbritannien um die Bürger, deren Interessen sie vertreten sollen, anstatt um die Atomindustrie kümmern würden? Wie viel Solarenergie könnten sich die Briten mit den 110 Milliarden US-Dollar für die Sanierung von Sellafield kaufen?

Um diese Frage zu beantworten, nehmen wir an, dass die Regulierungsbehörde die Schaffung eines einigermaßen wettbewerbsorientierten Marktes ermöglichen würde und dass die Preise für die Installation von Solaranlagen in Großbritannien ein Preisniveau wie in Australien oder Deutschland erreichen würden. Nach Angaben von SolarChoice lagen im Juli 2013 die gesamten Installationskosten für eine private Solaranlage mit 5 kW in Australien bei 1,62 US-Dollar (1,76 Australischen Dollar) pro Watt.[316] Zu diesem Preis könnte man mit 110 Milliarden US-Dollar 67,9 GW Photovoltaik installieren. (Das sind die Kosten für nicht-subventionierte Solarenergie).

2012 lag der Strombedarf in Großbritannien im Durchschnitt bei 35,8 GW.[317] Der Spitzenverbrauch lag bei 57,7 GW. Hält man sich diese Zahlen vor Augen, so würden die Ausgaben des Steuerzahlers für die Stilllegung einer einzigen kerntechnischen Anlage (Sellafield) den Gesamtkosten für die Installation von nicht subventionierten Solaranlagen entsprechen, die 190 Prozent des durchschnittlichen Strombedarfs und 117 Prozent der Spitzenlast in Großbritannien erzeugen würde.

Wenn man das weiß, sollte man meinen, die britischen Regulierungsbehörden würden jede weitere Atomkraft-Entwicklung stoppen und sich Sonne und Wind zuwenden.

Vereinnahmung von Regulierungsbehörden, Erzeugung und die unbezahlbar hohen Kosten der Atomkraft

2010 versprach eine Koalition aus Konservativen und Liberaldemokraten in Großbritannien, dass neue Atomkraftwerke keine Subventionen von Steuerzahlern erhalten würden.[318] Drei Jahre später zog die Regierung ihr Versprechen zurück. Sie schlug ein Abkommen vor, das Großhandelspreise für Atomstrom bis zu vierzig Jahre garantieren würde – mit möglichen Kosten für den Steuerzahler von 250 Milliarden Pfund (407 Milliarden US-Dollar).[319] Die Atomkraftleistung, die damit neu errichtet würde, wäre 16 GW. Die britischen Steuerzahler würden bis zu 15,6 Pfund (25,4 US-Dollar) pro Watt Atomkraftleistung bezahlen.

Atomkraft ist bereits der teuerste Weg, um Strom zu erzeugen. Ein nicht-subventioniertes Watt Peak (maximale Leistung von einem Watt) aus Solar- oder Windenergie kostet in Deutschland und Australien weniger als zwei US-Dollar. Warum sollten die Briten in Atomkraftleistung investieren, die zehn mal so viel kostet? Großbritannien ist kein sonniger Ort, aber Deutschland, ein Land mit einem ähnlichen Klima wie Großbritannien, erzeugt Solarstrom zu günstigeren Preisen, als sie die britische Regierung für Atomkraft bezahlen möchte. Solarenergie hat in den letzten fünf Jahren in Deutschland tatsächlich den Großhandelspreis um bis zu 40 Prozent verringert.[320] Solarenergie wird billiger während Atomenergie teurer wird. Warum sollte die britische Regierung die Großhandelspreise für Energie erhöhen und die Verbraucher durch Subventionen für Atomindustrie schädigen?

Es kommt noch schlimmer.

Die 407 Milliarden US-Dollar, mit denen die Atomkraft subventioniert würde, schließen nicht die Kosten für Rückbau und Stilllegung der Atomkraftwerke ein. Bedenken Sie, dass Sellafield nur vier Reaktoren mit einer Leistung von jeweils 60 MW, insgesamt also 240 MW, hatte.[321] Wie schon erwähnt, hat die Sanierung von Sellafield bereits 67,5 Milliarden Pfund (110 Milliarden US-Dollar) gekostet, ohne dass ein Ende abzusehen ist.[322] Der Ausbau der Kernkraft um 16 GW, den die britische Regierung vorgeschlagen hat, ist 66 mal größer als die Produktionskapazität von Sellafield. Wie viele hunderte Milliarden Dollar wird die Wiederaufbereitung der Brennstäbe, die Stilllegung und die Sanierung dieser Reaktoren in 40 Jahren kosten?

Darüber hinaus schließen die 407 Milliarden US-Dollar Atomsubventionen nicht die Kosten der Steuerzahler für die Versicherung der Atomindustrie gegen eine Kernschmelze ein. Großbritannien ist ein kleines Land. Ein Unglück wie in Tschernobyl oder Fukushima hätte katastrophale Auswirkungen für das ganze Land, würde mehrere Billionen Dollar und unzählige Leben kosten.

Warum sollte ein Energieversorger überhaupt den Bau eines Atomkraftwerkes in Erwägung ziehen? Drei Worte: Staatliche Protektion, Subventionen. Oder in vier Worten: Nur Gewinn, keine Mühe.

Atomsubventionen in Hülle und Fülle: Die Vogtle-Kraftwerke von Georgia Power

Als die in Atlanta ansässige Southern Company 1976 den Bau von zwei Vogtle-Atomreaktoren vorschlug, sagte das Unternehmen, dass die Kosten für den Bau beider Reaktoren 660 Millionen US-Dollar betragen würden. Bei der Auftragsvergabe Ende der 1980er Jahre waren die Kosten auf 8,87 Milliarden US-Dollar gestiegen – und lagen damit 13 mal höher als ursprünglich veranschlagt.[323]

Seitdem hat es in den USA kein neues Atomprojekt mehr gegeben. Woher kommt diese Durststrecke bei Neubauten? Die Atomindustrie macht die Kernschmelze in Three Mile Island dafür verantwortlich, und das, was sie als „irrationale Angst" der Menschen vor der Atomkraft bezeichnet. Viele Hinweise lassen aber ein anderes Bild entstehen.

Die Atomindustrie zeichnet sich durch Scheitern bei der Umsetzung aus: Kostenüberschreitungen, Verzögerungen beim Bau und Sicherheitsmängel. Die Atomindustrie kann mit anderen Verfahren zur Energiegewinnung nicht konkurrieren.

Der Bau von Atomreaktoren ist heute ungefähr zehn mal so teuer wie in den frühen 1970er Jahren. Und die Kosten steigen weiter an. Die Atomindustrie ist vielleicht der einzige bedeutende Industriezweig auf der Welt mit einer negativen Lernkurve. Im Gegensatz dazu sind seit 1970 die Kosten für PV 154 mal günstiger geworden. Im Vergleich zur Atomenergie hat die Solarenergie ihre Kostenposition seit 1970 um den Faktor 1.540 verbessert.

Das Konzept der Lernkurve wurde 1936 von T.P. Wright in der Luft- und Raumfahrtindustrie eingeführt. Die Lernkurve besagt: je häufiger man ein Produkt herstellt oder einen Service anbietet, umso besser, schneller und billiger wird man dabei.[324] Ingenieure haben für viele Industriezweige Lernkurven erstellt. Lernkurven helfen Ingenieuren dabei, zukünftige Produktionskosten bei wachsender Produktion zu quantifizieren. Wenn die Lernkurve im Schiffsbau zum Beispiel 20 Prozent beträgt und das erste Schiff 100 US-Dollar kostet, dann wird bei einer Verdopplung der Produktion die nächste Schiffsgeneration $80 ($100 * [1-0.2]) kosten. Wenn sich die Produktion wiederum verdoppelt, kostet die nächste Generation $64 ($80 * [1-0.2]) und so weiter.

Die Lernkurven für verschiedene Industriezweige sind in der Regel in Ingenieurbüchern und Handbüchern zu finden. Die Federation of American Scientists (Vereinigung amerikanischer Wissenschaftler) bietet einen Online-Rechner an, in dem man Lernkurven einsetzen und zukünftige Kosten berechnen kann.[325]

Jonathan Koomey von der Stanford Universität hat die tatsächlichen Kosten für den Bau von Atomkraftwerken in den Vereinigten Staaten seit 1970 eingegeben. Die Ergebnisse sind aufschlussreich (siehe Abbildung 6.2).[326] Mit zunehmender Erfahrung der Industrie beim Bau von Reaktoren wurden Atomkraftwerke teurer.

Die Bauzeit von Atomkraftwerken hat sich ebenfalls verlängert. Die Industrie, die Energie versprochen hatte, die zu billig wäre, um sie noch zu messen, produziert nun Energie, die zu teuer ist, um wettbewerbsfähig zu sein. Der Vermonter Professor für Rechtswissenschaft Mark Cooper hat eingehende Untersuchungen der Kernkraftindustrie in den Vereinigten Staaten und Frankreich angestellt. Er stellte unter anderem fest, dass sich die Bauzeit von Atomkraftwerken erheblich verlängert hat (siehe Abbildung 6.3).[327]

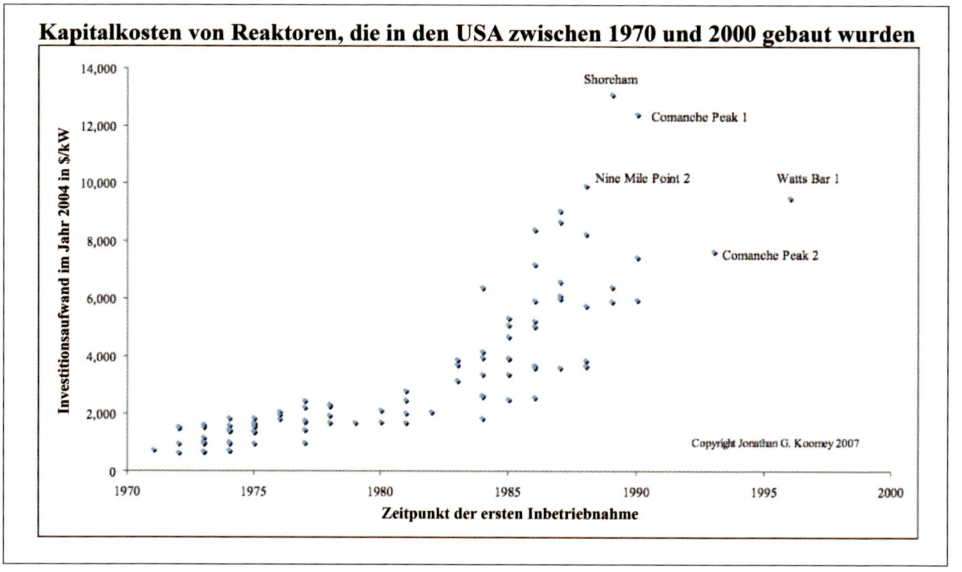

Abbildung 6.2 – Tatsächliche Kapitalkosten fertiggestellter US-Atomreaktoren zwischen 1970 und 2000 (Copyright: Jonathan G. Koomey 2007)[328]

Nach der Studie von Professor Cooper hat sich die Bauzeit von Atomkraftwerken in den USA von etwa fünf Jahren in den 1970er Jahren auf zehn bis fünfzehn Jahre in den 1980er Jahren verlängert. Einige Reaktoren benötigten eine Bauzeit von mehr als zwanzig Jahren.

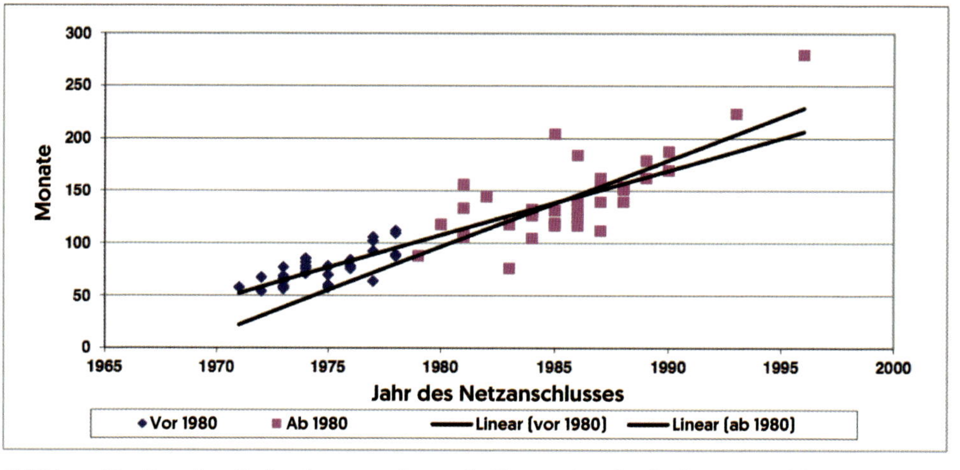

Abbildung 6.3 – Bauzeiten für Druckwasserreaktoren (in Monaten) nach Jahr des Netzanschlusses in den USA (Quelle: „Nuclear Safety and Nuclear Economics" (Atomsicherheit und Atomwirtschaft), Mark Cooper, 2012.)[329]

Abbildung 6.2 und 6.3 zeigen, dass sowohl die Kosten als auch die Bauzeit für Atomreaktoren gestiegen sind. Die Atomindustrie ist der einzige bedeutende Industriezweig, der nach der aufschlussreichen Aussage des Klimaexperten Joe Romm (eines Doktors der Kernphysik am MIT) eine „negative Lernkurve" aufweist. Je mehr Erfahrung die Branche mit dem Bau ihres Produkts hat, umso teurer wurde es und umso länger hat der Bau gedauert. Und die negative Lernkurve ist erheblich. Wenn man sich die Daten anschaut, sieht man, dass die Branche ihre Kosten seit den 1970ern ungefähr verzehnfacht und die Bauzeit etwa vervierfacht hat.

Man braucht kein Diplom in Betriebswirtschaft, um zu verstehen, dass eine Branche, die ihre Kosten kontinuierlich steigert und Liefertermine nicht einhält, nicht lange überleben kann. Besonders dann nicht, wenn das Produkt vor unseren Augen explodieren und uns buchstäblich Kopf und Kragen kosten könnte.

Nach den Aufträgen für Vogtle und entsprechende Reaktoren in den 1980ern hat es keinen Spatenstich für neue Atomkraftwerke mehr gegeben, weil Atomkraft wirtschaftlich nicht wettbewerbsfähig ist. Sie überlebt nur, weil die US-Regierung der Energieindustrie 2005 den Schlüssel zur Schatztruhe der Steuerzahler gegeben hat.

Nach Angaben des Nuclear Energy Institute (Atomkraftinstitut), einer Lobbyorganisation der Industrie, billigte der US-Kongress 2005 eine Bürgschaft von 18,5 Milliarden US-Dollar für die Atomindustrie.[330] Der Energy Act (Energiegesetz) von 2005 autorisierte das Energieministerium der USA bis zu 80 Prozent der Kosten für Atomprojekte zu garantieren. Außerdem wurden zwei Milliarden US-Dollar für eine Zusatzversicherung bei Kostenüberschreitungen und eine weitere Milliarde US-Dollar für Steuerfreibeträge für die Produktion während der ersten acht Jahre der Lebensdauer der Reaktoren bereit gestellt.[331] Nach dem Beschluss des Energy Act von 2005 prophezeite die Industrie lautstark eine Wiedergeburt der Atomenergie. In der Hoffnung, eine ähnliche Durchdringung des Marktes wie in Frankreich zu erzielen, lieh sich die Atomindustrie ein französisches Wort (Renaissance), um ihre Wiedergeburt zu beschreiben und ging unverzüglich an die Arbeit.

2006 kündigte Georgia Power, eine Tochterfirma von Southern Company, den Bau von zwei neuen 1,1 GW-Reaktoren im Atomkraftwerk in Voglte an, Vogtle 3&4. Die U.S. Nuclear Regulatory Commission (US-Atomaufsichtsbehörde) stimmte zu und der Spatenstich wurde im April 2009 vorgenommen. Georgia Power schätzte die Kosten für den Bau der zwei neuen Reaktoren auf 14 Milliarden US-Dollar. Die Inbetriebnahme sollte im Jahr 2016 bzw. 2017 erfolgen.

Im Jahr 2009 billigte der Senat von Georgia die Senate Bill 31 (Gesetzesvorlage des Senats Nr. 31), was Georgia Power ermöglichte, bis zu zwei Milliarden US-Dollar von den Gebührenzahlern für die Finanzierung der neuen Vogtle Atomreaktoren einzusammeln.[332] Gebührenzahler sollten die Atomkraftwerke finanzieren, während sie gebaut wurden.

Am 6. Februar 2010 bot die Obama-Regierung eine Bundesbürgschaft von 8,33 Milliarden US-Dollar für den Bau der Reaktoren an.[333] Der Bau des Reaktors Vogtle 3 begann offiziell am 12. März 2013 mit der Betonierung des nuklearen Teils der Anlage.

Die Geschichte von Georgia Power und den Vogtle Atomreaktoren 3&4 veranschaulicht, wie die Atomindustrie das Geld der Steuerzahler nutzt, um Atomkraftwerke zu finanzieren. Georgia Power profitierte von den intimen Beziehungen zu Regulierungsbehörden und Politikern:

- Bundesbürgschaft: 8,3 Milliarden US-Dollar
- Finanzierung durch Gebührenzahler: 2 Milliarden US-Dollar
- Steuerfreibeträge für die Produktion: 1 Milliarde US-Dollar

Angenommen, die Atomreaktoren Vogtle 3&4 werden entsprechend dem Kostenvoranschlag fertig gestellt und produzieren tatsächlich Energie, dann wären 11,3 Milliarden der 14 Milliarden US-Dollar für den Bau dieser Anlagen direkt von den Steuerzahlern finanziert worden.

Aber man sollte nicht erwarten, dass diese Projekte zeitgerecht und innerhalb des Kostenrahmens fertiggestellt werden. Denken Sie daran, dass die ursprünglichen Vogtle Atomreaktoren 1&2 um den Faktor 13 über dem Kostenrahmen lagen. Obwohl für die Vogtle Reaktoren 3&4 gerade erst der Spatenstich erfolgt ist, ist ihr Bau bereits um zwei Jahre verzögert und liegt um bis zu zwei Milliarden Dollar über dem Budget. Es wird jetzt erwartet, dass das Projekt bis zu 16,5 Milliarden US-Dollar kosten und 2018 bzw. 2019 ans Netz gehen wird.[334]

Ist irgendjemand überrascht, dass ein Atomprojekt verspätet ist und den Kostenrahmen überschreitet? Es ist ein krankhaftes Verhalten der Industrie, zu viel zu versprechen und zu wenig zu liefern. Alle Atomkraftwerke, die in den Vereinigten Staaten gebaut wurden, waren verspätet und überschritten den Kostenrahmen oder wurden ganz gestrichen. Nach Aussage des Congressional Budget Office (Haushaltsbüro des Kongresses) waren die 75 Atomkraftwerke, die zwischen 1966 und 1986 gebaut wurden, drei mal so teuer wie die Erbauer ursprünglich veranschlagt hatten.[335]

Darüber hinaus wurden von den 253 Atomkraftwerken, die zwischen 1953 und 2008 in Auftrag gegeben wurden, 121 (48 Prozent) vor ihrer Fertigstellung wieder gestrichen.[336] Der Energieexperte des Rocky Mountain Instituts, Amory Lovins, hat festgestellt, dass von den 132 Anlagen, die gebaut wurden, 21 wegen Sicherheits- oder Kostenproblemen dauerhaft abgeschaltet wurden, während weitere 27 Prozent mindestens einmal ein Jahr lang oder sogar länger komplett ausfielen.[337] „Viele Atomkraftwerke laufen jetzt profitabel, weil sie unter ihren tatsächlichen Kosten an die jetzigen Betreiber verkauft wurden."[338]

Der Washington Public Power Supply System Service (WPPSS – das öffentliche Stromversorgungsunternehmen von Washington), jetzt Northwest Energy, bestellte in den frühen 1970er Jahren fünf Atomkraftwerke. Wegen Verzögerungen und Kostenüberschreitungen bestellte das Versorgungsunternehmen zwei der fünf Kraftwerke ab, stoppte den Bau von zwei weiteren und sorgte für einen Kreditausfall von 2,25 Milliarden US-Dollar, damals der größte Ausfall einer Kommunalanleihe in der Geschichte.[339] Nur eine der ursprünglich fünf geplanten Anlagen, die Columbia Generation Station, ist heute in Betrieb.[340]

In der Titelstory des Forbes Magazins vom 11. Februar 1985 mit der Überschrift „Nuclear Follies" („Der Aberwitz der Atomkraft") hieß es: „Das Scheitern des Atomprogramms der USA zählt zu den größten Managementkatastrophen in der Wirtschaftsgeschichte, eine Katastrophe von monumentaler Größe... nur Befangene können jetzt noch der Meinung sein, das Geld sei gut angelegt gewesen. Dies ist ein Debakel für die Verbraucher und die Wettbewerbsfähigkeit der Industrie in den USA."

Schämt sich Georgia Power oder macht es sich Sorgen wegen der Kostenüberschreitung? Keineswegs. Das Energiegesetz von 2005 legte vorsorglich zwei Milliarden US-Dollar Steuergelder beiseite, um Kostenüberschreitungen abzudecken.

Für Vogtle wurde die Schatztruhe der Subventionen durch die Steuerzahler immer größer:

- Bundesbürgschaft: 8,3 Milliarden US-Dollar
- Finanzierung durch Gebührenzahler: 2 Milliarden US-Dollar
- Steuerfreibeträge für die Produktion: 1 Milliarde US-Dollar
- Absicherung gegen Kostenüberschreitungen: 2 Milliarden US-Dollar

Verzeihen Sie mir, aber all dies erinnert mich an die „Micky Maus"-Kredite der Wall Street, die den Börsencrash von 2008 auslösten und die gesamte Weltwirtschaft mit in den Abgrund gezogen haben.

Die Atombranche hat unter Beweis gestellt, dass sie immer länger braucht, um ein immer teureres Produkt zu liefern. Die Atomindustrie ist jetzt schon eine nicht wettbewerbsfähige Industrie mit einer negativen Lernkurve. Wäre Energie den Marktkräften unterworfen, dann wäre die Atomindustrie schon längst raus aus dem Geschäft.

Der einzige Weg, mit der sich die Kernkraft über Wasser halten kann, sind Subventionen des Steuerzahlers. Bedauerlicherweise ermöglichen einige Regierungen diese Subventionen. Der Haushalt der Obama-Regierung für 2012 sah eine Verdreifachung der Bürgschaften für Atomkredite von 18,5 Milliarden auf 54,5 Milliarden vor.[341]

Versichern des Nicht-Versicherbaren: Rettung der Atomkraft durch den Steuerzahler

So teuer und schmerzlich die Regierungsprotektion und die Subventionen für die Atomindustrie auch sind, die teuerste Subvention wird vielleicht erst noch kommen: die Atomversicherung. In den USA heißt diese Versicherung Price-Anderson Nuclear Industries Indemnity Act (Price-Anderson-Atomindustrie-Freistellungsgesetz). Gleichgültig, welche Fehlschläge die Atomindustrie bisher zu verantworten hatte, für die Atomindustrie zu bürgen – das heißt, sie zu versichern – bedeutet, dass ein Fehlschlag in dieser Branche nicht nur eine bestimmte Firma oder einen Industriezweig, sondern das gesamte Land zugrunde richten kann.

Im Jahre 2009 gab es nach Angaben des Internationalen Luftverkehrsverbandes einen Unfall pro 1,4 Millionen Flugzeuge, die in westlichen Ländern gebaut wurden.[342] Nach dieser Statistik liegt die Wahrscheinlichkeit, mit einem Flugzeug zu verunglücken, bei 0,00007 Prozent. Auf der anderen Seite gab es nach Berichten des Stanford Professors Marc Jacobson bei 1,5 Prozent aller jemals gebauten Atomreaktoren eine Kernschmelze.[343] Die Wahrscheinlichkeit einer Kernschmelze in einem Atomkraftwerk ist nahezu eine Million mal größer, als die Wahrscheinlichkeit, dass Ihr Flugzeug beim nächsten Flug abstürzt.

Stellen Sie sich vor, jemand würde Ihnen sagen, das Flugzeug, in das Sie und Ihre Familie gerade einsteigen wollen, hätte eine 1,5-prozentige Wahrscheinlichkeit zu explodieren. Würden Sie an Bord gehen?

Die Fukushima-Atomkatastrophe hat uns einmal mehr daran erinnert, dass Atomkraft nicht sicher ist.

Die Tragödie der Atomkatastrophe von Fukushima hat ein Ausmaß, wie wir es seit der Atomkatastrophe von Tschernobyl nicht mehr erlebt haben. Die japanische Regierung war bisher noch nicht sehr mitteilsam in Bezug auf die menschlichen, ökologischen und finanziellen Kosten dieser Tragödie. Vielmehr peitschte der japanische Premierminister Shinzo Abe weitreichende Gesetze durch, die den Zugang der Öffentlichkeit zu allen Informationen über Fukushima, die von irgendeinem Bürokraten als „Staatsgeheimnis" betrachtet wurden, unterdrückten. „Es kann sehr wohl Abes wahre Absicht sein, Fehler staatlichen Handelns in Bezug auf die Fukushima-Katastrophe und/oder die Erfordernisse der Atomkraft zu verschleiern", sagte der Politikwissenschaftler Professor Koichi Nakano, von der Sophia Universität.[344]

Nachdem die Regierung jahrzehntelang versichert hat, Atomkraft sei sicher, sauber und kostengünstig, bezahlen die japanischen Bürger nun nicht nur mit ihren Leben und ihrer Gesundheit, sondern auch mit ihrem Geldbeutel für dieses Desaster. Die japanischen Steuerzahler haben auf schmerzlichem Weg lernen müssen, was es bedeutet, wenn eine Nation die Atomindustrie gegen alle Arten von großen Katastrophen absichert.

Die Versicherung von Atomkraftwerken durch den Steuerzahler ist aber keine japanische Eigenheit. Es ist eine Eigenheit der Atomregulierung. Wenn es in Ihrem Land Atomkraftwerke gibt, dann sind auch Sie im Atomversicherungsgeschäft. Wissen Sie, wie groß Ihre Haftpflicht ist?

In den Vereinigten Staaten hat der Kongress entschieden, dass die Steuerzahler für Atomunfälle verantwortlich sind. Das ist geltendes Recht. Es trägt den Namen „Price-Anderson Nuclear Industries Indemnity Act".

Der Kongress stimmte dem Price-Anderson-Gesetz 1957 zu, um die gerade entstehende zivile Atomwirtschaft abzusichern. Die private Versicherungswirtschaft hatte 1957 nicht genügend Daten, um die Versicherungsbeiträge für Atomkraftwerke richtig zu bestimmen. Die Atomindustrie ist seit 1957 aber gewachsen und hat sich voll entwickelt. Nach Angaben der World Nuclear Association (Weltverband für Kernkraft) gibt es heute mehr als 430 Reaktoren in 31 Ländern, die eine Atomkraftleistung von 370 GW bereitstellen.[345] In Ländern wie Frankreich, Japan, Russland und den Vereinigten Staaten hat die Atomindustrie einen hohen Marktanteil erreicht. Frankreich hat 59 Reaktoren, die 75 Prozent des Stroms für das Land produzieren.[346] Vor der Katastrophe von Fukushima hatte Japan 50 Reaktoren, die ungefähr 30 Prozent der Elektrizität des Landes erzeugten.[347] Die USA haben ungefähr 100 Reaktoren, die 19 Prozent der Elektrizität des Landes produzieren.[348]

Sechs Jahrzehnte lang hat die Welt Atomanlagen gebaut, betrieben, instand gehalten und damit Energie erzeugt. Private Versicherungen haben genug Daten zur Verfügung, um die Sicherheit der Atomkraftwerke quantifizieren zu können. Sie haben genug Daten, um ein Versicherungsprodukt für Atomkraftwerke zu entwickeln, nicht wahr? Ja, sie haben genug Daten, aber nein, sie würden Kernkraft nie versichern. Keine einzige Versicherungsgesellschaft hat sich gemeldet, um die vollen Kosten einer Atomkatastrophe abzudecken. Private Versicherungsunternehmen versichern Gebäude, wie den neuen Freedom Tower, der nach dem Terroranschlag auf das World Trade Center erbaut wurde. Private Versicherungsunternehmen versichern gegen das Risiko eines Hurrikans oder eines Flugzeugunglücks. Aber kein privates Versicherungsunternehmen wird die vollen Kosten für Atomkraft versichern.

Denken Sie nur einen Moment, es gäbe einen Markt für Atomkraft-Versicherungen, so wie es etwa einen Markt für Autoversicherungen oder Versicherungen von Solaranlagen gibt. Welche Prämie würde ein Versicherungsunternehmen berechnen, um ein Atomkraftwerk zu versichern?

Die deutsche Regierung (die Atomindustrie ist hier ebenfalls durch den Steuerzahler versichert) gab eine Studie in Auftrag, um diese Frage zu beantworten. Der Bericht vom April 2011 kam zu dem Schluss, dass die Prämie für die Versicherung eines Atomkraftwerkes durch ein privates Versicherungsunternehmen, im Bereich zwischen 0,139 Euro pro kWh (19,9 US-Cent pro kWh) und 2,36 Euro pro kWh (3,39 US-Dollar pro kWh) liegen würde.[349]

Um diese Zahlen einzuordnen: die Stadt Palo Alto hat einen 25-Jahres-Vertrag für den Kauf von Solarstrom zum Preis von 6,9 US-Cent pro kWh.[350] Der Gesamtpreis, den Palo Alto für jede Einheit Solarenergie (6,9 US-Cent pro kWh) bezahlt, beträgt ungefähr ein Drittel der unteren Schätzung für die Versicherungsprämie, die ein Atomstromproduzent für jede Energieeinheit (19,9 US-Cent pro kWh) bezahlen müsste.

Hier noch eine andere Sicht auf die Dinge: Der unabhängige Solar-Stromerzeuger, der Palo Alto beliefert, muss Kapital-, Installations-, Verwaltungs-, Versicherungs-, Betriebs- und Instandhaltungskosten, sowie Steuern, Genehmigungen und andere Kosten bezahlen. Schließlich muss mit der Energie, die er an Palo Alto für 6,9 US-Cent pro kWh verkauft, ein kleiner Gewinn erzielt werden. Die Gesamtsumme all dieser Kosten, einschließlich Entwicklungskosten, beträgt gerade einmal ein Drittel der Versicherungsprämie, die ein Kernkraftwerk für jede Energieeinheit (kWh) bezahlen müsste. Und das gilt nur für die untere Grenze der Kostenschätzung für die Versicherungsprämie (19,9 US-Cent pro kWh). Nimmt man die obere Grenze der Schätzung (3,39 US-Dollar pro kWh), dann wären die Gesamtkosten für Solarstrom 50 mal geringer als der Versicherungsbeitrag für Atomkraft.

Atomkraft ist nicht versicherbar. Wenn Versorger und Behörden über „die Kosten der Atomenergie“ sprechen, dann sind die Versicherungssubventionen des Steuerzahlers nicht berücksichtigt. Die Kosten für eine Katastrophe wie in Fukushima oder Tschernobyl sind in den Kalkulationstabellen nicht aufgeführt, wenn die „Kosten der Atomkraft“ berechnet werden.

Kein Wunder, dass die Atomindustrie bei der Versicherung durch die Steuerzahler schmarotzen will. Atomkraft, so wie sie ist, ist wirtschaftlich nicht überlebensfähig. Müsste für eine Versicherung (wenn überhaupt eine auf dem Markt verfügbar wäre) gezahlt werden, dann würde die Atomenergie unverzüglich und unwiderruflich vom Markt verdrängt werden.

Der deutsche Bericht kam außerdem zu dem Schluss, dass der erwartete Schadenswert eines Atomunglücks 5,756 Billionen Euro (8,27 Billionen US-Dollar) betragen würde. Das deutsche Bruttoinlandsprodukt betrug im Jahr 2012 nach Angaben der Weltbank 3,4 Billionen US-Dollar.[351] Die Kosten eines Atomunfalls in Deutschland wären nach Aussage dieses Berichts also 2,4-mal so groß wie die deutsche Wirtschaftsleistung. Das heißt, ein einziger Atomunfall könnte die größte Wirtschaft in Europa und die fünftgrößte Wirtschaft der Welt in den Bankrott treiben.

Atomkraft ist nicht nur unbezahlbar, sie könnte auch ein ganzes Land in den Bankrott treiben. Und je kleiner die Wirtschaft eines Landes ist, umso schneller würde das Land zusammenbrechen. Das russische Bruttoinlandsprodukt beträgt derzeit etwa zwei Billionen US-Dollar, aber Ende der 1980er Jahre waren es eher 500 Milliarden US-Dollar.[352] Michael Gorbatschow sagte, dass die Atomkatastrophe in Tschernobyl „vielleicht der wahre Grund für den Zusammenbruch der Sowjetunion fünf Jahre später gewesen sei".[353]

Außerdem können Atomkatastrophen nicht auf die unmittelbare Umgebung begrenzt werden. „Am Anfang haben wir geglaubt, dass die Auswirkungen der Explosion hauptsächlich die Ukraine betreffen würden, aber Weißrussland wurde im Nordwesten sogar noch schlimmer getroffen, und Polen und Schweden hatten ebenfalls unter den Konsequenzen zu leiden", sagte Gorbatschow.

Die atomare Todesspirale

Angesichts solch abschreckender Zahlen haben die Deutschen nach der Katastrophe von Fukushima entschieden, acht Atomreaktoren sofort abzuschalten und ihre gesamte Atomindustrie bis 2022 stillzulegen.

Die meisten Länder in Europa haben den Ausstiegsprozess aus der Kernenergie, den sie nach der Atomkatastrophe von Tschernobyl im Jahre 1986 begonnen haben, ebenfalls beschleunigt. Italien führte im Juni 2011 ein Referendum durch, in dem die Wähler mit überwältigenden 95 Prozent den Vorstoß ihres Premierministers für ein neues Atomenergieprogramm ablehnten.[354] Global Data erwartet, dass 150 der 186 europäischen Atomkraftwerke (80 Prozent) bis 2030 abgeschaltet werden.[355] Alle 50 japanischen Atomkraftwerke wurden bereits abgeschaltet. Die japanischen Bürger sammelten acht Millionen Unterschriften gegen den Plan der Regierung, die Atomkraftwerke wieder in Betrieb zu nehmen.[356] Trotz dieses massiven öffentlichen Widerstands gegen die Atomenergie wird die japanische Regierung einige Reaktoren wohl wieder einschalten. Dennoch liegt das japanische Atomprogramm eindeutig auf seinem Sterbebett.

In den Vereinigten Staaten, wo die Obama-Regierung ihre Subventionen für neue Atomreaktoren verdreifacht hat und Atomenergie sogar als „saubere Energie" bezeichnet (wobei sie nachspricht, was die Industrie, mit dem geschickten Versuch sich als sauber zu positionieren, vorspricht), werden Atomkraftwerke in einem Tempo abgeschaltet, wie man es seit Jahrzehnten nicht gesehen hat. Im April 2011 kündigte der Vorstandsvorsitzende von NRG Energy an, seine Firma werde den Bau von zwei neuen Reaktoren in Süd-Texas „aus finanziellen Gründen" abbrechen.[357] Vier weitere Atomreaktoren wurden 2013 abgeschaltet: Vermont Yankee und Wisconsin Kewaunee, weil sie auf Großhandelsmärkten nicht konkurrieren konnten, Crystal River in Florida wegen Bauschäden und San Onofre in Kalifornien aus einer ganzen Reihe von Gründen, einschließlich Bauschäden, fehlgeschlagenen Reparaturen und Sicherheitsbedenken.[358]

Der derzeitige Bestand an Atomkraftwerken in den USA wird älter, ineffizienter, teurer in Betrieb und Unterhaltung und zunehmend weniger wettbewerbsfähig.

Ein Bericht der Investitionsbank Credit Suisse weist darauf hin, dass die Ausfallzeiten der Atomreaktoren signifikant gestiegen sind (siehe Abbildung 6.4). Durch diese Verlängerung der Ausfallzeiten sind die Kosten für Reparaturen und Nachrüstungen gestiegen. Das Atomkraftwerk San Onofre beispielsweise schloss 2011, um seinen defekten Dampfgenerator auszutauschen. Nachdem 670 Millionen US-Dollar für die Reparatur aufgewendet worden waren, wurde der Generator als „nicht reparierbar" eingestuft. San Onofre ist nicht wieder in Betrieb gegangen und ist zur Stilllegung vorgesehen.

Die Kosten für Betrieb und Wartung sind jährlich um 4,8 Prozent gestiegen. Die Brennstoffkosten sind zwischen 2007 und 2011 um 9,1 Prozent pro Jahr gestiegen. Laut einem Bericht der Credit Suisse wird erwartet, dass in naher Zukunft die Gesamtkosten um fünf Prozent pro Jahr weiter steigen.[359]

In einer Analyse von Mark Cooper von der juristischen Fakultät in Vermont sind 38 Kernkraftwerke aufgelistet, die aus rein wirtschaftlichen Gründen von der Schließung bedroht sind, zehn davon angesichts „besonders großer Herausforderungen".[360] Nahezu alle diese Anlagen gehören zu den 47 Atomkraftwerken, die sich täglich der Konkurrenz auf dem offenen Großhandelsmarkt der USA stellen müssen.[361]

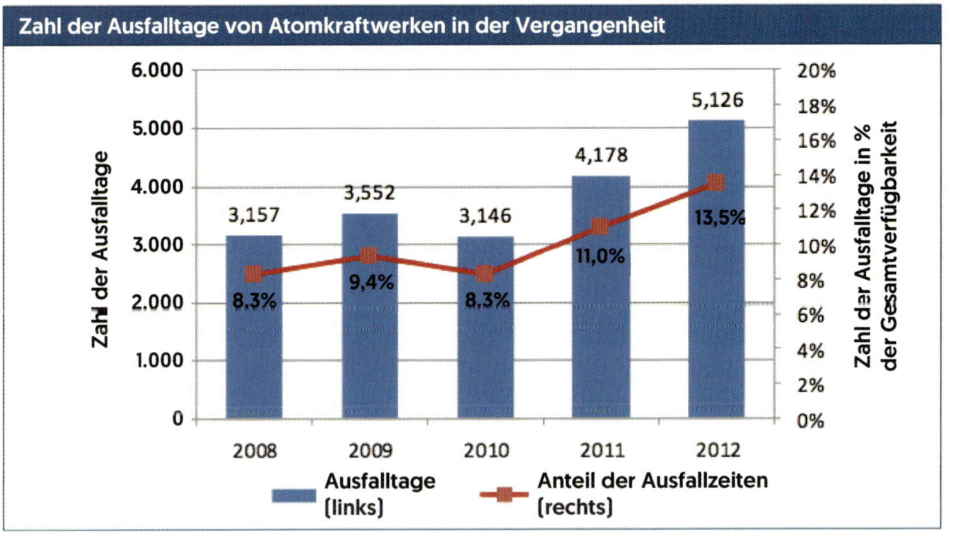

Abbildung 6.4 – Ausfallszeiten der US-amerikanischen Atomindustrie in der Vergangenheit (Quelle: Credit Suisse)[362]

Gemäß diesen Analysen muss nahezu die Hälfte aller existierenden US-Atomkraftwerke bald aus wirtschaftlichen Gründen schließen.

Aus einem anderen Grund stehen sogar Anlagen im Bereich atomfreundlicher staatlicher Regulierungsbehörden vor dem Aus: Sinkende Spitzenlastpreise für Strom aufgrund der stärkeren Durchdringung des Marktes mit Solarstrom. Spitzenlastpreise sind um ein Vielfaches höher als die durchschnittlichen Preise. Das verschafft Atomkraftwerken große Gewinnspannen. Aber Spitzenlastpreise werden an warmen Sonnentagen erzielt, wenn die Erzeugung von Solarstrom am höchsten ist. Kann mit der Kernkraft auf dem Markt außerhalb der Spitzenlastzeiten Geld verdient werden? Nach Einschätzung von Credit Suisse „dürfte es Atomkraftwerken außerhalb der Spitzenlastzeiten kaum gelingen, Gewinne zu machen."[363]

Der französische Atomriese *Electricité de France* (EDF), der weltweit größte Betreiber von Atomkraftwerken, hat sich entschieden, aus dem US-Markt auszusteigen.[364] EDF investierte in sechs Jahren 2,7 Milliarden US-Dollar in eine nukleare „Renaissance“, die heute niemand mehr erwartet. Der Finanzvorstand von EDF, Thomas Piquemal, meinte, dies sei das „letzte Kapitel ihres US-Abenteuers“ gewesen.

Am 16. Dezember 2013 kündigte USEC (früher Uranium Enrichment Corporation), das einzige amerikanische Unternehmen im Urananreicherungsgeschäft, an, dass es Konkurs anmelden werde.[365] USEC hatte in den beiden Jahren zuvor 257 Millionen US-Dollar vom US-Energieministerium zur Unterstützung seines amerikanischen Zentrifugenprojekts erhalten, einer Technologie zur Urananreicherung mit Zentrifugen, um Brennstäbe für die Atomkraftwerke bereit zu stellen. Die Fertigstellung des Projektes war für 2005 vorgesehen und sollte 1,7 Milliarden US-Dollar kosten. Stattdessen wird jetzt erwartet, dass die Kosten bei 6,5 Milliarden US-Dollar liegen und die Fertigstellung erst 2016 erfolgt. Einen Monat vor der Bekanntgabe des Konkurses erklärte das Unternehmen: „Bei dem derzeitigen Marktpreis glauben wir nicht, dass unsere Pläne für eine Vermarktung (der amerikanischen Zentrifugenanlage) ohne zusätzliche Unterstützung der Regierung wirtschaftlich tragfähig sind.“[366] Ist noch irgendjemand überrascht, dass ein Atomprojekt finanziell nicht lebensfähig, mindestens um zwölf Jahre verzögert und fast vier mal so teuer wie ursprünglich geschätzt ist?

Wenn sich Solar- und Windenergie in den USA weiter verbreiten, ist die Atomenergie erledigt. Neue Atomkraftwerke wie Vogtle, vorausgesetzt sie würden irgendwann einmal gebaut und in Betrieb genommen, werden auf einem freien Markt nicht konkurrieren können. Es wird angenommen, dass diese „neuen Atomkraftwerke“ Strom zu nicht wettbewerbsfähigen Kosten zwischen 25 und 30 US-Cent pro kWh produzieren werden.[367] Im September 2013 betrug der durchschnittliche Endverbraucherpreis für private Stromkunden in den USA 12,5 US-Cent pro kWh.[368] Die erwarteten Kosten für „neuen Atomstrom“ würden also, wenn die neuen Anlagen überhaupt jemals gebaut werden, das Doppelte des Endkundenpreises des heute im Einzelhandel gelieferten Stroms betragen. Addiert man dazu die Kosten für Übertragung, Verteilung und die Gemeinkosten der Versorgungsunternehmen, müsste man für Atomstrom das Dreifache des heutigen Endkundenpreises bezahlen. Im Gegensatz dazu sinken die Kosten der Solarenergie dramatisch. Das 50 MW-Macho-Spring-Projekt von First Solar wird Solarenergie an El Paso Electric für 5,79 US-Cent pro kWh verkaufen.[369] Das ist ungefähr fünf mal billiger als „neuer Atomstrom“.

Als der in Chicago ansässige Energieversorger Exelon ankündigte, er werde seinen Atomreaktor in Victoria County, Texas, verschrotten, sagte das Unternehmen, dass rein wirtschaftliche Gründe dafür verantwortlich wären: „...die wirtschaftlichen und marktlichen Rahmenbedingungen machen den Bau neuer kommerzieller Atomkraftwerke jetzt und in absehbarer Zukunft unrentabel“, sagte das Unternehmen.[370] John Roe, der Vorstandsvorsitzende von Exelon, einer Firma, deren Portfolio zu dieser Zeit zu 93 Prozent aus Atomenergie bestand, lehnte die sogenannte Renaissance vollständig ab. „Machen Sie sich nicht vor, dass sie [die Atomenergie] wirtschaftlich ist. Ein Ausbau der Atomkraftleistung würde 300 Milliarden US-Dollar Bundesbürgschaften und andere Subventionen benötigen.“[371]

Als die EDF einpackte und sich vom US-Markt verabschiedete, ging sie geradewegs nach London, wo die britische Regierung der Atomindustrie für einen Zeitraum von 35 Jahren einen Preis versprochen hat, der dem Doppelten des derzeitigen Großhandelspreises für Strom entspricht.[372] Die Europäische Kommission berechnete, in welcher Höhe die Steuerzahler ein von EDF in Hinkley Point gebautes Atomkraftwerk subventionieren müssten; die Kosten betrugen 17 Milliarden Pfund (27,8 Milliarden US-Dollar). Dieser Betrag schließt die Kosten für die Stilllegung, die Sanierung und die Versicherung der Reaktoren in Hinkley Point nicht mit ein. EDF erklärte, dass ohne diese „Reform" (Steuerzahlersubventionen) das Investment in Hinkley Point nicht stattfinden würde. Günther Oettinger, der Energie-Kommissar der Europäischen Union, beschrieb das EDF-Atomprojekt in Großbritannien im Stil als „sowjetisch".

Die schrumpfende Atomenergieleistung bedeutet, dass Atomenergie in eine Todesspirale eintritt. Die vielbeschworene Wiedergeburt wird niemals stattfinden. Was wir stattdessen erlebt haben, war ein erneuter Tod der Atomenergie.

Die Disruption des Atom-Zombies

Die Atomenergie ist ein Zombie – nicht wirklich lebendig, aber auch noch nicht tot. Die eigentliche Gefahr durch Zombies besteht darin, dass sie das Leben aus den Lebenden saugen möchten. Die Atomenergie hängt von Steuerzahlersubventionen ab und war immer davon abhängig. Die Atomlobby hat es geschafft, Atomenergie als „saubere" Alternative zu fossilen Brennstoffen zu positionieren, sodass sie sogar noch mehr Subventionen erhielt als zuvor. Man kann die meisten Menschen den größten Teil der Zeit an der Nase herumführen, aber es ist kaum möglich, die tödliche Realität von Fukushima und die brutale Marktrealität einer nicht wettbewerbsfähigen Atomindustrie in einer offenen Gesellschaft und einem offenen Energiemarkt zu verbergen.

Im Zuge der Errichtung eines großen Marktes in den USA und Europe ist allerdings eine kritische Masse von Ingenieuren, Akademikern und Versorgern eine Verbindung mit der Atomindustrie eingegangen. Wenn diese Industrie schrumpft, werden die Ingenieure und Akademiker weg gehen, um an anderen Orten bessere Arbeitsplätze zu finden. Junge talentierte Universitätsabsolventen werden keine Laufbahn in einer sterbenden Industrie anstreben. Anbieter werden ihr Geschäft aufgeben oder andere Industriezweige beliefern. Wenn sich weniger Anbieter auf die Atomenergie konzentrieren, bedeutet das weiter steigende Kosten, längere Lieferzeiten und den Verlust aller Arten von Skaleneffekten, die es vorher gab. Forschung und Entwicklung werden nur noch in wenigen Reaktoren betrieben, was die Stückkosten weiter erhöht.

Das Endergebnis wird eine Industrie mit untragbar hohen Kosten sein, die diese Kosten immer weiter in die Höhe treiben muss. Außerdem wird diese Industrie immer stärker von stetig steigenden Subventionen der Steuerzahler und von der Protektion von Regierungen abhängig sein. Ein einstmals attraktiver Industriezweig wird nie wieder Spitzenforscher und talentierte Ingenieure anziehen, sodass es weniger Technologie-Durchbrüche und mehr Qualitätsprobleme geben wird. Für die Atomindustrie bedeutet das mehr Sicherheitsprobleme – und daraus resultierende Unfälle.

Die Atomindustrie ist in den Teufelskreis des Markttodes eingetreten.

Solar- und Windenergie werden ihre Marktanteile weiter vergrößern, bei steigender Qualität und sinkenden Kosten. Wenn Solar- und Windenergie billiger werden und die Atomenergie auf dem Einzel- und Großhandelsstrommarkt am Tag (und in der Nacht) unterbieten, werden mehr Atomkraftwerke aus rein wirtschaftlichen Gründen ihr Geschäft aufgeben müssen.

Weiter oben in diesem Kapitel habe ich bereits erwähnt, dass die Solarenergie ihre Kostenposition im Vergleich zur Atomenergie um den Faktor 1.540 verbessert hat. Es wird erwartet, dass die Kosten für Solarenergie bis 2020 um weitere zwei Drittel sinken. Selbst wenn die Kosten der Atomenergie nicht weiter steigen (ein eher unwahrscheinliches Szenario), wird die Solarenergie ihre Kostenposition im Vergleich zur Atomenergie um den Faktor 4.620 verbessert haben. Aus all den hier genannten Gründen ist das wahrscheinlichere Szenario, dass die Kosten der Atomenergie weiter steigen, sodass Solarenergie ihre Kostenposition im Vergleich zur Atomenergie bis 2020 um den Faktor 6.000 (oder mehr) verbessert haben wird.

Wie bei jeder Industrie, die von Disruption betroffen ist, wird die Todesspirale bei der Atomindustrie schnell zu Ende sein (wenn auch nicht schmerzlos). Die Vereinigten Staaten werden nur „eine Handvoll Atomkraftwerke als Grundlastkraftwerke weiter laufen lassen“, sagte David Crane, Vorstandsvorsitzender von NRG Energy. Das entspricht einem 95-prozentigen Rückgang der Anzahl an Atomkraftwerken in den USA.

Anstatt Geld in ein schwarzes Atomenergieloch zu stecken, investiert NRG in Solartechnik. Das Unternehmen entwickelt Solartechnik für Großanlagen wie das 377 Megawatt-Ivanpah-Kraftwerk mit einem Solarkonzentrator-Turm in der kalifornischen Mojave-Wüste. Das Unternehmen investiert darüber hinaus in dezentrale PV-Projekte im ganzen Land.[373]

Die solare Grundlastversorgung existiert bereits. Wir brauchen vielleicht nicht einmal David Crane's „Handvoll Atomkraftwerke“. Kevin Smith, Vorstandsvorsitzender von SolarReserve erzählte meinen Kursteilnehmern an der Stanford Universität, dass solare Grundlast bereits günstiger als ein neues Atomkraftwerk ist. Das zwischen Las Vegas und Reno in Crescent Dunes in Nevada angesiedelte neue Kraftwerk von SolarReserve hat eine Speicherkapazität von zehn Stunden, sodass es Solarstrom verkaufen kann, wann immer Kunden ihn brauchen. SolarReserve hat mit NV Energy vertraglich vereinbart, während der Spitzenlastzeiten 25 Jahre lang Energie für 13,5 US-Cent pro kWh zu verkaufen. Die 110 MW-Anlage von SolarReserve ist die erste ihrer Art in den USA. Kevin Smith erwartet eine Halbierung der Kosten in den nächsten Jahren. Von 2014 an wird die Nevada Power Company den Las Vegas Strip mit Solarenergie beleuchten. Alles, was in Vegas passiert, wird solarbetrieben sein!

Das Ende der Atomenergie bedeutet das Ende der weit verbreiteten Täuschung, die „zivile Atomindustrie“ sei rentabel. Wir werden für die Beseitigung des Atom-Irrtums an Orten wie Sellafield, Tschernobyl und Fukushima über Generationen hinweg bezahlen müssen. Ohne Zweifel ist die Atomindustrie bereits überholt. Die Atomindustrie implodiert, weil sie zu teuer, zu gefährlich und zu schmutzig ist. Lassen Sie diesen Zombie gehen, bevor er bei den Lebenden noch mehr irreversible Schäden anrichtet.

Kapitel 7

Das Ende des Erdöls

„Wenn der Wind des Wandels weht, bauen die einen Mauern, die anderen Windmühlen."

– Altes chinesisches Sprichwort

„Ich würde mein Geld in die Sonne und die Solarenergie stecken. Was für eine Energiequelle! Ich hoffe, wir müssen nicht warten, bis Öl und Kohle zu Ende gehen, bis wir das in Angriff nehmen."

– Thomas Alva Edison, 1931

„Die Steinzeit ist nicht aus einem Mangel an Steinen zu Ende gegangen und das Ölzeitalter wird enden, lange bevor das Öl auf der Welt zu Ende geht."

– Sheik Ahmed Yaki Zamani, ehemaliger saudischer Ölminister

Am 11. Mai 2011 kündigte Saudi Arabien an, in ein zwanzigjähriges 109 Milliarden US-Dollar-Projekt zur Installation von 41.000 MW Solarleistung einzusteigen (das entspricht in der Spitze der Leistung von 41 Atomkraftwerken).[374] Das Königreich verbrennt 523.000 Barrel Erdöl pro Tag, um Strom zu erzeugen und Meerwasser zu entsalzen. Weil die Bevölkerung, die Wirtschaftstätigkeit und der Energiebedarf wachsen, könnte Saudi-Arabien bis 2030 850 Millionen Barrel Erdöl pro Jahr verbrennen. Nach Aussage von Abdullah Al-Shehri von der königlichen Electricity & Co-Generation Regulatory Authority (Regulierungsbehörde für Strom & Kraft-Wärme-Kopplung) würden dann 30 Prozent seiner Rohölproduktion nur zur Stromerzeugung eingesetzt.[375]

Wirtschaftlich ist das gewaltige Solarstrom-Projekt für Saudi-Arabien sinnvoll. Die Kosten für Stromerzeugung und Meerwasserentsalzung mit Solartechnologien betragen nur einen Bruchteil (10 bis 20 Prozent) dessen, was der Einsatz von Erdöl kostet. Anstatt Erdöl zu verbrennen, das pro Fass für 100 US-Dollar und mehr auf dem Weltmarkt verkauft werden kann, werden die Saudis Solarenergie verwenden, die Strom zu einem Bruchteil der Kosten, der weniger als 20 US-Dollar pro Barrel entspricht, produziert.

Die Steinzeit ging nicht aus Mangel an Steinen zu Ende. Sie ist zu Ende gegangen, weil die Steine durch eine überlegene Technologie verdrängt wurden: Bronze. Ebenso wird das Erdölzeitalter nicht wegen Mangel an Erdöl zu Ende gehen. Es wird enden, weil das Erdöl verdrängt wird – von überlegenen Technologien (Photovoltaik, Elektroautos und autonome Autos) und von den Geschäftsmodellen, die durch diese Techniken möglich werden.

Saudi-Arabien, der größte Erdölproduzent der Welt, hat die Zeichen der Zeit erkannt und weist nun den Weg aus dem Erdölzeitalter.

Exponentielle Kostenverbesserung von PV im Vergleich zu Erdöl

Saudi-Arabien sollte sich beeilen. So visionär sein Plan auch sein mag, 41 GW solar zu produzieren: es hat vielleicht keine weiteren 20 Jahre Erdöleinnahmen, um dieses Solarprojekt zu finanzieren. Die Solarenergie hat ihre Kosten im Vergleich zum Erdöl bereits exponentiell gesenkt und der Kostenvorteil der Solarenergie wird sich in den nächsten Jahren nur noch vergrößern.

Stellen Sie sich eine Welt vor, in der der Erdölpreis der gleichen Kostenkurve folgen würde, wie die Photovoltaik. Im Jahre 1970 kostete in den USA ein Fass Erdöl 3,18 US-Dollar[376] und der Endkundenpreis von Benzin lag bei 0,36 US-Dollar pro Gallone.[377] Wenn der Preis für Erdöl mit der gleichen Geschwindigkeit gefallen wäre, wie für Solarenergie, dann würde heute ein Fass Erdöl 2 Cent kosten und eine Gallone Benzin 0,00234 US-Dollar. Vier Gallonen Benzin würden ungefähr einen Cent kosten! In dieser Phantasiewelt könnte man einen 15-Gallonen-Tank für 3,5 US-Cent auffüllen. Stattdessen schwankt der Preis für ein Fass Erdöl um 110 US-Dollar und die Füllung eines Benzintanks kostet mehr als 50 US-Dollar.

Tatsächlich ist Photovoltaik heute 154 mal billiger als 1970 (die Kosten sind von 100 US-Dollar pro Watt auf 65 Cent pro Watt gefallen), während Erdöl um den Faktor 35 teurer geworden ist (der Preis für ein Fass Öl ist von 3,18 auf 110 US-Dollar gestiegen) (siehe Abbildung 7.1). Nimmt man diese Zahlen zusammen, dann stellt man fest, dass die Solarenergie seit 1970 ihre Kostenbasis im Vergleich zum Erdöl um den Faktor 5.355 verbessert hat.

Wenn Sie glauben, dass eine Branche mit einer Technologie konkurrieren kann, deren Kostenposition sich gegenüber ihrer eigenen um den Faktor 5.000 verbessert hat, verleugnen Sie eindeutig die bevorstehende Disruption.

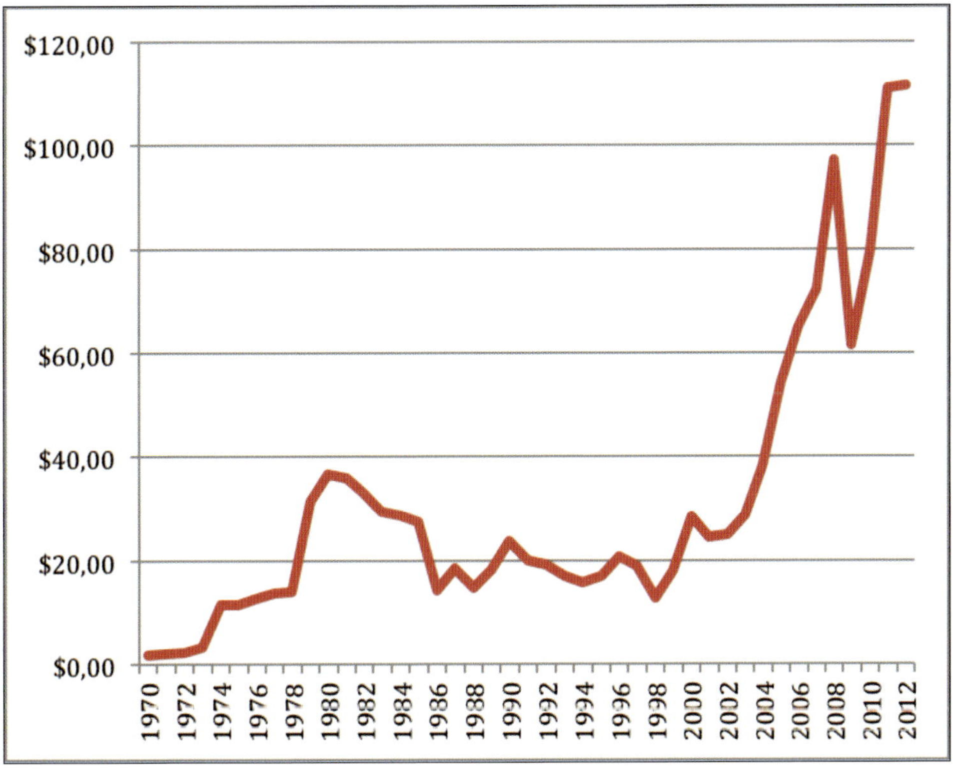

Abbildung 7.1 – Rohölpreise in US-Dollar pro Fass (Quelle: BP Statistical Review of World Energy/Statistisches Jahrbuch der Weltenergie)[370]

Eine Branche, die von einer Umwälzung bedroht ist, hat drei Möglichkeiten:

1. Rausholen. Das heißt, so lange wie möglich zu hohen Preisen verkaufen.
2. In die Branche investieren, die den Markt umwälzt.
3. Sterben.

Das Königreich Saudi-Arabien hat die Optionen 1 und 2 gewählt. Die Saudis verkaufen Erdöl zu hohen Marktpreisen, während sie in eine neue Energieinfrastruktur investieren, die sich auf Solarenergie stützt, die Technologie, die den Markt umwälzt.

Für Erdöl kommt es sogar noch schlimmer. Es wird prognostiziert, dass die Kosten für PV bis 2020 um weitere zwei Drittel fallen. Angenommen der Erdölpreis bleibt bei 110 US-Dollar pro Fass, dann bedeutet das, dass sich die Kostenposition für Solarenergie im Vergleich zum Erdöl um den Faktor 12.000 verbessert haben wird.

Erdöl ist ein Rohstoff mit großer geopolitischer Bedeutung, was bedeutet, dass jede Vorhersage der zukünftigen Preisentwicklung auf schwachen Füßen steht. An welches Szenario auch immer Sie glauben: Erdöl hat in Bezug auf Solar Schwierigkeiten. Ganz gleich, ob sie annehmen, dass der Erdölpreis bis 2020 auf 55 US-Dollar pro Fass fällt oder auf 220 US-Dollar pro Fass steigt, wird PV seine Kostenkurve entweder um den Faktor 6.000 oder um den Faktor 24.000 verbessert haben. So oder so wird Erdöl verdrängt.

Wenn Sie glauben, dass die Solarenergie nicht mit Erdöl konkurriert, sollten Sie noch einmal nachdenken. Erdöl wird durch drei sich ergänzende Disruptionswellen verdrängt werden:

1. Das E-Auto wird Autos mit Verbrennungsmotoren verdrängen. Das E-Auto wird Benzin und Diesel für den Transport überflüssig machen (siehe Kapitel 4).
2. Das autonome Auto wird den Transport äußerst effizient machen, Verluste reduzieren und die Anzahl der Fahrzeuge auf der Erde vermutlich um eine Größenordnung senken (siehe Kapitel 5).
3. PV wird Erdöl als Energiequelle für die Stromerzeugung (Diesel) und für Wärme und Beleuchtung (Kerosin) ersetzen. Diese beiden Energiequellen versorgen noch immer Milliarden Menschen auf der ganzen Welt mit teurer Energie. PV ist heute schon günstiger als Diesel und Kerosin.

Das Ende des kanadischen Ölsands

Einige der Erdölprojekte, die die Umwelt am meisten zerstören, sind auch finanziell mit hohen Kosten verbunden. Das kanadische Ölsandprojekt wird sich bald als eine gescheiterte Kapitalanlage erweisen, nicht weil es die Umwelt zerstört, sondern weil es wirtschaftlich nicht überlebensfähig ist.

Um die Kapitalinvestitionen zu tragen, die für Bohrungen im Meer oder Ölsandprojekte erforderlich sind, muss der Marktpreis für Erdöl dauerhaft hoch sein. Beispielsweise kostet es 65 bis 100 US-Dollar pro Fass, um Erdöl aus kanadischen Ölsanden zu gewinnen.[379] Der tatsächliche Preis für ein Fass hängt von der Art des Projektes und von der eingesetzten Technologie ab. Für neue dampfbetriebene Projekte liegt der Break-Even-Punkt (der minimale Marktpreis, bei dem Investoren noch Profit machen können) zwischen 65 und 70 US-Dollar. Für Bergbauprojekte liegt die Rentabilitätsgrenze nach Aussage des Beratungsunternehmens Wood McKensie eher bei 90 bis 100 US-Dollar. Ölsande in Alberta erfordern nach Auskunft des kanadischen Ministers für Bodenschätze Joe Oliver im nächsten Jahrzehnt Kapitalinvestitionen in Höhe von etwa 650 Milliarden US-Dollar.[380]

Investoren wollen größtmögliche Kapitalrenditen. Wenn sie nicht glauben, dass sich der Ölpreis konstant oberhalb der Rentabilitätsgrenze bewegt, ist es nicht vernünftig, zu investieren. Wenn Investoren erwarten, dass der Erdölpreis (in absehbarer Zukunft) im Bereich von 50 US-Dollar pro Fass liegen wird, werden die kanadischen Ölsande wegen fehlender Investoren nicht weiter erschlossen. Wenn Investoren erwarten, dass sich der Ölpreis um 80 US-Dollar pro Fass herum bewegt, werden vielleicht wieder dampfbasierte Projekte entwickelt, da deren Kosten zwischen 65 und 70 US-Dollar liegen, aber die teureren Bergbauprojekte werden nicht weiter entwickelt.

Die gleiche Logik gilt auch für die Entwicklung von Offshore-Ölprojekten. Abbildung 7.2 zeigt den dramatischen Unterschied der Kosten für die Gewinnung eines Fasses Öl an Land oder auf dem Meer.

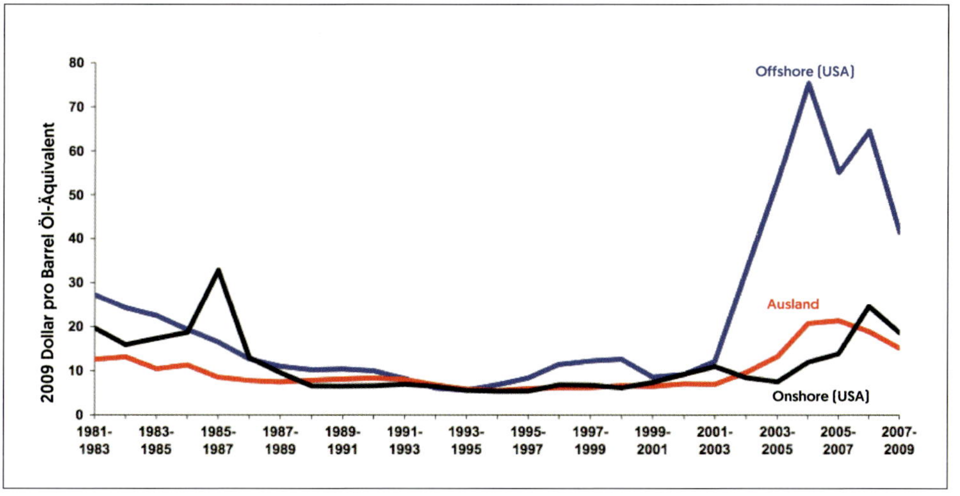

Abbildung 7.2 – Erschließungskosten für FRS Unternehmen von 1981–1983 bis 2007–2009. (Quelle: EIA)[381]

Abbildung 7.2 zeigt, dass die Kosten für ein BOE (ein Barrel Öl-Äquivalent) in der Zeit von 2007 bis 2009 auf ein Maximum von 80 US-Dollar gestiegen und dann auf unter 50 US-Dollar gefallen sind. Den Höchstpreis für ein BOE gab es unmittelbar vor der BP-Ölkatastrophe im Golf von Mexiko im April 2010. Haben die Ölunternehmen die Kosten für ihre Technologie verbessert oder haben sie die Kosten ohne jede Rücksicht auf die Sicherheit ihrer Mitarbeiter und die Auswirkungen auf die Umwelt gedrückt?

Der Referenzwert für die Rohölsorte Brent ist wahrscheinlich der bekannteste Referenzwert für die weltweiten Rohölmarktpreise. Der Brent-Rohöl-Referenzwert liegt seit 2011 über 100 US-Dollar.[382] Der als West-Texas-Intermediate (WTI) bezeichnete Referenzwert lag in der gleichen Zeit etwas unter 100 US-Dollar. Wenn Investoren glauben, dass der Ölpreis im Bereich von 100 US-Dollar oder sogar darüber bleibt, werden die meisten kanadischen Ölsandprojekte am Ende wohl entwickelt.

Ölpreise sind extrem sprunghaft. Preise für ein Fass Öl von 100 US-Dollar sind bereits üblich. Ein kurzer Blick auf Abbildung 7.3 zeigt aber, dass die Ölpreise in den 1990er Jahren tatsächlich sehr niedrig waren. Zuletzt kostete Öl im Februar 1999 rund 10 US-Dollar pro Fass.

Sollte die Nachfrage nach Öl schrumpfen – sagen wir bis spätetens 2030, weil E-Autos und autonome Autos die Automobilindustrie umwälzen und Photovoltaik Diesel verdrängt – dann können die Ölpreise nur noch fallen.

Einige Vertreter der fossilen Treibstoff-Industrie argumentieren, hohe Marktpreise seien als Anreiz für Forschung und Investitionen nötig. Abbildung 7.2 zeigt allerdings, dass bis zum Jahr 2000 trotz relativ niedriger Preise sehr viel Öl erschlossen wurde. Warum?

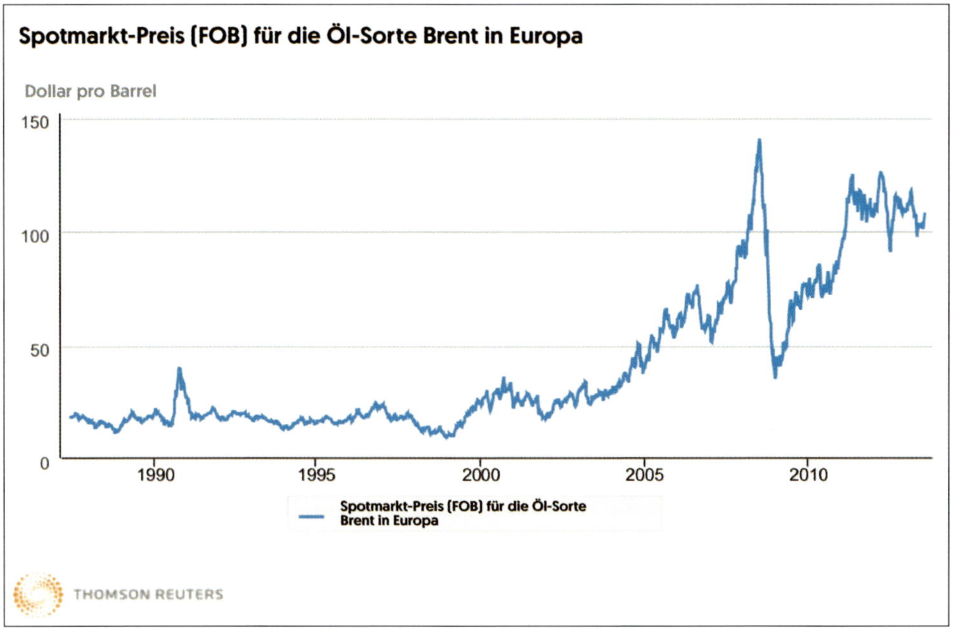

Abbildung 7.3 – Brent-Öl-Spotpreis 1987–2012. (Quelle: EIA)[383]

Wenn man Abbildung 7.1 betrachtet, sieht man, dass die Kosten für die Erschließung von Öl an Land sehr gering waren, meist im Bereich von 20 US-Dollar. Tatsächlich pumpen die Ölfirmen das Öl überwiegend zu einem Preis von 20 US-Dollar aus dem Boden und verkaufen es dann für 100 US-Dollar. Das ist das Fünffache der Produktionskosten. Nicht schlecht, wenn man das bekommen kann.

Wenn die Ölpreise wieder fallen, etwa auf das Niveau von 1990, als ein Fass 20 bis 30 US-Dollar kostete, wird folgendes passieren:

1. Nur Billigproduzenten werden überleben. Nur sehr ertragreiche Ölfelder mit einer Rentabilitätsgrenze unter 15 bis 20 US-Dollar werden erschlossen.
2. Der Großteil der Erschließungen, die für die Umwelt katastrophal (und überdies extrem teuer) sind, werden scheitern. Kanadische Ölsande mit einer Rentabilitätsgrenze von 65 US-Dollar pro Fass, Offshore-Erschließungen mit einer Rentabilitätsgrenze von 60 bis 70 US-Dollar und arktische Tiefsee-Erschließungen mit derzeit noch unbekannten finanziellen und ökologischen Kosten werden gestoppt. Rationale Investoren werden nie wieder zu diesen Projekten zurückkehren. Niemals.

Der kanadische Premierminister Stephen Harper hat einmal gesagt, die Entwicklung der kanadischen Ölsande sei ein monumentales Projekt auf dem Niveau der ägyptischen Pyramiden, nur größer. Er lag richtig, aber nicht so, wie er es beabsichtigt hatte. Die Investitionen in kanadische Ölsande werden schon bald Invesitionsruinen mit monumentalen Ausmaßen sein. Wie die Pyramiden werden sie zu einem gewaltigen Grabstein und Mahnmal für zukünftige Generationen, um sich zu erinnern, welche Schäden größenwahnsinnige Investitionen einer ehemals wohlhabenden und starken Gesellschaft zufügen können.

Die erste Solarnation der Welt

Am 29. Oktober 2012 wurde die südpazifische Inselnation Tokelau die erste Nation weltweit, die ihren Energiebedarf zu 100 Prozent aus Solarenergie deckt. Tokelau ist ein ausgesprochen kleines Land mit einer Bevölkerung von 1.411 Menschen, die sich auf eine Fläche von 12 km^2 auf 3 Atollen verteilen.

Tokelau wechselte zur Solarenergie, weil das Land mit einem Problem zu kämpfen hatte, das für diesel-betriebene Volkswirtschaften typisch ist. Tokelau gab jährlich etwa 1 Million NZ-Dollar (Neuseeländische Dollar – 0,83 Millionen US-Dollar) für Diesel aus.[384] Das mag so lange nicht viel erscheinen, bis man bedenkt, dass das Bruttoinlandsprodukt des Inselstaates 1,5 Millionen US-Dollar beträgt.[385] 55 Prozent des Einkommens des Inselstaates wurde ausgegeben, um seine Wirtschaft mit Dieseltreibstoff zu versorgen.

Das änderte sich alles durch die Umstellung der Insel auf Solarenergie. Die meisten Diskussionen über Elektrizität konzentrierten sich auf niedrigere Stromgestehungskosten. Nur wenige Menschen berücksichtigen die Lebensqualität, die die Abhängigkeit von der fossilen Brennstoff-Droge erzeugt. Diesel ist so teuer, dass die Dieselgeneratoren in Tokelau nachts ausgeschaltet wurden, um Geld zu sparen. Medikamente, die Tag und Nacht gekühlt werden mussten, gingen kaputt. Patienten, die nachts hätten behandelt werden müssen, wurden nicht behandelt.[386] Diesel wurde nur einmal im Monat mit dem Schiff geliefert. Es kam vor, dass die Dieselvorräte vollständig aufgebraucht waren und im Dunkeln auf die nächste Lieferung gewartet werden musste. Diesel war allenfalls eine zeitweilige Energiequelle.

Jetzt, wo sich Menschen in Tokelau vom Diesel verabschiedet haben, werden sie ihr Einkommen nahezu verdoppeln, ihre Lebensqualität verbessern und rund um die Uhr mit Energie versorgt sein.

PowerSmart Solar, ein Unternehmen aus Tauranga in Neuseeland, hat die Solaranlagen in Tokelau errichtet. Dean Parchomchuck, ein Mitbegründer der Firma, leitete die Teams auf den Inseln. Ich traf ihn bei einer Tasse Kaffee in der Business School der Universität Auckland. Er erzählte mir, dass sein Unternehmen die Solaranlagen in einer Gesamtzeit von 22 Wochen installierte. Auf dem ersten Atoll waren sie nach zehn Wochen fertig, auf dem zweiten und dritten Atoll nach jeweils etwa sechs Wochen. Hier kann man sehen, wie sich Lernkurven für Solarinstallationen entwickeln. Wenn es ein viertes Atoll gegeben hätte, dann wäre die Installationszeit dort sogar noch kürzer gewesen. Die drei Solaranlagen bestehen aus PV-Modulen mit einer Gesamtleistung von jeweils 1,5 MW und einer Batterie-Bank, die vor Ort Energie für Nachtzeiten und Regentage speichert.

Die Kosten für diese Solaranlagen betrugen 7,5 Millionen NZ-Dollar (6,2 Millionen US-Dollar) und wurden mit einem Kredit des New Zealand Aid Programme (Neuseeländisches Hilfsprogramm) finanziert.

Die Inselnation brauchte lediglich fünf Monate, um von Diesel vollständig auf Solar umzusteigen. Es ist ein winziger Energiemarkt, aber die Lehre daraus ist eindeutig: Wenn Disruption passiert, kann es schnell gehen.

Das Ende des Diesels ist das Ende der Energiearmut

1991 gab es in Indien fünf Millionen Telefone. Im Mai 2012 hatte das Land 960 Millionen Telefone und jeden Monat kamen acht Millionen neue Telefone dazu![387] Ein erstaunliches Wachstum von 19.100 Prozent. Indien hat heute den zweitgrößten Telekommunikationsmarkt der Welt.

1991 verabschiedete die indische Führung ein neues Gesetz, um die alten monolithischen, zentralistischen und ineffizienten Strukturen der Telekommunikationsindustrie aufzubrechen. Das Ziel war, Telekommunikation für alle bereitzustellen. In weniger als zwei Jahrzehnten stieg in Indien der Anteil der Telefonnutzer an der Bevölkerung von etwa 0,05 auf 80 Prozent.

Als das indische Stromnetz im August 2012 zusammenbrach, hatten mehr als eine Milliarde Menschen keinen Zugriff aufs Stromnetz. Sechshundert Millionen waren vom Stromausfall betroffen. Weitere fünf- bis sechshundert Millionen haben den Ausfall gar nicht bemerkt, weil sie ihre Energie nicht aus dem Netz bezogen.[388] Die Energieversorgung dieses Teils der Bevölkerung stützte sich auf Diesel, Kerosin und Brennholz. Inder zahlen für diese Art der Energieversorgung bis zu 2 US-Dollar pro kWh, mehr als 10 mal so viel wie für nichtsubventionierte Solarenergie. Ohne Zugang zu verlässlicher und kostengünstiger Energie können ganze Bevölkerungsgruppen in einen ewigen Teufelskreislauf der Armut geraten.

Die indische Regierung selbst trägt zur Verschärfung des Energieproblems bei. Die Subventionen für fossile Brennstoffe in Indien betrugen im Jahr 2011 laut Internationaler Energieagentur 39,7 Milliarden US-Dollar.[389] Indien selbst gibt Milliarden dafür aus, den Teufelskreis der Armut seiner eigenen Bürger verlängern.

Indien ist nicht allein. Nach Aussage von André-Jacques Auberton-Hervé, Geschäftsführer des Halbleiterherstellers Soitec, ist "eines der am besten gehüteten schmutzigen kleinen Geheimnisse der Energiebranche, dass Dieselkraftstoff von Regierungen auf der ganzen Welt jährlich mit 300 bis 400 Milliarden US-Dollar subventioniert wird."[390]

Regierungsbeamte rechtfertigen die Energiesubventionen in der Regel mit der Behauptung, dass sie den Armen helfen, es ist aber belegt, dass Subventionen den Reichen und nicht den Armen helfen. Der Internationale Währungsfonds (IMF) hat festgestellt dass in Ländern mit niedrigen und mittleren Einkommen die reichsten 20 Prozent der Haushalte insgesamt sechs mal mehr Energiesubventionen erhalten, als die ärmsten 20 Prozent der Haushalte.[391]

Nach Angaben der Vereinten Nationen haben eine Milliarde Inder Zugang zu einem Mobiltelefon, aber nur 366 Millionen zu einer Toilette.[392] Die indische Führung muss zugeben, dass es ihr nicht sonderlich gut gelingt, Infrastuktur für ihre Bevölkerung bereit zu stellen, und zwar auch dann nicht, wenn es eigentlich einfach ist. Der Zahlenvergleich von Toiletten und Mobiltelefonen zeigt, dass der Aufbau einer Bit-basierten, dezentralen Infrastruktur einfacher ist, als der einer Atom-basierten Infrastruktur mit Wasser- und Abwasserrohren, zentralisierten Aufbereitungsanlagen und hierarchischem Management.

Wie viel würde es kosten, 500 Millionen Inder, die derzeit keinen Zugang zum Netz haben, mit Solarstrom zu versorgen?

Nehmen wir an, dass jeder indische Bürger 100 Watt PV erhält. Eine 3-köpfige Familie würde 300 Watt, entsprechend etwa einem Solarmodul erhalten, eine 5-köpfige Familie 500 Watt. In Indien scheint die Sonne im Durchschnitt fünf Stunden pro Tag. Damit würde eine 5-köpfige Familie täglich etwa 2,5 kWh bekommen. Das würde ausreichen, um ein paar Mobiltelefone zu laden und einen Computer, einen Fernseher, LED-Lampen, Tischventilatoren und eine Kaffeemaschine zu betreiben.[393]

Eine Menge von 2,5 kWh pro Tag ist mehr, als die meisten Inder, die an das Stromnetz angeschlossen sind, verbrauchen. 2005 hatten 45 Prozent der Inder überhaupt keinen Netzzugang. 33 Prozent hatten einen Zugang, verbrauchten aber weniger als 50 kWh im Monat (1,6 kWh pro Tag). 11 Prozent hatten einen Zugang und verbrauchten nur 50 bis 100 kWh im Monat (1,5 bis 3,3 kWh pro Tag). Weitere elf Prozent hatten Zugang zum Netz und verbrauchten mehr als 100 kWh pro Monat (3,3 kWh pro Tag).[394]

Die Kosten für PV liegen heute bei 0,65 US-Dollar pro Watt allein für das Solarmodul. Hinzu kommen die Kosten für Wechselrichter, Kabel, Installation, etc., so dass sich Kosten von etwa 2 US-Dollar pro Watt ergeben. Das entspricht den kompletten Installationskosten pro Watt für eine private Solaranlage in Deutschland. Wenn man eine kleine Batterie für die Stromnutzung zur Nachtzeit hinzufügt, kostet eine private Solaranlage etwa 3 US-Dollar pro Watt.

Um Solarstrom für 100 Millionen Menschen bereit zu stellen, bräuchte Indien etwa 30 Milliarden US-Dollar. Das ist weniger, als die Regierung heute als Subvention für Diesel und andere fossile Brennstoffe ausgibt. Anders ausgedrückt: wenn die indische Regierung ihre Subventionen für fossile Brennstoffen auf dezentrale, private Solarstromerzeugung umleiten würde, dann könnte sie in nur fünf Jahren 500 Millionen Menschen mit Strom versorgen. Die Diesel- und Kerosinindustrie würde vollständig zusammenbrechen. Es gäbe keinen Bedarf mehr für neue Kohle- oder Wasserkraftwerke oder für Übertragungsleitungen.

Die Grundversorgung von 500 Millionen Menschen in Indien mit Solarenergie wäre nicht nur billiger, als Erdöl zu subventionieren, sondern sie würde auch das unnötige Massensterben durch Luftverschmutzung in Innenräumen beenden. Die Weltgesundheitsorganisation spricht von drei- bis vierhunderttausend Indern, die durch Luftverschmutzung und Kohlenmonoxid-Vergiftungen in ihren Wohnräumen ums Leben kommen, weil sie Biomasse verbrennen und „Chullahs" mit Kerosin oder Holz befeuern.[395]

Sowohl für die 1.411 Menschen im winzigen Tokelau, als auch für die 500 Millionen Menschen in Indien kann die Energiearmut schnell beendet werden. Solarenergie ist jetzt bereits billiger als Diesel und Kerosin, und um ein Vielfaches wertvoller als Brennholz. Wenn die Regierungen aufwachen und ihre Subventionen für fossile Energien einstellen, wird Erdöl als Energiequelle kostengünstig und schnell verdrängt.

Indien muss Solarenergie nicht einmal subventionieren, um die Energiewende durchzusetzen. Es muss nur aufhören, Erdöl, Kohle, Wasserkraft und Atomkraft zu subventionieren und zu protegieren. Außerdem muss es auch den Regulierungsrahmen verändern, der die etablierten Akteure im hierarchisch strukturierten Energiesystem schützt.

Um im Jahr 1991 Telekommunikation für alle bereit zu stellen, hat sich Indien entschieden, das überholte Modell „Festnetztelefonie" zu überspringen. Zwei Dekaden später hat nahezu eine Milliarde Inder Zugang zu modernen Telefonen. In ähnlicher Weise wird eine Energierevolution in Indien stattfinden, wenn die indische Regierung entscheidet, dass es an der Zeit ist, die Subventionen und die Protektion für sein überholtes Energiesystems zu beenden und damit Unternehmern zu ermöglichen, eine verlässliche, sichere, partizipative und saubere Energiezukunft aufzubauen.

Wenn Solarenergie und E-Autos konvergieren

Nach der Ölkatastrophe von British Petroleum im Jahr 2010 habe ich mir Gedanken über die Kombination von E-Autos und Solar gemacht. Einer der Mythen über Solarenergie ist, dass sie zu viel Fläche beansprucht. Ich dachte, ich hätte diesem Mythos in meinem Buch *Solar Trillions* ein Ende bereitet, aber die Fossilbranche versteht sich viel zu gut auf die Desinformation der Öffentlichkeit. Ich stelle die Zahlen dieses Mal anders dar und hoffe, dass meine Leser diese Fakten über Twitter verbreiten, um die Propagandamaschine für die fossilen Energien zu besiegen.

Die Frage, um die es geht, ist, wie viel Solarfläche benötigt wird, um alle E-Autos in den USA ein Jahr lang zu betreiben. Nachdem ich das vorgerechnet habe, werde ich zeigen, wie groß die Fläche für Erdölbohrungen sein muss, um alle Autos in den USA mit Verbrennungsmotoren zu betreiben.

Welche Solarfläche wird benötigt, um alle Elektrofahrzeuge zu betreiben?

Nehmen wir an, alle PKW und LKW in den USA wären Elektrofahrzeuge. Nehmen wir weiterhin an, dass die gesamte Energie dafür solar bereitgestellt wird. Wie viel Fläche für die Produktion von Solarstrom wird benötigt, um jeden Fahrzeugkilometer in den USA mit Energie zu versorgen?

Die Amerikaner fahren nach Angaben des Transportministeriums der USA im Jahr etwa drei Billionen Meilen (4,8 Billionen km).[396] Wie viel Solarenergie wird benötigt, um genügend Energie zu erzeugen, damit E-Autos diese drei Billionen Meilen fahren können?

Um diese Frage zu beantworten, benötigt man die Anzahl der Meilen pro Energie-Einheit (in kWh) für ein durchschnittliches E-Auto. Das Department of Energy (DOE, US-Energieministerium) stellt die Fahrleistungen aller E-Autos auf dem amerikanischen Markt zusammen.[397] Das DOE misst, wieviele Energieeinheiten (kWh) ein Auto benötigt, um 100 Meilen zurückzulegen. Dabei werden Geländewagen, wie zum Beispiel der Toyota RAV4 EV, große Autos, wie das Tesla Model S, und Kleinwagen, wie der Ford Focus EV, berücksichtigt. In meiner Berechnung habe ich einfach den Durchschnitt der Fahrleistung aller Autos auf der DOE-Liste bestimmt.

Der Nissan Leaf, das meistverkaufte Elektrofahrzeug der Welt, benötigt für 3,45 Meilen (5,5 km) eine kWh. Die E-Autos von Tesla schaffen mehr als 4 Meilen (6,4 km) pro kWh mit der Energie, die in ihren Batterien (siehe Kapitel 5) gespeichert ist. Diese Zahlen werden sich wahrscheinlich verbessern, wenn sich die Technologie künftig verbessert. Bereits heute ist es möglich, die Effizienz eines Nissan Leaf auf bis zu 5 Meilen (8 km) pro kWh zu verbessern, wenn man ein entsprechendes Fahrverhalten annimmt.[398] Für meine Berechnungen verwende ich den von Nissan angegebenen Wert von 3,45 Meilen (5,5 km) pro kWh.[399]

Um den Energiebedarf für alle E-Autos zu ermitteln, muss man die Gesamtzahl der gefahrenen Kilometer (drei Billionen) durch die Fahrleistung (5,5 km pro kWh) teilen. Insgesamt werden 869,6 Milliarden kWh benötigt, um alle E-Autos in den USA ein Jahr lang mit Energie zu versorgen.

Der durchschnittliche Wirkungsgrad von Solarmodulen liegt bei 16 Prozent. Dieser Wirkungsgrad misst in Prozentpunkten, welcher Anteil der Solarenergie, die auf das Modul trifft, in elektrische Energie umgewandelt wird. Wie hoch der Wirkungsgrad ist, hängt von der verwendeten Technologie ab.

Im unteren Marktsegment findet sich die Dünnschicht-PV, die etwa 12 Prozent der Solarenergie in Strom umwandelt. Polykristalline Solarzellen wandeln etwa 16 Prozent und monokristalline Solarzellen knapp 20 Prozent der Solarenergie in Strom um. Konzentrator-Solar-Systeme können diese Werte verdoppeln. Bei Konzentrator-Photovoltaik wurde ein Rekord von knapp 36 Prozent erreicht, während thermische Konzentrator-Solar-Systeme mit Kraft-Wärme-Kopplung einen Wirkungsgrad von 75 bis 80 Prozent erreichen können.[400]

Im nächsten Schritt muss man berechnen, wie viel Solarenergie (Einstrahlung) jährlich auf das Modul trifft. Die solare Einstrahlung ist die Solarenergie, die tatsächlich auf die Oberfläche trifft. Sie wird in kWh pro m^2 und Jahr angegeben. Die Sonneneinstrahlung hängt vom Ort der Solaranlage ab. Eine Solaranlage in Barstow in Kalifornien kann mehr als 2.700 kWh pro m^2 und Jahr empfangen, eine Solaranlage in Las Vegas oder Tucson, Arizona, etwa 2.560 kWh pro m^2 und Jahr. Meine nicht so sonnige Heimatstadt San Francisco erhält etwa 1.785 kWh pro m^2 und Jahr.

Angenommen das Solarkraftwerk wird in einer Wüste irgendwo im Südwesten der USA gebaut und es empfängt 2.400 kWh pro m^2/Jahr, dann werden 874 Quadratmeilen (2.264 Quadratkilometer) benötigt, um genügend Strom zu erzeugen, damit E-Autos die drei Billionen Meilen fahren können. Das ist ein Quadrat mit einer Kantenlänge von 29,6 Meilen (47,6 Kilometer). Kurz gesagt: man braucht also etwa eintausend Quadratmeilen an Solaranlagen, um Strom für jede einzelne Meile zu erzeugen, die jedes Jahr mit E-Autos in Amerika gefahren wird. Ein Solarkraftwerk von der Größe der King Ranch in Texas mit 1.289 Quadratmeilen könnte alle amerikanischen E-Autos mit Strom versorgen und hätte noch 40 Prozent des Stroms übrig.

Lassen Sie uns nun eintausend Quadratmeilen für Solarenergie mit Öl vergleichen.

Beanspruchung von Land- und Wasserflächen für Öl und Gas

Nach Angaben des amerikanischen Abgeordnetenhauses haben Öl- und Gasunternehmen 74.219 Quadratmeilen (192.227 Quadratkilometer) Land für Ölbohrungen gepachtet. Weitere 68.750 Quadratmeilen (178.063 Quadratkilometer) wurden für Tiefseebohrungen gepachtet.[401] Insgesamt hat die Öl- und Gasindustrie etwa 143.000 Quadratmeilen (370.370 Quadratkilometer) von der amerikanischen Regierung gepachtet, um damit gerade mal ein Drittel der Energie für den amerikanischen Transportbedarf zu liefern. Multipliziert man 143.000 Quadratmeilen mit drei, dann erhält man die Gesamtzahl der Quadratmeilen, die die Öl- und Gas-

Industrie benötigt, um die Energie für jede einzelne Automeile in Amerika zu erzeugen: 400.000 Quadratmeilen (1.036.000 Quadratkilometer).

Um gerade mal ein Drittel der mit Verbrennungsmotoren zurückgelegten Automeilen in Amerika mit Energie zu versorgen, wird 143 mal mehr Fläche benötigt, als Solaranlagen für den Betrieb aller E-Autos brauchen würden. Eine andere Betrachtung: die Kombination von Solarenergie und E-Autos würde eine 400 mal flächeneffizientere Energieproduktion ermöglichen als die Kombination von Ölproduktion und Autos mit Verbrennungsmotoren.

Wenn die Verbindung von zwei Technologien (Solar und E-Autos) 400 mal ressourceneffizienter als etablierte Technologien (in diesem Fall Öl und Autos mit Verbrennungsmotor) ist, wird es Zeit aufzupassen. Der Wandel „Solar und E-Auto" ist zwangsläufig disruptiv, vor allem wenn man bedenkt, wie wertvoll Ressourcen wie Land und Wasser sind.

Natürlich ist es nicht möglich, ein 874 Quadratmeilen großes Solarkraftwerk zu bauen. Es wäre auch nicht produktiv. Das revolutionäre Potential der Solartechnologie liegt nicht nur in ihren geringen Kosten, sondern auch in ihrer dezentralen Natur. Es ist besser, den größten Teil dieser Energie in der Nähe der Autos auf privaten und gewerblichen Dächern, Einkaufszentren, Parkplätzen, Deponien und so weiter zu erzeugen.

Wal-Mart wird im Jahr 2015 voraussichtlich über 218 Quadratmeilen Fläche belegen.[402] Wal-Mart allein könnte schon ein Viertel aller E-Auto-Meilen in den USA mit Solarenergie versorgen. Alles, was Wal-Mart dafür tun müsste, wäre, seine Dachflächen mit PV-Anlagen zu bedecken und seine Parkflächen solar zu überdachen.

Lecks, Erdölkatastrophen und Kontamination

Natürlich zerstören Lecks bei Ölbohrungen und Ölkatastrophen mehr Land und Wasser, als die Zahlen verraten. Die Ölkatastrophe von BP im Golf von Mexiko 2010 zerstörte zehntausende Quadratmeilen in der Umgebung der Ölquellen. Im Juni 2010 hat die U.S. National Oceanic and Atmospheric Administration (NOAA) Fisheries Services (Fischereibehörde des nationalen Amtes für Ozeane und Atmosphäre der USA) 80.000 Quadratmeilen rund um die Bohrlöcher für den kommerziellen Fischfang gesperrt.

Allein die von der BP-Ölkatastrophe betroffene Fläche ist 80 mal größer als die Fläche, die Solaranlagen benötigen würden, um alle E-Auto-Meilen in Amerika mit Strom zu versorgen. Niemand hat bislang jemals von einer Solarkatastrophe gehört. Erdöl ist nicht nur dreckig und teuer. Erdöl frisst Land und Wasser. Die Verbindung von Solarenergie und E-Autos würde die Flächen 400 mal effizienter nutzen als Erdöl und würde uns nicht mit den Verschmutzungen bedrohen, für die Erdöl berüchtigt ist.

Zusammenfassung: Das Ende des Erdöls

Erdöl ist obsolet. Das Ölzeitalter wird 2030 zu Ende gehen. E-Autos, autonome Autos und Solarenergie werden die Ölindustrie zerstören. Die meisten Multi-Billionen-Dollar-Investitionen in die Ölindustrie werden bald verloren sein.

Die Ölindustrie wird zerstört und Erdöl wird aus vielen Gründen überholt sein. Die Fakten sind überwältigend:

- Solarenergie hat seit 1970 ihre Kostenposition im Vergleich zum Erdöl um den Faktor 5.355 verbessert.
- Die Kombination von Solar und E-Autos ist vierhundert mal flächeneffizienter als die Kombination von Öl und Verbrennungsmotoren.
- Solarenergie ist eine dezentrale Ressource. Sie kann E-Autos vor Ort ohne teure und ineffiziente Pipelines, Schienen, Frachtschiffe, Raffinerien, Lagerstätten und Tankstellen beladen.
- Solarenergie ist bereits billiger als Diesel, um Strom zu erzeugen.
- Solarenergie ist bereits billiger als Kerosin, um Wärme und Licht bereit zu stellen.
- Solarenergie ist bereits billiger als Erdöl, um Meerwasser zu entsalzen.
- Solarenergie mit Batteriespeichern ist bei kleinen Projekten bereits kostengünstiger als Diesel, um rund um die Uhr Energie bereit zu stellen.
- Solarenergie mit Solar-Salz-Speichern ist bei großen Projekten bereits kostengünstiger als Erdöl, um rund um die Uhr Energie bereit zu stellen.
- Die Preise für Stromspeicher fallen so schnell, dass PV mit stationären Speichern bis 2020 bei jeder beliebigen Projektgröße und an jedem beliebigen Ort billiger als Erdöl sein wird.

Der Verdrängung des Erdöls geht bereits schnell voran. Das E-Auto wird die Ölindustrie bis 2030 zerstören – vielleicht schon früher. Der steigende Ölbedarf von wachsenden Volkswirtschaften mit hohem Energiebedarf wie China und Indien wird in den nächsten Jahren darüber hinwegtäuschen, dass Erdöl schnell überholt sein wird. PV wird Erdöl bei der Stromerzeugung und als Energiequelle für Autos ersetzen. Die Einführung autonomer Autos wird die weltweite Fahrzeugflotte schrumpfen lassen und sie wesentlich effizienter machen. Was von der Ölindustrie noch übrig bleibt, wird bis 2030 ausgelöscht werden.

Kapitel 8

Erdgas – Eine Brücke ins Nirgendwo

„Wir verändern die Welt schneller, als wir uns selbst ändern können, und wir wenden unsere Gewohnheiten der Vergangenheit auf die Gegenwart an."

– Winston Churchill

„Man kann alle Leute einige Zeit zum Narren halten und manche Menschen die ganze Zeit, aber man kann nicht alle Leute die ganze Zeit zum Narren halten."

– Abraham Lincoln

„In einer Zeit des universellen Betrugs ist es revolutionär, die Wahrheit zu sagen."

– George Orwell

Am 10. September 2010 wurden die Bewohner der Wohngegend Crestmoor in San Bruno in Kalifornien durch die Explosion einer Erdgasleitung geweckt, die so laut und gewaltig war, dass sie sich wie ein Erdbeben anfühlte. Augenzeugen berichteten von einer „1.000 Fuß hohen Feuerwand". Die US-Wissenschaftsbehörde Geological Survey stufte die Explosion später als Erdbeben der Stärke 1,1 ein.[403] Die Explosion tötete acht Menschen, ließ einen ca. 51 m langen und 7,9 m breiten Krater entstehen und machte die gesamte Umgebung dem Erdboden gleich (siehe Abbildung 8.1).

Die Explosion in San Bruno hat uns an eine Gefahr erinnert, die wir gerne verdrängen: Lecks in Gasleitungen. Wenn es sich bei dem Gas um Methan (Erdgas) handelt, können die Folgen katastrophal sein.

Abbildung 8.1 – Verwüstung durch Erdgas in San Bruno (Bildquelle: Brocken Inaglory)[404]

Etwa ein Jahrhundert vor der Explosion in San Bruno, im Jahr 1906, haben ein Erdbeben und ein anschließendes Feuer das damals wichtigste Kultur-, Finanz- und Handelszentrum an der Westküste der USA verwüstet: San Francisco. Etwa 25.000 Gebäude wurden zerstört, dreitausend Menschen starben und nicht weniger als 300.000 Menschen (bei einer Gesamtbevölkerung von ca. 400.000) wurden obdachlos.[405] Das Erdbeben der Stärke 7,9 war zwar verheerend, es wird allerdings vermutet, dass 90 Prozent der Zerstörungen in San Francisco von Feuern durch geplatzte Gasleitungen verursacht wurden.

Ist Erdgas sauber?

In der ersten Hälfte des 20. Jahrhunderts war ein neues Material der letzte Schrei. Bei der Weltausstellung 1939 in New York wurde es als „magisches Mineral" angepriesen und für seinen „Dienst an der Menschheit" gerühmt. Es wurde in Dutzenden Produkten von Knöpfen über Telefonapparate bis hin zu elektrischen Schalttafeln eingesetzt.[406] Herzchirurgen verwendeten es in Nähfäden und es galt als sicher genug, um Lebensmittel damit zu reinigen und Zahnpasta damit zu versetzen. Der Name dieses magischen Minerals war Asbest.

Erdgas ist der neue „magische" fossile Brennstoff. Die Öl- und Gasindustrie hat Erdgas geschickt als eine saubere Energiequelle angepriesen. Die Industrie erinnert uns ständig daran, dass ein Erdgas-Kraftwerk nur etwa halb so viele Treibhausgase wie ein Kohlekraftwerk (siehe Abbildung 8.2) erzeugt. Was die Industrie nicht sagt, ist, dass Methan (der Hauptbestandteil des Erdgases) als Treibhausgas 72 mal schädlicher als CO_2 ist (gemessen über einen Zeitraum von 20 Jahren), wenn es unverbrannt in die Atmosphäre entlassen wird.[407]

Abbildung 8.2 – Werbung in Washington, DC: „Danke Erdgas für weniger CO_2" (Foto: Tony Seba)

Erdgas entweicht unkontrolliert während der gesamten Versorgungskette. Es entweicht, wenn es aus dem Boden geholt wird, wenn es gelagert wird und wenn es durch hunderttausende Meilen lange Pipelines transportiert wird. Nach Aussagen der US-Umweltschutzbehörde entweichen jährlich etwa 85 Milliarden Kubikmeter Methan unkontrolliert. Das sind etwa 3,2 Prozent der globalen Produktion.[408] Die Wirkung dieser Methan-Leckage ist damit genauso hoch wie der Treibhauseffekt der Hälfte aller Kohlekraftwerke der Vereinigten Staaten.[409]

Die geborstene Gasleitung, die die Explosion in San Bruno im Jahr 2010 verursacht hat, war eine im Jahr 1956 installierte Stahlleitung mit ungleichmäßiger Wandstärke.[410] Staatliche Ermittler berichteten, dass sie viele defekte Schweißnähte gefunden hatten. Durch wachsende Erdgasmengen wurde der Druck auf die Leitungen erhöht und die Leitungen so lange geschwächt, bis sie explodierten.

Öl- und Gasgesellschaften veranstalten ein Wettrennen um den Bau neuer Pipelines. Mehr als 6.500 Kilometer neue Leitungen wurden allein 2008 gebaut. Allerdings wird das meiste Gas immer noch über ältere Leitungen verteilt. Mehr als die

Hälfte der 490.000 Kilometer an Erdgasleitungen in den USA wurde in den 1950er und 1960er Jahren gebaut.[411] Mehr als 12 Prozent wurden nach Angaben des US-Verkehrsministeriums in den 1940er Jahren oder davor gebaut.[412] Die Leitung in San Bruno wurde während dieses Erdgasbooms gebaut. Die ersten Sicherheitsvorschriften für Gaspipelines auf Bundesebene gab es erst 1968.

Das U.S. Department of Energy (Energieministerium der Vereinigten Staaten) erwartet, dass die Erdgasmenge in den USA in den nächsten 20 Jahren um 50 Prozent steigt.[413] Wenn in alten rostigen Leitungen, die schon gebaut waren, bevor die Tinte auf den ersten bundesstaatlichen Sicherheitsvorschriften trocken war, Menge und Druck auf einer Länge von zehntausenden von Kilometern steigen: mit wie vielen Methanleckagen müssen wir rechnen?

Es gibt überraschend wenige Daten über Leckagen von Pipelines, da die Eigentümer der Pipelines solche Daten nicht veröffentlichen müssen. Die erste Studie über Pipelineleckagen in den USA, die je veröffentlicht wurde, hatte in den Straßen von Boston auf einer Strecke von 1.263 km 3.356 Leckagen ermittelt.[414] Das sind umgerechnet 2,6 Lecks pro Kilometer. Wenn man diese Zahlen hochrechnet, könnte es in den USA 1,3 Millionen Erdgasleckagen entlang der 490.000 km Erdgasleitungen geben.

Dasselbe Forscherteam unter der Leitung von Prof. Robert Jackson von der Duke University, das in Boston die Untersuchungen durchgeführt hatte, hat kürzlich 5.893 Lecks im Gasnetz von Washington, D.C. entdeckt.[415] In einigen Erdgasschächten gab es Methankonzentrationen in Höhe von 500.000 ppm (Teilchen pro Million) – zehn mal höher als der Schwellenwert, ab dem es zu Explosionen kommen kann. „Die durchschnittliche Leckagedichte, die wir in den beiden Städten kartiert haben, war vergleichbar, aber die durchschnittlichen Methankonzentrationen sind in Washington höher", erklärte Nathan G. Phillips, Mitglied des Forscherteams und Professor am Department für Geo- und Umweltwissenschaften der Boston University. Einige der Leckagen waren vergleichbar mit der Menge an Erdgas, das von zwei bis sieben Haushalten verbraucht wird. Ein Dutzend Leckagen stellten ein Explosionsrisiko dar.

Methan wirkt als Treibhausgas 72 mal stärker als CO_2 (über einen Zeitraum von 20 Jahren).[416] Selbst eine Leckagerate von einem Prozent würde den Vorteil zunichte machen, dass Methan 50 Prozent weniger CO_2 in die Umwelt abgibt als Kohle beim Verbrennen in einem effizienten Kraftwerk. Selbst auf lange Sicht und wenn man berücksichtigt, dass Methan über einen Zeitraum von 100 Jahren betrachtet nur 25 mal schlechter als Kohle ist, würden der Treibhauseffekt von 3 Prozent entweichendem Methan den Vorteil gegenüber Kohle zunichte machen.

Am Halloweentag 2013, mehr als drei Jahre nach der tragischen Erdgasexplosion in San Bruno, verkündete PG&E im *San Francisco Chronicle* stolz, dass das Unternehmen 90 neue automatisierte Ventile installiert und 111 Kilometer der insgesamt 10.863 km Gasleitungen ersetzt hätte.[417] Der (gemessen an der Marktkapitalisierung) größte Energieversorger der USA brauchte 2 Milliarden US-Dollar und drei Jahre nach einer tragischen Explosion, um gerade einmal etwas mehr als ein Prozent seiner Gasleitungen zu ersetzen. Was wird es PG&E kosten, die 99 Prozent seiner Gasleitungen zu ersetzen, die noch nicht repariert sind?

Nach den Zahlen von PG&E hat es knapp 18 Millionen US-Dollar pro Kilometer gekostet, 111 Kilometer an Gasleitungen auf den neuesten Stand zu bringen. Wenn man diese Kosten hochrechnet, müssten die Gebührenzahler 193,7 Milliarden US-Dollar ausgeben, um die 10.752 Kilometer nachzurüsten, die PG&E nicht repariert hat. Ende 2012 hatte PG&E 4,4 Millionen Gaskunden.[418] Wer würde für diese Nachrüstung bezahlen, wenn sie denn stattfände? Natürlich die Kunden. Wie viel würde es kosten? Es würde jeden PG&E-Kunden 44.000 US-Dollar kosten, damit PG&E sein gesamtes Leitungsnetz reparieren kann. So viel zum „billigen Gas".

Die unermüdliche Werbe- und Lobbykampagne, mit der die Welt davon überzeugt werden soll, dass Erdgas sauber ist, hat wirklich funktioniert. Tatsächlich verkünden viele Gemeinden von San Jose in Kalifornien bis Sevilla in Spanien stolz die Botschaft, dass ihr „Saubere-Luft-Bus" mit Erdgas angetrieben wird (siehe Abbildung 8.3).

Abbildung 8.3 – Ein „Saubere Luft"-Bus in San Jose, angetrieben von Erdgas (Foto: Tony Seba)

Aber wir wissen, dass Erdgas nicht sauber ist. Wenn ich sage, dass es bei der Zukunft der Energieversorgung um saubere, dezentrale Energien geht, möchte ich keinen Zweifel lassen: Erdgas gehört nicht zur sauberen Energiezukunft.

Ist Erdgas günstig?

Im März 1999 kostete ein Fass Öl 11 US-Dollar.[419] Am Ende des 20. Jahrhunderts erklärten Energieexperten, dass wir am Beginn eines Zeitalters des billigen und reichlich vorhandenen Öls stehen würden. Der *Economist* sagte voraus, dass sich der Preis für ein Fass Öl auf 5 US-Dollar zubewegt. Der Energieminister von Algerien erklärte, dass die Ölpreise auf 2-3 US-Dollar für ein Fass fallen könnten.[420]

Ein Fass enthält 159 Liter Öl. Nach Zahlen der Energy Information Agency produzieren die US-Raffinerien mit jedem Fass Öl 72 Liter Benzin.[421] 1999 bewegten sich die Kosten für Benzin auf 10 bis 25 US-Cent pro Gallone zu. Wenn man bis zum Kunden

den gleichen Betrag für Gewinne hinzurechnet, dann stehen an der Zapfsäule trotzdem Preise zwischen 20 und 50 US-Cent pro Gallone (5,3 bis 13,2 US-Cent pro Liter).

Detroit hat die durstigsten Spritschlucker der Geschichte gebaut. Ganz im Zeichen der Zeit hat General Motors das damals ultimative spritschluckende Statussymbol, den Hummer, gekauft. Es sah so aus, als wäre jeder im Automobil- und Energiegeschäft – selbst jene, die Zugang zu den detailliertesten Informationen und Analysen hatten, die es auf dem Markt gab – von einer Zukunft der billigen Energie überzeugt (gewesen).

Die Geschichte verlief natürlich anders. Die Marktpreise für Öl stiegen schnell, als das neue Jahrhundert näher kam. Sie stiegen weiter und erreichten im Juli 2008 zwischenzeitlich einen Spitzenwert von 147 US-Dollar (monatliche Durchschnittswerte siehe Abbildung 8.4).[422] In etwa acht Jahren stieg der Ölpreis um das 14fache. Der Preis stieg auf das knapp 30fache der Vorhersage des *Economist* und mehr als das 50-70fache der Vorhersage des algerischen Energieministers. Öl- und Gasmärkte sind sehr volatil. Weil sie auf Rohstoffen basieren, können die Preise von heute auf morgen drehen.

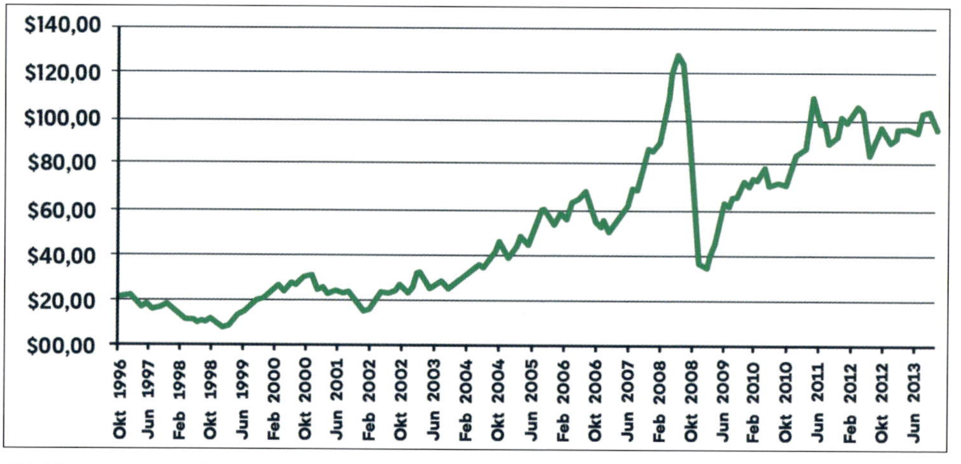

Abbildung 8.4 – US Rohöl Erstkaufspreis, 1996–2013 (Datenquelle: EIA)[423]

Fracking hat die Erdgasmärkte verändert. Die Großhandelspreise für Gas sind in den USA auf ein 20-Jahres-Tief gefallen. Die gleichen Branchenexperten, die 1999 ein neues Jahrtausend billigen und sprudelnden Öls vorhersagten, sagen nun ein neues Jahrtausend billigen und sprudelnden Erdgases voraus.

Der Preis für Erdgas am Bohrloch ist von 0,18 US-Dollar je Tausend Kubikfuß (etwa 28,3 m^3) im Jahr 1970 auf 2,66 US-Dollar im Jahr 2012 gestiegen, wie die Energy Information Agency angibt (siehe Abbildung 8.5). Trotz der sogenannten Fracking-Revolution ist der Gaspreis seit 1970 um den Faktor 14,8 gestiegen. Die Photovoltaik-Kosten sind im gleichen Zeitraum um den Faktor 154 gesunken. Solarenergie hat damit seit 1970 seine Kostenposition um das 2.275fache gegenüber Gas verbessert.

Die gestiegenen Investitionen in Fracking haben die Kosten für Gas von einem Spitzenpreis von 7,97 US-Dollar im Jahr 2008 auf 2,66 US-Dollar im Jahr 2012 gedrückt. Gas hat angefangen, alternde Kohlekraftwerke zu ersetzen. Es hat Marktanteile in den Strommärkten gewonnen. Die Gasindustrie feiert, als wäre es 1999, und verspricht ein Jahrtausend billiger Energie. Wie hoch ist die Wahrscheinlichkeit, dass die Kosten für Gas einige Jahre oder Jahrzehnte auf diesem niedrigen Niveau bleiben?

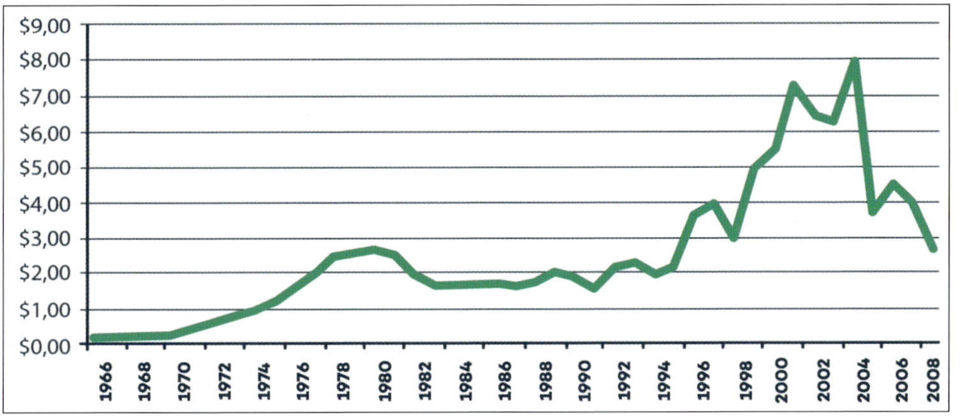

Abbildung 8.5 – Preis für Erdgas am Bohrloch in den USA in Dollar je Tausend Kubikfuß (ca. 28,3m³). (Datenquelle: EIA)[424]

Märkte können die Preise fossiler Brennstoffe nicht besonders gut mehr als einige Minuten in die Zukunft vorhersagen. Erdgas ist ganz besonders volatil (siehe Abbildung 8.6). Solarenergie wird zwischen 1970 und 2020 um den Faktor 400 günstiger geworden sein. Angenommen die Gaspreise bleiben bis 2020 auf dem aktuellen Niveau, dann werden sich die Kosten gegenüber Erdgas seit 1970 immer noch um den Faktor 5.911 verbessert haben. Angenommen die Gaspreise kehren auf ihr durchschnittliches Niveau im Zeitraum 2000-2012 zurück (4,90 US-Dollar), dann wird Solarstrom von 1970-2020 seine Kostenposition um den Faktor 10.884 gegenüber Gas verbessert haben.

Das sind die Preise in den USA am Bohrloch. Nicht jedes Land hat Schiefergasvorkommen. Nur Gebiete mit den richtigen geologischen Bedingungen können die Fracking-Technologie nutzen. Das heißt, die gleichen Länder, die Öl und Gas produzieren, könnten in der Lage sein, noch mehr Öl und Gas zu produzieren. Alle anderen müssen weiterhin gefracktes Öl und Gas zu hohen und schwankenden Weltmarktpreisen importieren.

Ein weiterer Punkt, den man berücksichtigen muss, ist, dass Gas hauptsächlich auf Großhandelsniveau billig ist. Die Verteilung von Gas ist teuer, selbst innerhalb eines einzelnen Landes. In den USA können die Kosten für den Export höher sein, als für die Förderung von Gas. Die Kosten für den Export könnten den gesamten Vorteil niedriger heimischer Kosten eliminieren.

Abbildung 8.6 zeigt die Preise für Erdgas, das an Haushaltskunden in den USA geliefert wird. Man beachte in diesem Diagramm einige Punkte. Erstens schwanken die Preise. Die Schwankungen nehmen zu. Die Bandbreite, in der sich die Preise innerhalb eines Jahres bewegen, wird größer. Innerhalb von zwei Jahren kann sich der Preis verdoppeln und dann wieder auf die Hälfte zurückgehen. Die zweite bemerkenswerte Tatsache ist, wie die Preise im Juli 2008 gefallen sind, nachdem sie einen Spitzenpreis von über 20 US-Dollar je 1.000 Kubikfuß (etwa 28,3 m³) erreicht hatten (zur gleichen Zeit wie der Ölpreis einen eigenen Spitzenwert erreicht hat). Allerdings sind trotz der niedrigen Spotmarkt-Preise durch die „Fracking-Revolution" der vergangenen Jahre die Preise immer noch doppelt so hoch wie in den 1990er Jahren. Die Verbraucher profitieren von dieser sogenannten Revolution also nicht.

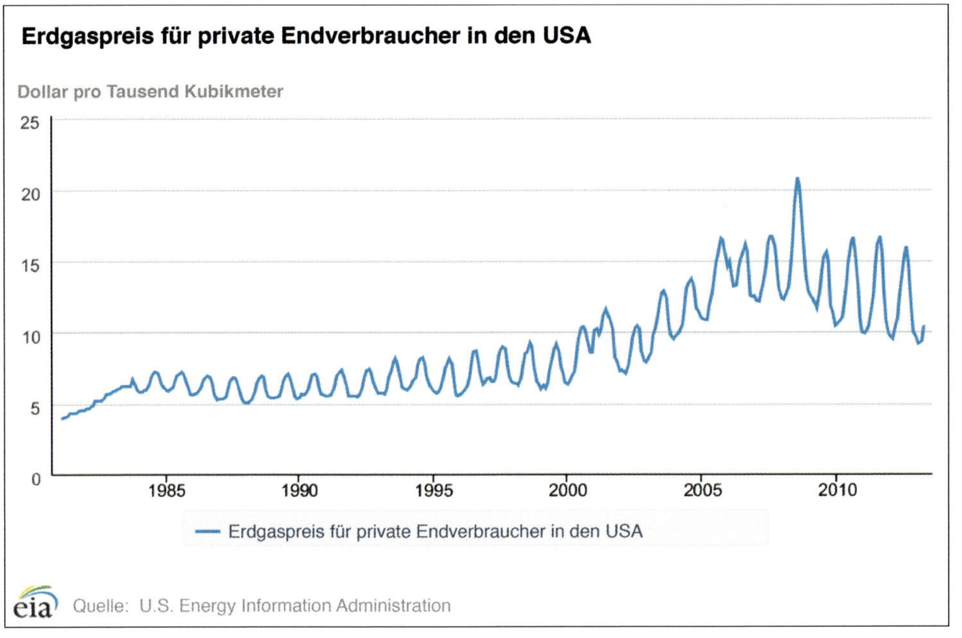

Abbildung 8.6 – Haushaltspreise für Erdgas in den USA (Quelle: EIA)[425]

Stellen Sie das den Preisen für Informationstechnologie oder Photovoltaik gegenüber. Der größte Nutzen des Internets entstand für die Konsumenten, nicht die Produzenten. Auch hier gilt: was den dauerhaften Preisverfall über mehrere Jahrzehnte angeht, schlagen Informationswirtschaft und Technologiepreise die Ressourcenwirtschaft.

Solar- gegen Erdgas-Preise

Anders als seine flüssigen (Öl) und festen (Kohle) Geschwister, ist Erdgas nicht leicht zu verschiffen. Deshalb sind Gasmärkte regional. Als Erdgas in den USA im Jahr 2012 sein niedrigstes Kostenniveau erreicht hatte, lagen die Importpreise nach Angaben der Internationalen Energieagentur in Europa fünf mal und in Japan acht mal so hoch.[426]

Um Erdgas per Schiff zu exportieren, muss es komprimiert oder verflüssigt werden. Es muss in speziellen Behältern verschifft und dann wieder zurück in Gas verwandelt werden (siehe Abbildung 8.7). Die Voraussetzung für den Export und Import von Erdgas ist, dass es in beiden Häfen Anlagen für komprimiertes (CNG – *compressed natural gas*) oder verflüssigtes (LNG – *liquified natural gas*) Erdgas gibt. Die Kosten für diese CNG oder LNG-Anlagen können astronomisch sein.

Allein in Australien haben Öl- und Gas-Unternehmen 200 Milliarden Australische Dollar (179 Milliarden US-Dollar) in den Bau von Flüssiggas-Anlagen gesteckt.[427] Chevron gab bekannt, dass seine LNG-Anlage für das Gorgon-Gasprojekt 52 Milliarden Australische Dollar (46,6 Milliarden US-Dollar) kosten werde.[428]

Wie viel kostet es im Vergleich, wenn man so viele Solaranlagen baut, dass damit der australische Strombedarf gedeckt werden kann? Für den Vergleich, Australien entweder mit Strom aus Gas oder aus Solarenergie zu versorgen, verwende ich folgende Daten der australischen Energiewirtschaft:

- Stromerzeugung in Australien im Jahr 2009 nach Angaben des australischen Büros für Ressourcen und Energiewirtschaft: 241,6 TWh[429]
- Solare Einstrahlung: 2.100 kWh/m²/Jahr[430]
- Effizienz der Solarmodule: 15,9 %[431]
- Installationskosten für 1 Watt PV: 1,62 $[432]

Die Installationskosten pro Watt PV-Leistung mögen Amerikaner überraschen. Sie sind in Australien deutlich niedriger als in den USA. Im Durchschnitt für ganz Australien lagen laut SolarChoice die Gesamtkosten einer 5 kW-Dachanlage im Juli 2013 bei 1,76 Australischen Dollar (1,62 US-Dollar). In Perth lagen sie sogar bei nur 1,38 Australischen Dollar (1,27 US-Dollar).[433]

Wenn man die durchschnittlichen Installationskosten für PV zugrunde legt, müsste man 186 Milliarden US-Dollar investieren, um die gesamte Elektrizität in Australien solar zu erzeugen. Wenn man auf Basis der niedrigeren Kosten in Perth (1,27 US-Dollar pro Watt) rechnet, läge die Investition bei 146 Milliarden US-Dollar.

Große Freiflächenanlagen kosten sehr viel weniger als Solaranlagen auf Wohngebäuden, daher wäre das Szenario mit niedrigeren Kosten nicht zu weit hergeholt. Außerdem fallen die Kosten für PV weiterhin schnell. Die Zahl läge am Ende wahrscheinlich unter den 186 Milliarden US-Dollar.

Nach meinen Berechnungen wäre der finanzielle Aufwand dafür, sämtlichen Strom in Australien aus Photovoltaik bereitzustellen (186 Milliarden US-Dollar), ähnlich hoch wie der, den die Öl- und Gas-Industrie gerade für die Errichtung von einigen wenigen Anlagen zur Erdgasverflüssigung betreibt (179 Milliarden US-Dollar) oder sogar niedriger (146 Milliarden US-Dollar).

Man beachte, dass die fragliche Investition in Höhe von 179 Milliarden US-Dollar nur für die Verflüssigung von Erdgas verwendet wird. Verflüssigung ist nur ein Schritt in der langen Wertschöpfungskette konventioneller Energien (siehe Abbildung 8.7). Die Zahl von 179 Milliarden US-Dollar beinhaltet keine Kosten für die Förderung, den Bau der Pipelines zum Hafen, die Verschiffung, die Anlagen zur Regasifizierung und noch mehr Pipelines auf der Empfängerseite.

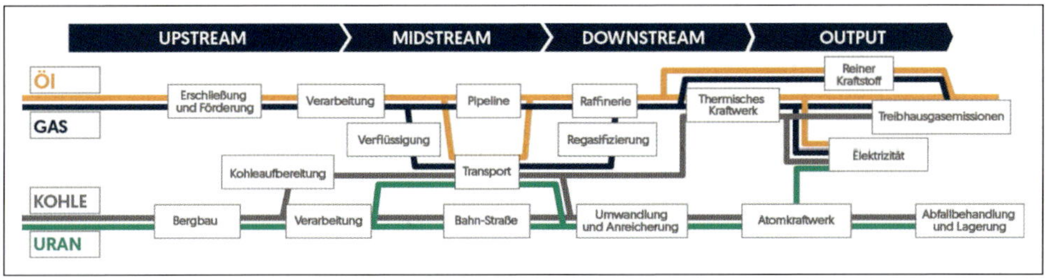

Abbildung 8.7 – Konventionelle (fossile und nukleare) Energiewertschöpfungskette (Quelle: IEA)[434]

Jeder Schritt entlang der Wertschöpfungskette benötigt dutzende oder sogar hunderte Milliarden Dollar an Investitionen. Und das nur dafür, um das Erdgas aus dem Boden zu holen und zum Kraftwerk zu transportieren. Das Kraftwerk zu bauen, das Gas zu verbrennen, um Strom zu erzeugen, das Gas durch Überland- und Verteilleitungen zu schicken und es in die Häuser zu bringen, erhöht die Kosten weiter.

Erdgas legt vom Untergrund bis zur Stromversorgung für einen PC einen langen und qualvollen Weg zurück. Hätte man Rube Goldberg unbegrenzte Steuergelder zur Verfügung gestellt, um einen Stromgenerator zu erfinden, wäre er vielleicht auf die Idee eines Apparats für eine fossile Versorgungskette gekommen.

Wenn man das alles zusammen zählt, dann ist Erdgas nicht einfach nur teurer als Solarenergie, es ist absurd viel teurer, besonders wenn man die Umweltkosten einbezieht, mit der die Fracking-Förderung und Pipeline-Lecks die Luft, das Wasser und die Böden belasten.

Die Fracking-Bohrungen in North Dakota dürften zum Beispiel 27 Tonnen radioaktiven Abfall pro Tag produzieren.[435] Schiefergestein enthält zu einem hohen Anteil Radium, ein radioaktives Element, das in der Krebsbehandlung eingesetzt wird. Radium-226 hat eine Halbwertszeit von 1.601 Jahren, was bedeutet, dass die Hälfte dieses ganzen Radium-Schutts noch in 16 Jahrhunderten Strahlung abgeben wird. Wer zahlt für diese Kontamination? Sie und ich tun das. Aber nicht die Öl- und Gasindustrie.

In Europa, wohin Erdgas importiert wird (und teuer ist), kann Gas schon jetzt nicht mehr auf dem von hohen Anteilen von Sonnen- und Windenergie geprägten Markt konkurrieren. Versorger in Europa haben teilweise oder vollständige Abschreibungen auf ihre Investitionen in relativ neue Erdgaskraftwerke vorgenommen.[436] E.ON, Deutschlands größter Energieversorger, hat Geld in zwei seiner Gaskraftwerke verloren. Diese wurden nur in Betrieb gehalten, weil mit dem Netzbetreiber eine Vereinbarung über besondere Ausgleichszahlungen getroffen wurde.

Was die Förderung fossiler Brennstoffe mit Hilfe von Fracking angeht, ist die Öl- und Gasindustrie in den USA von vielen Umweltschutzgesetzen ausgenommen, darunter:

- Clean Air Act (Gesetz zur Luftreinhaltung)
- Clean Water Act (Gesetz zur Wasserreinhaltung)
- Safe Drinking Water Act (Gesetz zum Trinkwasserschutz)
- National Environmental Policy Act (Nationales Gesetz für die Umweltpolitik)
- Resource Conservation and Recovery Act (Gesetz zur Bewahrung und Wiederherstellung von Ressourcen)
- Emergency Planning and Community Right-to-Know Act (Gesetz zur Notfallplanung und zum Anspruch der Gesellschaft auf Informationen)
- Comprehensive Environmental Response, Compensation and Liability Act (Superfund) – (Umfassendes Umwelt-Reaktions-, Ausgleichs- und Haftungsgesetz (Entschädigungsfonds))[437]

Insbesondere, was die Verschmutzung bei der Rohstoff-Förderung angeht, steht die Öl- und Gasindustrie entweder über dem Gesetz oder sie schreibt die Gesetze. Die Öl- und Gasindustrie darf Wasser, Land und Luft fast nach Belieben belasten. Wenn die Vereinnahmung der Regulierungsbehörden durch die Lobby ein Ausmaß wie in den USA annimmt, sind Unglücke wie der Ölaustritt bei BP im Golf von Mexiko unvermeidlich.

Wir haben die Worte aus der Rede von Abraham Lincoln in Gettysburg nicht vergessen: „Die Regierung des Volkes durch das Volk für das Volk soll nicht von der Erde vergehen." Stattdessen gilt: „Die Regierung der Energieindustrie für die Energieindustrie durch die Energieindustrie soll das Recht haben, die Erde zu zerstören."

Diese Verschmutzungskosten sind sehr real, aber sie werden von den Steuerzahlern bezahlt und nicht von der Industrie, die die Verschmutzung verursacht. Die Industrie muss die Namen hunderter giftiger Chemikalien nicht veröffentlichen, die sie in den Boden (und ins Wasser) pumpt, jedes Mal, wenn ein Bohrloch „gefrackt" wird. Wir wissen jetzt, dass sie radioaktives Radium aus dem Untergrund pumpen. Ich frage mich, ob die Industrie radioaktives Uran oder Plutonium in diese Bohrlöcher hineinpumpt. Amerikanische Bürger haben kein Recht auf Auskunft – nicht einmal diejenigen, die in den Gegenden, die gefrackt werden, leben.

Wasserschutz und das Ende des Erdgases

Man braucht 7,5 bis 15 Millionen Liter Wasser, um eine einzige Erdgasquelle anzubohren und mit „hydraulic fracturing" zu fracken.[438] Das nächste Mal, wenn Sie etwas über Fracking lesen oder hören, denken Sie daran, wieviel Wasser Fracking benötigt.

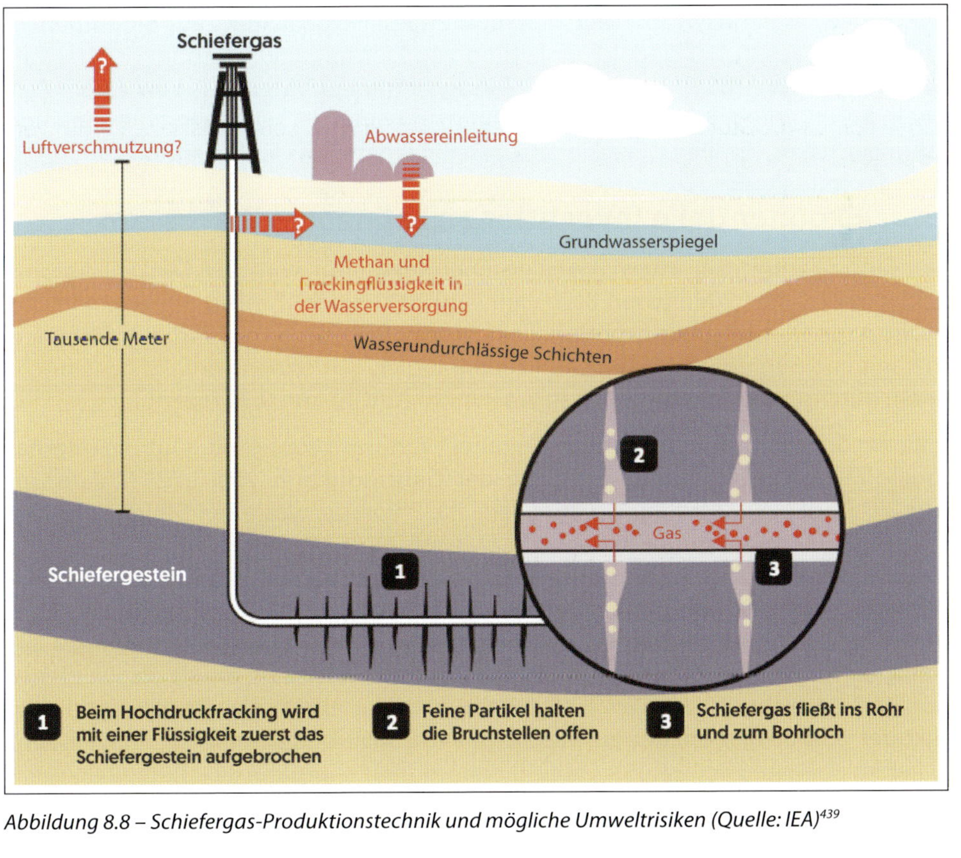

Abbildung 8.8 – Schiefergas-Produktionstechnik und mögliche Umweltrisiken (Quelle: IEA)[439]

Bis heute wurde Fracking in den USA mehr als eine Million mal angewendet. Im Jahr 2009 gab es 493.000 aktive Erdgasquellen in den USA.[440] Es wird geschätzt, dass bei 90 Prozent dieser Quellen, Fracking eingesetzt wurde, damit mehr Gas fließt. Allein im Staat Pennsylvania gibt es 150.000 stillgelegte Öl- und Gas-Bohrlöcher.[441]

Stellen Sie sich vor, wie viel Wasser gespart werden könnte, wenn Photovoltaik (oder Wind) den Strom erzeugen würden, der aktuell in Folge des Frackings erzeugt wird. Wenn wir PV (oder Windenergie) nutzen würden, um den täglichen Energiebedarf der USA zu decken, dann würden PV (oder Wind) etwa 11.000 m^3 bzw. 11 Mio. Liter Wasser benötigen.

Um das ganze Land mit Solar- oder Windstrom zu versorgen, bräuchten wir dieselbe Menge an Wasser, wie um ein einziges Erdgas-Bohrloch zu fracken. Photovoltaik ist buchstäblich millionenfach wassereffizienter als Gas. Was den Wasserverbrauch angeht, kann Gas einfach nicht mit Solar oder Wind mithalten.

Berücksichtigt man die Verschmutzung, die Fracking verursacht, wenn das „gefrackte" Wasser in Flüsse geleitet wird, sehen Solar und Wind noch besser aus (siehe Abbildung 8.8). Es ist illegal, dieses verschmutzte Wasser zu entsorgen, aber in den Zeiten der sozialen Medien, in denen wir leben, war es schwierig für die Industrie, eine Praktik zu verstecken, die in ihren Genen liegt. Eine Suche nach „fracking illegal dumping of wastewater" (Fracking illegales Einleiten von Abwasser) ergibt mehr als 50.000 Treffer bei Google. Die Ergebnisse enthalten Beiträge wie „Exxon beschuldigt, in Pennsylvania illegal Schmutzwasser einzuleiten" auf Bloomberg[442] und „Ölgesellschaft bei illegaler Einleitung von Frackingabwässern im Central Valley erwischt" von CBS.[443] Der letztere Beitrag zeigte ein Video, das von einem Farmer in Kern County, Kalifornien, aufgenommen wurde. Es zeigte eine gleichgültige Bohrmannschaft, die illegal Frackingabwasser in einen Fluss laufen lässt.

Exponentielle Investitionen in lineares Wachstum

Laut Einschätzung der Internationalen Energieagentur wird die Ölnachfrage bis 2035 von 87,4 mb/d (Millionen Barrel am Tag) 2011 auf 99,7 mb/d ansteigen.[444] Das meiste neue Öl wird „unkonventionelles" Öl sein, das durch Fracking, aus Ölsanden oder mit anderen unkonventionellen Technologien gewonnen wird. Das entspricht einem durchschnittlichen jährlichen Wachstum (CAGR) von 0,5 Prozent.

In einem Bericht, der ein „Goldenes Zeitalter" von Gas prophezeit, sagt die Internationale Energieagentur eine Zunahme der Gasproduktion von 3,721 Mrd. m^3 im Jahr 2012 auf 5,112 Mrd. m^3 bis zum Jahr 2035 voraus, was einer Steigerung von insgesamt 37,4 Prozent entspricht.[445] Das ist eine jährliche durchschnittliche Wachstumsrate von 1,37 Prozent. Zwischen 2010 und 2035 will die Öl- und Gasindustrie 15 Billionen US-Dollar in vorgelagerte Aktivitäten (Erkundungen und Bohrungen) stecken, um die steigende Nachfrage nach Öl und Gas auf der Welt zu befriedigen.[446] Zwischen 2010 und 2035, also während einer Zeit, die sie als „Goldenes Zeitalter" bezeichnet, will die Öl- und Gasindustrie mehr als das Bruttoinlandsprodukt der USA ausgeben, um ein Wachstum von sage und schreibe 0,5-1,4 Prozent zu liefern.

Verzeihen Sie mir, wenn ich nicht beeindruckt bin. Die Öl- und Gasindustrie verspricht ein „Goldenes Zeitalter", aber dieses „Goldene Zeitalter" erfordert gewaltige Multi-Billionen-Dollar-Investitionen. Es benötigt unbeschreibliche Mengen an Sand, Wasser und wer-weiß-was für Chemikalien. Es bürdet der Gesellschaft erschreckend stark belastende Umweltkosten auf. Und das Ergebnis ist am Ende im besten Fall ein 1,37-prozentiges jährliches Wachstum.

Würde irgendeine Wirtschaftsmanagerin 15 Billionen US-Dollar vom Geld ihrer Firma investieren, um 1 Prozent Wachstum zu erreichen? Ein Blick in den Bericht der Internationalen Energieagentur erklärt, warum die Antwort vielleicht „Ja" lauten könnte, wenn die betreffende Managerin in der Öl- und Gasindustrie arbeitet. Der Bericht zeigt, dass die Fossil-Branche im Jahr 2011 Subventionen in Höhe von 523 Milliarden US-Dollar erhalten hat.[447] Im Zeitraum 2010-2035 würde sich dieser Betrag auf 13,5 Billionen US-Dollar summieren, etwa 90 Prozent der 15 Billionen US-Dollar, die die Öl- und Gasindustrie in diesem Zeitraum investieren muss.

Die Rechnung für den Ölmanager geht am Ende auf: Die Steuerzahler finanzieren 90 Prozent des Investitionskapitals für Öl- und Gasbohrungen. Die Bohrungen finden hauptsächlich auf öffentlichem Land statt und nutzen Wasser, das im öffentlichem Eigentum ist. Die Bohrunternehmen sind von jeglichem Schadenersatz für Luft-, Wasser- und Bodenschäden befreit. Die Steuerzahler tragen die Risiken und die Kosten, während die Industrie Billionen Gewinne macht. Diese Formel generiert unglaubliche Erträge für die Öl- und Gasindustrie.

Erdgas, der neue „magische fossile Brennstoff" ist eine Brücke ins Nirgendwo. Es ist eine zerstörerische, nicht ressourceneffiziente und finanziell nicht tragfähige Energiequelle. Schutz durch Regierungen, Ausnahmeregelungen bei Gesetzen und Billionen Dollar an steuerfinanzierten Subventionen lassen Erdgas weiter fließen.

Kapitel 9

Das Ende der Biokraftstoffe

„Die Zukunft ist auch nicht mehr so, wie sie einmal war."

– Paul Valéry

„Es ist nichts schrecklicher als eine tätige Unwissenheit."

– Johann Wolfgang von Goethe

„Wir vertrauen auf Gott. Alles andere bringen die Tatsachen."

– W. Edwards Deming

Am 18. Juni 2011 kündigte Honeywell den ersten Transatlantikflug mit Biotreibstoffen an. Das Unternehmen flog eine Gulfstream G450 von Morristown, New Jersey nach Paris, Frankreich. Die Gulfstream G450 wurde durch eine „Mischung aus 50 % Honeywell Green Jet Fuel (Honeywells grünem Flugzeugtreibstoff) und 50 % Flugzeugtreibstoff auf Erdölbasis angetrieben."[448] Honeywell sagte über den Treibstoff, der für den Flug benutzt wurde: „Honeywell hat mehr als 3,2 Millionen Liter Honeywell Green Jet Fuel aus nachhaltigen, nicht essbaren Quellen wie Camelina, Jatropha und Algen für die Anwendung in kommerziellen und militärischen Tests produziert."

Biokraftstoffe (besonders Bioethanol) werden seit drei Jahrzehnten synonym mit den Worten *erneuerbar* und *nachhaltig* verwendet. Während der Debatten im US-Präsidentschaftswahlkampf 2012 verwendeten beide Kandidaten, Mitt Romney und Barack Obama, eine ähnliche Sprache, um Unterstützung für „erneuerbare Energien" auszudrücken. „Ich glaube fest an unser erneuerbares Potential – Ethanol, Wind [und] Sonne werden ein wichtiger Bestandteil des Energiemixes sein", sagte Romney, und spiegelte damit Obamas Standpunkt zur Thematik wider.[449]

Was bedeutet „erneuerbar"? Gemäß der US Energy Information Agency (EIA), *„regenerieren sich* erneuerbare Energiequellen und können *unbegrenzt erhalten werden."*[450]

Wir wissen, dass die Sonne unbegrenzt (mindestens noch eine Milliarde Jahre!) scheint.[451] Wir wissen, dass immer Wind wehen wird.

Können Biotreibstoffe aus nachwachsenden Rohstoffen „regeneriert" werden und stehen sie „unbegrenzt" zur Verfügung? Ist der Gulfstream-Flug mit Biotreibstoff nach Paris „nachhaltig" oder „erneuerbar"? Können wir Biotreibstoffe unbegrenzt anbauen? Die Belege geben eine eindeutige Antwort auf diese Fragen: NEIN.

Dieses Kapitel betrachtet die Stichhaltigkeit der Belege. Sind Biotreibstoffe „erneuerbar"? Spielen sie eine Rolle für die saubere Revolution?

Verschwendung von Wasserressourcen durch Biokraftstoffe

Wasser ist Energie und Energie ist Wasser. Energie wird dazu benötigt, um Wasser zu pumpen, zu reinigen und zu transportieren. Wasser wird genutzt, um Energie abzubauen, auszuwaschen und zu erzeugen. Bei Biokraftstoffen aus der Landwirtschaft wird Wasser dazu verwendet, um Energie „wachsen" zu lassen.

Die gesamte Branche, die Strom aus Kondensationskraftwerken bereitstellt, ist auf enorme Mengen an Wasser angewiesen. Nach Zahlen der Weltbank, werden ungefähr 15 Prozent der weltweiten Frischwasserentnahmen für die Stromerzeugung eingesetzt.[452] In einer Welt, in der nahezu die Hälfte der Bevölkerung von Wassermangel betroffen sein wird, stellt der Frischwasserbedarf durch die Kondensationskraftwerksbranche eine besondere Belastung dar. Gemäß *WaterFootprint* werden 13.676 Liter Wasser benötigt, um einen einzigen Liter Biodiesel aus Sojabohnen zu produzieren.[453] Man würde 3,7 Millionen Liter Wasser benötigen, um aus Sojabohnen genug Biodiesel herzustellen, um den 270 Liter-Tank eines Busses mit Biodiesel zu füllen. Zum Vergleich: Ein Schwimmbad mit Olympiamaßen fasst ungefähr 3 Millionen Liter Wasser.[454] Um den Tank eines Busses wie in Abbildung 9.1, der mit „sauberem und erneuerbaren Biodiesel" fährt, mit Biokraftstoff aus Sojabohnen zu füllen, würde so viel Wasser verbraucht, wie ein Olympiaschwimmbecken fasst.

Abbildung 9.1 – „Dieser Bus fährt mit Kraftstoff aus Biodiesel", allerdings ist der Kraftstoff weder sauber noch erneuerbar. (Foto: Tony Seba)

Wie viele Liter Wasser werden benötigt, um einen SUV mit Ethanol aus Mais voll zu tanken? Ich habe die Frage an Professor David Pimentel von der Cornell Universität gerichtet. Er hat Biokraftstoffe mehr als drei Jahrzehnte lang untersucht und ist ein führender Experte auf dem Gebiet Wasser und Biokraftstoffe.[455] „Man benötigt 1.700 Liter Wasser, um einen Liter Ethanol zu produzieren", antwortete Professor Pimental. „Wenn wir von einem 136-Liter Benzintank in einem SUV ausgehen, kommen wir auf 231.850 Liter Wasser für eine Tankfüllung mit Ethanol, das aus Mais hergestellt wurde."

Nach Zahlen der United States Geological Survey (US-Wissenschaftsbehörde) lag der Pro-Kopf-Verbrauch von Wasser bei Privathaushalten in den USA 2005 ungefähr bei 450 Litern pro Tag, eine geringe Abnahme gegenüber den 459 Litern im Jahr 1995. Der tägliche Wasserverbauch liegt zwischen 231 Litern pro Tag in Maine und 715 Litern pro Tag in Nevada.[456]

Diesen Zahlen zufolge verbraucht jemand, der seinen SUV mit Ethanol aus Mais betankt, *jedes Mal* so viel Wasser, wie der durchschnittliche amerikanische Privatverbraucher in 16 Monaten konsumiert!

Alle Arten der Energieerzeugung verbrauchen Wasser im Produktionsprozess. Die Menge an Wasser, die gebraucht wird, unterscheidet sich allerdings um Größenordnungen. Das „Carbon Disclosure Project" von IBM (Projekt zur Offenlegung von Treibhausgasemissionen) gibt Aufschluss über die Unterschiede (siehe Tabelle 9.1).

	Gesamter Wasserverbrauch pro Megawattstunde (m^3/MWh)	Wasser, das für die tägliche Energieproduktion in den USA benötigt wird (in Millionen m^3)
Solar	0,0001	0,011
Wind	0,0001	0,011
Gas	1,0000	11.000
Kohle	2,0000	22.000
Atomkraft	2,5000	27.500
Öl	4,0000	44.000
Wasserkraft	68,0000	748.000
Bio-Treibstoff (1. Generation)	178,0000	1.198.000

Tabelle 9.1 – Gesamter Wasserverbrauch pro MWh für verschiedene Energiequellen (Quelle: IBM, „Carbon Disclosure Project Report")[457]

Um 1 MWh Energie zu erzeugen (ungefähr der Bedarf eines amerikanischen Haushalts pro Monat):

- Photovoltaik und Windenergie benötigen vernachlässigbare Mengen an Wasser: 0,1 Liter oder weniger als eine halbe Tasse.
- Erdgas benötigt mehr als 10.000 mal mehr Wasser als Solarenergie, um 1 MWh Energie zu erzeugen.
- Kernkraft und Kohle verbrauchen etwa doppelt so viel wie Erdgas.
- Erdöl benötigt doppelt so viel Wasser wie Kohle (und 40.000 mal so viel Wasser wie Solarenergie).
- Wasserkraft benötigt 680.000 mal mehr Wasser als Solarenergie.
- Biotreibstoffe benötigen unglaubliche 1,78 Millionen mal mehr Wasser als Solarenergie, um die gleiche Menge an Energie zu erzeugen.

Hier noch eine andere Betrachtung: Man bräuchte 1,2 Milliarden Kubikmeter (m^3) Wasser, um den *täglichen* Energiebedarf in den USA durch Biokraftstoffe zu decken. China und Indien zusammen verbrauchen ungefähr 2,4 Milliarden m^3 Wasser *pro Jahr*.[458] Das bedeutet, dass alles Wasser, das von 2,5 Milliarden Menschen in China und Indien für Trinken, landwirtschaftliche Bewässerung, Kraftwerke und Fabriken *pro Jahr* benötigt wird, ungefähr dem Wasserbedarf für die Produktion von Biokraftstoffen entspricht, die den Energiebedarf der USA *zwei Tage* lang decken würde.

Die gesamte Welt verbraucht etwa 9 Milliarden m^3 Wasser pro Jahr.[459] Um den amerikanischen Energiebedarf einer Woche bereit zu stellen, würden Biokraftstoffe alles Frischwasser absaugen, das unser gesamter Planet in einem Jahr benötigt. Eine einzige Woche amerikanischer Energieproduktion aus Biokraftstoffen würde die Erde in eine weltumspannende Sahara-Wüste verwandeln.

Vergleichen Sie das mit Photovoltaik oder Windenergie. Um den täglichen Energiebedarf der USA bereit zu stellen, würde Solar- (oder Windenergie) ungefähr 11.000 m^3 benötigen. Das sind etwa 11 Millionen Liter – weniger als fünf Schwimmbecken.

Ein einziges Fracking-Bohrloch braucht mehr Wasser. Man braucht mehr als 18 Millionen Liter Wasser, um eine einzelne Erdgasquelle mit Fracking-Methoden anzubohren und zu fracken.[460]

Es ergibt keinen Sinn, eine so wertvolle Ressource wie Wasser so zu nutzen, wie es die meisten unserer Energieträger tun. In einem Zeitalter von Rekordtemperaturen, wachsender Bevölkerung und wachsendem Wasserbedarf für Trinken und Lebensmittelproduktion können Biokraftstoffe kein Teil einer brauchbaren Energiestrategie sein. Biokraftstoffe aus der Landwirtschaft sind bei der Herstellung eine echte Umweltkatastrophe.

Wie viel Wasser wird für Biokraftstoffe benötigt?

Aber ist Wasser nicht erneuerbar? Gibt es keinen natürlichen Wasserkreislauf, der das Wasser zurückbringt? Wenn das der Fall wäre, könnten wir unbegrenzt Wasser verbrauchen und Wasser wäre tatsächlich erneuerbar.

Um die Frage zu beantworten, ob Wasser erneuerbar ist, möchte ich Ihnen die wichtigste Wasserquelle vorstellen, von der die meisten Amerikaner noch nie gehört haben: der Ogallala-Aquifer.

Amerikas Aquifer

Der Ogallala ist der größte und reichhaltigste unterirdische Frischwasser-„Ozean" der Welt. Er erstreckt sich über das Gebiet der Vereinigten Staaten von South Dakota bis Texas, im Ganzen 450.000 Quadratkilometer. Der Ogallala-Aquifer ist ungefähr 20 Prozent größer als ganz Deutschland. Er macht den mittleren Westen der USA zum wichtigsten Agrarzentrum der Welt: 30 Prozent der gesamten Bewässerung in den Vereinigten Staaten wird vom Ogallala-Aquifer gespeist.[461] Außerdem stellt er für 82 Prozent der Menschen, die in seinem Einzugsgebiet leben, Trinkwasser bereit.

Der Aquifer füllt sich mit einer Geschwindigkeit von 0,61 bis 150 mm pro Jahr auf, wird aber im industriellen Maßstab leer gepumpt. In manchen Regionen ist der Wasserspiegel um 1,5 Meter *pro Jahr* gefallen. Insgesamt wird der Ogallala vermutlich mit einer Geschwindigkeit von 12 km^3 pro Jahr erschöpft. Das ist 18 mal so viel Wasser, wie aus dem Colorado River jährlich ins Meer fließt.[462]

Ist das Wasser des Ogallala "erneuerbar"? Nicht mit der Geschwindigkeit, mit der er ausgebeutet wird. Können wir weiterhin Wasser vom Ogallala unbegrenzt abpumpen? Nein. Der Ogallala-Aquifer wird vielleicht schon zu unseren Lebzeiten austrocknen. Einige Schätzungen geben ihm 25 Jahre.[463] Zu dieser Zeit hat die landwirtschaftliche Biokraftstoffindustrie den Brotkorb der Welt vielleicht erfolgreich in eine riesige Wüste verwandelt.

Atlanta in deinem Treibstofftank

Zu Beginn dieses Kapitels habe ich beschrieben, wie Honeywell mit einer Gulfstream G450 über den Atlantik geflogen ist und wie dieser Flug mit Biokraftstoff angetrieben wurde. Wie erneuerbar oder nachhaltig war der Honeywell-Flug von New Jersey nach Paris? Lassen Sie uns nachrechnen.

Der Tank einer Gulfstream G450 fasst 16.663 Liter Treibstoff.[464] Die Gulfstream G450 wurde mit einem Mix, der zu 50 Prozent aus Biotreibstoff bestand, betankt. Es wurden also 8.332 Liter Biotreibstoff verwendet. Honeywell hat angegeben, dass sein Green Jet Fuel aus Jatropha, Camelina und Algen hergestellt wurde. Für unsere Berechnungen werden wir Jatropha näher untersuchen. Nach Angaben von *Water Footprint*, werden 19.924 Liter Wasser für die Produktion von einem Liter Biodiesel aus Jatropha benötigt. Demnach wurden 166 Millionen Liter Wasser dafür benötigt, um genug Biokraftstoff für den halben Flug der Gulfstream G450 von New Jersey nach Paris bereitzustellen.

Setzen wir diese Zahl in ein Verhältnis: Um 8.332 Liter Biodiesel aus Jatropha zu produzieren, wird eine Wassermenge benötigt, die dem täglichen Wasserkonsum von 442.956 Amerikanern entspricht. Mit anderen Worten: Um genug Biotreibstoff aus Jatropha für einen Transatlantikflug zu produzieren, wird der tägliche Wasserbedarf der Menschen in Atlanta (420.003) benötigt.[465]

Ein Flug von New Jersey nach Paris in einer kleinen, halb mit Biotreibstoffen betankten Cessna, die 14 bis 19 Menschen an Bord hat, benötigt die Menge an Wasser, die dem täglichen privaten Wasserverbrauch einer Stadt der Größe von Atlanta entspricht. Das ist eine wahnwitzige Menge an Wasser.

Ich habe diese Zahlen Prof. Arjen Y. Hoekstra von der Universität Twente (Niederlande) gezeigt. Der Professor ist der Gründer von *Water Footprint* und einer der weltweit führenden Experten im Bereich Wassermanagement. „Ihre Zahlen sind richtig", schrieb er in einer E-Mail. „Sie zeigen, dass wir gewissenhaft prüfen müssen, wie wir unsere begrenzten Ressourcen wie Frischwasser bestmöglich verwenden. Wenn jemand nachhaltige Energie produzieren möchte, sollte er seinen Blick auf Solar- und Windenergie richten. Wenn jemand Biokraftstoffe produzieren möchte, dann sollte er mit Bioabfällen und nicht mit Landwirtschaft anfangen."

Am 16. Januar 2012 kündigte die Lufthansa stolz die Durchführung des ersten Transatlantikflugs mit Biotreibstoff von Europa in die Vereinigten Staaten an.[466] Nach Angaben von Boeing hat eine 747-400 einen Treibstofftank mit einer Kapazität von 216.840 Litern.[467] Der Biotreibstoff, den die Lufthansa verwendete, war eine Kombination von Camelinaöl aus den USA, Jatrophaöl aus Brasilien und „etwas tierischem Fett" aus Finnland. Um die Diskussion zu vereinfachen, nehmen wir an, dass 100 Prozent des Kraftstofftanks mit Jatropha-Biotreibstoff befüllt war.

Man benötigt 19.924 Liter Wasser, um einen Liter Jatropha-Biodiesel zu produzieren. Man würde also 4,3 Milliarden Liter Wasser benötigen, um von Frankfurt nach New York zu fliegen.

In Deutschland liegt der Wasserverbrauch pro Person bei 122 Litern pro Tag.[468] Also war der Wasserverbrauch des einfachen Flugs der Lufthansa 747 von Frankfurt nach New York genauso hoch wie der tägliche Bedarf von 35,4 Millionen Deutschen. Lufthansa würde sicherlich niemals Biotreibstoffe verwenden, wenn man diese in Deutschland produzieren müsste. Denkt irgendjemand bei Lufthansa wirklich, dass Biokraftstoffe nachhaltig sind?

Wissenschaftliche Belege zeigen, dass Biokraftstoffe aus der Landwirtschaft weder nachhaltig noch erneuerbar sind. Aber die Politik sagt, sie wären es.

Wie sieht es mit Biokraftstoffen der nächsten Generation aus?

Wenn ich die oben angestellten Berechnungen "Biokraftstoff-Gläubigen" zeige, werden sie zunächst einmal angezweifelt. Das ist normal. Einige Sekunden später erhalte ich die unvermeidliche Frage: „Ja, aber was ist mit Biokraftstoffen der nächsten Generation?" „Biokraftstoffe der nächsten Generation" bedeutet meistens „Biokraftstoffe aus Zellulose".

Begrifflich besteht der Hauptunterschied zwischen "first-gen" (erste Generation) und "next-gen" (nächste Generation) Biokraftstoffen darin, dass die erste Generation die „essbaren" Zucker- oder Ölbestandteile der Pflanze verwendet, während die nächste Generation durch Aufbrechen der Zellulosebestandteile der restlichen Pflanze (wie Blätter, Stiele und andere faserige Bestandteile) hergestellt wird.[469] Ich sage „essbar" in Anführungszeichen, weil einige „gängige" Biokraftstoffe wie Jatropha nicht nur ungenießbar, sondern giftig sind.[470]

Die „Biokraftstoffe der nächsten Generation" scheinen ihre Strategie von der „sauberen Kohle"-Kampagne der Kohlelobby abgeschaut zu haben. Beide Begriffe sollen die finanziellen Subventionen und den politischen Schutz aufrecht erhalten, die Gläubigen kämpfen, die Ahnungslosen hoffen lassen und die wissenschaftlichen Belege unter den Teppich kehren.

Trotz massiver Subventionen durch Steuerzahler und Verbrauchsquoten, die von der Regierung festgelegt wurden, um einen Markt für Biokraftstoffe zu entwickeln, verlassen Unternehmen die Branche und parallel dazu steigen die Investoren aus. Die Investoren glauben nicht, dass die Biokraftstoffindustrie bald auf einen grünen Zweig kommt.

Nachdem der Geschäftsführer von Calysta Energy Al Shaw hunderte Millionen Dollar in zwei Unternehmen investiert hatte, um Biokraftstoffe nutzbar zu machen, gab er auf. Seine Firma wechselte zur Nutzung von Erdgas als Kraftstoffquelle. „Biomasse kann nicht mithalten", sagt Shaw. „Kohlenhydrate sind kein Ersatzstoff für Öl. Ich lag falsch damit und ich gebe es zu."[471]

Shaws vorheriges Unternehmen, Codexis, investierte 400 Millionen US-Dollar von Shell Oil in die Entwicklung von Ethanol aus Zellulose, eine Biomasse der „nächsten Generation". Shell hat angekündigt nicht mehr in Biokraftstoffforschung zu investieren. „Diese [zellulosehaltige Biomasse] wird Erdöl niemals ersetzen, da die Wirtschaftlichkeit nicht stimmt", sagte Al Shaw. „Man kann keine Kohlenhydrate nehmen und sie wirtschaftlich in Kohlenwasserstoffe umwandeln."[472] BP hat ebenfalls seine Biokraftstoffpläne aufgegeben.[473]

Investoren an der Wall Street erwarten auch keinen großen Fortschritt mit Biokraftstoffen der nächsten Generation. Nach Angaben von *Bloomberg New Energy Finance* sind die weltweiten Investitionen in die Biokraftstoffindustrie um 99 Prozent gesunken, von einem Quartalshoch von 7,6 Milliarden US-Dollar im vierten Quartal 2007 auf nur 57 Million US-Dollar im ersten Quartal 2013.[474]

Wegen der zunehmenden Argumente gegen Biokraftstoffe, sind Calysta Energy und andere Unternehmen, die ursprünglich im Biokraftstoffgeschäft aktiv waren, aus der landwirtschaftlichen Biomasse ausgestiegen. Sie sind von der Nutzung landwirtschaftlicher Biomasse nun auf Erdgas als Rohstoff umgestiegen.

Die Rube-Goldberg-ähnliche Wertschöpfungskette von Erdgas ist nun auf den Rube-Goldberg-ähnlichen Wertschöpfungsprozess der Biokraftstoffe getroffen. Das Ergebnis ist ein komplex verschlungenes Geflecht von Subventionen, staatlicher Protektion und Quoten, das nur schwer zu entwirren ist.

Der Ethanolmarkt ist ein durch die Regierung entwickeltes System zur Unterstützung der landwirtschaftlichen Biokraftstoff-Lobby. Die Preise für Ethanol sind künstlich überhöht, um diese Unterstützung widerzuspiegeln. Wollten die Politiker tatsächlich, dass der Ethanolmarkt ein anderer Kanal für Erdgas ist?

Warum Solarenergie viel effizienter als Biokraftstoffe ist

Grüne Pflanzen – die Art von Pflanzen, die im Garten wächst – sind Sonnenpflanzen. Sie wandeln Sonnenenergie mit einer Effizienz von weniger als 0,3 Prozent in Biomasse um (in Holz, Früchte, Blätter, Wurzeln und so weiter). Um diesen winzigen Prozentsatz von Sonnenenergie in Biomasse umzuwandeln, brauchen Pflanzen große Mengen anderer wertvoller Ressourcen, darunter Wasser, Land und Dünger.[475]

Zuckerrohr, eine der „Erfolgsgeschichten" der Biokraftstoffindustrie, verwandelt nur 0,38 Prozent des Sonnenlichts in Biomasse. Um Zuckerrohr in Ethanol umwandeln zu können, muss es gepflanzt, gepflegt, geerntet und zu einer Raffinerie transportiert werden (siehe Abbildung 9.2), wo es mit Energie und weiterem Wasser bearbeitet wird. Nach Angaben von *Scientific American* liegt das Sonne-zu-Ethanol-Verhältnis von Zuckerrohr gerade mal bei 0,13 Prozent.[476]

Abbildung 9.2 – Biokraftstoff-Raffinerie (Fotoquelle: Iowa Energy Cener)[477]

Im Vergleich dazu liegt die durchschnittliche Umwandlungseffizienz eines Solarmoduls bei 16 Prozent. Ein durchschnittliches Solarmodul wandelt Sonnenschein 123 mal effizienter in nutzbare Energie um. Außerdem brauchen Solarzellen keine

Düngemittel, kein Wasser, Pestizide oder zusätzliche Energie, um den Sonnenschein in Strom umzuwandeln.

Konzentrator-Photovoltaik (CPV) kann ungefähr 40 Prozent des Sonnenscheins in Elektrizität umwandeln. Das ist 300 mal effizienter als die Umwandlung von Zuckerrohr in Biokraftstoffe auf Ethanolbasis. Andere Solartechnologien wie solarthermische Konzentratorkraftwerke mit Kraft-Wärme-Kopplung, können bis zu 72 Prozent des Sonnenscheins in nutzbare Energie umwandeln.[478] Solare Kraft-Wärme-Kopplungsanlagen können Sonnenschein 550 mal effektiver umwandeln als Zuckerrohr.

Solarenergie ist überall zwischen 123 und 550 mal effizienter als Biokraftstoffe. In jedem beliebigen Land auf der Erde wandelt Photovoltaik Sonnenschein mindestens 100 mal effizienter in Energie um. PV benötigt dafür kein wertvolles Land oder Wasser, ganz abgesehen von Düngemitteln oder toxischen Pestiziden, die die Böden verseuchen und zu beständigem Abfluss von Regenwasser führen.

Wird es jemals einen realen Markt für Agar-Biokraftstoffe geben? „Der gesamte Markt der Biokraftstoffe ist zu 100 Prozent politisch", meinte der stellvertretende Geschäftsführer des Biokraftstoffherstellers logen Jeff Passmore.[479]

Viele staatliche Förderprogramme laufen noch lange weiter, nachdem die Produkte, die sie unterstützen sollten, ihr Verfallsdatum überschritten haben. Beispielsweise ist der Telegraph schon seit Jahrzehnten überholt. Er lebt nur in Museen und Westernfilmen weiter. Trotzdem stellte die indische Regierung den Betrieb ihres Telegraphendienstes erst 2013 ein.[480] Bis dahin gab es bereits 897 Millionen Nutzer von Mobiltelefonen in Indien.

Biokraftstoffe aus landwirtschaftlichen Erzeugnissen sind ein gutgemeintes Experiment, das schief gegangen ist. Sie sind bereits überholt. Das Einzige, was an der landwirtschaftlichen Biokraftstoffindustrie erneuerbar ist, sind die interessenspezifischen Lobbygruppen, die sie an Orten wie Washington, Brasilia und Brüssel vertreten. Wie der Diamantenwerbespot sagen würde: Lobbys sind für die Ewigkeit.

Die Hungerspiele: Der finale Kampf zwischen überholten Biokraftstoffen und Erdöl

In Kapitel 8 habe ich erwähnt, dass Öl innerhalb von zwei Jahrzehnten überholt sein wird. Zwei disruptive Wellen (das E-Auto und das selbstfahrende Auto) werden die Nachfrage nach Erdöl schrumpfen lassen. Die solare Disruptionswelle wird den Dieselmarkt auf einen Schatten seiner selbst reduzieren.

Wenn die Nachfrage nach Erdöl abstürzt, wird auch der Preis für Erdöl abstürzen. Investitionen in teure und ineffiziente Produktionsaktivitäten, wie Offshore-Bohrungen und die kanadischen Ölsande, werden beendet, weil sie finanziell nicht mehr tragfähig sind. Nur Felder, deren Produktionskosten wirklich gering sind, werden im Markt bleiben.

Biokraftstoffe werden noch weniger wettbewerbsfähig sein. Die Subventionen durch Steuerzahler werden explodieren. Trotz all des „kostenlosen" Wassers, Subventionen für die Produktion und Konsumquoten sind Biokraftstoffe mit einem Preisniveau von 100 US-Dollar pro Barrel immer noch nicht in der Lage mit Erdöl zu konkurrieren.

Angenommen es gäbe im Jahr 2030 noch genügend Frischwasser, um Biokraftstoffe herzustellen: Wäre die Biokraftstoffindustrie in der Lage mit Preisniveaus zu konkurrieren, die 70 bis 80 Prozent unterhalb des derzeitigen Marktwerts liegen? Regierungen werden die Gelder der Steuerzahler dafür einsetzten, um für die größer werdende Lücke zwischen den hohen Produktionskosten von Biokraftstoffen und dem abnehmenden Marktpreis des Wettbewerbers Erdöl aufzukommen.

Ölunternehmen nehmen Biokraftstoffe nicht mehr als Konkurrenz ernst. Sie haben jahrzehntelang Belege dafür gesammelt, dass Biokraftstoffe nicht mit Erdöl konkurrieren können. Wenn die Erdölindustrie allerdings umgewälzt wird und zu schrumpfen beginnt, wird die Erdöl-Lobby um jedes Stück des Marktes, das sie in ihre Hände bekommen kann, kämpfen. Zwangsläufig wird die Erdöl-Lobby der Agrar-Lobby den Kampf ansagen müssen.

Wer wird 2030 die frontale Auseinandersetzung zwischen einer kleiner werdenden, angeschlagenen Erdöl-Lobby und einer immer noch einflussreichen Agrar-Lobby gewinnen? Zwei überholte Energiequellen werden den Kampf auf politischer Ebene austragen.

Die Erdöl-Lobby wird vermutlich Biokraftstoffe mit Umweltargumenten bekämpfen. Sie werden wahrscheinlich sagen, dass man den gesamten Produktionsprozess ansehen muss (einschließlich Düngemittel, Energie, Transport, Herstellung und so weiter):

- Erdöl erzeugt weniger CO_2 und andere Treibhausgase als Biokraftstoffe.
- Erdöl benötigt um Dimensionen weniger Wasser als Biokraftstoffe.
- Erdöl benötigt kein hochwertiges Agrarland für die Energieproduktion.
- Erdöl braucht nicht so viele Subventionen von Steuerzahlern.

Zwei überholte Formen von flüssiger Transportenergie, die am Markt verloren haben, werden sich stellvertretend im politischen Raum bekämpfen. Es wird so sein, als würden wir der Jukebox- und der Achtspur-Tonbandindustrie zusehen, wie die Lobby bei der Regierung darum wirbt, ein bisschen in den Geldbeutel des Steuerzahlers greifen zu dürfen. Die Erdöl-Lobby wird gegenüber den Agar-Biokraftstoffen die Umweltfahne hoch halten. Wir werden möglicherweise interessante Zeiten erleben!

Kapitel 10

Das Ende der Kohle

„Es ist nicht der Mangel an innovativen Ideen, der die Grenzen für die wirtschaftliche Entwicklung setzt, sondern eher mächtige soziale und ökonomische Interessen, die den technischen Status Quo stützen."

– Joseph Schumpeter

„Ich bin der Tod geworden, der Zerstörer der Welten."

– Robert Oppenheimer

„Länder entscheiden sich, in finsteren Energiezeitaltern zu leben, nicht weil die Sonne nicht scheint, sondern weil sie sich weigern, sie zu sehen."

– Tony Seba (frei nach Michener)

Am 26. Juni 2013 kündigte die Weltbank an, nicht weiter in Kohlekraftwerke zu investieren.[481] In einem auf ihrer Webseite veröffentlichten Dokument gab die Weltbank an, sie würde Kohle nur in „besonderen Ausnahmefällen" finanzieren, in denen es „keine machbare Alternative zu Kohle *und* eine fehlende Finanzierung für Kohle" gäbe.[482] Im folgenden Monat kündigte die Europäische Investitionsbank (EIB) an, dass sie ebenfalls aufhören würde, neue und modernisierte Kohlekraftwerke zu finanzieren. Die EIB, die in den 28 EU-Staaten investiert, teilte mit, sie würde nur noch in Kohlekraftwerke investieren, die gewisse Emissionsstandards erfüllen.[483]

US-Präsident Barack Obama hat an amerikanische Organisationen für multilaterale Finanzierung appelliert, „die öffentliche Finanzierung neuer Kohlekraftwerke in Übersee zu beenden, sofern diese keine Technologien zur CO_2-Abscheidung einsetzen."[484]

Diese Schritte der Weltbank und der Europäischen Investitionsbank werden jedoch die Herrschaft der Kohle als „Königin der Stromerzeugung" (elektrisch wie politisch) nicht beenden. Die Kohleindustrie betreibt seit dreihundert Jahren Lobbyarbeit bei den politischen Institutionen. Sie weiß, wie man Regierungen und Energieagenturen manipuliert und hat die Kunst perfektioniert, die Regulierungsinstanzen zu vereinnahmen.

Während des letzten Jahrhunderts versuchten die Weltbank, die Europäische Investitionsbank, die Inter-Amerikanische Entwicklungsbank, die Ex-Im Bank und ähnliche Finanzorganisationen sich gegenseitig den ersten Platz streitig zu machen, wenn es darum ging, Kohlekraftwerke zu finanzieren. Die Weltbank zum Beispiel hat allein in den letzten fünf Jahren 6,26 Milliarden US-Dollar an Krediten für Kohleprojekte vergeben.[485]

Dass Finanzinstitutionen unbedingt Kohle finanzieren wollten, hat die Kapitalkosten für Kohlekraftwerke in der Vergangenheit künstlich niedrig gehalten. Weil die Steuerzahler diese multilateralen Finanzorganisationen finanzieren, ist das nur ein weiterer Weg, wie Steuerzahler die Kohleindustrie auf der ganzen Welt subventioniert haben – indem sie die Kapitalkosten künstlich niedrig gehalten haben. Aber das ändert sich gerade. Da Weltbank, EIB und ähnliche Organisationen mittlerweile zögern, Kohle zu finanzieren, werden die Kapitalkosten für Kohlekraftwerke steigen. Schon bald werden sich die Hersteller von Kohlekraftwerken öfter an private Kredit- und Investmentmärkte wenden müssen, um ihre Geschäfte zu finanzieren.

Ohne großzügige Regierungsdarlehen und Kreditbürgschaften als Sicherheit wird die Wall Street striktere Standards bei der Kreditvergabe anwenden. Die Kapitalkosten für Kohlekraft werden dadurch steigen. Das Einmaleins der Finanzen sagt für ein Ansteigen der Kapitalkosten zwei Folgen für die Kohleindustrie voraus:

- Es werden weniger Kohlekraftwerke gebaut, weil sie nicht mehr rentabel sind. Viele Projekte, deren Kapitalwert durch die künstlich niedrigen Kapitalkosten bisher positiv war, werden einen negativen Kapitalwert bekommen und abgelehnt.

- Der Strom aus Kohleprojekten, die noch gebaut werden, wird teurer. Der Strom wird teurer werden, weil die Kraftwerke höhere Zinsen für ihre Bankkredite zahlen müssen.

Kohle – ein riskantes Angebot

Am 21. August 2013, weniger als zwei Monate nachdem die Weltbank ankündigt hatte, die Finanzierung neuer Kohlekraftwerke zu stoppen, passierte etwas in der Geschichte der Kohle zum ersten Mal: Das U.S. Bureau of Land Management (BLM, US-Behörde für die Verwaltung staatseigener Ländereien) bot einen Kohle-Pachtvertrag in Wyoming an und niemand gab ein Angebot ab.[486]

Traditionell gibt es nur einen Bieter, wenn das BLM Land zur Kohlegewinnung anbietet: die Firma, die sich ursprünglich für die Nutzung des Landes beworben hatte. In diesem Fall hatte sich Cloud Peak Energy sieben Jahre vor der BLM-Auktion darum beworben, das Land zu pachten und es wurde erwartet, dass das Unternehmen als einziges ein Angebot abgeben würde.

"Wir waren zu dieser Zeit nicht in der Lage, ein wirtschaftliches Angebot für dieses Gebiet zu erstellen", sagte Colin Marshall, der CEO von Cloud Peak Energy.

War es möglich, dass diese Firma in direkter Nähe zu ihrer Mine *Cordero Rojo* keinen Markt für 149 Millionen Tonnen Kohle finden konnte? Oder hat Cloud Peak Energie kein Gebot abgegeben, weil die Kapitalkosten einer einst unbesiegbaren Branche dabei waren, zu steigen?

Nach Angaben von Morningstar musste der Kohlegigant Walter Energy einen Refinanzierungskredit in Höhe von 1,55 Milliarden Dollar[487] aufnehmen und erlebte 2013 einen Absturz seines Börsenpreises um etwa die Hälfte.[488]

Ende 2013 betrug der gemeinsame Marktwert 32 ausgewählter Kohleunternehmen im Stowe Global Coal Index 132 Milliarden US-Dollar.[489] Allein die Bewertung von Facebook belief sich auf 136 Milliarden Dollar.[490] Die Bewertung von Google lag bei 373 Milliarden - nahezu drei mal so viel wie der Gesamtwertes der 32 Top-Kohleunternehmen im Stowe Global Index.[491]

Die Wall Street betrachtete Kohlefinanzierung gewöhnlich als risikoarme Strategie, aber die Wirklichkeit hat sich dramatisch verändert und die Risiko-Wahrnehmung nähert sich langsam der Realität an. Entsprechend sind die Kapitalkosten für Kohle bereits gestiegen. Dass Walter Energy nicht in der Lage war, günstiges Fremdkapital aufzunehmen (oder überhaupt irgendwelches Fremdkapital) lässt erkennen, dass die Wall Street bereits die Fremdkapitalkosten für Kohle-Projekte erhöht hat. Die niedrige Bewertung von Kohlefirmen zeigt, dass die Wall Street hier auf absehbare Zeit kein Wachstum erwartet.

Kohle wird zum riskanten Geschäft und die Kapitalkosten dafür steigen entsprechend.

Die Kohleunternehmen selbst sind sich dieser Risiken bewusst. Im zweiten Quartal 2013 hat Cloud Peak Energy mehr Geld mit Finanzderivaten verdient als mit dem Verkauf von Kohle.[492] Das führende Kohleunternehmen hat mehr Geld damit verdient, gegen den Kohlepreis zu wetten als damit, tatsächlich Kohle aus dem Boden zu fördern. Wenn Unternehmen gegen sich selbst wetten, könnte man das als Alarmsignal betrachten, auch wenn das eine grundsätzlich akzeptierte Praxis im Finanzbereich ist.

Die Kohlebranche liegt am Boden. Aber ist sie auch am Ende? Deutet die Wall Street einen langen Abwärtstrend an oder ist das ein Radarsignal?

Kohle – ein angekündigter Tod

Der Tod der Kohlebranche in fortgeschrittenen Industrieländern kam für manche überraschend, aber die Industrie stirbt bereits seit Jahrzehnten. Nach Angaben der US Energy Information Agency (US-Informationsbehörde für Energie, siehe Abbildung 10.1) begann der Boom des Kohlekraftwerkbaus Mitte der 1950er Jahre und erreichte seinen Höhepunkt zu Beginn der 1980er Jahre. In den 1970er Jahren begannen Energieversorgungsunternehmen sich dem gelobten Land der Atomkraftwerke zuzuwenden. Der Höhepunkt der Inbetriebnahmen lag in den 1980er Jahren (siehe Kapitel 8).

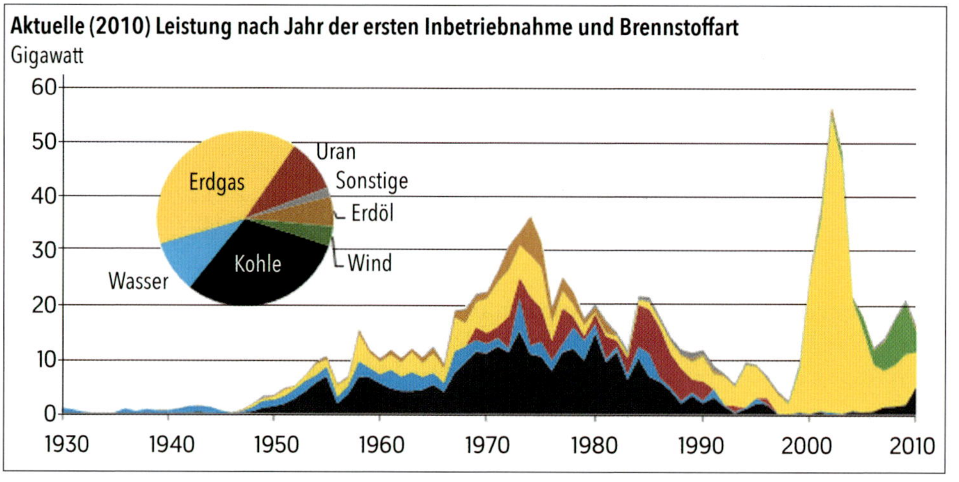

Abbildung 10.1 – Erzeugungskapazitäten in den USA nach Jahr der Inbetriebnahme und Brennstoff (Quelle: Energy Information Agency)[493]

Von 1990 bis 2012 stellten Erdgaskraftwerke den größten Teil der neuen Erzeugungskapazitäten in den USA. Abbildung 10.1 zeigt, dass die meisten neuen Erdgaskraftwerke noch vor der aktuellen „Schiefergas-Revolution" gebaut wurden. Hierfür gab es drei Gründe.

Der erste Grund für das Wiederaufleben des Gasmarktes war der Natural Gas Utilization Act (Erdgasnutzungsgesetz) von 1987. Dieses Gesetz hob Teile des Powerplant and Industrial Fuel Use Act (Kraftwerks- und Industriebrennstoff-Gesetzes) von 1978 auf, das die Nutzung von Erdgas in elektrischen Erzeugungsanlagen beschränkte. Der Industrial Fuel Use Act (Industriebrennstoffgesetz) von 1978 wurde in Folge der ersten Ölkrise von 1973 verabschiedet. Zu dem Zeitpunkt, als diese Ölkrise den Weltmarkt 1973 traf, wurden 16,9 Prozent des elektrischen Stroms aus Erdöl und 18,3 Prozent in Erdgaskraftwerken erzeugt.[494] Bedenken bezüglich einer sich verschärfenden Öl- und Gasversorgung führten 1978 zur Verabschiedung des Kraftwerks- und Industriebrennstoff-Gesetzes durch den US-Kongress. Es verbot die Errichtung von neuen Kraftwerken, die Öl oder Gas als Hauptbrennstoff nutzten. Das Gesetz beschränkte auch die Nutzung von Öl und Gas für industrielle Zwecke und förderte die Entwicklung von Kern- und Kohlekraftwerken.[495]

1987 trug Öl nur noch zu 4,6 Prozent zur US-Stromerzeugung bei (nach 16,9 Prozent im Jahr 1973). Gas war auf 10,6 Prozent gefallen (nach 18,3 Prozent im Jahr

1973). Das Erdgasnutzungsgesetz von 1987 ermöglichte der Industrie und den Stromversorgern, wieder Erdgas einzusetzen.

Der zweite Grund für die Wiederbelebung des Gasmarktes hatte mit zwei Gesetzen zur Deregulierung des Strommarktes zu tun, die der US-Kongress verabschiedete.

Der Public Utility Regulatory Policies Act (PUPRA, Gesetz zur Regulierung öffentlicher Energieversorgungsunternehmen) von 1978, brach die vertikale Integration der Versorgungsunternehmen auf, indem es unabhängigen Stromproduzenten ermöglichte, am Stromerzeugungsmarkt teilzunehmen. Der Energy Policy Act (EPACT, Energiepolitik-Gesetz) von 1992 schaffte den Rahmen für einen wettbewerbsorientierten Großhandelsstrommarkt.[496]

Der EPACT gab der Federal Energy Regulatory Commission (FERC – Bundes-Energie-Regulierungskommission) den Auftrag, die nationalen Stromnetze zu öffnen und Markteintrittsbarrieren für Kraftwerke, die nicht gebührenbasiert waren, zu beseitigen. Die Erwartung war, dass die meisten dieser neuen Kraftwerke mit Gas betrieben würden.

Der dritte Grund für die Wiederbelebung des Gasmarktes war technologischer Natur. Die Gasturbinentechnologie hatte sich seit der Zeit des Zweiten Weltkriegs stetig verbessert. Entscheidend dafür war die Einführung von Gas- und Dampfkraftwerken (GuD-Kraftwerken), die den Wirkungsgrad von Gaskraftwerken zwischen 1970 und 1990 verdoppelte (siehe Abbildung 10.2). Als das EPACT 1992 in Kraft trat, hatten neue GuD-Kraftwerke einen thermischen Wirkungsgrad von über 50 Prozent. Seitdem ist der Wirkungsgrad auf etwa 60 Prozent stetig angestiegen. Die thermische Umwandlungseffizienz bezieht sich auf den Prozentsatz der bei der Verbrennung erzeugten Wärmeenergie, die tatsächlich in mechanische und schließlich elektrische Energie umgewandelt wird.

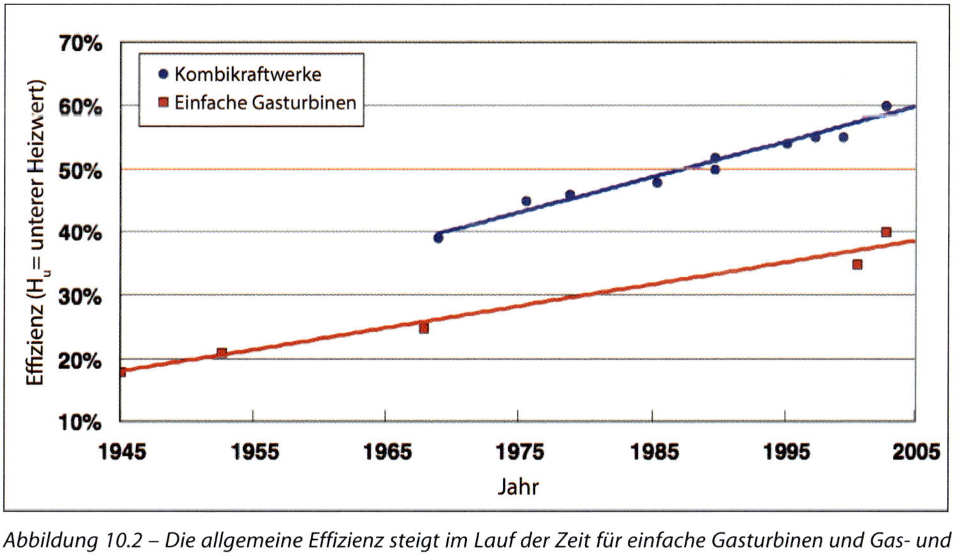

Abbildung 10.2 – Die allgemeine Effizienz steigt im Lauf der Zeit für einfache Gasturbinen und Gas- und Dampfturbinen. (Quelle: Massachusetts Institute of Technology)[497]

Im Gegensatz zu GuD-Kraftwerken hat ein typisches Kohlekraftwerk nur eine thermische Effizienz von etwa 33 Prozent. Das bedeutet, dass zwei Drittel der Wärmeenergie, die bei der Verbrennung von Kohle frei werden, verloren gehen.

Aus den drei hier skizzierten Gründen – dem Erdgasnutzungsgesetz von 1987, das der Industrie und den Stromversorgern die Nutzung von Erdgas wieder erlaubte, der Deregulierung der Versorgungsmärkte und den Verbesserungen in der Gasturbinen-Technologie – gab es eine dramatische Verschiebung auf den Strommärkten. Von dieser Verschiebung hat Erdgas (und später Wind- und Solarenergie) profitiert.

Die meisten Kohlekraftwerke in den USA sind nahe an ihrer Altersgrenze oder haben sie überschritten. Ein typisches Kohlekraftwerk hält 40 Jahre. Nach Angaben der Energy Information Agency (siehe Abbildung 10.3) sind mehr als 540 GW (51 Prozent) der gesamten Erzeugungskapazitäten in den USA älter als 30 Jahre. Mehr als 74 Prozent der Kohlekraftwerkskapazitäten sind älter als 30 Jahre. Diese ganze Generation wird in den nächsten zehn bis zwanzig Jahren ersetzt werden müssen. Tatsächlich hat ein großer Teil dieser Generation die Altersgrenze (von etwa 40 Jahren) bei weitem überschritten und wird nur durch Instandhaltungsmaßnahmen am Leben erhalten.

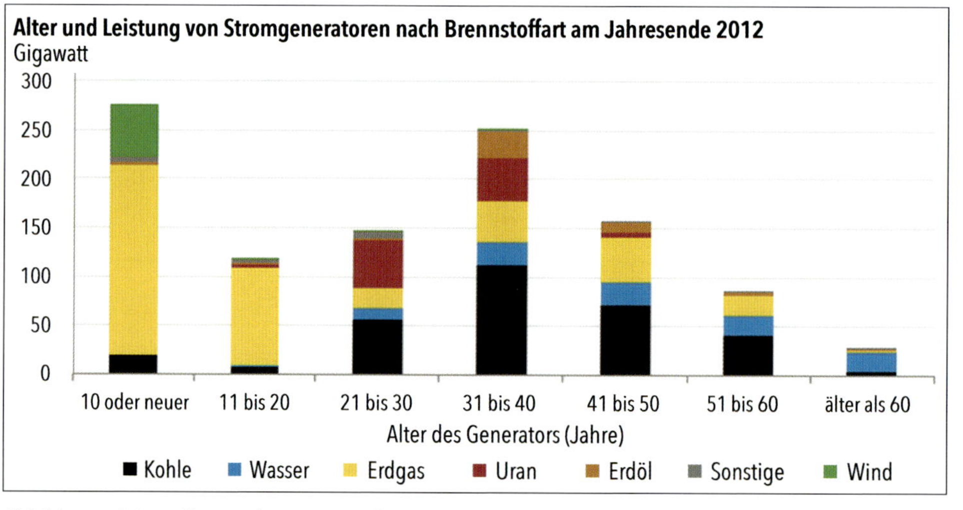

Abbildung 10.3 – Alter und Erzeugungskapazität bestehender Stromerzeugungsanlagen in den USA nach Brennstoffen (Quelle: Energy Information Agency)[498]

Wodurch wird dieser alternde Kohle- und Atomkraftwerkspark ersetzt werden? Es gibt starke Hinweise darauf, dass Kohle und Atomkraft in den USA auf dem Rückzug sind. Der größte Teil der Kapazitäten, die in den beiden Jahrzehnten vor 2012 hinzugekommen sind, waren Erdgas und Windkraft (siehe Abbildung 10.3). Was planen die US-Versorger, um alternde Kraftwerke zu ersetzen? NV Energy liefert ein Beispiel für die Beantwortung dieser Frage.

Im April 2013 gab NV Energy seine Strategie zur Investition in Erzeugungskapazitäten bis 2025 bekannt. Die Strategie, die NVision genannt wird, besteht aus zwei Teilen:[499]

- Schließung ihrer vier Kohlekraftwerke. Der Plan sieht vor, ihre drei Kraftwerke in Moapa 2014 und ihre vierte Anlage 2017 abzuschalten, so dass NV Energy danach keine Kohle im südlichen Nevada mehr nutzt.
- Statt in Kohle wird der Energieversorger im Verhältnis 60 zu 40 in Erdgas und saubere Energien investieren.

NV Energy hatte bereits zuvor einen 25-Jahres-Vertrag mit SolarReserve abgeschlossen, um ein 110 MW-Grundlast-Solarkraftwerk in Crescent Dunes, Nevada, zu bauen. Dieses solare Turmkraftwerk hat einen Energiespeicher für 10 Stunden, so dass es Solarstrom nach Bedarf erzeugen kann, wann immer Kunden ihn benötigen.

Grundlastfähiger Solarstrom, der nach Bedarf bereit gestellt werden kann, hat sich schon in Märkten wie Spanien bewährt, aber es wird ein Novum in Nevada sein, wenn das Crescent Dunes Kraftwerk Anfang 2014 in Betrieb geht. Der Vertrag von NV Energy bietet Solarstrom in Spitzenlastzeiten mit 13,5 US-Cent je kWh um ein Vielfaches günstiger als Erdgas-Spitzenlastkraftwerke an. In meinem Kurs an der Stanford Universität sprach der Vorstand von SolarReserve Kevin Smith davon, dass sein Unternehmen die Kosten innerhalb der nächsten fünf Jahre um die Hälfte senken will.

Kurz nachdem NV Energy seinen neuen 12-Jahres-Plan vorgestellt hatte, wurde die Firma von MidAmerican Holdings übernommen.[500] Diese Tochtergesellschaft von Berkshire Hathaway, dem Unternehmen von Warren Buffett, hatte zuvor 2-2,5 Milliarden US-Dollar investiert, um ein Solarprojekt zu erwerben, das bei seiner Eröffnung im Jahr 2015 mit 579 MW Leistung das größte Solarkraftwerk der Welt sein wird.[501]

Abgesehen von Kraftwerken, die bereits gebaut werden, sind nach einem Bericht des Forschungsdienstes des US-Kongresses „in den USA keine neuen Kohlekraftwerke in Sicht".[502] Die Industrie wird dafür vielleicht neue Regulierungen verantwortlich machen. Tatsache ist aber, dass Kohlekraftwerke seit Anfang der 1990er Jahre weniger als 10 Prozent der neuen Kraftwerkskapazitäten in den USA ausmachen.

Kohle stirbt nicht, weil sie schmutzig ist, sondern weil sie nicht wettbewerbsfähig ist. Kohle ist in den USA schon überholt. Kohlekraft verliert in den USA sehr schnell Marktanteile an Erdgas, Solar und Wind.

Aber Kohle ist noch nicht tot. Wie eine fünfköpfige Pyro-Hydra erhebt die Kohle ihre Köpfe an anderen Orten auf der Erde.

Regulatorische Vereinnahmung: Wie Regierungen die Kohleindustrie schützen

Regulatorische Vereinnahmung findet statt, wenn eine Regulierungsbehörde, die eigentlich eine Branche im Sinne der Menschen regulieren sollte, tatsächlich die Menschen im Sinne der Branche reguliert. Anders ausgedrückt: regulatorische Vereinnahmung findet dann statt, wenn Aufsichtsbehörden das System zum Nutzen der Unternehmen gestalten, die sie regulieren sollen. Regulatorische Vereinnahmung kann es Unternehmen gestatten, massive Umweltverschmutzungen mit dem sicheren Wissen zu verursachen, dass die Regierung sie schützen wird und die Steuerzahler für die Sanierungskosten aufkommen werden. Regulatorische Vereinnahmung ist in der Welt der konventionellen Energien tief verwurzelt.

Kohle stirbt in den USA, weil Versorger auf Erdgas, Wind und Solar umsteigen, aber weltweit werden zwischen 40 und 50 Prozent der Elektrizität aus Kohle erzeugt und dieser Anteil könnte in den kommenden Jahren noch steigen. Im Jahr 2010 verbrauchte China allein 46 Prozent der globalen Kohle.[503] Von Indien bis China wartet bereits etwa 1 Terrawatt neuer Kohlekraftwerke auf die Entwicklung innerhalb der nächsten Jahre. Das entspricht der gesamten Stromerzeugungskapazität aus sämtlichen Quellen in den USA.

China ist mit jährlichen Subventionen in Höhe von 279 Milliarden US-Dollar der zweitgrößte Zahler von Energiesubventionen nach Steuern auf der Welt. Die USA liegen laut einem Bericht des Internationalen Währungsfonds weltweit an der Spitze mit 502 Milliarden US-Dollar.[504] Inländische Brennstoff-Subventionen in Indien erreichten zwei Prozent des BIP von 2011-2012. Aber Sie werden diese Subventionen im Haushalt der Regierung nicht finden. „Brennstoff-Subventionen wurden auf vielen unterschiedlichen Wegen finanziert, darunter Quellen außerhalb des Haushalts", so ein Bericht des IWF.

Solange die Regierungen von China und Indien weiterhin Kohle unterstützen und der Kohleindustrie regulatorischen Schutz und finanzielle Unterstützung gewähren, wird die Kohlenutzung in den zwei bevölkerungsreichsten Ländern der Welt weiter wachsen. Regierungen außerhalb Chinas und Indiens haben multinationale Finanzorganisationen mit ihren eigenen Agenden. Die japanische Internationale Kooperationsbank hat mehr als 10 Milliarden US-Dollar bereitgestellt, um Kohleprojekte zu fördern.[505]

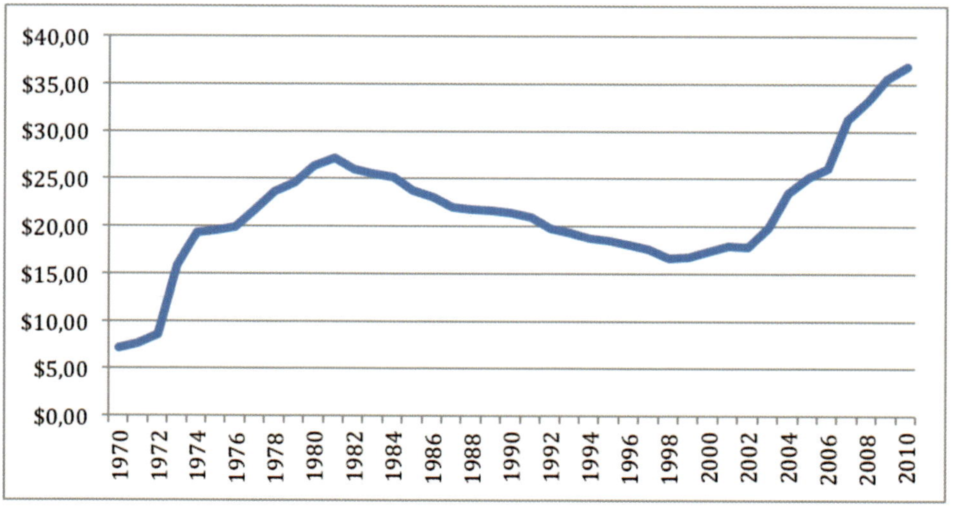

Abbildung 10.4 – Kohlepreise in den USA in US-Dollar je amerikanische Tonne. Preise FOB/frei Schiff, ohne Fracht, Verschiffung oder Versicherung. (Quelle: US Energy Information Agency)[506]

Diese Länder fördern Kohleprojekte sicher nicht auf der Basis glaubwürdiger Businesspläne. Die Kosten für fossile Brennstoffe sind kurz- und mittelfristig extrem volatil und historisch betrachtet langfristig angestiegen. Die Ölpreise sind in weniger als einem Jahrzehnt (1999-2008) auf mehr als das 14fache gestiegen. Erdgaspreise sind ähnlich schwankend. Kohle stellt von dieser „teuer und volatil"-Regel keine Ausnahme dar.

Nach Angaben der US Energy Information Agency stieg der FOB-Preis einer amerikanischen Tonne Kohle in den USA von 6,34 US-Dollar 1970 auf 36,91 US-Dollar im Jahr 2011 (siehe Abbildung 10.4). (Unter FOB oder „frei an Bord" versteht man den Preis ab Bergwerk, was die Kosten für Versicherungen oder den Transport der Kohle nicht einschließt, weder in den USA noch nach Übersee). Die Kohlepreise sind seit 1970 um den Faktor 5,8 gestiegen. In der Zwischenzeit sind die Kosten für Photovoltaik um den Faktor 154 gefallen. Solarenergie hat seine Kostenposition relativ zur Kohle seit 1970 damit beinahe um den Faktor 900 verbessert.

Die Kohlepreise sind trotz Produktivitätsgewinnen und gestiegenen Marktanteilen seit den 1970ern gestiegen. Die gefallenen Preise in der Zeit 1980-2000 (siehe Abbildung 10.4) korrespondieren in etwa mit den Produktivitätsgewinnen und massiven Entlassungen in diesem Industriezweig. Der Kohlebergbau erhöhte seine Produktion von 1980 bis 2000 um 21 Prozent, während im gleichen Zeitraum 69 Prozent der Arbeitskräfte abgebaut wurden. Die Zahl der Kohlebergarbeiter sank von 228.569 im Jahr 1980 auf 71.522 im Jahr 2000 (siehe Abbildung 10.5).[507] Seit 2000 sind die Kohlepreise wieder gestiegen, da die Produktivitätsfortschritte ein hohes Niveau erreicht haben und sogar zurückgehen.

In welche Richtung bewegen sich die Kohlepreise? Wie alle fossilen Brennstoffpreise entwickeln sich auch die Kohlepreise nach oben. Kurzfristige Produktivitätsfortschritte geben einer Branche vielleicht die Gelegenheit, öffentlich von einer „neuen Ära" „günstiger Energie" zu sprechen. Die Medien, Politiker, Regulatoren und andere wiederholen die Aussagen wie ein Echo und überzeugen dann die Öffentlichkeit vom kommenden Energieparadies, das die jeweils gerade aktuelle, schmutzige, ressourcenbasierte Energiequelle (Kohle, Gas, Öl, Atom) uns bringen wird. Aber die Belege sind eindeutig: Die Preise konventioneller Energieträger sind im historischen Vergleich gestiegen.

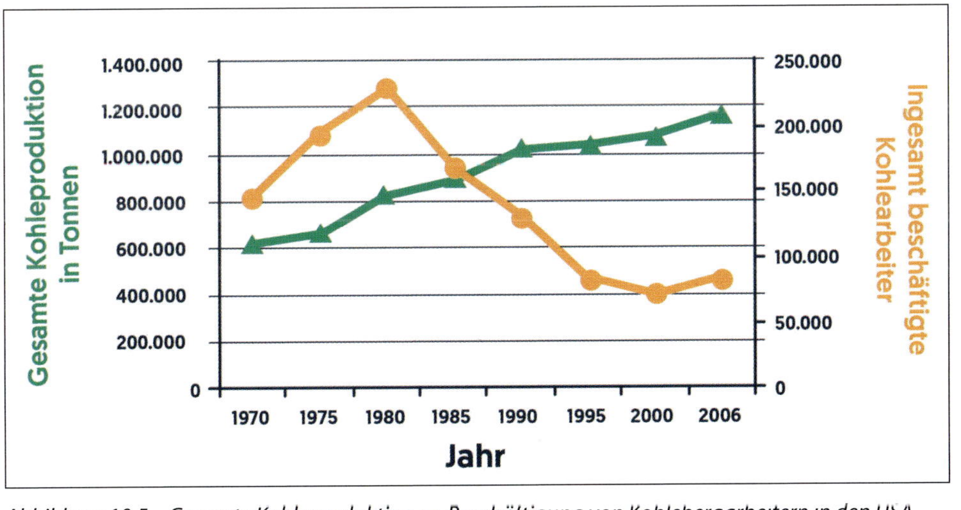

Abbildung 10.5 – Gesamte Kohleproduktion vs. Beschäftigung von Kohlebergarbeitern in den USA (Datenquelle: SourceWatch)[508]

Zur Erinnerung: Photovoltaik wird um einen Faktor 400 im Preis gesunken sein, von 100 US-Dollar pro Watt 1970 auf 25 US-Cent pro Watt im Jahr 2020. 2020 wird PV seine Kostenposition relativ zu Kohle um einen Faktor von etwa 2.700 verbessert haben, selbst wenn man annimmt, dass die Kohlepreise sich auf heutigem Niveau stabilisieren (was schwer vorstellbar ist).

Die Kohleindustrie profitiert, wenn die Regierung es zulässt, dass die Steuerzahler den größten Teil ihrer Kosten tragen müssen. Durch staatliche Regulierungen und Gesetze profitiert die Kohleindustrie darüber hinaus von billigem (oder kostenlosem) Land, der Möglichkeit, Luft, Wasser und Land nach Belieben zu verschmutzen und der Möglichkeit, für Pensionsversprechen und die Krankheitskosten ihrer Arbeiter nicht aufzukommen.[509]

China: Wasser für Kohle, nicht für Lebensmittel

Seit zwei Jahrzehnten behaupten Wirtschaftswissenschaftler und sogenannte China-Experten und -Fachgelehrte unaufhörlich, dass Chinas jährliches BIP-Wachstum nicht nachhaltig ist. Jahr für Jahr hat China sie alle widerlegt. China hat die USA als größten Automarkt und als größten Energiemarkt in der Welt überholt, was beides ein Jahrzehnt zuvor undenkbar war.

China beherrscht anscheinend die Kunst und die Wissenschaft, zentrale Planung und marktbasiertes Unternehmertum zu verknüpfen. Wenn etwas hergestellt werden kann, wird China es herstellen. Wenn etwas gebaut werden kann, wird China es bauen. Es gibt anscheinend nichts, was China nicht kann. Oder doch?

Das fehlende Element in dieser Gleichung ist eines der wertvollsten Elemente der Erde: Wasser. Günstiges und reichlich vorhandenes Wasser war ebenso wichtig, um Zivilisationen aufzubauen, wie günstige und reichlich vorhandene Energie. Wir brauchen Wasser, um Energie zu erzeugen und wir brauchen Energie, um Wasser zu fördern, zu transportieren, zu reinigen und zu verarbeiten. Beides, Wasser und Energie, wird benötigt, um Nahrung anzubauen.

Wassermangel ist ein begrenzender Faktor für fossile Brennstoffe und für Kernenergie. Etwa 15 Prozent der weltweiten Süßwasserentnahme wird nach Angaben der Weltbank für Energie verwendet.[510] Nahezu die Hälfte der Weltbevölkerung wird in Gegenden mit „starker Wasserknappheit“ leben, was zu Unsicherheiten bei der Energie- und Nahrungsmittelversorgung führt.

China erlebt bereits eine Wasserkrise. Chinas Anteil an der Weltbevölkerung liegt bei 20 Prozent, es verfügt aber nur über 7 Prozent des Süßwassers. Das schnelle Wachstum seiner Industrie und seiner Bevölkerung hat dazu geführt, dass das Land in nicht nachhaltiger Weise seine Flüsse und sein Grundwasser anzapft. Seit den 1950er Jahren hat China 27.000 seiner 50.000 Flüsse verloren.[511] Die Zahlen zu Chinas Wasserkrise sprechen für sich: 400 von 600 Städten, darunter 30 der 32 größten Städte Chinas erleben Wasserknappheit in unterschiedlichem Ausmaß. 90 Prozent der Grundwasserquellen der Städte sind kontaminiert. 70 Prozent der Flüsse und Seen sind verschmutzt. 300 Millionen Menschen in China haben keinen Zugang zu sauberem Trinkwasser.[512]

Trotz der gegenwärtigen Krise erwartet man, dass sich der gesamte Wasserverbrauch von 599 Milliarden m^3 pro Jahr im Jahr 2010 bis zum Jahr 2020 auf 670 Milliarden m^3 pro Jahr erhöht.[513] Dieses Wasser wird die Bevölkerung des Landes, die wohlhabender wird, nicht ernähren. In der Landwirtschaft wird ein Rückgang der Wasserentnahme von einem Anteil von 62 Prozent an der gesamten nationalen Süßwassermenge im Jahr 2010 auf 54 Prozent bis zum Jahr 2020 erwartet. Wofür aber wird das wertvolle Süßwasser gebraucht? Um den unersättlichen Durst der Kohleindustrie zu stillen.

China, der größte Kohleverbraucher der Welt, bekommt bereits den Mangel zu spüren, der durch den unstillbaren Süßwasserdurst der Kohle verursacht wird. Die Kohleindustrie „trinkt" 138 Milliarden m^3 pro Jahr bzw. 23 Prozent des Süßwassers des Landes. Es wird erwartet, dass dieser Wert bis zum Jahr 2020 auf 188 Milliarden m^3 weiter anwächst, wodurch der Anteil der Kohleindustrie am Wasserverbrauch in China auf 28 Prozent ansteigt.[514]

Noch eine Betrachtung aus einem anderen Blickwinkel dazu, wie die Regierung in China die Kohleindustrie schützt: Von 2010 bis 2020 wird sich der Süßwasserverbrauch in China um 71,9 Milliarden m^3 erhöhen. 49,9 Milliarden m^3 dieser Erhöhung werden in den Kohlesektor fließen. Das heißt 69 Prozent des Mehrverbrauchs an wertvollem Süßwasser in China entfallen auf die Kohleindustrie.

In China ist die Kohle wirklich eine Königin und wie jede echte Königin, muss sie nicht für ihre Trinkgewohnheiten aufkommen, ihren Dreck wegräumen oder irgendwelche Auslagen bezahlen, so extravagant sie auch sein mögen.

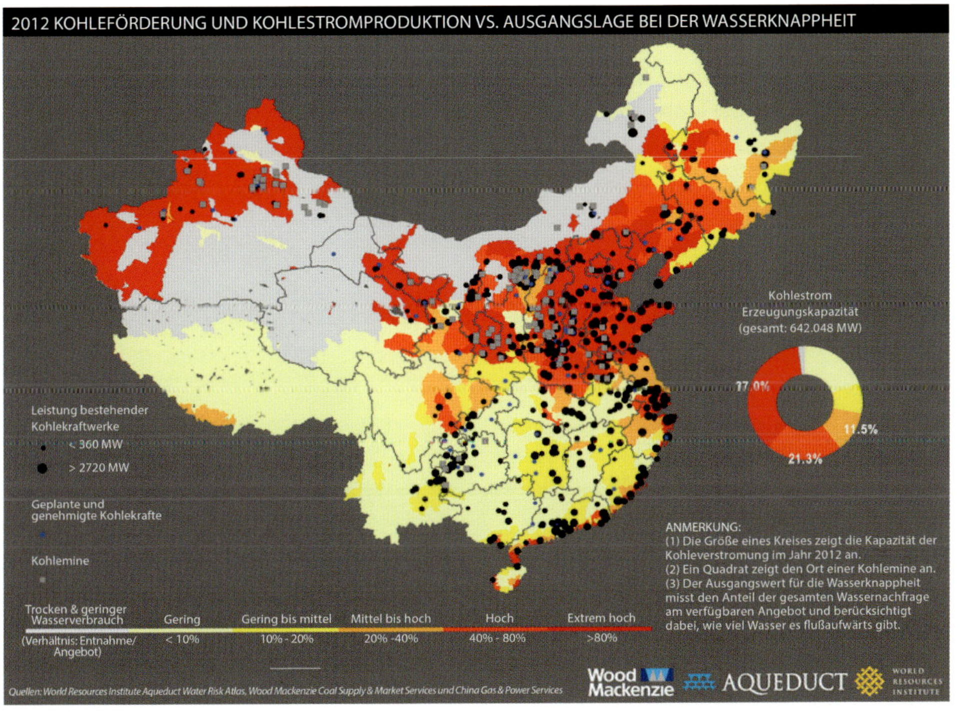

Abbildung 10.6 – Kohlebergbau, Kraftwerke und Wassermangel in China (Quelle: World Resources Institute)[515]

Die Unterstützung der chinesischen Regierung für die Kohle ist umso irritierender, als die Kohle in den Teilen des Landes zu finden ist, die am stärksten unter Wassermangel leiden: im Norden und Nordwesten. Sechzig Prozent der Planungen für neue Kohlekraftwerke in China konzentrieren sich auf nur sechs Provinzen (Innere Mongolei, Shaanxi, Gansu, Ningxia, Shanxi und Hebei), die nach Angaben des

World Resources Institute zusammen lediglich über fünf Prozent der Süßwassermenge Chinas verfügen.[516] Innerhalb dieser sechs Provinzen sind darüber hinaus 60 Prozent der Kohlekraftwerke in Gebieten mit „hohem oder extrem hohem Wassermangel" konzentriert (siehe Abbildung 10.6).

Um das Wasserproblem im austrocknenden Norden zu entschärfen, realisiert China einige der größten Wasserprojekte seiner Geschichte. Der holprige Name „Süd-Nord-Wasser-Transfer-Projekt" bezeichnet ein 62 Milliarden US-Dollar teures Projekt, das auf mehrere Jahrzehnte angelegt ist und 44,8 Milliarden m³ Wasser vom Flusstal des Jangtse im Süden in den trockenen Norden leiten soll.[517] Das Projekt besteht aus drei Leitungssträngen (östliche, zentrale und westliche Route), die tausende Meilen mit Kanälen, Tunneln, Flüssen und Reservoiren umfassen, und ist ein technisches Großvorhaben. Allein die östliche Route wird 716 Meilen (1.152 km) lang und mit 23 Pumpstationen ausgestattet sein, die 454 MW Leistung benötigen (die Leistung eines typischen Kohlekraftwerks).[518]

Wenn Sie sich die Zahlen genau ansehen, werden Sie folgendes feststellen:

- Der Kohlesektor, der zum größten Teil im Norden angesiedelt ist, soll im Zeitraum 2010-2020 seinen Wasserbedarf um 49,9 Milliarden m³ erhöhen.
- Das „Süd-Nord-Wasser-Transfer-Projekt" soll 44,8 Milliarden m³ Wasser vom Süden in den Norden liefern.

Anders ausgedrückt: Das „Süd-Nord-Wasser-Transfer-Projekt" könnte ebenso gut als „Wasser-für-Kohle-Transfer-Projekt" bekannt sein.

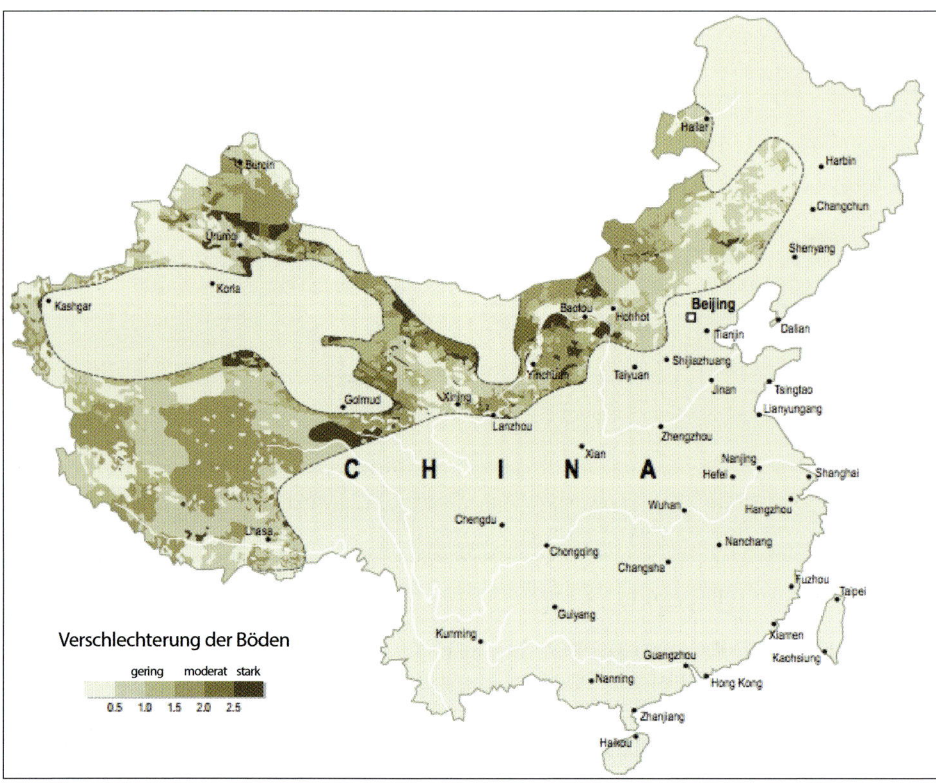

Abbildung 10.7 – Bodendegradation in China (Quelle: United Nations Convention to Combat Desertification)[519]

Die Kosten für die Errichtung des „Süd-Nord-Wasser-Transfer-Projekts" werden nicht von der Kohleindustrie bezahlt. Das 62 Milliarden-US-Dollar-Wasserprojekt wird nicht direkt mit den Kosten, die es verursacht, in Verbindung gebracht, aber es sind reale Kosten. Wie üblich sozialisiert die Industrie (und die befreundeten Regierungen) ihre Kosten und privatisiert ihre Gewinne.

In der Zwischenzeit (seit 1998) hat China 8,5 Millionen Hektar landwirtschaftliche Nutzflächen aus der Bewirtschaftung genommen.[520] Das Land leidet auch in großem Umfang unter Desertifikation (Wüstenbildung). Nach Angaben der staatlichen chinesischen Forstverwaltung sind inzwischen 27 Prozent des Landes (2,6 Millionen km^2) von Versteppung betroffen.[521] Bodenerosion beeinträchtigt das Leben von 400 Millionen Menschen und verursacht nach Angaben des Übereinkommens der Vereinten Nationen zum Kampf gegen Wüstenbildung ökonomische Verluste in Höhe von 10 Milliarden US-Dollar in China (siehe Abbildung 10.7).[522]

China saugt buchstäblich das Land aus, um die Kohleindustrie zu füttern.

Wen Jiabao, der von 2003 bis 2013 chinesischer Premierminister war, sagte, dass der Wassermangel „das Überleben der Nation" gefährde.[523] Kann Chinas Regierung es sich leisten, weiterhin sein Volk dem Wohl der Kohleindustrie zu opfern?

Tod durch Kohle

Am 22. Oktober 2013 lag der Smog im Nordosten Chinas so schwer in der Luft, dass die Regierung Straßen, Schulen und einen großen Flughafen schloss.[524] Die Sichtweite in Harbin, einer Stadt mit mehr als 10 Millionen Einwohnern, lag unter 20 Metern. Alle Schnellstraßen in der Provinz Heilongjiang wurden geschlossen.

Die Luft war voller Feinstaub der Größe 2,5, auch bekannt als $PM_{2,5}$, der eine Dichte von mehr als 1.000 Mikrogramm pro Kubikmeter ($\mu g/m^3$) oder das 40fache des von der Weltgesundheitsorganisation empfohlenen Grenzwertes von 25 $\mu g/m^3$ erreicht hatte. Feinstaub der Kategorie 2,5 ($PM_{2,5}$) entsteht bei der Verbrennung von Kohle und fossilen Brennstoffen wie Benzin, Diesel und auch Holz.

$PM_{2,5}$ verursacht Herz-Lungen-Krankheiten, Krebs in der Luftröhre, den Bronchien und der Lunge und akute Atemwegsinfektionen.[525] Er führt außerdem zu starken Plaque-Ablagerungen in den Arterien, Gefäßentzündungen und Arterienverkalkung, was zu Herzinfarkt und anderen Herz-Kreislauf-Problemen führen kann. Sogar ein kurzzeitiger Kontakt mit $PM_{2,5}$ in erhöhter Konzentration kann Herzkrankheiten verursachen.

Nach Angaben des „San Francisco Bay Area Air Quality Management District" (Behörde für Luftqualität im Gebiet der Bucht von San Francisco) kann die Reduzierung von $PM_{2,5}$ in der Außenluft um nur 1 $\mu g/m^3$ bei einer Bevölkerung wie in der Bay Area (7,2 Millionen im Jahr 2010) 11.530 Arbeitstage „retten". Die Belastung im chinesischen Harbin lag bei 1.000 $\mu g/m^3$.[526]

Luftverschmutzung in China ist eine humanitäre Katastrophe. Nach Angaben von *The Lancet*, einer führenden medizinischen Fachzeitschrift, verursacht die Verschmutzung der Außenluft in China 1,2 Millionen vorzeitige Todesfälle.[527]

Innerhalb von China sind Unterschiede in der Lebenserwartung durch die Luftverschmutzung extrem. Gemäß einer Studie, die kürzlich in den „Proceedings of the

National Academy of Sciences" (PNAS – Berichte der nationalen Akademie der Wissenschaften) veröffentlicht wurde, liegt die Lebenserwartung im Norden Chinas aufgrund von Herz- und Lungenerkrankungen, die durch Kohleverbrennung verursacht werden, um 5,5 Jahre niedriger als im Süden.[528]

In vielen Diskussionen über Kohle geht es um die zerstörerischen langfristigen Auswirkungen des Klimawandels, aber Kohle ist bereits heute einer der Hauptgründe für Tod und Krankheiten auf der ganzen Welt.

Kohle ist nicht billig. Wir bezahlen dafür mit zusätzlichen Krankenhausaufenthalten, dem Verlust von Menschenleben, geringerer Wirtschaftsleistung und einem Verlust an Lebensqualität. Die Kohleindustrie profitiert und die Menschen tragen die Kosten.

Indien hat eine eigene humanitäre Katastrophe, die durch Kohle verursacht ist und immer größer wird. Die Verschmutzung der Außenluft in Indien ist für 600.000 Tote im Jahr 2010 verantwortlich.[529] Das Land hat heute etwa 120 GW Kohlekraftwerksleistung installiert, und plant, weitere Kohlekraftwerke mit 519 GW Leistung zu bauen. Die indischen Kohlevorkommen bestehen hauptsächlich aus Braunkohle.[530] Braunkohle wird in Industrieklassifikationen als die Kohle mit der geringsten Qualität eingestuft.[531] Sie enthält bis zu zehn mal mehr flüchtige organische Verbindungen als Steinkohle in den USA. Weil Braunkohle einen geringeren Brennwert als Steinkohle hat, muss davon mehr verbrannt werden, um die gleiche Menge an Energie zu erhalten.[532]

Wenn zusätzlich 519 GW Kohlekraftwerksleistung in Indien ans Netz gehen, muss das Land die Infrastruktur-Kapazitäten für Braunkohle, also die Kohle mit der niedrigsten Qualität, vervierfachen. Braunkohle erzeugt zehn mal mehr Feinstaub als Steinkohle. Die Zahl der Todesopfer in Indien durch Kohleverschmutzung könnte um Dimensionen höher als heute und bei sechs Millionen Toten pro Jahr liegen. Dass die indische Regierung vorsätzlich diesen Plan verfolgt, ist rational nicht nachvollziehbar.

Darüber hinaus würde sich der Wasserbedarf der Kohleindustrie verheerend auf ein Land auswirken, das jetzt schon durch Wasser-Misswirtschaft und Desertifikation verwüstet ist. Berichte über Bodendegradation in Indien haben sich nach Angaben des Abkommens der Vereinten Nationen zum Kampf gegen Wüstenbildung versechsfacht.[533]

Trotz der Millionen Todesfälle aufgrund der Luftverschmutzung durch Kohleverbrennung sagen Regierungsstellen, die eine Ausweitung der Kohleproduktion vorschlagen: „Kohle ist billig." Ist sie das wirklich?

Auch amerikanische Leben sind von der Luftverschmutzung durch Kohle betroffen. Nach Angaben der „American Lung Association" (Amerikanische Lungenvereinigung), ist kohlebedingte Luftverschmutzung durch die toxische Wirkung der Kohle auf die Lunge und andere Teile des Körpers in Amerika für mehr als 24.000 vorzeitige Todesfälle verantwortlich.[534] Um diese Zahl in ein Verhältnis zu setzen, folgender Vergleich: von 2001 bis 2013 starben 5.281 amerikanische Soldaten im Kampfeinsatz.[535] Während dieser dreizehn Jahre starben mehr als 312.000 Amerikaner durch kohlebedingte Luftverschmutzung.

Laut einem Bericht der Harvard Universität belastet Kohle die USA jährlich mit Kosten in Höhe 500 Milliarden US-Dollar in den Bereichen Gesundheit, Wirtschaft und Umwelt.[536] Das heißt: jeder Mann, jede Frau und jedes Kind in den USA bezahlt mehr als 1.600 US-Dollar pro Jahr für Schäden, die durch Bergbau, Transport, Verbrennung und Entsorgung von Kohle entstehen. Das ist eine massive Besteuerung.

Würde die Kohleindustrie für die externen Kosten (Schäden für Dritte), die sie verursacht, aufkommen, müsste sie uns 26,89 US-Cent pro kWh bezahlen.[537] Anders ausgedrückt: die Steuerzahler in den USA subventionieren die Kohleindustrie in Höhe von 26,89 US-Cent pro kWh.

Die Kohleindustrie würde nicht existieren, wenn es einen freien Markt für Energie gäbe und diese Industrie nicht durch die Regierung geschützt würde. In einem freien Markt könnten Unternehmen die Kosten der Verschmutzung nicht auf die Menschen abwälzen – mit dem Segen und dem Schutz ihrer Regierung.

Wann wird die Zerstörung menschlichen Lebens Konsequenzen für die Kohle haben? Wann werden staatliche Regulierungsbehörden aufhören, der Kohleindustrie dabei zu helfen, Millionen Menschen zu töten?

Der endgültige Bruch mit der Kohle

Im Herbst 2013 leitete ich einen zweitägigen Kurs zu Technologie-Innovations-Strategien für einige leitende Angestellte aus Peking. Es war ein frischer sonniger Tag an der Stanford Universität. Während der Mittagspause ging ich mit meinem Kurs für ein Foto zum Hof des Kollegs (siehe Abbildung 10.8).

Abbildung 10.8 – Innenhof der Universität Stanford (Foto: Tony Seba)

Ich werde nicht müde, den Rodin-Skulpturengarten von Stanford, die Gedächtniskirche und die Art, wie die Bögen sich mit ihren Schatten decken, zu bewundern. Ich bemerkte, wie einige Studenten nach oben schauten und Aufnahmen vom blauen Himmel machten. Ich fragte sie, was sie so interessant am blauen Himmel fänden, und sie antworteten: „Wir haben keinen blauen Himmel in China. Niemals. Es ist so schön!"

Meine Antwort war, „Ihr werdet. 2030." Ich unterrichte über disruptive Umbrüche, daher lächelten sie nur und sagten unisono: „Wir hoffen es".

Nicht, dass ich erwarten würde, dass die Rube-Goldberg-Bauprojekte von kontinentalen Ausmaßen, die die Kohleindustrie unterstützen, bald beendet werden. Ich gehe lediglich davon aus, dass Kohlekraftwerke bald Investitionsruinen werden.

Lobbyisten und ihre befreundeten Regulatoren werden weiter Geschichten erfinden und Fehlinformationen verbreiten, um die Kohleindustrie zu schützen. Allerdings werden Politiker und Regulierer es schwer haben, sich eine überzeugende Geschichte zu den Vorteilen der Kohle einfallen zu lassen, wenn nicht subventionierte Solaranlagen günstiger als subventionierte Kohle werden. Die Bereitschaft der Bürger, ihr Leben zu geben und ihre Geldbeutel umzudrehen, um die Kohleindustrie zu unterstützen, wird sinken, wenn es eine Alternative gibt, die günstiger und sauberer ist.

Energieversorger werden weiterhin die gleiche alte Geschichte über Strom als „natürliches Monopol" erzählen. Vertikal integrierte Monopole von Energieversorgern sind an ein Geschäftsmodell mit Kostenaufschlag gewöhnt, bei dem sie jeden Anstieg der Kosten an die Stromkunden weitergeben. Energieversorger lieben kapitalintensive Kohle- und Atomkraftwerke mit steigenden Brennstoffkosten, weil diese Kraftwerke den Zufluss an Einnahmen jedes Jahr erhöhen.

Solarenergie zerstört dieses Geschäftsmodell. Die Preise für Solaranlagen gehen nach unten und nicht nach oben. Solaranlagen können ohne jede Hilfe des Versorgers auf dem Dach eines Kunden installiert werden. Solaranlagen benötigen keinen Brennstoff, der gefördert, verarbeitet, transportiert, verbrannt oder wieder im Boden versenkt werden muss.

Die Kohlepreise haben sich seit 1970 um den Faktor 5,8 erhöht (siehe Abbildung 10.4). Die Kohlepreise steigen nicht nur an, sie sind volatil. Kohleunternehmen sind sich sehr wohl dieser Volatilität bewusst und verdienen daran Geld, solange sie können. Im zweiten Halbjahr 2013 verdiente Cloud Peak Energy mehr Geld damit, mit Finanzderivaten zu spielen, als mit dem Verkauf von Kohle.[538] Energiefluss bedeutet Geldfluss. Energiepreisschwankungen bedeuten ebenfalls Geldfluss. Kohlegesellschaften werden so oder so Geld verdienen. Aber sie können Ihnen nicht den gleichen Preis für 20 Jahre garantieren, wie es Solar- oder Windenergie können.

Die gute Nachricht ist, dass Kohle trotz massiver Protektion und Subventionen für die Kohleindustrie schon heute von Solar- und Windenergie geschlagen wird. Auf der Grundlage von Beispielen, die Bloomberg zusammengestellt hat, wird geschätzt, dass ein typisches neues Kohlekraftwerk Strom zu 12,8 US-Cent/kWh produziert.[539] Solarstrom unterbietet diese Kosten bereits. Das 50 MW-Projekt von First Solar in Macho Springs wird an El Paso Electric Solarenergie für 5,79 US-Cent/kWh verkaufen.[540] Die Stromkunden in New Mexiko werden für Solarstrom weniger als die Hälfte dessen bezahlen, was sie für Kohle hätten bezahlen müssen. Noch besser: dieser niedrige Preis gilt für die gesamte 20-jährige Laufzeit des Vertrages.[541]

In Kalifornien ist die Solarindustrie auf einem guten Weg, um das existierende Paradigma der Stromversorger abzulösen. Der Mitbegründer des Solarinstallateurs Sungevity Danny Kennedy sagte mir kürzlich: „Für über neunzig Prozent unserer Kunden beginnt das Geldsparen am ersten Tag."

Das Silicon Valley hat ganze Branchen auf den Gesetzen exponentieller Verbesserungen, die die Informationstechnologie bestimmen (wie z.B. das Mooresche Gesetz), aufgebaut. Über Jahrzehnte haben Firmen im Silicon Valley unablässig und konsequent die Kosten für die Datenverarbeitung in allen Bereichen gesenkt. Das Smartphone von heute hat mehr Rechenleistung als der Supercomputer von gestern. Die Kosten für Solarenergie werden wie die Kosten für Computer unablässig sinken, während die Qualität der Solarmodule steigt.

Dieselben Leute, die Ihnen Apple, Intel und Google gebracht haben, bringen Ihnen nun Solarstrom. Das Bit hat das Atom verdrängt. Als nächstes werden das Bit und das Elektron die Atom-basierten Energieversorger auslöschen. Das Zeitalter der industriellen Energie macht Platz für das Zeitalter der wissensbasierten Energie. So einfach ist das. Eine Energietechnik wie die von Rube Goldberg wird nicht länger benötigt (siehe Abbildung 10.9).

Abbildung 10.9 – Eine Rube Goldberg-Maschine in der Google Zentrale in Mountain View, Kalifornien (Maschine gebaut von Christopher Westhoff, Foto: Tony Seba.)[542]

Bis 2020 werden die Kosten für Photovoltaik-Module um zwei Drittel fallen. Das bedeutet, dass nicht subventionierte Solarenergie weit günstiger sein wird, als subventionierte Kohle. Sogar Solarstrom vom eigenen Dach wird weniger kosten als Kohlestrom zu Großhandelspreisen.

Die Gesamtkosten für ein großes Solarkraftwerk werden im Jahr 2020 nach Schätzungen von GTM und Citibank bei 0,65 US-Dollar pro Watt liegen.[543] Es wird nicht schwer sein, diese Zahl zu erreichen. Tatsächlich sind wir fast schon dort angekommen. Wie ich in diesem Buch erwähnt habe, kosten solare Dachanlagen in Australien bereits nur noch 1,40 US-Dollar pro Watt. Große Kraftwerke haben viel niedrigere Kosten als Dachanlagen. Wenn Sie die Lernkurve der Solartechnik der nächsten sechs Jahre hinzurechnen, wäre es nicht erstaunlich, wenn die gesamten Installationskosten eines großen Solarkraftwerks im Jahr 2020 unter 0,50 US-Dollar pro Watt liegen würden.

Angenommen die Citibank-Schätzung von 0,65 US-Dollar pro Watt zum Bau einer großen Solaranlage 2020 wäre korrekt, dann würde eine Anlage, die in der Nähe von Los Angeles mit einer 4-Prozent-Finanzierung gebaut wird, für 3,4 US-Cent pro kWh Strom produzieren. In diesen Stromgestehungskosten sind Versicherung, Betrieb, Wartung und Stilllegung enthalten. Ohne Subventionen kann keine schmutzige Energiequelle der Welt zu diesem niedrigen Preis produzieren. Atomkraft nicht. Kohle nicht. Erdgas nicht. Öl nicht. Nicht jetzt. Nicht 2020. Und ganz sicher nicht 2030.

Die Kohleindustrie würde es ohne die massive Unterstützung durch Regierungen und Bürger, die den größten Teil der Kosten auffangen, nicht geben. Nicht einmal in einem Umfeld, in dem es eine Vereinnahmung der Regulierungsbehörden gibt, kann Kohle mit der Kostenkurve einer Technologie wie der Solarenergie konkurrieren. Gegenüber Kohle hat sich die Solarenergie in ihrer Kostenposition um den Faktor 900 verbessert und wird diesen Vorteil bis 2020 mindestens bis auf einen Faktor 2.700 erhöhen.

Die einzige Energiequelle, die eine Solaranlage, die 2020 gebaut wird, schlagen kann, ist eine Solaranlage, die nach 2020 gebaut wird. Das liegt daran, dass die Kosten auch in Zukunft weiter sinken werden. Wenn die Hypotheken nach 20 Jahren abbezahlt sind, werden die Module weiterhin Solarstrom produzieren und das im Wesentlichen zu Kosten von null. Neue Solarmodule erhalten normalerweise eine Garantie für 20 Jahre, aber aufgrund von Qualitätsverbesserungen ist zu erwarten, dass sie nach den ersten beiden noch viele weitere Jahrzehnte funktionieren werden. Der Ertrag wird sich wahrscheinlich reduzieren (etwa um 1 Prozent pro Jahr), aber eine 3 kW-Solaranlage, die 2014 installiert wurde, wird 20 Jahre später, im Jahr 2034, wahrscheinlich noch 2,4 kW produzieren – für null Cent die kWh. Die Module werden 2044 wahrscheinlich 2,2 kW und im Jahr 2054 noch 2 kW erbringen – immer noch für null Cent je kWh.

So wie die Kosten der Computertechnik werden auch die Kosten für Solarenergie auf absehbare Zeit weiter fallen. Wir werden etwas erleben, was die Welt nie zuvor erlebt hat: erst die Energiekostendeflation und dann partizipative, saubere Energie im Überfluss. Oh ja, und die Sonne wird auch in Peking wieder scheinen und diese Stadt wird seine blauen Himmel zurückbekommen.

Kohle ist überholt. Sie werden sehen, wie Investitionen in Kohle zu Investitionsruinen werden.

Über den Autor

Tony Seba ist ein weltweit anerkannter Autor, Vordenker, Redner, Pädagoge und Unternehmer. Er ist Dozent für Unternehmertum, Disruption, saubere Energien und Verkehr an der Stanford Universität. Themen seiner Kurse sind unter anderem "Marktdisruptionen verstehen und anführen", "Saubere Energien und sauberer Verkehr – Markt- und Investitionsmöglichkeiten" und "Finanzen für Unternehmer".

Seba ist preisgekrönter Entwickler des "Seba Technology Disruption Framework™". Seine Arbeit konzentriert sich auf Technologie-Disruption, die Konvergenz von Technologien, Geschäftsmodell-Innovationen und Produkt-Innovationen, die zur Umwälzung von einigen der wichtigsten Industriezweige der Welt führen, darunter Energie, Verkehr, Infrastruktur, Lebensmittel, Immobilien, Gesundheitsversorgung und Dienstleistungen.

Seba ist Mitbegründer von RethinkX, einem Think Tank, der den Umfang, die Geschwindigkeit und die Reichweite einer technologischen Disruption und ihre Auswirkungen auf die Gesellschaft analysiert und prognostiziert. Er ist Co-Autor von "Rethinking Transportation 2020-2030" ("Verkehr 2020 2030 neu denken").

Seba ist Autor des No.1 Amazon Beststellers "Clean Disruption of Energy and Transportation", von "Solar Trillions – 7 Market and Investment Opportunities in the Emerging Clean Energy Economy" ("Solare Billionen – 7 Markt- und Investitionsmöglichkeiten in der entstehenden sauberen Energiewirtschaft") und "Winners Take All – 9 Fundamental Rules of High Tech Strategy" ("Die Gewinner bekommen alles – 9 Grundregeln einer High-Tech-Strategie").

Seba ist ein „Serial Entrepreneur" und Start-Up-Investor aus dem Silicon Valley. Er war Mitarbeiter in der Startphase disruptiver Unternehmen, unter anderem bei Cisco Systems, dem Motor für die Entwicklung des Internets, bei RSA Data Security und er war Mitbegründer und Vorstand von PrintNation.com, einem mit Risikokapital finanzierten Unternehmen, das die kommerzielle Druckindustrie umgewälzt hat. Er hat in vielen Aufsichtsräten und Beiräten mitgewirkt.

Seba wurde weltweit in führenden Medien vorgestellt, unter anderem bei BBC, NBC, dem Wall Street Journal, der Washington Post, Bloomberg, CNBC, ARD und TV Chosun. Er war Keynote Speaker bei hunderten von globalen Veranstaltungen und Organisationen, unter anderem bei Google, der Europäischen Kommission, CLSA, J.P. Morgan, Nomura, Davos, der Weltklimakonferenz COP21, der Intersolar und dem Global Leaders Forum. Seba wurde für Reden vor Investoren engagiert, die mehr als 30 Billionen US-Dollar Vermögenswerte verwalten. Und er hat zahlreiche Preise erhalten, unter anderem den "Clean Energy Action's 2017 Sunshine Award".

Seba hat einen Bachelor of Science (BS) in Computerwissenschaften und Ingenieurwesen des Massachusetts Institute of Technology (MIT) und einen Master of Business Administration (MBA) des Graduiertenkollegs der Stanford Universität erworben.

Folgen Sie Tony Seba auf seiner Webseite www.tonyseba.com und auf seinem Twitter-Account @tonyseba

Literaturverzeichnis

[1] "Exploring the Role of Ecosystems in Evolving Cloud Markets", IBM Smart Cloud White Paper, 2012, http://www.ibm.com/midmarket/lk/en/att/pdf/lk_en_White_Paper_Cloud_2012.pdf

[2] Bajarin, Ben, "The State of Mobile Technology", Time, 5. März 2012, http://techland.time.com/2012/03/05/the-state-of-mobile-technology/

[3] Constine, Josh, "40% of YouTube traffic Now Mobile", TechCrunch.com, 17. Oktober 2013, http://techcrunch.com/2013/10/17/youtube-goes-mobile/

[4] "Explaining the NOAA Sea Level Rise Viewer", Climate.Gov, 29. Oktober 2013, http://www.climate.gov/news-features/videos/explaining-noaa-sea-level-rise-viewer

[5] J. Alstan Jakubiec and Christoph F. Reinhart, "Towards Validated Urban Photovoltaic Potential and Solar Radiation Maps based on Lidar measurements, GIS data, and hourly days in simulations", Building Technology Program, Massachusetts Institute of Technology, Cambridge, MA

[6] Edelstein, Stephen, "Nissan Shows Fully Autonomous Cars it plans to Build by 2020", GreenCarReports.com, 9. September 2013, http://www.greencarreports.com/news/1086566_nissan-shows-fully-autonomous-cars-it-plans-to-build-by-2020

[7] "TSensor Summit", Stanford University, http://www.tsensorssummit.org/

[8] Loder, Asjvlyn, "U.S. Shale-Oil Boom May Not Last as Fracking Wells Lack Staying Power", Business Week, 10. Oktober 2013, http://www.businessweek.com/articles/2013-10-10/u-dot-s-dot-shale-oil-boom-may-not-last-as-fracking-wells-lack-staying-power

[9] Lavrinc, Damon, "In Automotive First, Tesla does Over-The-Air Software Patch", Wired.com, 24. September 2012, http://www.wired.com/autopia/2012/09/tesla-over-the-air/

[10] Kumparak, Greg, "Live from iPhone 5S Announcement", TechCrunch, 10. September 2013, http://techcrunch.com/2013/09/10/live-blog-from-apples-iphone-5s-announcement/

[11] "Enough Copper for a Hundred Years", Materials Today, 4. Juli 2013, http://www.materialstoday.com/metals-alloys/news/enough-copper-for-a-hundred-years/

[12] Goossens, Ehren, and Martin, Christopher, "First Solar: May Sell Solar at Less than Coal", Bloomberg News, 1. Februar 2013, http://www.bloomberg.com/news/2013-02-01/first-solar-may-sell-cheapest-solar-power-less-than-coal.html

[13] "U.S. Solar Market Insight Report, 2013 Year In Review", Solar Energy Industries Association, http://www.seia.org/research-resources/solar-market-insight-report-2013-year-review

[14] Sherwood, Larry, "Solar Market Trends 2011", Interstate Renewable Energy Council, August 2012, http://www.irecusa.org/wp-content/uploads/IRECSolarMarketTrends-2012-Web-8-28-12.pdf

[15] Seba, Tony, "Will Germany Achieve 100% Solar Power by 2020?", 6. August 2012. http://tonyseba.com/cleanenergyeconomy/germany-100-solar-power-by-2020/

[16] Meikle, Brad, "Meikle Capital, Technology Equilibrium Fund, LP", 8. Juli 2013 newsletter

[17] Meikle, Brad, "Meikle Capital, Technology Equilibrium Fund, LP", 8. Juli 2013 newsletter

[18] Meikle, Brad, "Meikle Capital, Technology Equilibrium Fund, LP", 8. Juli 2013 newsletter

[19] "German solar PV, wind peak at 59.1% of electricity production on October 3rd, 2013", SolarServer.com, 7. Oktober 2013, http://www.solarserver.com/solar-magazine/solarnews/current/2013/kw41/german-solar-pv-wind-peak-at-591-of-electricity-production-on-october-3rd-2013.html

[20] Morris, Craig, "Denmark Surpasses 100 percent Wind Power", Energy Transition, 8. November 2013, http://energytransition.de/2013/11/denmark-surpasses-100-percent-wind-power/

[22] "Germany's Solar Power Systems Set New Solar Record (Germany Crushing US in Solar Power)", Cost Of Solar, November 2013, http://costofsolar.com/germany-solar-power-systems/

[23] Davis, Tina, and Goossens, Ehren, "Buffett Utility Buys $2.5 Billion SunPower Solar Projects", 2. Januar 2013. http://www.bloomberg.com/news/2013-01-02/buffett-utility-buys-sunpower-projects-for-2-billion.html

[24] MidAmerican Energy, US SEC Form10K for fiscal year ended December 31, 2012, http://www.midamerican.com/include/pdf/sec/20121231_79_mec_annual.pdf

[25] "$1 Billion Bond Offering Completed for World's Largest Solar Project", SustainableBusiness.com, 28. Juni 2013, http://www.sustainablebusiness.com/index.cfm/go/news.display/id/25018

[26] Shahan, Zachary, "Shell Bullish on Solar Despite Dropping Solar", SolarLove.org, 3. März 2013 http://solarlove.org/shell-bullish-on-solar-despite-dropping-solar-but-much-more-in-its-new-scenarios-than-that/

[27] "Global Market Outlook 2013-2017", EPIA European Photovoltaic Industry Association. http://www.epia.org/fileadmin/user_upload/Publications/GMO_2013_-_Final_PDF.pdf

[28] Meza, Edgar, "China's Solar Capacity to Reach 10 GW in 2013", PV Magazine, 4. Dezember 2013, http://www.pv-magazine.com/news/details/beitrag/chinas-solar-capacity-to-reach-10-gw-in-2013_100013650/

[29] Wikipedia contributors, "Solar Power in Germany", Wikipedia, the Free Encyclopedia. http://en.wikipedia.org/wiki/Solar_power_in_Germany

[30] Wikipedia contributors, "Solar Power in Germany", Wikipedia, the Free Encyclopedia. http://en.wikipedia.org/wiki/Solar_power_in_Germany

[31] "National Transmission Development Plan for the National Electricity Market", Australia Market Operator, Dezember 2013, AEMO Australian Energy Market Operator, ABN 94 072 010 327, http://www.pennenergy.com/content/dam/Pennenergy/online-articles/2013/December/2013_NTNDP.pdf.pdf

[32] "Wind In Power – 2011 European Statistics", The European Wind Energy Association, Februar 2012, http://www.ewea.org/fileadmin/files/library/publications/statistics/Wind_in_power_2011_European_statistics.pdf

[33] Platzer, Michaela D., "U.S. Solar Photovoltaic Manufacturing: Industry Trends, Global Competition, Federal Support", Congressional Research Service, 13. Juni 2012, R42509, www.crs.gov

[34] "ReConsidering the Economics of PV Power", Bloomberg New Energy Finance, 2012

[35] "Petroleum and other Liquids", US Energy Information Agency. http://www.eia.gov/dnav/pet/hist/LeafHandler.ashx?n=PET&s=F000000__3&f=A

[36] "1970 Economy / Prices", 1970sFlashback.com. http://www.1970sflashback.com/1970/economy.asp

[37] Kind, Peter, "Disruptive Challenges: Financial Implications and Strategic Response to a Changing Retail Electric Business", Edison Electric Institute, Januar 2013

[38] Linbaugh, Kate, and Kell, John, "GE Ends Solar-Panel Push, Sells Technology to First Solar", Wall Street Journal, 6. August 2013, http://online.wsj.com/news/articles/SB10001424127887323514404578652533484101340

[39] Montaigne, Fen, "A Power Company President Ties His Future to Green Energy", Yale Environment 360, 9. November 2011. http://e360.yale.edu/feature/solar_power_nrg_president_crane_ties_future_to_renewable_energy/2462/

[40] "The Impact of Local Permitting on the Cost of Solar Power", SunRun, Januar 2011, http://www.sunrunhome.com/download_file/view/414/189

[41] Rinaldi, Nicholas, "Solar PV Modules Costs to Fall to 36 cents per watt by 2017", GreentechMedia, 18. Juni 2013, http://www.greentechmedia.com/articles/read/solar-pv-module-costs-to-fall-to-36-cents-per-watt

[42] "Statistic data on the German Solar power (photovoltaic) industry", German Solar Industry Association (BSW-Solar), April 2014. http://www.solarwirtschaft.de/fileadmin/media/pdf/2013_2_BSW-Solar_fact_sheet_solar_power.pdf

[43] Martin, James, "Solar PV Price Index–July 2013", Solar Choice, 4. Juli 2013. http://www.solarchoice.net.au/blog/solar-pv-price-index-july-2013/

[44] Seel, Joachim, Barbose, Galen, and Wiser, Ryan, "Why Are Residential PV Prices in Germany So Much Lower Than in the United States? A Scoping Analysis", Lawrence Berkeley National Laboratory, September 2012, http://rael.berkeley.edu/sites/default/files/lbnl-german-price-presentation-final.pdf

[45] Martin, James, "Solar PV Price Index–July 2013", Solar Choice, 4. Juli 2013, http://www.solarchoice.net.au/blog/solar-pv-price-index-july-2013/

[46] Drury, Easan, Denhom, Paul, and Margolis, Robert, "Sensitivity of Rooftop PV Projections in the SunShot Vision Study to Market Assumptions", National Renewable Energy Lab, NREL/TP-6A20-54620, Januar 2013

[47] Woody, Todd, "First Solar Shares Spike As It Pursues Big Solar Without Subsidies Strategy", Forbes.com, 2. Juli 2012, http://www.forbes.com/sites/toddwoody/2012/08/02/first-solar-shares-spike-as-it-pursues-big-solar-without-subsidies-strategy/

[48] Channell, Jason, Lam, Timothy, and Pourreza, Shahriar, "Shale & Renewables: A Symbiotic Relationship", Citi Research, 12. September 2012

[49] Rinaldi, Nicholas, "Solar PV Modules Costs to Fall to 36 cents per watt by 2017", GreentechMedia, 18. Juni 2013, http://www.greentechmedia.com/articles/read/solar-pv-module-costs-to-fall-to-36-cents-per-watt

[50] Channell, Jason, Lam, Timothy, and Pourreza, Shahriar, "Shale & Renewables: A Symbiotic Relationship", Citi Research, 12. September 2012

[51] "Historical California Electricity Demand", California Energy Commission, CA Energy Almanac. http://energyalmanac.ca.gov/electricity/historic_peak_demand.html

[52] ReneSola, 156 Series Monocrystalline Solar Module, Irradiation efficiencies vary from 15.9% to 16.2%, available at http://www.renesola.com

[53] Martin, James, "Solar PV Price Index–July 2013", Solar Choice, 4. Juli 2013, http://www.solarchoice.net.au/blog/solar-pv-price-index-july-2013/

[54] Martin, James, "Solar PV Price Index–July 2013", Solar Choice, 4. Juli 2013, http://www.solarchoice.net.au/blog/solar-pv-price-index-july-2013/

[55] Scott, Brandon, "Powering the Future – Small City has Big Solar Goals", CBS News, 19. August 19, 2013, http://www.cbsnews.com/news/powering-the-future-small-city-has-big-solar-goals/

[56] Trabish, Herman, "Lancaster, CA Becomes First US City to Require Solar", 27. März 2013, http://www.greentechmedia.com/articles/read/Lancaster-CA-Becomes-First-US-City-to-Require-Solar

[57] Tim Flannery, Tim, and Sahajwalla, Veena, "The Critical Decade: Australia's Future Solar Energy", Climate Commission, 2013. http://www.climatecouncil.org.au/uploads/497bcd1f058bc45028c3df9d020cd561.pdf

[58] Frank M. Bass et al, "DIRECTV – Forecasting the Diffusion of a New Technology Prior to Product Launch", INTERFACES 31: 3, Part 2 of 2, May–June 2001 (pp. S82–S93)

[59] Frank M. Bass et al, "DIRECTV – Forecasting the Diffusion of a New Technology Prior to Product Launch", INTERFACES 31: 3, Part 2 of 2, May–June 2001 (pp. S82–S93)

[60] Wikipedia contributors, "Potassium Nitrate", Wikipedia, the Free Encyclopedia. http://en.wikipedia.org/wiki/Potassium_nitrate

[61] Wikipedia contributors, "Capacity Factor", Wikipedia, the Free Encyclopedia. http://en.wikipedia.org/wiki/Capacity_factor vom 20. Juni 2011

[62] Maloney, Michael T., "Analysis of Load Factors at Nuclear Power Plants", http://works.bepress.com/cgi/viewcontent.cgi?article=1009&context=michael_t_maloney, abgerufen am 20. Juni 2011

[63] "Major Solar Projects in the United States Operating, Under Construction, or Under Development", Solar Energy Industries Association, 26. November 2013

[64] Wikipedia contributors, "World Wide Web", Wikipedia, the Free Encyclopedia. http://en.wikipedia.org/wiki/World_Wide_Web#Web_servers

[65] Deken, Jean Marie, "The Early World Wide Web at SLAC", Stanford Linear Accelerator Center, 31. Mai 2006, http://www.slac.stanford.edu/history/earlyweb/history.shtml

[66] Lomas, Natasha, "10BN+ Wirelessly Connected Devices Today, 30BN+ In 2020's 'Internet Of Everything', Says ABI Research", TechCrunch, 9. Mai 2013, http://techcrunch.com/2013/05/09/internet-of-everything/

[67] "National Transmission Development Plan for the National Electricity Market", Australia Market Operator, Dezember 2013, AEMO Australian Energy Market Operator, ABN 94 072 010 327. http://www.pennenergy.com/content/dam/Pennenergy/online-articles/2013/December/2013_NTNDP.pdf.pdf

[68] Wang, Yue, "More People Have Cell Phones Than Toilets, U.N. Study Shows", Time, 25. März 2013. http://newsfeed.time.com/2013/03/25/more-people-have-cell-phones-than-toilets-u-n-study-shows/

[69] Bells, Mary, "The History of Plumbing: Toilets", About.com. http://inventors.about.com/od/pstartinventions/a/Plumbing_3.htm

[70] Kenney, Kim, "Cars in the 1920's", Suite 101. http://suite101.com/article/cars-in-the-1920s-a90169

[71] Trabish, Herman, "Sunrun Closes $630M in Rooftop Solar Funds From JPMorgan, US Bank", GreentechMedia, 26. Juni 2013, http://www.greentechmedia.com/articles/read/Sunrun-Closes-630-Million-in-Rooftop-Solar-Funding-from-JPMorgan-US-Bank

[72] Mims, Christopher et al, "World Changing Ideas: 20 Ways to Build a Cleaner, Healthier, Smarter World", Scientific American, Dezember 2009. http://www.scientificamerican.com/article/world-changing-ideas/

[73] Trabish, Herman, "Sunrun Closes $630M in Rooftop Solar Funds From JPMorgan, US Bank", GreentechMedia, 26. Juni 2013, http://www.greentechmedia.com/articles/read/Sunrun-Closes-630-Million-in-Rooftop-Solar-Funding-from-JPMorgan-US-Bank

[74] "Vivint Solar Raises $540 million in Residential Solar", PV Magazine, 21. Oktober 2013, http://www.pv-magazine.com/news/details/beitrag/vivint-raises-540-million-for-residential-solar_100013085/

[75] Hoium, Travis, "SolarCity's Growth Binge Continues", The Motley Fool, 8. August 2013, http://www.fool.com/investing/general/2013/08/08/solarcitys-growth-binge-continues.aspx

[76] SolarCity Corporation, Yahoo! Finance, http://finance.yahoo.com/echarts?s=SCTY+Interactive#symbol=SCTY;range=1y

[77] Davidson, Paul, "Prices for rooftop solar systems fall as supply grows", USA Today, 23. Januar 2009, http://usatoday30.usatoday.com/money/industries/energy/environment/2009-01-12-solar-panels-glut_N.htm

[78] Berman, Jillian, "U.S. Median Annual Wage Falls To $26,364 As Pessimism Reaches 10-Year High", The Huffington Post, 23. Januar 2012, http://www.huffingtonpost.com/2011/10/20/us-incomes-falling-as-optimism-reaches-10-year-low_n_1022118.html

[79] Davis, Benjamin et al, "California Solar Cities 2012", Environment California Research & Policy Center, 24. Januar 2012, http://www.environmentcalifornia.org/reports/cae/californias-solar-cities-2012

[80] Wikipedia contributors, "PACE Financing", Wikipedia, the Free Encyclopedia, http://en.wikipedia.org/wiki/PACE_Financing

[81] "What is PACE?", PACENow. http://pacenow.org/blog/about-pace/

[82] "FHFA Statement on Certain Energy Retrofit Loan Programs", Federal Housing Finance Agency, 6. Juli 2010

[83] Quackenbush, Jeff, "Santa Rosa-based Ygrene leads $650 million green-retrofit effort", North Bay Business Journal, 23. September 2011, http://www.northbaybusinessjournal.com/40821/santa-rosa-based-ygrene-leads-650-million-green-retrofit-effort/

[84] "Plant A Seed For Solar Energy", Indiegogo. http://www.indiegogo.com/projects/plant-a-seed-for-solar-energy

[85] Morris, Craig, "Denmark Surpasses 100 percent Wind Power", Energy Transition, 8. November 2013, http://energytransition.de/2013/11/denmark-surpasses-100-percent-wind-power/

[86] Wikipedia contributors, "Wind Power in Denmark", Wikipedia, the Free Encyclopedia. http://en.wikipedia.org/wiki/Wind_power_in_Denmark

[87] Wikipedia contributors, "File: Wind in Denmark 1977-2011", Wikipedia, the Free Encyclopedia, http://en.wikipedia.org/wiki/File:Wind_in_Denmark_1977_2011_large.png

[88] Wikipedia contributors, "Wind Power in Denmark", Wikipedia, the Free Encyclopedia. http://en.wikipedia.org/wiki/Wind_power_in_Denmark

[89] Wikipedia contributors, "Wind Power in Denmark", Wikipedia, the Free Encyclopedia, abgerufen am 24. Juli 2013, http://en.wikipedia.org/wiki/Wind_power_in_Denmark

[90] Bayar, Tildy, "Dutch Wind Turbine Purchase Sets World Crowdfunding Record", Renewable Energy World, 24. September 2013, http://www.renewableenergyworld.com/rea/news/article/2013/09/dutch-wind-turbine-purchase-sets-world-crowdfunding-record

[91] WindCentrale company website: https://www.windcentrale.nl/faq/

[92] Wikipedia contributors, "Golden Gate Bridge", Wikipedia, the Free Encyclopedia, http://en.wikipedia.org/wiki/Golden_Gate_Bridge#History

[93] Wikipedia contributors, "Golden Gate Bridge, Highway and Transportation District", Wikipedia, the Free Encyclopedia, http://en.wikipedia.org/wiki/Golden_Gate_Bridge,_Highway_and_Transportation_District

[94] "Bond Measure Passes – Against the Odds?", Golden Gate Bridge, Highway and Transportation District, http://goldengatebridge.org/research/BondMeasure.php

[95] "History of Golden Gate Ferry", Golden Gate Bridge, Highway and Transportation District, http://goldengateferry.org/researchlibrary/history.php

[96] Mosaic Website, "Browse Investments", https://joinmosaic.com/browse-investments

[97] "Key Statistics", Federal Deposit Insurance Corporation, http://www2.fdic.gov/idasp/index.asp

[98] Doom, Justin, and Buhayar, Noah, "Buffett Plans More Solar Bonds After Oversubscribed Deal", Bloomberg, 1. März 2012, http://www.bloomberg.com/news/2012-02-29/buffett-plans-more-solar-bonds-after-oversubscribed-topaz-deal.html

[99] "Daily Treasury Yield Curve Rates", Resource Center, U.S. Department of the Treasury, http://www.treasury.gov/resource-center/data-chart-center/interest-rates/Pages/TextView.aspx?data=yield

[100] NASDAQ Composite (^IXIC), Yahoo! Finance, http://finance.yahoo.com/

[101] Hoff, Ivan, "26 Market Wisdoms from Warren Buffett", http://stocktwits50.com/2013/09/09/26-market-wisdoms-from-warren-buffett/

[102] "SolarCity Announces Pricing of Securitization", SolarCity Press Release, 13. November 2013, http://investors.solarcity.com/releasedetail.cfm?ReleaseID=807221

[103] Chen, Xilu, and Chen, Weili, "SolarCity LMC Series I LLC (Series 2013-1)", Standard & Poor's, RatingsDirect, 11. November 2013, http://www.standardandpoors.com/spf/upload/Ratings_US/SolarCity_LMC_11_11_13.pdf

[104] Yoon, Al, "Surge in Asset-Backed Bond Sales", Wall Street Journal, 10. September 2012, http://online.wsj.com/news/articles/SB10000872396390443921504577643931647213966

[105] Hannon Armstrong (HASI) Form 10Q for period ending March 31, 2013, from Yahoo! Finance, http://yahoo.brand.edgar-online.com/displayfilinginfo.aspx?FilingID=9316256-878-162223&type=sect&dcn=0001193125-13-233593

[106] Wikipedia contributors, "Real Estate Investment Trust", Wikipedia, the Free Encyclopedia, http://en.wikipedia.org/wiki/Real_estate_investment_trust

[107] Wikipedia contributors, "Real Estate Investment Trust", Wikipedia, the Free Encyclopedia, http://en.wikipedia.org/wiki/Real_estate_investment_trust

[108] "Statement of Dan W. Reicher Executive Director Steyer-Taylor Center for Energy Policy & Finance at Stanford University Professor, Stanford Law School Lecturer, Stanford Graduate School of Business to the House Committee on Oversight and Government Reform Subcommittee on Energy Policy, Health Care and Entitlements Hearing on Oversight of the Wind Energy Production Tax Credit", 2. Oktober 2013, verfügbar unter http://oversight.house.gov/wp-content/uploads/2013/10/Reicher.pdf

[109] Hannon Armstrong Sustainable Infrastructure Capital Inc (HASI), Morningstar website: http://quotes.morningstar.com/stock/hasi/s?t=HASI

[110] "Hannon Armstrong (HASI) Completes $100,000,000 Asset-Backed Securitization of 2.79% Sustainable Yield Bonds", press release, 23. Dezember 2013, http://www.prnewswire.com/news-releases/hannon-armstrong-hasi-completes-100000000-asset-backed-securitization-of-279-sustainable-yield-bonds-236999811.html

[111] "Statement of Dan W. Reicher Executive Director Steyer-Taylor Center for Energy Policy & Finance at Stanford University Professor, Stanford Law School Lecturer, Stanford Graduate School of Business to the House Committee on Oversight and Government Reform Subcommittee on Energy Policy, Health Care and Entitlements Hearing on Oversight of the Wind Energy Production Tax Credit", 2. Oktober 2013, verfügbar unter http://oversight.house.gov/wp-content/uploads/2013/10/Reicher.pdf

[112] "Company History", Kinder Morgan company website: http://www.kindermorgan.com/about_us/kmi_history.cfm

[113] Wikipedia contributors, "Kinder Morgan", Wikipedia, the Free Encyclopedia, http://en.wikipedia.org/wiki/Kinder_Morgan

[114] "Rise of the Distorporation", The Economist, 26. Oktober 2013, http://www.economist.com/news/briefing/21588379-mutation-way-companies-are-financed-and-managed-will-change-distribution

[115] "The Master Limited Partnerships Parity Act", United States Senator Chris Coons, http://www.coons.senate.gov/issues/master-limited-partnerships-parity-act

[116] Mormann, Felix, and Reicher, Dan, "How to Make Renewable Energy Competitive", New York Times, 1. Juni 2012, http://www.nytimes.com/2012/06/02/opinion/how-to-make-renewable-energy-competitive.html

[117] "Solar Investment Tax Credit (ITC)", Solar Energy Industries Association, http://www.seia.org/policy/finance-tax/solar-investment-tax-credit

[118] Weiss, Daniel, and Germain, Tiffany, "Big Oil, Big Profits, Big Tax Breaks", Center for American Progress, 5. November 2013, http://www.americanprogress.org/issues/green/news/2013/11/05/78807/big-oil-big-profits-big-tax-breaks/

[119] "S.795 – Master Limited Partnerships Parity Act", 113th Congress (2013-2014), http://beta.congress.gov/bill/113th/senate-bill/795/committees

[120] Natter, Ari, "Estimated to Cost $1.3 Billion Over 10 Years", Bloomberg Daily Tax Report, 19. November 2013, http://www.mw-cleantechcapital.com/files/2013/11/BNA-Tax-Report.pdf

[121] "SolarCity Announces Pricing of Securitization", SolarCity press release, 13. November 2013, http://investors.solarcity.com/releasedetail.cfm?ReleaseID=807221

[122] "About Clean Power Finance", company website: http://www.cleanpowerfinance.com/about-clean-power-finance/

[123] "Solar Investment Tax Credit (ITC)", Solar Energy Industries Association, http://www.seia.org/policy/finance-tax/solar-investment-tax-credit

[124] "Brannon Solar Renewable Energy Contract", City Council Staff Report, City of Palo Alto, 5. November 2012, http://www.cityofpaloalto.org/civicax/filebank/documents/31752

[125] "Brannon Solar Renewable Energy Contract", City Council Staff Report, City of Palo Alto, 5. November 2012, http://www.cityofpaloalto.org/civicax/filebank/documents/31752

[126] "Understand Your Electric Charges", PG&E company website, abgerufen am 19. Juli 2013, http://www.pge.com/myhome/myaccount/charges/

[127] "Understand Your Electric Charges", PG&E website abgerufen am 19. Juli 2013, http://www.pge.com/myhome/myaccount/charges/

[128] "Clean Energy Australia Report 2012", Clean Energy Council

[129] Wikipedia contributors, "Demographics of Australia", Wikipedia, the Free Encyclopedia, http://en.wikipedia.org/wiki/Demographics_of_Australia

[130] http://quickfacts.census.gov/qfd/states/06000.html

[131] Drew, Tim et al, California Solar Initiative, Annual Program Assessment Report, California Public Energy Commission, Juni 2013, http://www.cpuc.ca.gov/NR/rdonlyres/7A350E8E-3666-4AA5-98E3-5E9C812D3DE6/0/CASolarInitiativeCSIAnnualProgAssessmtJune2013FINAL.pdf

[132] "U.S. Solar Market Grows 76% in 2012", Solar Energy Industries Association, 14. März 2013, http://www.seia.org/news/us-solar-market-grows-76-2012-now-increasingly-competitive-energy-source-millions-americans

[133] Chan, Albert et al, "Australia Competing With Germany On Low Solar PV Prices", CleanTechnica, http://cleantechnica.com/2013/04/03/australia-competing-with-germany-on-low-solar-pv-prices/

[134] Grimes, John, "Australian PV Market Report", Australian Solar Council, presentation at Intersolar North America, Juli 2013

[135] Arizona Public Service, APC A.C.C. 5724, Rate Schedule ET-SP Januar 2012

[136] Arizona Public Service, APC A.C.C. 5724, Rate Schedule ET-SP January, 2012

[137] "How to Lose Half a Trillion Euros", The Economist, 10. Oktober 2013, http://www.economist.com/news/briefing/21587782-europes-electricity-providers-face-existential-threat-how-lose-half-trillion-euros

[138] "What is Peak Day Pricing?", Peak Energy Agriculture Rewards by Enernoc, Inc. http://pearcalifornia.com/what-is-peak-day-pricing

[139] "Understanding the Markets – Clearing Price Auctions", NYISO, http://www.nyiso.com/public/about_nyiso/understanding_the_markets/clearing_price_auctions/index.jsp

[140] "The Benefits of Uniform Clearing Price Auctions for Pricing Electricity – Why Pay-As-Bid Auctions Do not Cost Less", ISO New England, März 2006, http://www.iso-ne.com/pubs/whtpprs/uniform_clearing_price_auctions.pdf

[141] "How to Lose Half a Trillion Euros", The Economist, 10. Oktober 2013, http://www.economist.com/news/briefing/21587782-europes-electricity-providers-face-existential-threat-how-lose-half-trillion-euros

[142] "Annual Energy Outlook 2013", U.S. Energy Information Administration, http://www.eia.gov/oiaf/aeo/tablebrowser/#release=AEO2013&subject=0-AEO2013&table=8-AEO2013&region=0-0&cases=ref2013-d102312a

[143] "Quarterly Report on European Electricity Markets", Volume 5, Issue 1: January 2012 – March 2012, European Commission Directory General for Energy

[144] "Capital Costs for Transmission and Substations", Recommendations for Western Electricity Coordinating Council (WECC) Transmission and Expansion Planning, B&V Project No. 176322, Oktober 2012

[145] Silverstein, Alison, "TRANSMISSION 101", NCEP Transmission Technologies Workshop, 20.-21. April 2011

[146] "LIPA Announces Major New Plans for Additional Solar Energy for Long Island", Long Island Power Authority press release, 12. Juli 2013, http://www.lipower.org/newscenter/pr/2013/071213-solar.html

[147] "Brannon Solar Renewable Energy Contract", City Council Staff Report, City of Palo Alto, 5. November 2012. http://www.cityofpaloalto.org/civicax/filebank/documents/31752

[148] "Solar Means Business – Top U.S. Commercial Solar Users", Solar Energy Industries Association and VoteSolar, Oktober 2013

[149] "Walmart Announces 10 new solar installations in Maryland", Walmart company press release, 25. Juni 2013, http://news.walmart.com/news-archive/2013/06/25/walmart-announces-10-new-solar-installations-in-maryland

[150] "IKEA Expanding Rooftop Array on Maryland Distribution Center to 4.9 MW", SolarIndustry.com, 7. November 2013

[151] "Walmart Announces 10 new solar installations in Maryland", Walmart company press release, 25. Juni 2013, http://news.walmart.com/news-archive/2013/06/25/walmart-announces-10-new-solar-installations-in-maryland

[152] "The New Energy Consumer Handbook", Accenture, Juni 2013, http://nstore.accenture.com/acn_com/PDF/Accenture-New-Energy-Consumer-Handbook-2013.pdf

[153] Clover, Ian, "VW Builds Car Industry's Largest Solar Installation In Spain", PV Magazine, 29. November 2013, http://www.pv-magazine.com/news/details/beitrag/vw-builds-car-industrys-largest-solar-installation-in-spain_100013607/

[154] "Environmental Responsibility", Apple company website, http://www.apple.com/environment/renewable-energy/

[155] "Prologis Profile – Americas 2Q 2013", company presentation, http://www.prologis.com/docs/Prologis_Profile_Americas_2Q13.pdf

[156] Sweet, Cassandra, "NRG, Prologis, Embark on Solar Rooftop Project", Wall Street Journal, 22. Juni, 2011, http://online.wsj.com/news/articles/SB10001424052702304791204576401883873490842

[157] "Solar Means Business – Top U.S. Commercial Solar Users", Solar Energy Industries Association and VoteSolar, Oktober 2013.

[158] Wikipedia contributors, "Yoky Matsuoka", Wikipedia, the Free Encyclopedia, http://en.wikipedia.org/wiki/Yoky_Matsuoka

[159] "Heating and Cooling", US Department of Energy, http://energy.gov/public-services/homes/heating-cooling

[160] Fischer, Barry, "Hot and heavy energy usage: How the demand and price for electricity skyrocketed on a 100° day", oPower.com, 5. September 2012, http://blog.opower.com/2012/09/hot-and-heavy-energy-usage-how-the-demand-and-price-for-electricity-skyrocketed-on-a-100-day/

[161] "Texas Heat Wave, August 2011: Nature and Effects of an Electricity Supply Shortage", U.S. Energy Information Agency, http://www.eia.gov/todayinenergy/detail.cfm?id=3010

[162] Fischer, Barry, "Hot and heavy energy usage: How the demand and price for electricity skyrocketed on a 100° day", oPower.com, 5. September 2012, http://blog.opower.com/2012/09/hot-and-heavy-energy-usage-how-the-demand-and-price-for-electricity-skyrocketed-on-a-100-day/

[163] "National Overview – June 2012", National Climatic Data Center, National Oceanic and Atmospheric Administration, http://www.ncdc.noaa.gov/sotc/national/2012/6

[164] "What You May Not Know About Galaxy S4 Innovative Technology", 10. April 2013, Samsung company website, http://global.samsungtomorrow.com/?p=23610

[165] Upbin, Bruce, "Monsanto Buys Climate Corp for $930 million", Forbes.com, 2. Oktober 2013, http://www.forbes.com/sites/bruceupbin/2013/10/02/monsanto-buys-climate-corp-for-930-million/

[166] Rothstein, Edward, "An Emphasis on Newton's Laws (and a Little Lawlessness) – The New Exploratorium Opens in San Francisco", New York Times, 16, April 2013, http://www.nytimes.com/2013/04/17/arts/design/the-new-exploratorium-opens-in-san-francisco.html

[167] Woolsey, Christina, "Sustain – The Museum as Exhibit", San Francisco: Exploratorium, November 2012

[168] Woolsey, Christina, "Sustain – The Museum as Exhibit", San Francisco: Exploratorium, November 2012

[169] Kind, Peter, "Disruptive Challenges: Financial Implications and Strategic Responses to a Changing Retail Electric Business", Edison Electric Institute, Januar 2013. http://www.eei.org/ourissues/finance/documents/disruptivechallenges.pdf

[170] "How to Lose Half a Trillion Euros", The Economist, 10. Oktober 2013. http://www.economist.com/news/briefing/21587782-europes-electricity-providers-face-existential-threat-how-lose-half-trillion-euros

[171] Baker, David, "Energy Storage Firm Tries No Cash Down Approach", San Francisco Chronicle, 24. Oktober 2013, http://www.sfgate.com/business/article/Energy-storage-firm-tries-no-cash-down-approach-4922364.php

[172] Wikipedia contributors, "SunEdison, LLC", Wikipedia, the Free Encyclopedia, http://en.wikipedia.org/wiki/SunEdison_LLC

[173] "How much electricity does an American home use?", U.S. Energy Information Administration, http://www.eia.gov/tools/faqs/faq.cfm?id=97&t=3

[174] Baldwin Auck, Sara, "Utah Rising Storm for Net Metering", Solar Today, 13. Februar 2014, http://solartoday.org/2014/02/utah-rising-storm-for-net-metering

[175] Bellis, Mary, "History of the Digital Camera", About.com. http://inventors.about.com/library/inventors/bldigitalcamera.htm

[176] "NASA Hosts News Conference About 10 Years of Roving on Mars", Jet Propulsion Lab, California Institute of Technology, 21. Januar 2014, http://marsrovers.jpl.nasa.gov/newsroom/pressreleases/20140121a.html

[177] Changjan, Kenneth, "Mars Rover Marks an Unexpected Anniversary With a Mysterious Discovery", New York Times, 23. Januar 2014, http://www.nytimes.com/2014/01/24/science/space/mars-rover-marks-an-unexpected-anniversary-with-a-mysterious-discovery.html

[178] "What Is the Distance Between Earth and Mars?", Space.com, 29. Februar 2014, http://www.space.com/14729-spacekids-distance-earth-mars.html

[179] "Mars Artwork", Jet Propulsion Lab, California Institute of Technology. http://marsrovers.jpl.nasa.gov/gallery/artwork/rover3browse.html

[180] "The perils of extreme democracy", The Economist, 20. April 2011, http://www.economist.com/node/18586520

[181] "California Proposition 16, Supermajority Vote Required to Create a Community Choice Aggregator (June 2010)", Ballotpedia, http://ballotpedia.org/California_Proposition_16,_Supermajority_Vote_Required_to_Create_a_Community_Choice_Aggregator_(June_2010)

[182] Geesman, John, PG&E Ballot Initiative Factsheet, "Proposition 16: The Trojan Horse in California's June 8, 2010 Election", http://pgandeballotinitiativefactsheet.blogspot.com/

[183] Fahn, Larry, "Marin Voice: Prop. 16 is PG&E's power play", Marin Independent Journal, 1. Juni 2010, http://www.marinij.com/ci_15201680

[184] "California Proposition 16, Supermajority Vote Required to Create a Community Choice Aggregator (June 2010)", Ballotpedia. http://ballotpedia.org/California_Proposition_16,_Supermajority_Vote_Required_to_Create_a_Community_Choice_Aggregator_(June_2010)

[185] Pinnacle West Capital Corp Executive Compensation, Morningstar.com, http://insiders.morningstar.com/trading/executive-compensation.action?t=PNW&region=USA&culture=en-US

[186] "Mission", Arizona Corporation Commission, http://www.azcc.gov/divisions/Utilities/

[187] Baker, Brandon, "Arizona Imposes Unprecedented Fee on Solar Energy Users", EcoWatch, 19. November 2013, http://ecowatch.com/2013/11/19/arizona-imposes-unprecedented-fee-on-solar-energy-users/

[188] MacKenzie, Angus, "2013 Motor Trend Car of the Year: Tesla Model S", Motor Trend, Januar 2013, http://www.motortrend.com/oftheyear/car/1301_2013_motor_trend_car_of_the_year_tesla_model_s/viewall.html

[189] MacKenzie, Angus, "2013 Motor Trend Car of the Year: Tesla Model S", Motor Trend, Januar 2013, http://www.motortrend.com/oftheyear/car/1301_2013_motor_trend_car_of_the_year_tesla_model_s/viewall.html

[190] Oshman, Alan, "Elon Musk on Tesla Merger Prospects: Apple Has Got a Lot of Cash", Bloomberg, 9. Mai 2013, http://go.bloomberg.com/tech-deals/2013-05-09-elon-musk-on-tesla-merger-prospects-apple-has-a-lot-of-cash/

[191] Voelcker, John, "Does Tesla Already Outsell Audi, BMW, Lexus & Mercedes-Benz?", Green Car Reports, 17. April 2013, http://www.greencarreports.com/news/1083585_does-tesla-already-outsell-audi-bmw-lexus-mercedes-benz

[192] Wood, Column, "Global Vehicle Sales Hit Record 82 Million Units in 2012", AutoGuide.com, 15. März 2013, http://www.autoguide.com/auto-news/2013/03/global-vehicle-sales-hit-record-82-million-units-in-2012.html

[193] Ramsey, Mike, "Tesla's Stock is Outrunning Its Superfast Electric Car", Wall Street Journal, 7. August 2013, http://online.wsj.com/article/SB10001424127887323420604578652180360274840.html

[194] Ramsey, Mike, "Tesla's Stock is Outrunning Its Superfast Electric Car", Wall Street Journal, 7. August 2013, http://online.wsj.com/article/SB10001424127887323420604578652180360274840.html

[195] "Tesla Model S Achieves Best Safer Rating of Any Car Ever Tested", 19. August 2013, Tesla Motors website. http://www.teslamotors.com/about/press/releases/tesla-model-s-achieves-best-safety-rating-any-car-ever-tested

[196] Valdes-Dapena, Peter, "Tesla Model S Gets Consumer Reports Recommendation", CNNMoney, 28. Oktober 2013, http://money.cnn.com/2013/10/28/autos/tesla-model-s-consumer-reports-recommended/

[197] Smith, Aaron, "GM names Mary Barra as CEO – first woman to run major automaker", CNN Money, 10. Dezember 2013, http://money.cnn.com/2013/12/10/news/companies/gm-ceo-mary-barra/

[198] "Fuel Source: Where the Energy Goes", Energy Requirements for Combined City/Highway Driving, U.S. Department of Energy, http://www.fueleconomy.gov/feg/atv.shtml

[199] Wikipedia contributors, "Engine Efficiency", Wikipedia, the Free Encyclopedia, http://en.wikipedia.org/wiki/Engine_efficiency

[200] Wikipedia contributors, "Energy Conversion Efficiency", Wikipedia, the Free Encyclopedia, http://en.wikipedia.org/wiki/Energy_conversion_efficiency

[201] "Using Energy Efficiently", Tesla Motors, http://www.teslamotors.com/goelectric/efficiency

[202] "What That Car Really Costs to Own", Consumer Reports, August 2012, http://www.consumerreports.org/cro/2012/12/what-that-car-really-costs-to-own/index.htm

[203] "Undergraduate Costs 2013-2014", Florida State University, abgerufen am 3. August 2103, http://admissions.fsu.edu/freshman/finances/costs.cfm

[204] "360 Degree Perspective of the North American Automotive Aftermarket", Frost & Sullivan, February 2011, abgerufen am 3. August 2013, http://www.slideshare.net/soaringvjr/north-american-auto-aftermarket-frost-0211

[205] "360 Degree Perspective of the North American Automotive Aftermarket", Frost & Sullivan, February 2011, abgerufen am 3. August 2013, http://www.slideshare.net/soaringvjr/north-american-auto-aftermarket-frost-0211

[206] "360 Degree Perspective of the North American Automotive Aftermarket", Frost & Sullivan, February 2011, abgerufen am 3. August 2013, http://www.slideshare.net/soaringvjr/north-american-auto-aftermarket-frost-0211

[207] Wikipedia contributors, "Wireless Power", Wikipedia, the Free Encyclopedia, http://en.wikipedia.org/wiki/Wireless_power

[208] Conductix-Wampfler website, verfügbar unter http://www.conductix.us/en/markets/e-mobility

[209] Conductix-Wampfler website, verfügbar unter http://www.conductix.us/en/markets/e-mobility

[210] Kharif, Olga, and Higgins, Tim, "GM to offer wireless charging for smartphones in some 2014 cars", Detroit Free Press, 19. August 2013, http://www.freep.com/article/20130819/BUSINESS0101/308190112/General-Motors-wireless-charging

[211] "Model X", Tesla Motors website, http://www.teslamotors.com/modelx

[212] "Commercial Version of the MIT Media Lab CityCar Unveiled at European Union Commission Headquarters", MIT Media Lab, http://www.media.mit.edu/news/citycar

[213] Dan Myggen's presentation at the Silicon Valley "Driving Charged and Connected" conference in Palo Alto, Juni 2013, http://svlg.org/policy-areas/transportation/charged-event-2013/silicon-valley-driving-charged-and-connected-agenda

[214] Kumparak, Greg, and Etherington, Darrell, "Live From Apple's iPhone 5S Announcement", TechCrunch, 10. September 2013, http://techcrunch.com/2013/09/10/live-blog-from-apples-iphone-5s-announcement/

[215] U.S. Department of Transportation, Bureau of Transportation Statistics, http://www.bts.gov/publications/national_transportation_statistics/html/table_01_32.html

[216] "How Big Box Stores like Wal-Mart Affect the Environment and Communities", Sierra Club, http://www.sierraclub.org/sprawl/reports/big_box.asp

[217] Langton, Adam, and Crisostomo, Noel, "Vehicle – Grid Integration – A Vision for Zero-Emission Transportation Interconnected throughout California's Electricity System", Emerging Procurement Strategies Section, Energy Division, California Public Utilities Commission, R. 13-11-XXX, Oktober 2013

[218] "What Are P2P Communications", Skype company website, https://support.skype.com/en/faq/FA10983/what-are-p2p-communications

[219] Langton, Adam, and Crisostomo, Noel, "Vehicle – Grid Integration – A Vision for Zero-Emission Transportation Interconnected throughout California's Electricity System", Emerging Procurement Strategies Section, Energy Division, California Public Utilities Commission, R. 13-11-XXX, Oktober 2013

[220] Herron, David, "GM: Next Generation Volt Will Be $10,000 Cheaper to Build", PlugInCars.com, 1. Mai 2013, http://www.plugincars.com/next-generation-volt-will-be-10k-cheaper-127121.html

[221] Duffer, Robert, "Tesla owner completes first coast-to-coast trip in electric vehicle via supercharging network", Chicago Tribune, 27. Januar 2014, http://articles.chicagotribune.com/2014-01-27/classified/chi-tesla-first-coast-to-coast-electric-vehicle_1_tesla-ceo-elon-musk-tesla-model-s-electric-vehicle

[222] Hull, Dana, "Coast to coast in a Tesla Model S, using only free Superchargers", San Jose Mercury News, 28. Januar 2014, http://www.mercurynews.com/business/ci_25010333/kentucky-man-drives-coast-coast-his-tesla-model

[223] "What That Car Really Costs to Own", Consumer Reports, August 2012, abgerufen am 3. August 2013, http://www.consumerreports.org/cro/2012/12/what-that-car-really-costs-to-own/index.htm

[224] "Supercharger", Tesla company website, http://www.teslamotors.com/supercharger

[225] "Using analytics to turbocharge performance in automotive marketing and incentive design", Accenture, Report ACC10-2623 / 11-2495, 2010, http://www.accenture.com/SiteCollectionDocuments/PDF/Accenture_Automotive_Sales_Analytics.pdf

[226] "Model S – Features & Specs", Tesla company website, http://www.teslamotors.com/models/features#/battery

[227] Healey, James R., "Report: Average price of new car hits record in August", USA Today, 5. September 2013, http://www.usatoday.com/story/money/cars/2013/09/04/record-price-new-car-august/2761341/

[228] "General Motors – Key Ratios", Morningstar.com, http://financials.morningstar.com/ratios/r.html?t=GM

[229] "Bayerische Motoren Werke AG – Key Ratios", Morningstar.com, http://financials.morningstar.com/ratios/r.html?t=XFRA:BMW

[230] Gordon-Bloomfield, Nikki, "U.S. Sec. Of Energy: Cheaper Batteries Mean More Electric Cars", Green Car Reports, 11. Januar 2012, http://www.greencarreports.com/news/1071597_u-s-sec-of-energy-cheaper-batteries-mean-more-electric-cars

[231] Meggison, Andrew, "The Changing Cost of Electric Cars", Gas2.org, http://gas2.org/2013/06/13/the-changing-price-of-electric-cars/

[232] Tesla Gigafactory presentation, http://www.teslamotors.com/sites/default/files/blog_attachments/gigafactory.pdf

[233] "Panasonic, Tesla to set up auto battery plant in US", Nikkei Asian Review, 26. Februar 2014, http://asia.nikkei.com/Business/Deals/Panasonic-Tesla-to-set-up-auto-battery-plant-in-US

[234] Vance, Ashlee, "Tesla's Industrial-Grade Solar Power Storage System", Bloomberg BusinessWeek, 6. Dezember 2013, http://www.businessweek.com/articles/2013-12-06/teslas-solar-power-storage-unit

[235] Galves, Dan et al, "Tesla Motors: Only Just Begun, Upgrading to Buy",, Deutsche Bank Markets Research, 26. Juli 2013

[236] "Liquid Metal Batteries", GroupSadoway, Massachusetts Institute of Technology. http://sadoway.mit.edu/research/liquid-metal-batteries

[237] LaMonica, Martin, "Ambri's Better Battery", MIT Technology Review, 18. Februar 2013, http://www.technologyreview.com/featuredstory/511081/ambris-better-grid-battery/

[238] Yi Cui, "Energy Seminar", Stanford Precourt Institute for Energy, 3. Februar 2013, http://www.youtube.com/watch?v=0Z7cEWrX9U4

[239] "Model S – Order", Tesla Motors website, http://www.teslamotors.com/models/design

[240] Galves, Dan et al, "Tesla Motors: Only Just Begun, Upgrading to Buy", Deutsche Bank Markets Research, 26. Juli 2013

[241] "SUV Rankings – Affordable Midsize SUVs", US News & World Report, http://usnews.rankingsandreviews.com/cars-trucks/rankings/Affordable-Midsize-SUVs/

[242] Undercoffer, David, "Tesla Motors plans to debut cheaper car in early 2015", Los Angeles Times, 15. Dezember 2013 http://articles.latimes.com/2013/dec/15/autos/la-fi-hy-autos-tesla-model-e-debut-2015-20131213

[243] Cameron, Kevin, "Questions Linger on Battery Prices in Electric Cars", New York Times, 23. Oktober 2012, http://www.nytimes.com/2012/10/24/business/energy-environment/questions-linger-on-battery-prices-in-electric-car-industry.html

[244] Hensley, Russelet al, "Battery Technology Charges Ahead", McKinsey Quarterly, Juli 2012

[245] "Tesla Motors", MIT Technology Review, Vol 117, No 2, März/April 2014

[246] Healey, James R., "Report: Average price of new car hits record in August", USA Today, 5. September 2013, http://www.usatoday.com/story/money/cars/2013/09/04/record-price-new-car-august/2761341/

[247] "Zipcar at a Glance", Company Overview, Fall 2012

[248] Clothier, Mark, "Zipcar Soars After Profit Topped Analysts' Estimates", Bloomberg, 9. November 2012, http://www.bloomberg.com/news/2012-11-09/zipcar-soars-after-profit-topped-analysts-estimates.html

[249] Duerson, Meena Hart, "Airbnb founder wants you to open your doors to strangers — and let them sleep over", Today, 29. März 2013, http://www.today.com/news/airbnb-founder-wants-you-open-your-doors-strangers-let-them-1C9138916

[250] Airbnb.com company website. Abgerufen am 12. November 2013, https://www.airbnb.com/about/about-us

[251] CouchSurfing.com company website. Abgerufen am 30. Juli 2013, http://blog.couchsurfing.com/

[252] Panzarino, Matthew, "Leaked Uber Numbers, Which We've Confirmed, Point To Over $1B Gross, $213M Revenue", TechCrunch, 4. Dezember 2013, http://techcrunch.com/2013/12/04/leaked-uber-numbers-which-weve-confirmed-point-to-over-1b-gross-revenue-213m-revenue/

[253] Swisher, Kara, "Uber Filing in Delaware Shows TPG Investment at $3.5 Billion Valuation; Google Ventures Also In". AllThingsD, 22. August 2013, http://allthingsd.com/20130822/uber-filing-in-delaware-shows-tpg-investment-at-3-5-billion-valuation-google-ventures-also-in/

[254] Sousanis, John, "World Vehicle Population Tops 1 Billion Units", WardsAuto, 5. August 2011, http://wardsauto.com/ar/world_vehicle_population_110815

[255] "Transport Outlook 2011 – Meeting the needs of 9 Billion People", International Transport Forum, http://www.internationaltransportforum.org/Pub/pdf/11Outlook.pdf

[256] Wikimedia Commons, "Google Lexus RX 450h Self-Driving Car", http://upload.wikimedia.org/wikipedia/commons/1/1b/Google%27s_Lexus_RX_450h_Self-Driving_Car.jpg

[257] Silberg, Gary, and Wallace, Richard, "Self-Driving Cars: The Next Revolution", KPMG

[258] Wikipedia contributors, "United States Military Casualties of War", Wikipedia, the Free Encyclopedia, http://en.wikipedia.org/wiki/United_States_military_casualties_of_war

[259] Motor Vehicle Traffic Fatalities & Fatality Rate: 1899-2003 (Based on Historical NHTSA and FHWA Data", Advocates for Highway and Auto Safety, http://www.saferoads.org/federal/2004/TrafficFatalities1899-2003.pdf

[260] "Global Status Report on Road Safety 2013 – Time for Action", World Health Organization, http://www.who.int/violence_injury_prevention/road_safety_status/2013/report/en/

[261] "Global Status Report on Road Safety 2013 – Time for Action", World Health Organization, http://www.who.int/violence_injury_prevention/road_safety_status/2013/report/en/

[262] "Global Status Report on Road Safety 2013 – Time for Action", World Health Organization, http://www.who.int/violence_injury_prevention/road_safety_status/2013/report/en/

[263] Mullainathan, Sendil, "Get Some Sleep, and Wake Up the G.D.P.", The New York Times, 2. Februar 2014, http://www.nytimes.com/2014/02/02/business/get-some-sleep-and-wake-up-the-gdp.html

[264] Gross, Bill, "Google's Self Driving Car Gathers Nearly 1 GB/Sec", LinkedIn Today, 2. Mai 2013, http://www.linkedin.com/today/post/article/20130502024505-9947747-google-s-self-driving-car-gathers-nearly-1-gb-per-second

[265] Rodrigue, Jean-Paul, "The Geography of Transport Systems", third edition, New York: Routledge, 2013, http://people.hofstra.edu/geotrans/eng/ch6en/conc6en/ch6c1en.html

[266] Litman, Todd, "Smart Congestion Relief – Comprehensive Evaluation Of Traffic Congestion Costs and Congestion Reduction Strategies", Victoria Transport Policy Institute, 29. January 2014

[267] Shladover, Steven E., "Highway Capacity Increases From Automated Driving", California PATH Program, Präsentation am 25. Juli 2013, verfügbar unter http://onlinepubs.trb.org/onlinepubs/conferences/2012/Automation/presentations/Shladover2.pdf

[268] Shladover, Steven E., "Highway Capacity Increases From Automated Driving", California PATH Program, Präsentation am 25. Juli 2013, verfügbar unter http://onlinepubs.trb.org/onlinepubs/conferences/2012/Automation/presentations/Shladover2.pdf

[269] Ackerman, Evan, "Study: Intelligent Cars Could Boost Highway Capacity by 273%", IEEE Spectrum, 4. September 2012, http://spectrum.ieee.org/automaton/robotics/artificial-intelligence/intelligent-cars-could-boost-highway-capacity-by-273

[270] Schrank, David et al, "TTI's 2012 URBAN MOBILITY REPORT", Texas A&M Transportation Institute, Dezember 2012, http://mobility.tamu.edu,

[271] Silberg, Gary, and Wallace, Richard, "Self-Driving Cars: The Next Revolution", KPMG

[272] Jaffe, Eric, "Has the Rise of Online Shopping Made Traffic Worse?", Atlantic Cities, 2. August 2013, http://www.theatlanticcities.com/commute/2013/08/has-rise-online-shopping-made-traffic-worse/6409/

[273] Jaffe, Eric, "Has the Rise of Online Shopping Made Traffic Worse?", Atlantic Cities, 2. August 2013, http://www.theatlanticcities.com/commute/2013/08/has-rise-online-shopping-made-traffic-worse/6409/

[274] "Road Frustration Index", Senseable City Lab, http://storify.com/SenseableCity/road-frustration-index

[275] Mitchell, William, "Personal Mobility", http://h20.media.mit.edu/pdfs/wjm2007-0509.pdf

[276] Silberg, Gary, and Wallace, Richard, "Self-Driving Cars: The Next Revolution", KPMG

[277] Ayres, Tom, "How Self-Driving Cars Could Turn Our Roads Green", EnterpriseTech, 28. Mai 2013, http://www.digitalmanufacturingreport.com/dmr/2013-05-28/how_self-driving_cars_could_turn_our_roads_green.html

[278] "Your Car Costs – How Much Are you really Paying to Drive", AAA, 2012 edition, unter http://newsroom.aaa.com/wp-content/uploads/2012/04/YourDrivingCosts2012.pdf

[279] Berman, Jillian, "U.S. Median Annual Wage Falls To $26,364 As Pessimism Reaches 10-Year High", The Huffington Post, 23. Januar 2012, http://www.huffingtonpost.com/2011/10/20/us-incomes-falling-as-optimism-reaches-10-year-low_n_1022118.html

[280] "Global Status Report on Road Safety 2013 – Time for Action", World Health Organization, http://www.who.int/violence_injury_prevention/road_safety_status/2013/report/en/

[281] Silberg, Gary, and Wallace, Richard, "Self-Driving Cars: The Next Revolution", KPMG

[282] Litman, Todd, "Smart Congestion Relief – Comprehensive Evaluation Of Traffic Congestion Costs and Congestion Reduction Strategies", Victoria Transport Policy Institute, 29. Januar 2014

[283] Foy, Henry, and Bryant, Chris, "Nissan Promises Self-Driving Cars by 2020", Financial Times, 27. August 2013, http://www.ft.com/cms/s/0/b8fad15e-0f3c-11e3-ae66-00144feabdc0.html

[284] Nissan Newsroom, "Nissan Announces Self-Driving Car by 2020", 7. August 2013, http://www.youtube.com/watch?v=NWd2Eoxfcvw

[285] "Automotive Industry – Global Data", Cisco Customer Experience Research, Cisco Systems, Mai 2013

[286] "Preliminary Statement of Policy Concerning Automated Vehicles", National Highway Traffic Safety Administration

[287] Sladover, Steven E., "Why Automated Vehicles Need to Be Connected Vehicles", University of California PATH Program, IEEE Vehicular Networking Conference, 17. Dezember 2013

[288] "2012 Audi Driver Assistance Systems", Audi company website, http://audiusanews.com/imagegallery/view/215/47/2012-audi-a6-driver-assistance-systems

[289] Mercedes Benz BAS Plus with Cross Traffic Assist, company website, http://techcenter.mercedes-benz.com/en/bas_plus_cross_traffic_assist/detail.html

[290] http://www.consumerreports.org/cro/news/2013/06/bmw-traffic-jam-assistant-puts-self-driving-car-closer-than-you-think/index.htm

[291] "BMW Traffic Jam Assistant puts self-driving car closer than you think", Consumer Reports News: 11. Juni 2013, http://content.usatoday.com/communities/driveon/post/2012/06/google-discloses-costs-of-its-driverless-car-tests/1

[292] Wikipedia contributors, "Lidar", Wikipedia, the Free Encyclopedia, http://en.wikipedia.org/wiki/Lidar

[293] Trinder, John, "Current Trends in Photogrammetry and Imaging including Lidar", University of New South Wales

[294] Bilger, Burkhard, "Auto Correct – Has the Self-Driving Car At Last Arrived?", The New Yorker, 25. November 2013, http://www.newyorker.com/reporting/2013/11/25/131125fa_fact_bilger

[295] "Fujitsu Semiconductor Develops World's First 360° Wraparound View System with Approaching Object Detection", company press release, 16. Mai 2013, http://jp.fujitsu.com/group/fsl/en/release/20130516.html

[296] "Fujitsu Semiconductor Develops World's First 360° Wraparound View System with Approaching Object Detection", company press release, 16. Mai 2013, http://jp.fujitsu.com/group/fsl/en/release/20130516.html

[297] "Ford Developer Program", Ford company website https://developer.ford.com/

[298] Wikipedia contributors, "History of the iPhone", Wikipedia, Wikipedia, the Free Encyclopedia, http://en.wikipedia.org/wiki/History_of_the_iPhone

[299] Wikipedia contributors, "Android Version History", Wikipedia, the Free Encyclopedia, http://en.wikipedia.org/wiki/Android_version_history

[300] Bradley, Tony, "Android Dominates Market Share, But Apple Makes All The Money", 15. November 2013, http://www.forbes.com/sites/tonybradley/2013/11/15/android-dominates-market-share-but-apple-makes-all-the-money/

[301] Carr, Austin, "J.Crew CEO, Apple Board Member Mickey Drexler Reveals Steve Jobs' iCar Dream, Confirms "Living Room" Plans", FastCompany, 16. Mai 2012, http://www.fastcompany.com/1837636/j-crew-ceo-apple-board-member-mickey-drexler-reveals-steve-jobs-icar-dream-confirms-living-r

[302] Clothier, Mark, "Zipcar Soars After Profit Topped Analysts' Estimates", Bloomberg, 9. November 2012, http://www.bloomberg.com/news/2012-11-09/zipcar-soars-after-profit-topped-analysts-estimates.html

[303] Wood, Column, "Global Vehicle Sales Hit Record 82 Million Units in 2012", AutoGuide.com, 15. März 2013, http://www.autoguide.com/auto-news/2013/03/global-vehicle-sales-hit-record-82-million-units-in-2012.html

[304] Upbin, Bruce, "Monsanto Buys Climate Corp for $930 million", Forbes.com, 2. Oktober 2013

[305] Gross, Bill, "Google's Self Driving Car Gathers Nearly 1 GB/Sec", LinkedIn Today, 2. Mai 2013

[306] Wikipedia contributors, "Chernobyl Disaster", Wikipedia, the Free Encyclopedia, http://en.wikipedia.org/wiki/Chernobyl_disaster

[307] Gorbachev, Michael, "Turning Point at Chernobyl", Project Syndicate, 14. April 2006, http://www.project-syndicate.org/commentary/gorbachev3/English

[308] Morin, Hervé, "L'effet de Tchernobyl en France a été jusqu'à mille fois sous-évalué", Le Monde, 24. April 2006, http://www.lemonde.fr/planete/article/2006/04/24/l-effet-de-tchernobyl-en-france-a-ete-jusqu-a-mille-fois-sous-evalue_764692_3244.html

[309] Morin, Hervé, "L'effet de Tchernobyl en France a été jusqu'à mille fois sous-évalué", Le Monde, 24. April 2006

[310] Cherry, Steven, "Crowdsourcing Radiation Monitoring", IEEE Spectrum, 17. November 2011, http://spectrum.ieee.org/podcast/geek-life/hands-on/crowdsourcing-radiation-monitoring

[311] "The bGeigie Nano Geiger Counter Kit", International Medcom website, http://medcom.com/radiation-monitors/geiger-counters/bgeigie-kit/

[312] Wikipedia contributors, "Regulatory Capture", Wikipedia, the Free Encyclopedia http://en.wikipedia.org/wiki/Regulatory_capture

[313] "The bGeigie Nano Geiger Counter Kit", International Medcom website, http://medcom.com/radiation-monitors/geiger-counters/bgeigie-kit/, aufgerufen am 19. August 2013

[314] McKenna, John, "Sellafield clean-up costs out of control", Process Engineering, 3. Februar 2013, http://processengineering.theengineer.co.uk/sellafield-clean-up-costs-out-of-control/1015427.article

[315] Mulkern, Anne C., "Nuclear Energy: Who'll get stuck with San Onofre's $3B tab?", E&E News, 10. Juni 2013, http://www.eenews.net/stories/1059982573

[316] Martin, James, "Solar PV Price Index–July 2013", Solar Choice, 4. Juli 2013

[317] Wikipedia contributors, "Energy in the United Kingdom", Wikipedia, the Free Encyclopedia, http://en.wikipedia.org/wiki/Energy_in_the_United_Kingdom

[318] Jowit, Juliette, "Nuclear power: ministers offer reactor deal until 2050", The Guardian, 18. Februar 2013, http://www.theguardian.com/environment/2013/feb/18/nuclear-power-ministers-reactor

[319] Jowit, Juliette, "Nuclear power: ministers offer reactor deal until 2050", The Guardian, 18. Februar 2013, http://www.theguardian.com/environment/2013/feb/18/nuclear-power-ministers-reactor

[320] Meikle Capital, Technology Equilibrium Fund, LP, 8. Juli 2013 newsletter

[321] http://en.wikipedia.org/wiki/Sellafield

[322] "Sellafield clean-up costs out of control", Process Engineering, 3. Februar 2013, http://processengineering.theengineer.co.uk/sellafield-clean-up-costs-out-of-control/1015427.article

[323] Wikipedia contributors, "Vogtle Electric Generating Plant", Wikipedia, the Free Encyclopedia, http://en.wikipedia.org/wiki/Vogtle_Electric_Generating_Plant

[324] "Learning Curve Calculator", Federation of American Scientists, http://www.fas.org/news/reference/calc/learn.htm

[325] "Learning Curve Calculator", Federation of American Scientists, http://www.fas.org/news/reference/calc/learn.htm

[326] Koomey, Jonathan, and Holtman, Nathan, "A reactor-level analysis of busbar costs for US nuclear plants, 1970–2005", Energy Policy, 2007

[327] "Nuclear Safety and Nuclear Economics", Mark Cooper, Ph. D., Senior Fellow for Economic Analysis Institute for Energy and the Environment Vermont Law School, Symposium on the Future of Nuclear Power University of Pittsburgh, 27.-28. März 2012

[328] Harding, Jim, "Economics of New Nuclear Power and Proliferation Risks in a Carbon-Constrained World", Nonproliferation Policy Education Center, 2007

[329] "Nuclear Safety and Nuclear Economics", Mark Cooper, Ph. D., Senior Fellow for Economic Analysis Institute for Energy and the Environment Vermont Law School, Symposium on the Future of Nuclear Power University of Pittsburgh, 27.-28. März 2012

[330] "Myths and Facts about Economics and Financing", Nuclear Energy Institute, http://www.nei.org/Knowledge-Center/Backgrounders/Fact-Sheets/Myths-Facts-About-Economics-Financing

[331] Wikipedia contributors, "Energy Policy Act of 2005", Wikipedia, the Free Encyclopedia, http://en.wikipedia.org/wiki/Energy_Policy_Act_of_2005

[332] Sturgis, Sue, "Power Politics: Big Nuclear Money Grab", Institute for Southern Studies, 2. März 2009, http://www.southernstudies.org/2009/03/power-politics-big-nuclears-money-grab.html

[333] "Obama Administration Announces Loan Guarantees to Construct New Nuclear Power Reactors in Georgia", White House press release, 16. Februar 2010, http://www.whitehouse.gov/the-press-office/obama-administration-announces-loan-guarantees-construct-new-nuclear-power-reactors

[334] "DOE Loan Guarantee Program: Vogtle Reactors 3&4", Taxpayers For Common Sense, 19. Februar 2014, http://www.taxpayer.net/library/article/doe-loan-guarantee-program-vogtle-reactors-34

[335] Smith, Rebecca, "New Wave of Nuclear Plants Faces High Costs," The Wall Street Journal, 12. Mai 2008, http://online.wsj.com/article/SB121055252677483933.html?mod=hpp_us_whats_news#articleTabs%3Darticle

[336] Gore, Al, Our Choice, Bloomsbury, 2009, p. 157.

[337] Lovins, Amory, Sheikh, Imran, and Markevich, Alex. "Nuclear Power: Climate Fix or Folly", 2009

[338] Smith, Rebecca, "New Wave of Nuclear Plants Faces High Costs," *The Wall Street Journal*, 12. Mai 2008

[339] Wikipedia contributors, "Washington Public Power Supply System", Wikipedia, the Free Encyclopedia, http://en.wikipedia.org/wiki/Washington_Public_Power_Supply_System

[340] Wikipedia contributors, "Columbia Generating Station", Wikipedia, the Free Encyclopedia, http://en.wikipedia.org/wiki/Columbia_Generating_Station

[341] Lomax, Simon, and Snyder, Jim, "Obama would Triple Guarantees for Building Nuclear Reactors", Bloomberg, 14. Februar 2011, http://www.bloomberg.com/news/2011-02-14/obama-would-triple-guarantees-for-building-nuclear-reactors.html

[342] Pawlawski, A., "Aviation safety rate: One accident for every 1.4 million flights", CNN Travel, 22. Februar 2010, http://www.cnn.com/2010/TRAVEL/02/22/aviation.safety.report/

[343] Mark A. Ruffalo, Marco Krapels and Mark Z. Jacobson: "Power the World with Wind, Water and Sunlight", 20. Juni 2012, http://www.youtube.com/watch?v=N_sLt5gNAQs

[344] Sieg, Linda, and Takenaka, Kiyoshi, "Japan secrecy act stirs fears about press freedom, right to know", Reuters, 24. Oktober 2013, http://www.reuters.com/article/2013/10/24/us-japan-secrecy-idUSBRE99N1EC20131024

[345] "Nuclear Power in the World Today", World Nuclear Association, April 2014, http://www.world-nuclear.org/info/Current-and-Future-Generation/Nuclear-Power-in-the-World-Today/

[346] Wikipedia contributors, "Nuclear Power in France", Wikipedia, the Free Encyclopedia, http://en.wikipedia.org/wiki/Nuclear_power_in_France

[347] Wikipedia contributors, "Nuclear Power in Japan", Wikipedia, the Free Encyclopedia, http://en.wikipedia.org/wiki/Nuclear_power_in_Japan

[348] Wikipedia contributors, "Nuclear Power in the United States", Wikipedia, the Free Encyclopedia, http://en.wikipedia.org/wiki/Nuclear_power_in_the_United_States

[349] Günther, Benjamin et al, "Calculating a risk-appropriate insurance premium to cover third-party liability risks that result from operation of nuclear power plants", German Renewable Energy Federation (BEE), 1. April 2011, http://www.laka.org/docu/boeken/pdf/6-01-0-30-34.pdf

[350] "Brannon Solar Renewable Energy Contract", City Council Staff Report, City of Palo Alto, 5. November 2012.

[351] Wikipedia contributors, "List of Countries by GDP", Wikipedia, the Free Encyclopedia, http://en.wikipedia.org/wiki/List_of_countries_by_GDP_%28nominal%29

[352] "Russia GDP", Trading Economics, http://www.tradingeconomics.com/russia/gdp

[353] Gorbachev, Michael, "Turning Point at Chernobyl", Project Syndicate, 14. April 2006, http://www.project-syndicate.org/commentary/gorbachev3/English

[354] Kennedy, Duncan, "Italy nuclear: Berlusconi accepts referendum blow", BBC News, 14. Juni 2011, http://www.bbc.co.uk/news/world-europe-13741105

[355] "Europe to Decommission Majority of Nuclear Power Stations by 2030 While US Bucks Global Trend", GlobaData, 6. Juni 2012, http://energy.globaldata.com/media-center/press-releases/power-and-resources/europe-to-decommission-majority-of-nuclear-power-stations-by-2030-while-us-bucks-global-trend

[356] "60,000 protest Japan's plan to restart nuclear power plants", UPI, 2. June 2013, http://www.upi.com/Top_News/World-News/2013/06/02/60000-protest-Japans-plan-to-restart-nuclear-power-plants/UPI-34961370197818/

[357] Romm, Joe, "NRG to abandon two new South Texas nuclear plants, write down $481 million investment", ClimateProgress, April 26, 2011

[358] Douglass, Elizabeth, "First U.S. Nuclear Power Closures in 15 Years Signal Wider Problems for Industry", 24. September 2013, http://insideclimatenews.org/news/20130924/first-us-nuclear-power-closures-15-years-signal-wider-problems-industry

[359] Eggers, Dan et al, "Nuclear... The Middle Age Dilemma? – Facing Declining Performance, Higher Costs, Inevitable Mortality", CreditSuisse, 19. Februar 2013

[360] Cooper, Mark, "Renaissance in Reverse: Competition Pushes Aging U.S. Nuclear Reactors to the Brink of Economic Abandonment", Vermont Law School, 18. Juli 2013

[361] Douglass, Elizabeth, "First U.S. Nuclear Power Closures in 15 Years Signal Wider Problems for Industry", 24. September 2013

[362] Eggers, Dan et al, "Nuclear... The Middle Age Dilemma? – Facing Declining Performance, Higher Costs, Inevitable Mortality", CreditSuisse, 19. Februar 2013

[363] Eggers, Dan et al, "Nuclear... The Middle Age Dilemma? – Facing Declining Performance, Higher Costs, Inevitable Mortality", CreditSuisse, 19. Februar 2013

[364] Patel, Tara, "EDF Writing 'Last Chapter' on Nuclear in U.S., Piquemal Says", Bloomberg, 30. Juli 2013, http://www.bloomberg.com/news/2013-07-30/edf-writing-last-chapter-on-nuclear-in-u-s-piquemal-says.html

[365] Wald, Matthew, "USEC, Enricher of Uranium for U.S., Seeks Bankruptcy", New York Times, 16. Dezember 2013, http://www.nytimes.com/2013/12/17/business/energy-environment/usec-enricher-of-uranium-for-us-seeks-bankruptcy.html

[366] "USEC Portsmouth 'American Centrifuge Plant' project, USA", Wise Uranium. http://www.wise-uranium.org/epusecc.html

[367] Romm, Joe, "Exclusive analysis, Part 1: The staggering cost of new nuclear power", ClimateProgress, 5. Januar 2009, http://thinkprogress.org/climate/2009/01/05/202859/study-cost-risks-new-nuclear-power-plants/

[368] "Average Retail Price of Electricity to Ultimate Customers by End-Use Sector", U.S. Energy Information Administration. http://www.eia.gov/electricity/monthly/epm_table_grapher.cfm?t=epmt_5_6_a

[369] Gossens, Ehren, and Marin, Christopher, "First Solar: May Sell Solar at Less than Coal", Bloomberg News, 1. Februar 2013. http://www.bloomberg.com/news/2013-02-01/first-solar-may-sell-cheapest-solar-power-less-than-coal.html

[370] "Exelon scraps Texas reactor project", Nuclear Engineering International, 29. August 2012, http://www.neimagazine.com/news/newsexelon-scraps-texas-reactor-project-721

[371] Rago, Joseph, "A Life in Energy and (Therefore) Politics", Wall Street Journal, 22. Oktober 2011, http://online.wsj.com/news/articles/SB10001424052970204618704576641351747987560

[372] Macalister, Terry, "Hinkley Point C nuclear subsidy plan queried by European commission", The Guardian, 18. Dezember 2013, http://www.theguardian.com/business/2013/dec/18/hinkley-point-c-nuclear-subsidy-european-commission

[373] "Ivanpah Solar Electric Generating System Reaches 'First Sync' Milestone", Brightsource company press press release, 24. September 2013, http://www.brightsourceenergy.com/first-sync

[374] Mahdi, Wael, and Roca, Marc, "Saudi Arabia Plans $109 Billion Boost for Solar Power", Bloomberg, 11. Mai 2012, http://www.bloomberg.com/news/2012-05-10/saudi-arabia-plans-109-billion-boost-for-solar-power.html

[375] Mahdi, Wael, and Roca, Marc, "Saudi Arabia Plans $109 Billion Boost for Solar Power", Bloomberg, 11. Mai 2012, http://www.bloomberg.com/news/2012-05-10/saudi-arabia-plans-109-billion-boost-for-solar-power.html

[376] "U.S. Crude Oil First Purchase Price", U.S. Energy Information Administration. http://www.eia.gov/dnav/pet/hist/LeafHandler.ashx?n=PET&s=F000000__3&f=A

[377] "1970 Economy / Prices", 1970sFlashback.com. http://www.1970sflashback.com/1970/economy.asp

[378] "BP Statistical Review of World Energy", June 2013, http://www.bp.com/statisticalreview

[379] Sreekumar, Ariun, "Why Canada's Oil Sands Boom Could Turn to Bust", The Motley Fool, 1. Mai 2013, http://www.fool.com/investing/general/2013/05/01/why-canadas-oil-sands-boom-could-turn-to-bust.aspx

[380] Sreekumar, Ariun, "Why Canada's Oil Sands Boom Could Turn to Bust", The Motley Fool, 1. Mai 2013, http://www.fool.com/investing/general/2013/05/01/why-canadas-oil-sands-boom-could-turn-to-bust.aspx

[381] "Performance Profile of Major Energy Producers – 2009", U.S. Energy Information Administration, Februar 2011, http://www.eia.gov/finance/performanceprofiles/pdf/020609.pdf

[382] "Petroleum and Other Liquids, Spot Prices", U.S. Energy Information Administration, herunter geladen am 19. July 2013, http://www.eia.gov/dnav/pet/pet_pri_spt_s1_a.htm

[383] "Petroleum and Other Liquids, Spot Prices", U.S. Energy Information Administration

[384] Suo, Jenny, "Tokelau to become world's first solar-powered country", 3News, 25. Juli 2012, http://www.3news.co.nz/Tokelau-to-become-worlds-first-solar-powered-country/tabid/1160/articleID/262649/Default.aspx#ixzz22E03tNx3

[385] Wikipedia contributors, "Tokelau", Wikipedia, the Free Encyclopedia, http://en.wikipedia.org/wiki/Tokelau

[386] "Tokelau 100% Powered', PowerSmart Solar company website, http://powersmartsolar.co.nz/our_projects/id/185/TOKELAU%20-%20100%25%20SOLAR%20POWERED

[387] Wikipedia contributors, "Communications In India", Wikipedia, the Free Encyclopedia, http://en.wikipedia.org/wiki/Communications_in_India

[388] Seba, Tony, "India Needs to Leapfrog to Solar and Electricity 2.0", 8. August 2012, http://tonyseba.com/cleanenergyeconomy/india-needs-to-leapfrog-to-solar-and-electricity-2-0/

[389] "Developing Countries Subsidize Fossil Fuels, Artificially Lowering Prices", Institute for Energy Research, 3. Januar 2013, http://www.instituteforenergyresearch.org/2013/01/03/developing-countries-subsidize-fossil-fuel-consumption-creating-artificially-lower-prices/

[390] André-Jacques Auberton-Hervé presentation at the Intersolar NorthAmerica CEO panel, 9. Juli 2013

[391] "Energy Subsidy Reform: Lessons and Implications", International Monetary Fund, 28. January 2013

[392] Wang, Yue, "More People Have Cell Phones Than Toilets, U.N. Study Shows", Time, 25. März 2013

[393] DeGunther, Rik, "How Large Does Your Solar Power System Need to Be?", from Solar Power Your Home For Dummies, 2nd Edition, http://www.dummies.com/how-to/content/how-large-does-your-solar-power-system-need-to-be.seriesId-246925.html

[394] Narasimha Rao et al, "An overview of Indian Energy Trends: Low Carbon Growth and Development Challenges", Prayas Energy Group, India, September 2009

[395] "Green stoves to replace challahs", Times of India, 3. Dezember 2009, http://timesofindia.indiatimes.com/india/Green-stoves-to-replace-chullahs/articleshow/5293563.cms

[396] U.S. Department of Transportation, Bureau of Transportation Statistics, http://www.bts.gov/publications/national_transportation_statistics/html/table_01_32.html

[397] "All-Electric Vehicles: Compare Side-by-Side", FuelEconomy.gov, U.S. Department of Energy, http://www.fueleconomy.gov/feg/evsbs.shtml

[398] Berman, Brad, "What It Takes to Get 100 Miles of Range in My Electric Car", PlugInCars.com, 25. August 2011, http://www.plugincars.com/what-it-takes-get-100-miles-range-my-electric-car-107677.html

[399] "All-Electric Vehicles: Compare Side-by-Side", U.S. Department of Energy http://www.fueleconomy.gov/feg/evsbs.shtml

[400] Willis, Ben, "Amonix beats own record with 35.9% CPV module efficiency", PV Tech, 21. August 2013, http://www.pv-tech.org/news/amonix_beats_own_record_with_35.9_cpv_module_efficiency

[401] "The Truth About America's Energy: Big Oil Stockpiles Supplies and Pockets Profits," A Special Report by the Committee on Natural Resources Majority Staff," U.S. House of Representatives, Committee on Natural Resources, Rep Nick J. Hall – Chairman, Juni 2008

[402] "How Big Box Stores like Wal-Mart Affect the Environment and Communities", Sierra Club, http://www.sierraclub.org/sprawl/reports/big_box.asp

[403] Wikipedia contributors, "2010 San Bruno Explosion", Wikipedia, the Free Encyclopedia, abgerufen am 21. Juli 2013, http://en.wikipedia.org/wiki/2010_San_Bruno_pipeline_explosion

[404] Photo: Brocken Inaglory, Source: Wikimedia, abgerufen am 21. Juli 2013, https://en.wikipedia.org/wiki/File:Devastation_in_San_Bruno.jpg

[405] Wikipedia contributors, "The 1906 San Francisco Earthquake", Wikipedia, the Free Encyclopedia http://en.wikipedia.org/wiki/1906_San_Francisco_earthquake

[406] Alleman, James E., and Moseman, Brooke, "Asbestos Revisited", Scientific American, Juli 1997

[407] Wikipedia contributors, "Greenhouse Gas", Wikipedia, the Free Encyclopedia, http://en.wikipedia.org/wiki/Greenhouse_gas

[408] "Natural Gas Transmission Leakage Rates", SourceWatch Center for Media and Democracy, abgerufen am 21. Juli 2013, http://www.sourcewatch.org/index.php?title=Natural_gas_transmission_leakage_rates

[409] Revkin, Andrew, and Krauss, Clifford, "Curbing Emissions by Sealing Gas Leaks", New York Times, 14. Oktober 2009, http://www.nytimes.com/2009/10/15/business/energy-environment/15degrees.html

[410] Wikipedia contributors, "2010 San Bruno Pipeline Explosion", Wikipedia, the Free Encyclopedia, http://en.wikipedia.org/wiki/2010_San_Bruno_pipeline_explosion

[411] "About Natural Gas Pipelines", Energy Information Administration, http://www.eia.gov/pub/oil_gas/natural_gas/analysis_publications/ngpipeline/index.html

[412] "The State of the National Pipeline Infrastructure", U.S. Department of Transportation,

[413] Revkin, Andrew, and Krauss, Clifford, "Curbing Emissions by Sealing Gas Leaks", New York Times, 14. Oktober 2009

[414] Mann, Charles, "What if we Never Run out of Oil", The Atlantic, 24. April 2013, http://www.theatlantic.com/magazine/archive/2013/05/what-if-we-never-run-out-of-oil/309294/5/

[415] Lucas, Tim, "The Dangers Underneath", Duke Today, 16. Januar 2014, http://today.duke.edu/2014/01/dcgas

[416] Wikipedia contributors, "Greenhouse Gas", Wikipedia, the Free Encyclopedia, http://en.wikipedia.org/wiki/Greenhouse_gas

[417] "We're Working to do the right thing, every day", PG&E advertising page A3, San Francisco Chronicle, 31. Oktober 2013

[418] PG&E Corporation and Pacific Gas and Electric 2012 Annual Report", http://investor.pgecorp.com/files/doc_downloads/2012_Annual_Report.pdf

[419] "The Next Shock?", The Economist, 4. März 1999, http://www.economist.com/node/188181

[420] "The Next Shock?", The Economist, 4. März1999

[421] "FAQ: How many gallons of gasoline does one barrel of oil make?", U.S. Energy Information Administration, http://www.eia.gov/tools/faqs/faq.cfm?id=24&t=10

[422] Mouawad, Jad, "One Year After Oil's Price Peak: Volatility", The New York Times, 10. Juli 2009, http://green.blogs.nytimes.com/2009/07/10/one-year-after-oils-price-peak-volatility/

[423] "U.S. Crude Oil First Purchase Price", U.S. Energy Information Administration, http://www.eia.gov/dnav/pet/hist/LeafHandler.ashx?n=pet&s=f000000__3&f=m

[424] "U.S. Natural Gas Wellhead Price", U.S. Energy Information Administration, http://www.eia.gov/dnav/ng/hist/n9190us3A.htm

[425] "U.S. Price of Natural Gas Delivered to Residential Customers", U.S. Energy Information Administration, http://www.eia.gov/dnav/ng/hist/n3010us3M.htm

[426] International Energy Agency, "World Energy Outlook 2012 – Executive Summary", www.worldenergyoutlook.org

[427] "The Next Qatar?", The Economist, 25. Juli 2013, abgerufen am 5. August 2013, http://www.economist.com/news/business/21582272-cost-exploiting-australias-new-found-gas-supplies-soaring-next-qatar

[428] The Next Qatar?", The Economist, 25 Juli 2013, abgerufen am 5. August 2013, http://www.economist.com/news/business/21582272-cost-exploiting-australias-new-found-gas-supplies-soaring-next-qatar

[429] "Energy In Australia 2012", Bureau of Resources and Energy Economics, Februar 2012, http://www.bree.gov.au/documents/publications/energy-in-aust/energy-in-australia-2012.pdf

[430] Bruce Leslie, "Solar Thermal Power The Next Resources Boom" Presented to the Australian Institute of Energy, 25. Oktober 2011, verfügbar unter http://aie.org.au/StaticContent%5CImages%5CBRI111025_Presentation_1.pdf

[431] ReneSola, 156 Series Monocrystalline Solar Module, Irradiation efficiencies vary from 15.9% to 16.2%, available at http://www.renesola.com

[432] Martin, James, "Solar PV Price Index–July 2013", Solar Choice, 4. Juli 2013

[433] Martin, James, "Solar PV Price Index–July 2013", Solar Choice, 4. Juli 2013

[434] "Risk Quantification and Risk Management in Renewable Energy Projects", AltTran, Arthur D. Little for International Energy Agency (IEA), 14. Juni 2011

[435] Nussbaum, Alex, "Radioactive Waste Booms With Fracking as New Rules Mulled", Bloomberg, 16. April 2014, http://www.bloomberg.com/news/2014-04-15/radioactive-waste-booms-with-oil-as-new-rules-mulled.html

[436] Andresen, Tino, "German Utilities Hammered in Market Favoring Renewables", Bloomberg, 12. August 2013, http://www.bloomberg.com/news/2013-08-11/german-utilities-hammered-in-market-favoring-renewables.html

[437] Wikipedia contributors, "Exemptions for Hydraulic Fracturing Under United States Federal Law", Wikipedia, the Free Encyclopedia, http://en.wikipedia.org/wiki/Exemptions_for_hydraulic_fracturing_under_United_States_federal_law

[438] "Fracking and Water Consumption", SourceWatch Center for Media and Democracy, http://www.sourcewatch.org/index.php/Fracking_and_water_consumption

[439] "Golden Rules for a Golden Age of Gas", International Energy Agency (IEA), 2012, http://www.worldenergyoutlook.org/media/weowebsite/2012/goldenrules/WEO2012_GoldenRulesReport.pdf

[440] "Fracking", SourceWatch Center for Media and Democracy, http://www.sourcewatch.org/index.php/Fracking

[441] Schrope, Mark, "Fracking Outpaces Science on Its Impact", Yale Environment 360, http://environment.yale.edu/envy/stories/fracking-outpaces-science-on-its-impact

[442] Kennedy, Will, "Exxon Charged With Illegally Dumping Waste in Pennsylvania", Bloomberg, 11. September 2013, http://www.bloomberg.com/news/2013-09-11/exxon-charged-with-illegally-dumping-waste-water-in-pennsylvania.html

[443] Martin, Allen, "Oil Company Caught Illegally Dumping Fracking Discharge In Central Valley", CBS SF Bay Area, 26. November 2013, http://sanfrancisco.cbslocal.com/2013/11/26/oil-company-caught-illegally-dumping-fracking-discharge-in-central-valley/

[444] International Energy Agency, "World Energy Outlook 2012 – Executive Summary", available at www.worldenergyoutlook.org

[445] "Golden Rules for a Golden Age of Gas", International Energy Agency (IEA), 2012

[446] "World Energy Outlook 2012 – Executive Summary", International Energy Agency

[447] "World Energy Outlook 2012 – Executive Summary", International Energy Agency

[448] "Honeywell Green Jet Fuel™ Powers First-Ever Transatlantic Biofuel Flight", Howeywell company press release, 18. Juni 2011, http://honeywell.com/News/Pages/Honeywell-Green-Jet-Fuel-Powers-First-Ever-Transatlantic-Biofuel-Flight.aspx

[449] DiMugno, Laura, "Wind Energy Jobs Surface at Presidential Debates", North American Wind Power, 18. Oktober 2012, http://www.nawindpower.com/e107_plugins/content/content.php?content.10553

[450] "Renewable and Alternative Fuels", U.S. Energy Information Agency, http://www.eia.gov/renewable/

[451] Miller, Ron, "What the Death of the Sun Will Look Like", 9. April 2013, http://io9.com/what-the-death-of-the-sun-will-look-like-471796727

[452] "Towards a Sustainable Future for All – Directions for the World Bank Group's Energy Sector", World Bank Group, abgerufen am 28. Juli 2013, http://www-wds.worldbank.org/external/default/WDSContentServer/WDSP/IB/2013/07/17/000456286_20130717103746/Rendered/PDF/795970SST0SecM00box377380B00PUBLIC0.pdf

[453] Winnie Gerbens-Leenesa,1, Arjen Y. Hoekstraa, and Theo H. van der Meer, "The Water Footprint of Bioenergy," Department of Water Engineering and Management and Laboratory of Thermal Engineering, University of Twente, Enschede, The Netherlands, 2. April 2009

[454] Wikipedia contributors, "Olympic Size Swimming Pool", Wikipedia, the Free Encyclopedia, http://en.wikipedia.org/wiki/Olympic-size_swimming_pool, abgerufen am 28. Juni 2011

[455] "Cornel Emeritus Professor David Pimentel", Cornell University, http://vivo.cornell.edu/display/individual5774

[456] United States Geological Services USGS, "Estimated Use of Water in the United States in 2005", http://pubs.usgs.gov/circ/1344/pdf/c1344.pdf

[457] "Carbon Disclosure Project Electric Utilities – Building Business Resilience Inevitable Climate Change", IBM, 2009

[458] Fischetti, Mark, "How Much Water Do Nations Consume?", Scientific American, 21. Mai 2012, http://www.scientificamerican.com/article.cfm?id=graphic-science-how-much-water-nations-consume

[459] Fischetti, Mark, "How Much Water Do Nations Consume?", Scientific American, 21. Mai 2012

[460] "Fracking and Water Consumption", SourceWatch Center for Media and Democracy, http://www.sourcewatch.org/index.php/Fracking_and_water_consumption

[461] Wikipedia contributors, "Ogallala Aquifer", Wikipedia, the Free Encyclopedia, abgerufen am 13. April 2009, http://en.wikipedia.org/w/index.php?title=Ogallala_Aquifer.

[462] Jane Braxton Little, "The Ogallala Aquifer: Saving a Vital U.S. Water Source", Scientific American, 30. März 2009. Heruntergeladen von http://www.scientificamerican.com/article.cfm?id=the-ogallala-aquifer

[463] Wikipedia contributors, "Ogallala Aquifer." Wikipedia, the Free Encyclopedia,

[464] "Compare Gulfstream G450 – G550 – G650", Aviation News Channel, http://www.decartsnews.com/compare-gulfstream-g450-g550-g650/

[465] Wikipedia contributors, "List of United States Cities by Population", Wikipedia, the Free Encyclopedia, abgerufen am 24. Juli 2011, http://en.wikipedia.org/wiki/List_of_United_States_cities_by_population

[466] "Lufthansa 747 operates first transatlantic biofuel flight to US", Aviation Brief, 16. Januar 2012, http://www.aviationbrief.com/?p=5591

[467] "Technical Characteristics – Boeing 747-400", Boeing company website, http://www.boeing.com/boeing/commercial/747family/pf/pf_400_prod.page?

[468] "Water Consumption", Water for Africa Institute, http://www.water-for-africa.org/en/water-consumption.html

[469] Wikipedia contributors, "Biofuel", Wikipedia, the Free Encyclopedia, http://en.wikipedia.org/wiki/Biofuel

[470] "Jatropha – The Plant", Jatro website, http://www.jatrofuels.com/164-0-Jatropha.html

[471] Bullis, Kevin, "Biofuels Companies Drop Biomass and Turn to Natural Gas", MIT Technology Review, Oktober 2012, http://www.technologyreview.com/news/506561/biofuels-companies-drop-biomass-and-turn-to-natural-gas/

[472] Bullis, Kevin, "Biofuels Companies Drop Biomass and Turn to Natural Gas", MIT Technology Review, Oktober 2012

[473] Bullis, Kevin, "BP Plant Cancellation Darkens Cellulosic Ethanol's Future", MIT Technology Review, 2. November 2012, http://www.technologyreview.com/news/506666/bp-plant-cancellation-darkens-cellulosic-ethanols-future/

[474] Downing, Louise, and Gismatullin, Eduard, "Biofuel Investments at Seven-Year Low as BP Blames Cost", Bloomberg, 8. Juli 2013, http://www.bloomberg.com/news/2013-07-07/biofuel-investments-at-seven-year-low-as-bp-blames-cost.html

[476] Webber, Michael, "Energy versus Water: Solving Both Crises Together", Scientific American, 1. September 2008, http://www.sciam.com/article.cfm?id=the-future-of-fuel

[477] "USDA Offers Loans for Biorefineries", Iowa Energy Center, 23. Oktober 2013, http://www.iowaenergycenter.org/2013/10/usda-offers-loans-for-advanced-biorefineries/

[477] Seba, Tony, "Solar Trillions – 7 Market and Investment Opportunities in the Emerging Clean Energy Economy", 2010

[478] "Combined Heat & Power (CHP) solar generator based on High Concentrated Photovoltaic (HCPV)", Suncore company website, http://www.suncorepv.com/index.php?m=content&c=index&a=lists&catid=125

[479] Seba, Tony, "Solar Trillions – 7 Market and Investment Opportunities in the Emerging Clean Energy Economy", 2010

[480] "India Sends Its Last Telegram. Stop", The Telegraph, 15. Juli 2013, http://www.telegraph.co.uk/news/worldnews/asia/india/10180463/India-sends-its-last-telegram.-Stop.html

[481] Volcovici, Valerie, "World Bank plans to limit financing of coal-fired power plants", Reuters, 26. Juni 2013, http://www.reuters.com/article/2013/06/27/usa-climate-world-bank-idUSL2N0F300W20130627

[482] "Towards a Sustainable Future for All – Directions for the World Bank Group's Energy Sector", World Bank Group, abgerufen am 28. Juli 2013, http://www-wds.worldbank.org/external/default/WDSContentServer/WDSP/IB/2013/07/17/000456286_20130717103746/Rendered/PDF/795970SST0SecM00box377380B00PUBLIC0.pdf

[483] "European Investment Bank to Stop Financing Coal-Fired Plants", The Guardian, 24. July 2013, http://www.guardian.co.uk/environment/2013/jul/24/eu-coal-power-plants-carbon-emissions-climate

[484] Plumer, Brad, "The U.S. will stop financing coal plants abroad. That's a huge shift.", The Washington Post Wonkblog, 27. Juni 2013, http://www.washingtonpost.com/blogs/wonkblog/wp/2013/06/27/the-u-s-will-stop-subsidizing-coal-plants-overseas-is-the-world-bank-next/

[485] "Coal at Risk as Global Lenders Drop Financing on Climate", Bloomberg New Energy Finance, 6. August 2013, http://about.bnef.com/bnef-news/coal-at-risk-as-global-lenders-drop-financing-on-climate/

[486] Gruver, Mead, "Powder River Basin Coal Lease Auction Receives No Bids For First Time In Wyoming History", the Huffington Post, 22. August 2013, http://www.huffingtonpost.com/2013/08/22/powder-river-basin-coal_n_3794792.html

[487] Fan, Hugh, "A Credit Analysis For Coal Mining Companies", Seeking Alpha, 19. Juni 2013, http://seekingalpha.com/article/1509622-a-credit-analysis-for-coal-mining-companies

[488] "Walter Energy Inc", Morningstar, http://quotes.morningstar.com/stock/s?t=WLT

[489] Keenan, Mike, and LaCorte, Joseph, "Q3 2013 Review: Coal", Stowe Global, http://stowe.snetglobalindexes.com/pdf/coal-IndexInsights-20131202.pdf

[490] "Facebook: stock quote and summary data", Nasdaq, http://www.nasdaq.com/symbol/fb

[491] "Google: stock quote and summary data", Nasdaq, http://www.nasdaq.com/symbol/goog

[492] Williams-Derry, Clark, "The Hidden Export Bombshell in Cloud Peak's Financials", SightLine Daily, 23. September 2013, http://daily.sightline.org/2013/09/23/the-hidden-export-bombshell-in-cloud-peaks-financials/

[493] "How Old are U.S. Power Plants", U.S. Energy Information Administration, http://www.eia.gov/energy_in_brief/article/age_of_elec_gen.cfm

[494] Energy Perspectives, U.S. Energy Information Administration, www.eia.gov/totalenergy/data/annual/EnergyPerspectives.xls

[495] Kubiszewski, Ida, "Powerplant and Industrial Fuel Use Act of 1978, United States", Encyclopedia of Earth, 3. September 2006, http://www.eoearth.org/view/article/155329/

[496] "Energy Policy Act of 1992", U.S. Energy Information Administration, http://www.eia.gov/oil_gas/natural_gas/analysis_publications/ngmajorleg/enrgypolicy.html

[497] Darian Unger and Howard Herzog, "Comparative Study on Energy R&D Performance: Gas Turbine Case Study", Massachusetts Institute of Technology Energy Laboratory, Prepared for Central Research Institute of Electric Power Industry (CRIEPI), Final Report, August 1998

[498] "How Old are U.S. Power Plants?", U.S. Energy Information Administration, http://www.eia.gov/energy_in_brief/article/age_of_elec_gen.cfm

[499] Doughman, Andrew, "NV Energy to decommission coal plants, shift to gas and renewables", Las Vegas Sun, 2. April 2014, http://www.lasvegassun.com/news/2013/apr/02/nv-energy-decommission-coal-plants-shift-gas-and-r/

[500] "NV Energy Acquisition Information", NV Energy company website, https://www.nvenergy.com/company/acquisition/

[501] Davis, Tina, and Goossens, Ehren, "Buffett Utility Buys $2.5 Billion SunPower Solar Projects", Bloomberg, 2. Januar 2013, http://www.bloomberg.com/news/2013-01-02/buffett-utility-buys-sunpower-projects-for-2-billion.html

[502] McCarthy, James E., "EPA Standards for Greenhouse Gas Emissions from Power Plants: Many Questions, Some Answers", US Congressional Research Services, 15. November 2013, http://www.fas.org/sgp/crs/misc/R43127.pdf

[503] http://pdf.wri.org/global_coal_risk_assessment.pdf

[504] "Energy Subsidy Reform: Lessons and Implications", International Monetary Fund, January 28, 2013

[505] Yang, Ailun, and Cui, Yiyun, "Global Coal Risk Assessment", World Resources Institute, November, 2012, http://about.bnef.com/bnef-news/coal-at-risk-as-global-lenders-drop-financing-on-climate/

[506] "Annual Energy Review", U.S. Energy Information Administration, http://www.eia.gov/totalenergy/data/annual/showtext.cfm?t=ptb0709

[507] "Coal and Jobs in the United States", SourceWatch Center for Media and Democracy, http://www.sourcewatch.org/index.php?title=Coal_and_jobs_in_the_United_States

[508] "Coal and Jobs in the United States", SourceWatch Center for Media and Democracy.

[509] Pyke, Alan, "Coal Workers Lose Pensions As Execs At Bankrupt Company Get Bonuses", Climate-Progress, 31. Mai 2013

[510] "Towards a Sustainable Future for All – Directions for the World Bank Group's Energy Sector", World Bank Group

[511] "Desperate Measures", The Economist, 10. Oktober 2013

[512] Jun, Ma, and Li, Naomi, "Tackling China's water crisis online", China Dialogue, 21. September 2006

[513] Schneider, Keith, "Bohai Sea Pipeline Could Open China's Northern Coal Fields", Circle of Blue, 5. April 2011, http://www.circleofblue.org/waternews/2011/world/desalinating-the-bohai-sea-transcontinental-pipeline-could-open-chinas-northern-coal-fields/

[514] Schneider, Keith, "China's Other Looming Choke Point: Food Production", Circle of Blue, 26. Mai 2011, http://www.circleofblue.org/waternews/2011/world/chinas-other-looming-choke-point-food-production/

[515] Luo, Tianvi et al, "Water Risks on the Rise for Three Global Energy Production Hot Spots", World Resources Institute, 7. November 2013, http://www.wri.org/blog/water-risks-rise-three-global-energy-production-hot-spots

[516] Luo, Tianvi, Otto, Betsy, and Maddocks, Andrew, "Majority of China's Proposed Coal-Fired Power Plants Located in Water-Stressed Regions", World Resources Institute, 26. August 2013, http://www.wri.org/blog/majority-china%E2%80%99s-proposed-coal-fired-power-plants-located-water-stressed-regions

[517] "South-North Water Transfer Project", International Rivers, http://www.internationalrivers.org/campaigns/south-north-water-transfer-project

[518] Wikipedia contributors, "North Water Transfer Project", Wikipedia, the Free Encyclopedia, http:/en.wikipedia.org/wiki/South%E2%80%93North_Water_Transfer_Project

[519] "Desertification – A Visual Synthesis", United Nations Convention to Combat Desertification, http://www.unccd.int/Lists/SiteDocumentLibrary/Publications/Desertification-EN.pdf

[520] "Bohai Sea Pipeline Could Open China's Northern Coal Fields", Circle of Blue, 5. April 2011, http://www.circleofblue.org/waternews/2011/world/desalinating-the-bohai-sea-transcontinental-pipeline-could-open-chinas-northern-coal-fields/

[521] "A Bulletin of Status Quo of Desertification and Sandification in China", State Forestry Administration, P.R.China, Januar 2011, http://www.forestry.gov.cn/uploadfile/main/2011-1/file/2011-1-5-59315b03587b4d7793d5d9c3aae7ca86.pdf

[522] King, Ed, "Desertification crisis affecting 168 countries worldwide, study shows", The Guardian, 17. April 2013, http://www.theguardian.com/environment/2013/apr/17/desertification

[523] "Rivers are disappearing in China. Building canals is not the solution", The Economist, 10. Oktober 2013, http://www.economist.com/news/leaders/21587789-desperate-measures

[524] "Pollution Forces North China to a Standstill", The Wall Street Journal, 23. Oktober 2013

[525] Wikipedia contributors, "Particulates", Wikipedia, the Free Encyclopedia, http:/en.wikipedia.org/wiki/Particulates

[526] "Particulate Matter Management in the Bay Area", Saffet Tanrikulu, Ph.D., Bay Area Air Quality Management District San Francisco, CA presented at the 2nd Korea-U.S. Symposium on Air Environment Policies Seoul, ROK, 29.-30. November 2012, http://www.baaqmd.gov/~/media/Files/Planning%20and%20Research/Research%20and%20Modeling/PM%20Mgt%20in%20SFBA.ashx

[527] "Air Pollution Linked to 1.2 Million Premature Deaths in China", New York Times, 1. April 2013, http://www.nytimes.com/2013/04/02/world/asia/air-pollution-linked-to-1-2-million-deaths-in-china.html

[528] Lavelle, Marianne, "Coal Burning Shortens Lives in China", National Geographic, 8. Juli 2013, http://news.nationalgeographic.com/news/energy/2013/07/130708-coal-burning-shortens-lives-in-china/

[529] Wong, Edward, "Air Pollution Linked to 1.2 Million Premature Deaths in China", New York Times, 1. April 2013, http://www.nytimes.com/2013/04/02/world/asia/air-pollution-linked-to-1-2-million-deaths-in-china.html

[530] Wikipedia contributors, "Coal", Wikipedia, the Free Encyclopedia, http:/en.wikipedia.org/wiki/coal

[531] "Indian Coal", http://www.indianetzone.com/24/indian_coal.htm

[532] Wikipedia contributors, "Coal", Wikipedia, the Free Encyclopedia, http:/en.wikipedia.org/wiki/Coal

[533] King, Ed, "Desertification crisis affecting 168 countries worldwide, study shows", The Guardian, 17. April 2013

[534] "Statement of Charles D. Connor, President and Chief Executive Officer, American Lung Association", American Lung Association, 12. Mai 2010, http://www.lung.org/press-room/press-releases/statement-of-charles-d.html

[535] Wikipedia contributors, "United States Military Casualties of War", Wikipedia, the Free Encyclopedia, http:/en.wikipedia.org/wiki/United_States_military_casualties_of_war

[536] "Coal Costs the U.S. $500 Billion / year in Health, Economic, Environmental Impacts pollution", FastCompany, 11. Februar 2011, http://www.fastcompany.com/1727949/coal-costs-us-500-billion-annually-health-economic-environmental-impacts

[537] Schwarts, Ariel, "Coal Costs the U.S. $500 Billion / year in Health, Economic, Environmental Impacts pollution", FastCompany, 11. Februar 2011

[538] Williams-Derry, Clark, "The Hidden Export Bombshell in Cloud Peak's Financials", SightLine Daily, 23. September 2013, http://daily.sightline.org/2013/09/23/the-hidden-export-bombshell-in-cloud-peaks-financials/

[539] Goossens, Ehren, and Martin, Christopher, "First Solar: May Sell Solar at Less than Coal", Bloomberg, 1. Februar 2013, http://www.bloomberg.com/news/2013-02-01/first-solar-may-sell-cheapest-solar-power-less-than-coal.html

[540] Goossens, Ehren, and Martin, Christopher, "First Solar: May Sell Cheapest Solar Power, Less than Coal", Bloomberg News, 1. Februar 2013, abgerufen am Juli 2013, http://www.bloomberg.com/news/2013-02-01/first-solar-may-sell-cheapest-solar-power-less-than-coal.html

[541] "IN THE MATTER OF EL PASO ELECTRIC COMPANY'S APPLICATION FOR APPROVAL OF A LONG TERM PURCHASE POWER AGREEMENT WITH MACHO SPRINGS SOLAR, LLC", Case No. 12-00386-UT, http://164.64.85.108/infodocs/2013/1/PRS20179845DOC.PDF

[542] Note: for a nice Rube Goldberg gif, check out this URL: http://imgur.com/gallery/QCuGNsd

[543] Channell, Jason, Lam, Timothy, and Pourreza, Shahriar, "Shale & Renewables: A Symbiotic Relationship", Citi Research, 12. September 2012